Recht und Politik in der Europäischen Union

Herausgegeben von

Prof. Dr. Claudio Franzius,
Prof. Dr. Franz Mayer,
Prof. Dr. Jürgen Neyer

Band 8

Jasmin Siedentopp

Europa jenseits des Parlamentarismus

Strategien informeller Einflussnahme

Nomos

Die Dissertation wurde an der Europa-Universität Viadrina Frankfurt (Oder) eingereicht. Die Disputation war am 24.11.2016. Betreut wurde die Dissertation von Herrn Prof. Dr. Jürgen Neyer (Erstgutachter) und Herrn Prof. Dr. Andreas Maurer, Universität Innsbruck (Zweitgutachter). Der Druck dieser Publikation wurde aus Mitteln der Europa-Universität Viadrina gefördert.

Die Deutsche Nationalbibliothek verzeichnet diese Publikation in der Deutschen Nationalbibliografie; detaillierte bibliografische Daten sind im Internet über http://dnb.d-nb.de abrufbar.

Zugl.: Frankfurt (Oder), Europa-Univ. Viadrina, Diss., 2016

u.d.T.: „Europa jenseits des Parlamentarismus – Analyse informeller Einflussnahme des Deutschen Bundestages am Beispiel des 8. Rahmenprogramms der EU für Forschung und Innovation ‚Horizont 2020'"

ISBN 978-3-8487-5175-4 (Print)

ISBN 978-3-8452-9338-7 (ePDF)

D 521

1. Auflage 2018

Geleitwort

Die Arbeit von Jasmin Siedentopp befasst sich mit dem sowohl wissenschaftlich als auch politisch wichtigen Thema der Rolle und Funktion nationaler Parlamente im europäischen Mehrebenensystem. Hierzu hat sich in den letzten zehn Jahren eine breite Debatte in der europäischen Politikwissenschaft entwickelt, der Frau Siedentopp mit ihrer Arbeit ein wichtiges Element hinzufügt.

Im Gegensatz zu der überwiegenden Mehrheit der Beiträge, die nationale Parlamente als die Verlierer des Integrationsprozesses beschreibt und insbesondere den Machtzuwachs der Exekutiven betont, zeigt Frau Siedentopp, dass nationale Parlamente durchaus über Möglichkeiten verfügen, ihre Rolle als Kontrollorgan der Exekutive mit neuer Relevanz zu versehen. Die Arbeit geht dabei insofern weit über die meisten vorliegenden Arbeiten hinaus, als sie sich nicht auf die Beschreibung formal vorgesehener und rechtlich kodifizierter Mechanismen beschränkt, sondern die Praxis informeller Mechanismen analysiert.

Hier kann sie überzeugend aufzeigen, dass eine Kombination von intensivem Engagement einzelner nationaler Parlamentarier und Parteien mit einer entgegenkommenden Bereitschaft europäischer Parlamentarier informelle Strukturen der Informationsbereitstellung und Handlungskoordinierung realisieren kann, die ein effektives Gegengewicht zu exekutiven Informations- und Agendasetzungsvorsprünge etablieren kann. Die Arbeit zeigt damit gleichzeitig allerdings auch die Grenzen dieser Neueinhegung gouvernementaler diskretionärer Handlungsspielräume auf.

Da die Effektivität parlamentarischen Handelns eben auf die freiwillige Kooperation außerparlamentarischer Akteure angewiesen ist und zudem ein hohes Maß an überobligatorischem Engagement verlangt, kann sie nicht als konstitutionell vorgesehener Normalfall betrachtet werden. Sie verlangt vielmehr besondere Bedingungen, die nicht immer als gegeben erwartet werden können. Für die Weiterentwicklung der europäischen parlamentarischen Mehrebenenordnung ergibt sich hieraus ein direkter Handlungsauftrag.

Auch die in der Arbeit gewonnenen empirischen Erkenntnisse sind in hohem Maße instruktiv für die Funktionsweise des europäischen Mehrebenenparlamentarisums. So kann die Autorin u.a. empirisch nachzeichnen,

(1) dass es eine grundlegende Spannung zwischen einem parlamentarischen Regierungssystem und der in den Begleitgesetzen formulierten Idee gibt, dass der Bundestag die Regierung in europapolitischen Fragen kontrollieren solle. Mitglieder der Regierungsfraktion sind offensichtlich unwillig, bestehende Differenzen zur Regierung öffentlich zu thematisieren und beschränken sich auf informelle und vertrauliche Kanäle der Interessensartikulation. Das macht die parlamentarische Kontrolle zwar nicht irrelevant, enthebt sie aber eines wichtigen Instrumentes.
(2) Sie kann ebenfalls anschaulich zeigen, dass der Bundestag seine Kontrollmacht wesentlich einer Kooperation mit dem Europäischen Parlament zu verdanken hat. Nur dann und dort, wo Bundestagsabgeordneten wichtige Informationen von Europaabgeordneten eröffnet werden, haben sie eine echte Chance, ein Gegengewicht zur Regierung aufzubauen. Nur mit dem Europäischen Parlament, nicht aber gegen es, kann der Bundestag zu einem relevanten Spieler in der europäischen Politik werden.
(3) Eine derartige Kooperation führt nicht nur zu Informationssprüngen seitens der Bundestagsabgeordneten, sondern setzt sie auch in die Lage, das Instrument des gouvernementalen „Über-die-Bande-Spielens“, bei dem öffentlich im Bundestag das eine gesagt und nicht-öffentlich im Rat etwas ganz anderes gemacht wird, zu entkräften.

Die Arbeit von Jasmin Siedentopp stellt einen wichtigen Beitrag zu der Debatte um den entstehenden europäischen Mehrebenenparlamentarismus dar, dem man nur eine möglichst breite Leserschaft wünschen kann. Von Arbeiten wie dieser wird es abhängen, ob wir die nötigen theoretischen und empirischen Einsichten gewinnen werden, um die Europäische Union institutionell so gut aufzustellen, dass sie auch mit allen weiteren Krisen in der Lage sein wird, gut umzugehen.

Prof. Dr. Jürgen Neyer

Vorwort

Während meiner wissenschaftlichen Tätigkeit am DFG-Graduiertenkolleg „Verfassung jenseits des Staates – von der europäischen zur globalen Rechtsgemeinschaft?“ an der Juristischen Fakultät der Humboldt-Universität zu Berlin entstand die vorliegende Arbeit. Sie wurde an der Europa-Universität Viadrina Frankfurt (Oder) als Dissertationsschrift angenommen.

Meine wissenschaftliche Arbeit am DFG-Graduiertenkolleg der Humboldt-Universität zu Berlin unter der Leitung des Sprechers Prof. Dr. Dr. h.c. Ingolf Pernice hat mir die Gelegenheit geboten, mit einer Vielzahl von Personen zusammenzuarbeiten und zu forschen. An dieser Stelle möchte ich mich bei den Personen bedanken, die mich bei der Erstellung und dem erfolgreichen Abschluss dieser Arbeit unterstützt, motiviert, herausgefordert und gefördert haben.

Meinem Doktorvater Prof. Dr. Jürgen Neyer gilt besonderer Dank für den regen Austausch und die fachlichen Anregungen, insbesondere den theoretischen Zugang der Arbeit zu reflektieren und die Bedeutung des Themas in die normative Debatte über den Parlamentarismus in der EU und die konstitutionelle Grundordnung der EU einzuordnen. Seine konstruktiven Nachfragen bewirkten die stete Präsenz der normativen Leitfragen während meiner empirischen Forschung und der Auswertung der Erkenntnisse aus den verschiedenen Erhebungsphasen im Untersuchungsfeld. Für den regen fachlichen Austausch sowie die damit verbundene persönliche Förderung möchte ich mich herzlich bedanken. Bei meinem Zweitgutachter Prof. Dr. Andreas Maurer möchte ich mich herzlich bedanken für die Bereitschaft, das Vorhaben dieser Arbeit mit zahlreichen fachlichen Hinweisen und Ideen zu unterstützen.

Mein besonderer Dank gilt Prof. Dr. Dr. h.c. Ingolf Pernice. Sein persönliches Engagement für das DFG-Graduiertenkolleg und das Gelingen meiner Forschungsarbeit gaben mir zahlreiche Anregungen bei der Konzeption des Untersuchungsdesigns sowie während der Durchführung des Vorhabens. Nicht zuletzt dank der Einbindung in sein Lehrstuhl-Team habe ich vielfältige Einblicke in die verfassungsrechtliche Debatte und dadurch eine besondere persönliche Förderung erhalten, für die ich mich von Herzen bedanken möchte. Zudem möchte ich mich bei der Deutschen Forschungsgemeinschaft für die finanzielle Förderung in Form eines Doktorandenstipendiums bedanken, welches meine Forschungstätigkeit ermöglicht hat. Bei der Europa-Universität Viadrina Frankfurt (Oder) möchte ich mich für die Gewährung einer Publikationsbeihilfe bedanken.

Durch die Teilnahme am Promotionskolleg von Frau Prof. Dr. Susanne Baer erhielt ich vielfältige Anregungen auf dem Wege meiner Forschungstätigkeit. Hierzu zählt die stete Besinnung auf die grundlegende Motivation sowie den wissenschaftlichen Beitrag, den meine Forschungsarbeit leisten soll. Für die Ermutigung unkonventionelle, anspruchsvolle Wege zu gehen und sich der Motivation des eigenen Forschungsinteresses als steter Kompass zu vergewissern, möchte ich mich herzlich bedanken.

Mein besonderer herzlicher Dank gilt meiner Doktorschwester Dr. Matilda Chatzipanagiotou. Die Begeisterung und der Enthusiasmus von Frau Dr. Chatzipanagiotou haben meine Zeit im Graduiertenkolleg bereichert, inspiriert und ihr viel Lebendigkeit und Lebensfreude verliehen. Danken möchte ich ebenso allen Kollegiaten des DFG-Graduiertenkollegs „Verfassung jenseits des Staates" für die fachlichen Anregungen und Diskussionsbeiträge.

Die Erkenntnisse dieser Arbeit beruhen zu einem wesentlichen Teil auf der Auswertung der eigens erhobenen empirischen Daten, die ohne die Mitwirkungen der Probanden nicht möglich gewesen wäre. Daher möchte ich mich bei all meinen Interviewpartnern für das Vertrauen und die Bereitschaft zur Mitwirkung herzlich bedanken. Zudem möchte ich mich bei Frau Dr. Angelica Schwall-Düren, Staatsministerin a.D., herzlich bedanken. Das stete Engagement von Frau Dr. Schwall-Düren für die Etablierung von regelmäßigen Routinen der politikfeldübergreifenden Kontrolltätigkeit der Regierungstätigkeit auf EU-Ebene durch Bundestagsabgeordnete hat mich bereits früh inspiriert und mein Forschungsinteresse an diesem Themenfeld bestärkt.

Dieses Buch wäre ohne die Unterstützung von Personen in meinem privaten Umfeld nicht entstanden. Die für diese Arbeit eingesetzte Lebenszeit kann ich nicht mehr zurückholen. Es bleibt mir lediglich der herzliche Dank, insbesondere an meine Familie, für die stete Motivation, Rücksichtnahme und Begleitung auf dem Weg der Erstellung dieser Arbeit.

Jasmin Siedentopp

Inhaltsverzeichnis

Tabellenverzeichnis

Abkürzungsverzeichnis

ABFT	Ausschuss für Bildung, Forschung und Technikfolgenabschätzung des Bundestages
AdEU	Angelegenheiten der Europäischen Union
AEUV	Vertrag über die Arbeitsweise der Europäischen Union
a.F.	alte Fassung
Art.	Artikel
AStV	Ausschuss der Ständigen Vertreter der Mitgliedstaaten
BBV	Vereinbarung zwischen dem Deutschen Bundestag und der Bundesregierung über die Zusammenarbeit in Angelegenheiten der Europäischen Union in Ausführung des § 6 des Gesetzes über die Zusammenarbeit von Bundesregierung und Deutschem Bundestag in Angelegenheiten der Europäischen Union
BGBl	Bundesgesetzblatt
BIP	Bruttoinlandsprodukt
BReg	Bundesregierung
BMBF	Bundesministerium für Bildung und Forschung
BT	Bundestag(es)
BVerfG	Bundesverfassungsgericht
BVerfGE	Entscheidung des Bundesverfassungsgerichtes
BVerfGU	Urteil des Bundesverfassungsgerichtes
ca.	circa
COSAC	Conférence des Organes Spécialisés dans les Affaires Communautaires et Européennes des Parlements de l´Union européenne (Konferenz der Ausschüsse für Gemeinschafts- und Europaangelegenheiten der Parlamente der EU)
DFG	Deutsche Forschungsgemeinschaft
DIHK	Deutsche Industrie- und Handelskammer
DL-RL	Dienstleistungs-Richtlinie
EFR	Europäischer Forschungsraum
EFSF	Europäische Finanzstabilisierungsfaszilität
EFSM	Europäischer Finanzstabilisierungsmechanismus
EIT	Europäisches Innovations- und Technologieinstitut
endg.	endgültig

EP	Europäisches Parlament
ERC	European Research Council (Europäischer Forschungsrat)
ESM	Europäischer Stabilitätsmechanismus
EU	Europäische Union
EU-KOM	Europäische Kommission
EUZBBG	Gesetz über die Zusammenarbeit von Bundesregierung und Bundestag in Angelegenheiten der Europäischen Union
ESM	Europäischer Stabilitätsmechanismus
FRP	Forschungsrahmenprogramm
frz.	Französisch
gem.	gemäß
GD	Generaldirektion der Europäischen Kommission
GG	Grundgesetz
GOBT	Geschäftsordnung des Deutschen Bundestages
IntVG	Integrationsverantwortungsgesetz: Gesetz über die Wahrnehmung der Integrationsverantwortung des Bundestages und des Bundesrates in Angelegenheiten der Europäischen Union
ITER	International Thermonuclear Experimental Reactor (Internationaler thermonuklearer Experimentalreaktor)
ITRE	Ausschuss für Industrie, Forschung und Energie im Europäischen Parlament
i.V.m.	in Verbindung mit
JTI	Joint Technology Initiative (Gemeinsame Technologieinitiativen)
KMU	Kleine und mittelgroße Unternehmen
KoWi	Kooperationsstelle EU der Wissenschaftsorganisationen
lat.	Lateinisch
lit.	Littera (Buchstabe)
MdB(s)	Mitglied(er) des Deutschen Bundestages
MdEP(s)	Mitglied(er) des Europäischen Parlamentes
MFR	Mehrjähriger Finanzrahmen
MOE	Mittel- und Osteuropa
MS	Mitgliedstaat
n.F.	neue Fassung
PAT	Prinzipal-Agenten-Theorie
RAG	Ratsarbeitsgruppe(n)
Rn.	Randnummer

StabMechG	Stabilisierungsmechanismusgesetz: Gesetz zur Übernahme von Gewährleistungen im Rahmen eines europäischen Stabilisierungsmechanismus
StäV	Ständige Vertretung der Bundesrepublik Deutschland bei der Europäischen Union Brüssel
vgl.	vergleiche
VVE	Vertrag über eine Verfassung für Europa
ZDH	Zentralverband des deutschen Handwerks

1. Einführung

1.1. Problemdarstellung und Relevanz der Untersuchung

Analysen über die Auswirkungen der Europäischen Integration auf die mitgliedstaatlichen parlamentarischen Systeme konstatierten über einen langen Zeitraum hinweg Ent- bzw. Deparlamentarisierungsprozesse[1], aus denen insbesondere nationale Parlamente als Verlierer hervorgingen (vgl. Maurer 2012b, 2009, 2002b; 2001; Maurer/Wessels 2001; Pehle/Sturm 2008). Da die nationalen Exekutiven im Ministerrat der EU gesetzgeberische Aufgaben übernehmen, würden sie im Zuge der EU-Integration einen strategischen Informations- und Kompetenzvorsprung erwerben, der ihnen Handlungsfreiheiten einräumt. Auf Grund der systembedingten Logik des Mehrebenensystems verlören die nationalen Parlamente nicht nur wesentliche Anteile ihrer Gesetzgebungskompetenzen, ihnen entgleite darüber hinaus auch die Fähigkeit der effektiven Regierungskontrolle (vgl. Kropp 2013b; Kropp et al. 2011).

Das Krisenmanagement der europäischen Staats- und Regierungschefs im Verlauf der Eurokrise seit dem Jahr 2010 war geprägt vom Ausschluss der parlamentarischen Beteiligung des Europäischen Parlaments (EP) sowie erheblichem Entscheidungsdruck, der auf nationale Parlamente ausgeübt wurde. In der Folge wurde eine vitale parlamentarische Debatte insbesondere über alternative Lösungsmaßnahmen vehement erschwert und mitunter unmöglich gemacht. Die Kontrolle der Regierungstätigkeit durch die nationalen Parlamente bekam eine große Bedeutung, da die Entscheidungsfindung über fiskalpolitische Rettungsmaßnahmen in der Eurogruppe in intergouvernementaler Form, also nicht im Rahmen der Gemeinschaftsmethode und somit unter Ausschluss des EP debattiert und entschieden worden sind (vgl. Häde 2012: 16–17).

---

1 Vgl. u.a.: Auel 2014; Börzel 2000; Schüttemeyer 2009, 1979, kritisch hierzu: Kropp 2008: 50–53. Zu beachten gilt, dass die Debatte zur Entparlamentarisierung im Rahmen der Parlamentarismuskritik bereits auf eine längere Tradition zurückblicken kann und die Auswirkungen der EU-Integration als eine weitere Etappe gewertet wird neben vielfältigen Prozessen, die zum Erodieren parlamentarischer Einflussbereiche beitragen (vgl. Beyme 2014; Marschall 2005).

Die Bewilligung von Rettungspaketen für Staaten der Eurozone in Höhe von insgesamt ca. 500 Milliarden Euro sowie die Frage, ob und inwieweit Deutschland als Mitgliedstaat (MS) der Europäischen Union (EU) für Staatsschulden anderer MS im Rahmen des Europäischen Stabilitätsmechanismus (ESM) haftet, mobilisierte nicht nur eine immense öffentliche Aufmerksamkeit für das Handeln der Bundestagsabgeordneten (MdBs). Es bot zudem Anlass für eine Vielzahl von Verfahren vor dem Bundesverfassungsgericht (BVerfG), die das Verhältnis zwischen Bundesregierung (BReg) und BT (Bundestag) in AdEU (Angelegenheiten der Europäischen Union) in vielfältiger Hinsicht neu austarieren und in Konfliktfällen Klarheit schaffen mussten.[2]

Diese Ereignisse führen deutlich vor Augen, wie weit der Entkopplungsprozess der Exekutiven von den Parlamenten bereits voran geschritten ist. Sie haben die Debatte über die demokratische Legitimität der EU neu entfacht (vgl. Habermas 2014; Maurer 2013a, 2013b; Neyer 2015; Pernice 2012; Rauh/Zürn 2014; Scharpf 2014; Schuppert 2015). Die öffentliche Aufmerksamkeit als auch die wissenschaftliche Debatte galt hierbei insbesondere der Frage der Einbindung des EP sowie der nationalen Parlamente, besonders der Rolle des Deutschen Bundestages (Calliess/Beichelt 2013; Buzogány/Kropp 2013b; Häde 2012; Hölscheidt 2013; Neyer 2014 Schwanholz 2015; Wimmel 2014).

Neben der Eurokrise hat im Jahr 2015 die sich dramatisch zuspitzende Migrations- und Flüchtlingskrise eindringlich die gestiegene Unfähigkeit der EU gezeigt, effektiv und effizient auf transnationale und grenzüberschreitende akute Problemlagen zu reagieren (vgl. Bendiek/Neyer 2016). Dies erschüttert massiv den Glauben an die Effizienz und Effektivität der Lösungsfähigkeit der EU und erodiert damit zusätzlich die demokratische Legitimationskraft, die der EU aus Effizienzgründen zugeschrieben wurde (vgl. Majone 2010; 2006; 1998; 1996).

Die auf diesem Nährboden erstarkende EU-Skepsis gefährdet den Zuspruch der mitgliedstaatlichen Bevölkerungen zum europäischen Einigungsprojekt und damit den Zusammenhalt innerhalb der EU. Symptome

2 Vgl. Urteil zur Griechenland-Hilfe und zu Euro-Rettungsschirm (BVerfG, 2 BvR 1099/10 vom 07. September 2011), Urteil zum EFSF-Sondergremium (BVerfG, 2 BvE 8/11 vom 28. Februar 2012), Urteil zur Unterrichtung des Bundestages in Angelegenheiten der Europäischen Union (BVerfG, 2 BvE 4/11 vom 19. Juni 2012) sowie Urteil zum ESM- und Fiskalvertrag (BVerfG, 2 BvR 1390/12 vom 12. September 2012).

vom Verlust des Rückhaltes der Bevölkerungen sowie dem Erstarken nationalistischer Tendenzen sind der bereits ansteigende Zuspruch EU-skeptischer Parteien, der Ausgang des Referendums in Großbritannien über den EU-Austritt am 23. Juni 2016 sowie die Spaltungstendenzen, die im Rahmen der Bewältigung der aktuellen Flüchtlingskrise offenbar werden (vgl. Bendiek/Neyer 2016).

Die EU ist somit mehr denn je gefordert, ihre Regierungstätigkeit zu rechtfertigen und dies nicht nur an Hand von Problemlösungskompetenz, sondern ebenso im Hinblick auf die Ausgestaltung der parlamentarischen Beteiligungsprozesse und der damit verbundenen Rückkopplung europäischer Entscheidungen an die Bevölkerung der EU-MS.

Es besteht dringender denn je ein erhöhtes Interesse an der Verbesserung der Legitimationskraft der Herrschaftsausübung der EU durch die Beteiligung nationaler Parlamente, um die Anbindung an die Bevölkerungen zu gewährleisten. Daher ergibt sich die Notwendigkeit, die politischen Praktiken der Abgeordneten nationaler Parlamente bei der Mitwirkung an EU-Rechtsetzungsverfahren in den Fokus zu nehmen und zu analysieren, ob und inwieweit die MdBs Anpassungsstrategien entwickeln, um eine Mitwirkung an EU-Rechtsetzungsverfahren sowie der Regierungskontrolle zu gewährleisten.

Der BT ist als nationales Parlament mit dem Mehrebenensystem der EU verwoben. So ist es seine Aufgabe, die Position der BReg in den Ratsarbeitsgruppen (RAG) zu kontrollieren und die Unionsvorlagen[3] durch formale Annahme in nationales Recht umzusetzen. Insbesondere im Bereich der Haushalts- und Budgetverantwortung ist der BT in zunehmender Weise gefordert, Verantwortung für das Regierungshandeln auf EU-Ebene mitzutragen.[4]

---

3 *Unionsvorlage* ist die Bezeichnung für Rechtsetzungsvorhaben der EU, die dem BT formal zugeleitet wurden und die nach Bearbeitung durch die Unterabteilung Europa in der Verwaltung des BT den federführenden und mitberatenden Ausschüssen formell zugeleitet werden.

4 Vgl. hierzu: Gesetz zur Übernahme von Gewährleistungen im Rahmen eines europäischen Stabilisierungsmechanismus – (Stabilisierungsmechanismusgesetz – StabMechG), in: Bundesgesetzblatt Teil 1, Nr. 24 vom 22. Mai 2010, S. 627 – 628; Gesetz zur finanziellen Beteiligung am Europäischen Stabilitätsmechanismus (ESM-Finanzierungsgesetz – ESMFinG), in: Bundesgesetzblatt Teil I, Nr. 43 vom 18. September 2012, S. 1918-1921.

Das Urteil des BVerfG zum Vertrag von Lissabon im Juni 2009[5] sowie weitere Rechtsprechungen, u.a. zum sogenannten Neuner-Sondergremium[6] sowie der Organstreit zum Europäischen Stabilitätsmechanismus/ Euro-Plus-Pakt[7] haben in vielfältiger Weise das Verhältnis von BReg und BT in AdEU neu definiert. Das Lissabon-Urteil war Auslöser für die Formulierung eines *Gesetzes über die Wahrnehmung der Integrationsverantwortung des Bundestages und des Bundesrates in Angelegenheiten der Europäischen Union* (IntVG)[8]. Ebenso das *Gesetz über die Zusammenarbeit von Bundesregierung und Bundestag in Angelegenheiten der Europäischen Union* (EUZBBG)[9] wurde im Sommer 2009 und zuletzt am 18. April 2013 revidiert. Folge dieser Entwicklung ist eine immer detailliertere Ausgestaltung der Informationsrechte des BT auf einfachgesetzlicher Ebene.

Es bleibt jedoch anzuzweifeln, ob und inwieweit die Klarstellungen durch das BVerfG an der Dynamik des Verhältnisses zwischen Exekutive und Legislative in AdEU grundlegend etwas zu verändern vermag. Alleine die hohe Anzahl der Urteile sowie der kurze zeitliche Abstand zwischen den Urteilen, die wegen Defiziten bei der Mitwirkung des BT in AdEU ergingen, lassen Zweifel an der Wirkkraft von immer detaillierter formulierten Informationsrechten des BT aufkommen. Daraus wird der Schluss gezogen, dass eine Analyse der formalen, rechtlichen Ebene nicht ausreicht, um Anpassungsmechanismen und Reaktionen des BT zu analysieren.

Jüngste Studien, die der These der beschleunigten Entparlamentarisierung des BT durch die EU widersprechen bzw. diese relativieren, betonen in diesem Zusammenhang die Bedeutung von Anpassungs- und Reaktionsformen des BT im Bereich der informellen parlamentarischen Aktivitäten (vgl. Kropp 2013a, 2013b; Buzogány/Kropp 2013a, 2013b; Kropp et al. 2012; Kropp et al. 2011; Schulz 2011).

Diese empirischen Befunde aufgreifend, zielt die hier angestrebte Untersuchung auf die Erkundung der informellen parlamentarischen Anpas-

---

5 BVerfG, 2 BvE 2/08 vom 30.6.2009.

6 BVerfG, 2 BvE 8/11 vom 27.10.2011 sowie BVerfG, 2 BvE 8/11 vom 28.02.2012.

7 BVerfG, 2 BvE 4/11 vom 19.6.2012.

8 Integrationsverantwortungsgesetz vom 22. September 2009 (BGBl. I S. 3022), das durch Artikel 1 des Gesetzes vom 1. Dezember 2009 (BGBl. I S. 3822) geändert worden ist.

9 Gesetz über die Zusammenarbeit von Bundesregierung und Deutschem Bundestag in Angelegenheiten der Europäischen Union vom 4. Juli 2013 (BGBl. I S. 2170).

sungsmechanismen und Routinen am Beispiel einer ausgewählten Fachpolitik. Hierbei werden zwar die formalen Rechtsgrundlagen sowohl der EU-Ebene als auch der nationalen Ebene berücksichtigt. Im Fokus aber stehen die tatsächlichen parlamentarischen Routinen und Prozesse, die die MdBs im Rahmen der parlamentarischen Mitwirkungs- und Kontrollpraxis entwickeln und etablieren, um dem strategischen Informations- und Handlungsvorsprung der BReg zu begegnen und Handlungsfähigkeit zu erlangen.

Auf Grundlage der Annahme, dass die formalen Rechte nicht Quelle einer vitalen und proaktiven Kontrolle und Mitwirkung sein können, werden informelle Formen der Informationsgewinnung, Koordination sowie Positionierung in den Fokus genommen. Als Fachpolitik wurde die Forschungs- und Innovationspolitik, konkret die Ausgestaltung des Forschungsförderprogramms der Europäischen Kommission (EU-KOM) ausgewählt: das 8. Forschungsrahmenprogramm (FRP) Horizont 2020.

Forschungsförderung ist eine Querschnittspolitik, die Berührungspunkte zu einer Vielzahl von Politikbereichen aufweist: u.a. der Industrie- und Wirtschaftspolitik, der Bildungspolitik sowie der Arbeitsmarkt- und Sozialpolitik. Darüber hinaus besitzt die Kooperation der EU-MS im Rahmen der Forschungspolitik das Potential, den Mehrwert der EU-Integration zu belegen, indem es nachhaltige und innovative gesellschaftliche Entwicklungsprozesse anstößt und den Wohlstand in Europa gewährleistet.

Die hier angestellte Untersuchung versteht sich somit als einen Beitrag zur Generierung empirischer Erkenntnisse über die derzeitige Anpassungsleistung der politischen Handlungsformen der MdBs in AdEU gegenüber der BReg sowie Institutionen auf EU-Ebene. Damit bietet sie der normativen Debatte über die demokratische Ausgestaltung der EU empirische Befunde, beschäftigt sich mit dieser Frage aber nur am Rande. Erkenntnisse über gegenwärtige Anpassungsprozesse parlamentarischer Mitwirkung auf nationaler Ebene sind unerlässlich, bei der Entscheidung über erforderliche Reformmaßnahmen zur Behebung demokratischer Defizite der EU. Hierbei wird vor allem aus der Perspektive der MdBs analysiert, welche informellen Handlungs- und Einflussarenen sich bei der Einflussnahme auf EU-Entscheidungsprozesse ergeben. Dabei gilt es zu klären, welche Formen der informellen Handlungsarenen sich mit dem EP eröffnen und wie diese im Verhältnis zu anderen Handlungsarenen mit der EU-KOM sowie der nationalen Exekutive, d.h. den Ministerien und deren Vertretern verhalten. Obwohl die Publikationen zur Anpassungsleistung nationaler Parlamente in der EU mit einer komparativen Perspektive in den vergangenen Jahren stark angewachsen sind,[10] so gilt dies nicht entsprechend für die Analyse der informellen Praxis des BT. Berücksichtigt man nur die Studien, die sich explizit auf Anpassungs- und Veränderungsprozesse in einzelnen Fachpolitiken beziehen, verringert sich die Anzahl erheblich. Diese Forschungslücke möchte die vorliegende Arbeit füllen.

1.2. Zielsetzung und Gang der Untersuchung

Beweggründe für die Fragestellung der Arbeit sind die zunehmende Bedeutung der Mitwirkung des BT in AdEU sowie die damit zusammenhängende Debatte über die Legitimation der Regierungstätigkeit der EU. Aufgrund der dynamischen Entwicklung einerseits der politischen Regelungserfordernisse in der EU im Verlauf der Wirtschafts- und Finanzkrise sowie der Neuformulierung der nationalen Mitwirkungsrechte des BT in AdEU andererseits, müssen die bisherigen Studien als veraltet eingestuft werden. Darüber hinaus weist die Literatur zur Mitwirkung des BT in AdEU bisher kaum empirische Befunde über informelle Mitwirkungsmechanismen in Fachpolitiken auf.

Die hier angestellte Untersuchung strebt an, diese Forschungslücke zu den tatsächlichen praktischen Formen der informellen parlamentarischen Mitwirkungsmechanismen in der Fachpolitik der Forschungs- und Innovationspolitik zu füllen. Die theoretischen wie empirischen Defizite begründen sich u.a. aus der grundsätzlich schwierigen Zugänglich- und Beobachtbarkeit von informellen Prozessen per se. Darüber hinaus sind in jüngster Zeit vielfältige Neuerungen in der Ausgestaltung der formellen Mitwirkungsrechte auf einfachgesetzlicher Ebene erfolgt. Daher kann der Forschungsstand zu den Auswirkungen dieser Reformen auf die Europäisierung des BT zum derzeitigen Zeitpunkt noch keine abschließenden Ergebnisse, sondern lediglich Entwicklungstendenzen feststellen. Auch aus diesen Gründen ist eine zwar theoriegeleitete, aber dennoch ausreichend offen gestaltete analytische Vorgehensweise angezeigt, um dem Untersuchungsgegenstand gerecht zu werden.

Die Ziele dieser Arbeit sind (a) die systematische Erfassung und Auswertung der Ausprägungsmerkmale sowie Interaktionsmechanismen informeller Handlungsarenen sowie informeller Handlungsstrategien von

10 Vgl. hierzu Kapitel 2.3.3.

MdBs bei der Mitwirkung in AdEU auf Basis eigens entwickelter Typologien. Zudem ist es das Ziel dieser Arbeit (b) die Erweiterung der Anpassungsmechanismen der Prinzipal-Agenten-Theorie durch theoretisch wie empirisch fundierte Konzeptionalisierungen der *informellen Anpassungsstrategien* zur Überwindung der Agenturprobleme am Beispiel der Agenturbeziehung zwischen BT (Prinzipal) und BReg (Agent) vorzunehmen.

Ausgehend von der Annahme, dass die Mitwirkungsrechte des EU-Primärrechtes, die verfassungsrechtlichen Vorgaben des GG (Grundgesetzes) und die einfachgesetzlichen Regelungen auf nationaler Ebene nicht Ausgangspunkt einer vitalen und pro-aktiven Einflussnahme auf EU-Ebene sein können, werden informelle Handlungsstrategien und Handlungsarenen in den Fokus genommen.

Die Grundlagen des Untersuchungsgegenstandes werden in Kapitel 2 vorgestellt. Hierbei werden zunächst grundsätzliche Begriffsdefinitionen sowie die Abgrenzung bedeutungsähnlicher Begriffe vorgenommen. In Kapitel 2.2 werden die in der Literatur verwendeten Begriffsdefinitionen sowie Forschungsheuristiken von Informalität vorgestellt, um anschließend das Verständnis von informeller parlamentarischer Einflussnahme für die hier angestellte Untersuchung darzulegen (vgl. Kapitel 2.2.2). Im Folgenden werden die Entwicklungslinien der Erforschung von Informalität im Parlament nachgezeichnet, um anschließend den Stand der Forschung im Bereich der Mitwirkung des BT in AdEU sowie die Forschungslücken herauszustellen (vgl. Kapitel 2.3). Die Relevanz der parlamentarischen Mitwirkung im Hinblick auf die demokratische Legitimation der EU wird in Kapitel 2.4 beleuchtet.

Als theoretische Basis für dieses Vorhaben wurde die Prinzipal-Agenten-Theorie (PAT) ausgewählt. Die PAT vermag es mit Rückgriff auf ihre Grundannahmen, die Macht- und Informationsasymmetrien zwischen den Akteuren BT und BReg überzeugend darzustellen (vgl. van Aaken 2002a). Hierbei verbindet sie einerseits die Ebene der individuellen Präferenzen der beteiligten Akteure sowie die Anreizstrukturen, die die institutionelle Ordnung des politischen Systems auf nationaler wie EU-Ebene bieten.

Die PAT verweist mit ihren Grundannahmen der Informationsasymmetrie, dem opportunistischen Verhalten der Akteure sowie der Existenz von diskretionären Handlungsspielräumen auf die grundlegenden Spannungsfelder und Problembereiche im Rahmen des Verhältnisses von BT und BReg. Mit Rückgriff auf die PAT wird in Kapitel 3 die Beziehungsstruktur zwischen dem BT und der BReg als Agenturbeziehung konzeptionalisiert und die spezifischen Problembereiche im Rahmen der Mitwirkung in

AdEU herausgestellt. Dies verdeutlicht die Verstärkung grundsätzlicher Agenturprobleme eines Legislativ-Exekutivverhältnisses, wenn es im Rahmen der EU-Integration zu einer Erweiterung der Delegationskette kommt. Auf Grundlage dieser theoretischen Vorkenntnisse wird davon ausgegangen, dass die bisherigen in der PAT etablierten Anpassungsstrategien des Prinzipals zur Eindämmung der Agenturprobleme Defizite im Hinblick auf die Berücksichtigung informeller Anpassungsstrategien aufweisen. Der Erklärungsbeitrag der PAT für das Verhältnis von BT und BReg wird in Kapitel 3.2.2 beleuchtet.

Auf Basis bestehender Befunde über Mechanismen der informellen Mitsteuerung von MdBs im nationalen Rahmen (vgl. Schwarzmeier 2002, 2001) und im Hinblick auf die EU (vgl. Buzogány/Kropp 2013a, 2013b) werden in Kapitel 3.2.4 und Kapitel 3.2.5 Forschungsheuristiken in Form von Typologien entwickelt. Der zweite wesentliche Baustein der hier entworfenen Forschungsheuristiken stellt die Übertragung der Grundannahmen der PAT auf das Delegationsverhältnis von BT und BReg als Delegationsbeziehung in Erweiterung bisheriger Konzeptionalisierungen (vgl. Auel 2008; Kropp 2008) dar. Auf Basis der theoretischen Annahmen der PAT sowie des derzeitigen Forschungsstandes wurden die Kategorien sowie Merkmalausprägungen im Rahmen der Entwicklung der Typologien der informellen Handlungsstrategien sowie der informellen Handlungsarenen identifiziert. Die so konzeptionalisierten Forschungsheuristiken leiten die empirische Erhebung an und strukturieren die Analyse des empirischen Falles in Kapitel 5.

Folglich wird die Erschließung der Empirie angeleitet durch die entwickelten Typologien der informellen Handlungsarenen sowie der informellen Handlungsstrategien (vgl. Kapitel 3.2.4 und Kapitel 3.2.5), die basierend auf theoretischen Annahmen und empirischen Befunden erstellt worden sind. Die so entwickelten Forschungsheuristiken berücksichtigen die bisherigen Forschungsergebnisse und knüpfen an die theoretischen Annahmen an. Dadurch wird eine theoriegeleitete und dennoch induktiv-explorative Vorgehensweise ermöglicht. Auf dieser Basis werden die Forschungsfragen in Kapitel 3.3 abgeleitet.

In Kapitel 4 werden die rechtlichen Grundlagen der Mitwirkung des BT als nationales Parlament in der EU in einem Überblick vorgestellt. Hierbei werden die Vorgaben des EU-Primärrechts sowie des GG auf nationaler Ebene berücksichtigt. Im Kapitel 4.2.1 werden die jüngsten Reformen der Unterrichtungspflichten der BReg im Rahmen des EUZBBG nachgezeichnet.

In Kapitel 5 erfolgt die Anwendung und Überprüfung der entwickelten Forschungsheuristiken sowie die Beantwortung der Forschungsfragen an Hand der Mitwirkung des BT an der Ausgestaltung des 8. Forschungsrahmenprogrammes Horizont 2020. Die Rekonstruktion des empirischen Falles erfolgt in Form einer Prozessanalyse (vgl. George/Bennett 2005; Nullmeier 2013).

Auf Grund des Entdeckungs- bzw. Erkundungscharakters dieser Untersuchung in einem sehr jungen Forschungsgebiet hat die Generierung eigener empirischer Daten eine herausgehobene Relevanz für die Beantwortung der Forschungsfragen. Somit ist die hier angestellte Untersuchung zwar eine theoriegeleitete, aber im Schwerpunkt empirisch orientierte Arbeit. Da empirische und theoretische Defizite bestehen, ist eine theoriegeleitete, induktiv-explorative Vorgehensweise angezeigt. Auf Grund der erforderlichen Analysetiefe und der erhöhten Zugangsschwierigkeiten der Phänomene der informellen Einflussnahme von MdBs in AdEU wurde eine Einzelfallanalyse durchgeführt.

Die empirischen Daten werden durch leitfadengestützte problemzentrierte Interviews nach Witzel erhoben (vgl. Witzel 2000). Ergänzend hinzu tritt die Triangulation der Expertenaussagen durch die Auswertung von Dokumenten (vgl. Flick 2011). Die Interviews zielen auf die Generierung von Erkenntnissen über den Prozessverlauf der Ausgestaltung des 8. FRP Horizont 2020 und insbesondere der informellen Einflussnahme der MdBs.

Zu diesem Zweck werden zunächst die Tätigkeiten und Maßnahmen der Mitwirkung des ABFT (Ausschusses für Bildung, Forschung und Technikfolgenabschätzung) eingehend beschrieben. In einem folgenden Schritt werden markante Ereignisse sowie Wendepunkte im Mitwirkungsprozess detailliert analysiert im Hinblick auf den Verlauf der Verhandlungen auf EU-Ebene. Als Grundlage für diese Analyse dienen hierfür vornehmlich die im Zeitraum von September 2009 bis November 2013 durchgeführten Interviews, die mit Hilfe der Software MAXQDA für qualitative Datenanalyse ausgewertet wurden.

Die so gewonnenen Erkenntnisse sollen dazu dienen, die Debatten über die Ausgestaltung der parlamentarischen Demokratie in der EU und im Besonderen die Einbettung nationaler Parlamente zu fundieren. Zwar kann die PAT nur begrenzt dazu dienen, um ein normativ geleitetes Konzept herzuleiten, das beschreibt, wie der BT als nationales Parlament in der EU eingebunden sein sollte (vgl. Neyer 2014: 126). Ihre besondere Stärke erweist sich jedoch im Hinblick auf die Aufdeckung derjenigen institutionellen Hürden und Problemfelder, an denen institutionelle Reformen ansetzen sollten. Somit verweisen die angestrebten Ergebnisse auf diejenigen Problemfelder, auf die normative Theoriekonzepte eingehen müssen, um eine für die politische Praxis relevante Antwort für die Lösung von Beteiligungsproblemen nationaler Parlamente zu generieren.

In Kapitel 6 werden abschließend die Ergebnisse der Untersuchung zusammengefasst. Hierbei wird in Kapitel 6.1 der Beitrag der Untersuchung für den wissenschaftlichen Erkenntnisfortschritt in kompakter Form dargestellt. In Kapitel 6.2 werden die Determinanten der Untersuchung sowie die Implikationen für anschließende und weiterführende Forschungsarbeiten herausgestellt.

2. Grundlagen des Untersuchungsgegenstandes

2.1. Begriffsdefinitionen

Im Folgenden werden die grundlegenden Begriffsverständnisse zentraler Begrifflichkeiten für diese Untersuchung erläutert. Zunächst wird vorgestellt, was unter *politischen Praktiken* in dieser Arbeit verstanden wird und was hieraus für Schlussfolgerungen für die Analyseperspektive der Arbeit hervorgehen (vgl. Kapitel 2.1.1). Anschließend werden die Begriffe *Macht* sowie *Einflussnahme* grundsätzlich voneinander abgegrenzt (vgl. Kapitel 2.1.2). In Kapitel 2.1.3 erfolgt über die etymologische Annäherung an den Begriff der *Kontrolle* die Bestimmung der Dimensionen parlamentarischer Kontrolle. Abgeschlossen wird dieses Kapitel mit dem für diese Untersuchung geltenden Begriffsverständnis *parlamentarischer Kontrolle* als weites Begriffsverständnis. Dieses Verständnis begreift alle Bereiche parlamentarischen Handelns als parlamentarische Kontrolle. Um die parlamentarische Kontrolle begrifflich zu erfassen, werden in der Politikwissenschaft unterschiedliche Begriffe verwendet. Hierzu zählen u.a. die Begriffe der Mitwirkung, Einflussnahme und Mitsteuerung. Die unterschiedlichen Dimensionen und Eingriffstiefen der parlamentarischen Aktivitäten, die diesen Begriffskategorien zugeordnet werden können, werden in Kapitel 2.1.4 dargelegt. Ziel ist es deutlich zu machen, dass in dieser Arbeit unterschiedliche Dimensionen der parlamentarischen Kontrolle untersucht werden. Diese können je abhängig von ihrer Erscheinungsform den Begriffen der *Mitwirkung*, *Einflussnahme* und *Mitsteuerung* zugeordnet werden.

2.1.1. Politische Praktiken

Was genau wird zur Beantwortung der Forschungsfrage dieser Untersuchung herangezogen? Um die Herausbildung von informellen Handlungsformen und -routinen zu untersuchen sowie zu beschreiben, werden jene Handlungen untersucht und nachvollzogen, die in der Literatur als *politische Praktiken* bezeichnet werden (vgl. Pritzlaff/Nullmeier 2009; Nullmeier et al. 2008; Luhmann 2000).

Dieser Begriff bezieht sich auf eine Forschungsperspektive, die durch die Betrachtung einzelner Handlungen und Praktiken herauszubilden vermag, wie allgemeinverbindliche Entscheidungen im politischen Alltag hergestellt werden. Hintergrund dieser Herangehensweise ist die Auffassung, dass die reine Analyse von Macht- und Sanktionspotenzialen sowie die Beschränkung auf formal rechtliche Kompetenzen kein vollständiges Bild des Funktionierens von politischen Abläufen in Institutionen ermöglichen. Dies vermag vielmehr „die Betrachtung der den Alltag von Institutionen und politischem Geschehen prägenden Praktiken" (Pritzlaff/Nullmeier 2009: 12).

> „Als *politisch* wollen wir allgemein jene sozialen Prozesse, Vorgänge und Strukturen ansehen, die auf die Herstellung kollektiv verbindlicher Regelungen/Entscheidungen gerichtet sind“ (Pritzlaff/Nullmeier 2009: 12, Hervorhebung im Original).

Um in der Fülle der zu beobachtenden Verhaltensweisen, Handlungen und sozialen Interaktionen diejenigen herauszuheben, die zur Beantwortung der Forschungsfrage von Relevanz sind, ist eine klare definitorische Trennung unerlässlich. Eine allumfassende Perspektive auf jedwede beobachtbare Aktivität vermag es nicht, den eigentlichen Entscheidungsfindungsprozess nachzubilden.

> „Die politische Dimension beginnt dort, wo die Ausrichtung eines Geschehens auf die Herstellung kollektiver Verbindlichkeit erfolgt. Ohne den Bezug auf kollektive Verbindlichkeit (der auch negativ sein kann: als bewusste Weigerung, es zu kollektiver Verbindlichkeit kommen zu lassen) kann ein Geschehen nicht als politisch bezeichnet werden. Als politische Praktiken sind unter dieser Perspektive Zusammenhänge von körperlichem Verhalten, Bewegungen und Sprechen zu bezeichnen, die eine Einheit bilden und auf die Herstellung politischer Verbindlichkeit ausgerichtet sind“ (Pritzlaff/Nullmeier 2009: 12).

Demnach sind wesentliche Kennzeichnungsmerkmale a) der gemeinsame Sinnzusammenhang sowie b) die Zielorientierung der Handlungen hin auf die Herstellung von allgemeinverbindlichen Entscheidungen. Luhmann bringt zudem einen weiteren relevanten Aspekt hinzu, indem er das Augenmerk auf den Aushandlungsprozess im Vorfeld von politischen Entscheidungen legt:

> „Als ‚Politik‘ kann man jede Kommunikation bezeichnen, die dazu dient, kollektiv verbindliche Entscheidungen durch Testen und Verdichten ihrer Konsenschancen vorzubereiten“ (Luhmann 2000: 254, Hervorhebung im Original).

Nutzen dieser Perspektive ist es vor allem, dass nicht nur der formale Verabschiedungsprozess untersucht wird, sondern der gesamte Vorlauf von Entscheidungen,

> „ [...] wobei es allerdings nicht nur um das Testen von Konsenschancen für definierte Vorschläge gehen dürfte, sondern auch um die Entwicklung und Weiterentwicklung von Vorschlägen und Forderungen" (Pritzlaff/Nullmeier 2009: 13).

2.1.2. Nicht Macht, sondern Einfluss

Bei der Analyse von Entscheidungsprozessen ist ohne Zweifel Macht und deren Manifestation im relationalen Verhältnis der Akteure eine relevante Kategorie (vgl. Nullmeier et al. 2008: 85, Schwarzmeier 2001: 66–67). Bei dem Versuch, dieser Forschungsperspektive nachzugehen, wird man unweigerlich mit einer Vielfalt von Machtbegriffen konfrontiert. Zunächst begegnet man Max Weber, der Macht wie folgt definiert:

> „Macht bedeutet jede Chance, innerhalb einer sozialen Beziehung den eigenen Willen auch gegen Widerstreben durchzusetzen, gleichviel worauf diese Chance beruht" (Weber 1972: 28).

Dieser Webersche Machtbegriff fokussiert die soziale, relationale Dimension von Macht, die in sozialen Interaktionen zum Ausdruck kommt.[11] Kritik erfährt diese Perspektive im Hinblick auf die Vernachlässigung der Einflüsse struktureller Macht (vgl. Bachrach/Baratz 1977). In sozialwissenschaftlichen Ansätzen werden in Erweiterung des Weberschen Machtbegriffes die strukturellen Faktoren, die durch gesellschaftliche Teilsysteme bzw. -strukturen Machtasymmetrien verstärken können, berücksichtigt (vgl. Deutsch 1970; Luhmann 2012; Parsons 1963). Jedoch ist für die hier vorgenommene Untersuchung nicht primär die Analyse der Machtkonstellation zwischen den Akteuren von Interesse. Dies ist zwar eine relevante Größe, das Hauptinteresse zielt aber auf die Herausbildung der Prozesse zur „[...]Beeinflussung von Inhalt und Herstellungsprozess allgemeinverbindlicher Entscheidungen [...]" (Schwarzmeier 2001: 66–67).

Fokus hierbei sind die Handlungsformen und die Arenen in denen versucht wird, Einfluss auf allgemeinverbindliche Entscheidungen geltend zu machen. Anlehnend an Töller (1995) wird aus diesen Gründen der Begriff

---

11 Vgl. zum Machtbegriff Maluschke 1991.

der Einflussnahme als zutreffender für die hier verfolgte Untersuchungsperspektive erachtet. Relevantes Unterscheidungsmerkmal ist hierbei, dass Macht auch zum Selbstzweck angewendet wird bzw. werden kann. Der Begriff der Einflussnahme hingegen erfasst vielmehr zielgerichtete Handlungen und berücksichtigt deren Prozesshaftigkeit (Töller 1995: 62)[12]. Diesen Begriff der Einflussnahme gilt es im Folgenden zu verfeinern und von den Begriffen der Kontrolle und der Mitwirkung sowie der Mitsteuerung abzugrenzen.

2.1.3. Allgemeiner Kontrollbegriff und parlamentarische Kontrolle

Allgemeiner Kontrollbegriff

Die etymologische Annäherung an den Begriff der Kontrolle lenkt die Aufmerksamkeit auf die ursprüngliche Bedeutung der *côntre-role*, des Gegenregisters[13] (vgl. Marschall 2005: 168; Busch 1991: 12; Stadler 1984: 2–3). Somit bezieht sich die ursprüngliche Bedeutung auf ein nachgelagertes Nachprüfen, ein Abgleichen von Originaldokumenten mit einem Duplikat. Dieses Begriffsverständnis kennzeichnet sich durch Passivität und einen geringen eigenen Gestaltungsspielraum der Kontrolleure aus. Ein Beispiel dieses Begriffsverständnis im Hinblick auf die Rolle des BT in der EU-Politik wäre ein nachgelagertes Nachprüfen der vorab angekündigten Position der BReg bei der Ratsberichterstattung in den Ausschüssen durch die MdBs. So können Nachfragen der MdBs im Rahmen der Berichterstattung einen Rechtfertigungsruck erzeugen. Die Regierungsmitglieder müssen argumentativ begründen, warum sie in der spezifischen Konstellation in den Ratsverhandlungen ihre Position vertreten haben bzw. nicht durchsetzen oder sogar von dieser abweichen mussten. Demgegenüber steht ein Verständnis von Kontrolle als eine Art Aufsicht, Herrschaft und Steuerung (vgl. Steffani 1989a: 1325; Marschall 2005: 169).

Diese scheinbar gegenüberstehenden Verständnisse des Kontrollbegriffes werden in dem Ansatz von Stadler (1984) kombiniert indem er von

---

12 Vgl. auch Schwarzmeier 2001: 66–67.

13 So liegt der etymologische Ursprung des Begriffes im spätmittelalterlichen *controlatus*, das sich zusammensetzt aus *contra* (gegen) und *rotulus* (Rolle) und über das Französische *contre-rôle* Eingang in die deutsche Sprache fand (vgl. Stadler 1984: 2).

zwei extremen Polen ausgeht, zwischen denen unterschiedliche Verständnisse von Kontrollbegriffen angesiedelt werden können. Diese äußeren Pole sind zum einen „verbale, folgenlose Kritik" und „massive Beherrschung" (vgl. Stadler 1984: 5).

Das Einwirken von Kontrolleuren auf ein oder mehrere Kontrollierte in der Form, dass ein Vergleich zwischen dem „Ist" und dem „Soll" erfolgt, ohne die Möglichkeit der Ausübung konkreter Befehle oder gar Weisungen, deren Ausführung erzwungen werden kann, sei nach Stadler (1984) verwandt mit der „Ausübung von Kritik". Dieser weite Kontrollbegriff[14] zeichnet sich zudem durch das Fehlen von Sanktionsmöglichkeiten aus, da evtl. Abweichungen von wünschenswertendem und tatsächlichen Geschehen für die zu Kontrollierenden ohne Folgen bleibt (vgl. Stadler 1984: 3–4).

> „Der andere Pol des Begriffes ‚Kontrolle' liegt in der Nähe der Begriffe ‚Herrschaft' und ‚Aufsicht'„ (Stadler 1984: 4, Hervorhebung im Original).

Stadler umschreibt dieses Begriffsverständnis auch als „Verantwortlichkeit", die Kontrollierte gegenüber Kontrollierenden haben. Diese Verantwortung kommt bei der Auswahl von Sanktionsmöglichkeiten zum Ausdruck. In diesem Bereich verortet Stadler ebenso den soziologischen Begriff der „sozialen Kontrolle", der sich als innere und äußere Kontrolle manifestiert. Hierbei geht es um die Bewirkung gewünschten Verhaltens bzw. der Verhinderung unerwünschter Verhaltensweisen (vgl. Stadler 1984: 4).

> „Dieser Kontrollbegriff tendiert zur Betonung einer Dominanz derjenigen, die Kontrolle ausüben über diejenigen, die einer Kontrolle unterworfen sind. Neben dem ursprünglichen Kontrollaspekt der nachträglichen Überprüfung eines Sachverhaltes wird hier die Kontrolle sogar zum Machtbesitz und zur Herrschaftsausübung, [...] denn derjenige, der kontrolliert, etwas unter Kontrolle hat, kann diesen Gegenstand im Extremfall auch beherrschen, unterdrücken und bevormunden, regieren und dirigieren, steuern und dominieren" (Stadler 1984: 5).

Diese Extrempole bilden nun die Spannbreite, innerhalb derer unterschiedliche Verständnisse und Varianten der Kontrollbegriffe eingeordnet wer-

---

14 *Weit* wird hier von Stadler verwendet und verweist darauf, dass unter diesem Begriff eine Vielzahl von Varianten des Kontrollbegriffes zugeordnet wird. Zu berücksichtigen ist, dass im Gegensatz zu Stadler (1984) ein *weiter Kontrollbegriff* bei Steffani Kontrolle mit weitreichendem Handlungs- und Sanktionspotential klassifiziert (vgl. Steffani 1989).

den können. Im nachfolgenden Abschnitt dienen diese Extrempole als Bezugspunkt, um das Begriffsverständnis der parlamentarischen Kontrolle zu präzisieren.

Parlamentarische Kontrolle

Sowohl in der politikwissenschaftlichen als auch in der staatsrechtlichen Literatur ist eine Vielfalt von Definitionen parlamentarischer Kontrolle vorzufinden. Die jeweilige Ausprägung und Fokussierung der Definitionen steht dabei im Zusammenhang mit der grundlegenden Rollenzuweisung von Parlamenten und deren Gewichtung im politischen System (vgl. Schwarzmeier 2001: 21).[15]

Was wird nun für die folgende Analyse unter parlamentarischer Kontrolle verstanden und wie lassen sich Abgrenzungen und analytische Trennungen zu verwandten Begriffen wie der Einflussnahme, Mitwirkung und Mitsteuerung ziehen?

> „In der Tat ist Vorsicht geboten, allgemeine Begriffsbestimmungen zu einer Art fruchtlosem Begriffsrealismus ausufern zu lassen, was letzten Endes dazu führen kann, einmal getroffene Begriffsdefinitionen für die Wirklichkeit des Phänomens zu halten und damit Fragestellungen und Antworten vorweg festzulegen. Eine sinnvolle Diskussion des Begriffes "Kontrolle" - ebenso wie eines jeden anderen Begriffes - muß immer am speziellen Gegenstand der Untersuchung festgemacht werden“ (Stadler 1984: 5–6, Hervorhebung im Original).

Daher soll im Folgenden die Begriffsdefinition im Hinblick auf die für die hier angetretene Analyse notwendigen Aspekte fokussiert werden.[16] Hierbei gilt zu klären, was unter parlamentarischer Kontrolle verstanden wird und welche relevanten Faktoren sie beeinflussen.

Verwobenheit von Bundestag und Bundesregierung

Wie bereits oben erörtert, ist die Frage der Sanktionsfähigkeit und damit der Sanktionsmacht im Hinblick auf das Begriffsverständnis sowie die Wirkung von Kontrolle von besonderer Relevanz. Jegliche Kontrolle verlöre ihre Wirkung und Sinngehalt, wenn sie keine Konsequenzen für den

---

15 Zur Diskussion klassischer und zeitgenössischer Funktionskataloge von Parlamenten vgl. Marschall 2005: 134–146.

16 Für einen umfassenden Überblick vgl. Schwarzmeier 2001: 19–35.

bzw. die Adressaten der Kontrollmaßnahmen entfalten würde (vgl. Steffani 1989a; Stadler 1984; Marschall 2005: 170). Steffani (1989a) unterscheidet diesbezüglich drei Varianten von Sanktionspotenzial[17]: Bei der „Überprüfung mit Sanktionsrecht“ wird parlamentarische Kontrolle entweder ex-post oder begleitend zur Regierungs- bzw. Verwaltungstätigkeit ausgeübt und mit einem Letztentscheidungsrecht des Parlamentes abgeschlossen. Eine weitere Kategorie von Steffani ist die „Überprüfung durch Einflussnahme auf das Sanktionsrecht Dritter“. Hierbei wendet das Parlament nicht eigene Sanktionsmittel zur Kontrolle an, sondern greift zurück auf die Macht anderer Akteure, wie z.B. der Öffentlichkeit und den Medien. Weiter hat das Parlament bei der „Überprüfung mit eigenem Sanktionsrecht“ Handlungsoptionen in Form von Beschlussfassungskompetenzen bzw. verfassungsrechtlich garantierten Rechten wie dem Misstrauensvotum, an Hand derer eine Rechenschaftspflicht von Akteuren aus Regierung und Verwaltung erzwungen werden kann (vgl. Steffani 1989a: 1326–1328, Marschall 2005: 169).

Die Handlungsmacht des BT und das Sanktions- und Drohpotential gründet sich auf die Verwobenheit und Abhängigkeit zwischen BT und BReg. Dies kommt zum Ausdruck darin, dass aus der Mitte des Parlamentes eine vom Parlament bestimmte Regierung hervorgeht, weshalb das politische System Deutschlands als „parlamentarische Mehrheitsdemokratie“ bezeichnet wird (vgl. Zier 2005: 22). Die Mehrheit der MdBs wählt den Regierungschef. Zudem stammen die Kabinettsmitglieder vornehmlich aus dem Parlament (vgl. Döring 1994: 336–338). Die Verantwortlichkeit des Bundeskanzlers und der Minister wird in Art. 65 GG auf verfassungsrechtlicher Ebene konkretisiert. Die unmittelbare Verantwortlichkeit gegenüber dem BT findet sodann im konstruktivem Misstrauensvotum in Art. 67 GG und die Vertrauensfrage in Art. 68 GG ihre Konkretisierung (vgl. Stadler 1984: 9).

Zwar hat das Parlament gemäß Art. 67 GG formal das Recht, durch ein konstruktives Misstrauensvotum der Regierung das Vertrauen zu entziehen. Hierzu bedarf es jedoch der Beteiligung einer Mehrzahl der Abgeordneten der Regierungsfraktion, was demnach nur in seltenen Ausnahmefällen erfolgen wird (vgl. Hauck 1999: 103). Dennoch bleibt dem BT verfassungsrechtlich das letzte Entscheidungsrecht und damit ein gewisses Drohpotential gegenüber der Regierung erhalten. Diese grundgesetzlich

17 Vgl. hierzu Marschall 2005: 156–172.

festgeschriebene Verantwortlichkeit und die Möglichkeit der Abberufung der Regierung durch das konstruktive Misstrauensvotum sollten jedoch vielmehr als ein Beginn und Voraussetzung für die Entwicklung von Verhandlungsmacht und Einflusspotenzialen des BT gegenüber der BReg betrachtet werden (vgl. Schoch 2006).

Unterschiedliches Kontrollverhalten von Regierungsfraktionen und Opposition

Ein weiteres Kennzeichen des Verhältnisses von Regierung und Parlament ist die enge Zusammenarbeit und Vernetzung von BReg und Regierungsfraktionen, die als „Aktionseinheit"[18] bezeichnet und auch als „fraktioneller Block" beschrieben wird (vgl. Kropp 2008: 49). Diese Vernetzung kommt besonders im Gesetzgebungsprozess zum Tragen. Hierauf gründet sich die vielfach vertretene Position, dass die klassische Gewaltenteilung nach Montesquieu in Exekutive und Legislative durch das Gegenüber von Regierung und Opposition ersetzt wird (vgl. Zier 2005: 22; Ismayr 2001: 17; Rudzio 2015: 215).

Aus dieser Verwobenheit ergibt sich ein erleichterter Zugang der Regierungsfraktionen zu Informationen über die Regierungstätigkeit und somit die Eröffnung von Mitwirkungs- und Mitsteuerungspotentialen.[19] Andererseits führt sie auf Grund von Loyalität und Karriereambitionen von Abgeordneten der Regierungsfraktionen, die im weiteren Berufsleben eine herausgehobene parlamentarische Funktion bzw. Regierungsmandat anstreben, zu einer Verminderung der Kontrollambitionen bzw. der Formen der Kontrollmaßnahmen gegenüber der eigenen Regierungen (vgl. Auel 2009).

> „Eine Überprüfung der Regierungstätigkeit findet aber auch innerhalb der "funktionalen Handlungseinheit" statt, nämlich durch die parlamentarische Mehrheit, die die Regierung trägt *und* kontrolliert. Die Mehrheitsfraktionen können auf die nachhaltigsten parlamentarischen Sanktionsinstrumente zurückgreifen. Sie tun dies jedoch nur in Maßen; das Ziel ihrer Kontrolltätigkeit ist nicht der Sturz der Regierung, sondern die kooperative Form der Mitsteuerung" (Marschall 2005: 171, Hervorhebung im Original).

18 Vgl. Zier 2005: 22, dort verwendet in Anlehnung an Ismayr 2001: 17.

19 Vgl. zur Begriffsdefinition der parlamentarischen Mitsteuerung Schwarzmeier 2001.

Da die Regierung jedoch auf die Unterstützung der Parlamentsmehrheit angewiesen ist, erfolgt die kritische Auseinandersetzung zwischen Regierungsfraktion(-en) und Regierung vornehmlich auf informellem Weg. Insbesondere die Fraktionsspitze und die Regierungsmitglieder treten zu diesem Zweck in Kontakt (vgl. Schwarzmeier 2001: 50; Thaysen 1976: 64–65).

Daher wird von einigen Vertretern die Position formuliert, dass die Kontrolle vornehmlich Aufgabe der Oppositionsfraktionen sei (vgl. Marschall 2005: 171). Jedoch verfügen sie anders als die Regierungsfraktionen nicht über eigene Sanktionsrechte und müssen daher auf die Sanktionsmacht Dritter zurückgreifen, vornehmlich der Öffentlichkeit und der Medien mit dem Ziel, die Regierung abzulösen bzw. die Darlegung alternativer Positionen (vgl. Thaysen 1976: 65). Zudem nutzen sie die Interpellationsrechte, wie die öffentlichkeitswirksame Befragung der BReg in Großen Anfragen oder in aktuellen Stunden (vgl. Russo/Wiberg 2010). Hier wird den Oppositionsfraktionen die Möglichkeit gegeben, die Regierungstätigkeit kritisch zu beleuchten und alternative Vorschläge zu unterbreiten. Auch die Plenardebatten dienen als ein solches Kommunikationsforum.

Handlungsformen und Handlungsoptionen der parlamentarischen Kontrolle und weites Kontrollverständnis

Laut Steffani (1989a) umfasst parlamentarische Kontrolle:

> „[...]den parlamentarischen Prozeß des Überprüfens und Bestimmens bzw. Beeinflussens der Verhaltensweisen anderer (insbesondere von Regierung und Verwaltung) bei unmittelbarer (Parlamentsmehrheit) und/oder mittelbarer (Opposition) Sanktionsfähigkeit im Wege der vier Phasen *Informationsgewinnung, Informationsverarbeitung, Informationsbewertung* [...] und abschließender politischer Stellungnahme bzw. rechtsverbindlicher Entscheidung. Kurz: Parlamentarisches Überprüfen der Regierung (Verwaltung) bei unmittelbarer oder mittelbarer Sanktionsfähigkeit ('sanktionsfähiges Überprüfen')" (Steffani 1989a: 1328, Hervorhebung im Original).

Stadler führt bei der Nennung der klassischen Kontrollinstrumente neben dem konstruktivem Misstrauensvotum und der Vertrauensfrage, das Recht auf Herbeirufung eines Regierungsmitgliedes sowie das freie Mandat an (vgl. Stadler 1984: 140–153).

Erweiternd zu den klassischen Aufgabenbereichen der parlamentarischen Kontrolle wird in neueren Beiträgen zunehmend auch die Gesetzgebungsfunktion und zudem das Haushalts- und Budgetrecht sowie die interpellativen Verfahren[20] als Dimensionen parlamentarischer Kontrolle aufgeführt (vgl. Ismayr 2012: 289–414; Russo/Wiberg 2010; Schwarzmeier 2001: 25; Töller 1995: 64).

Für die hier angestellte Untersuchung soll ein weitgefasstes Verständnis von parlamentarischer Kontrolle angewendet werden, wonach

> „[...] parlamentarische Kontrolle alle Bereiche parlamentarischen Handelns umfaßt“ (Töller 1995: 54).

Dieses Verständnis basiert auf der Annahme, dass neben den Kontrollinstrumenten insbesondere die Aufforderung von Regierungsmitgliedern argumentativ die politischen Richtungsentscheidungen begründen und rechtfertigen zu müssen, Kernbestandteil parlamentarischer Kontrolle ist.

> „Schließlich wird auch die Kontrollfunktion nicht nur durch permanentes Mitregieren der Parlamentsseite (dabei insbesondere innerhalb der Regierungsmehrheit), sondern ebenfalls durch die Macht der öffentlichen Debatte sichergestellt“ (Kropp 2008: 54).

2.1.4. Abgrenzung der Begriffe der Mitwirkung, Einflussnahme und Mitsteuerung

Parlamentarische Mitwirkung

In Abgrenzung zum begrenzten Handlungsspielraum nach dem engen Begriffsverständnis parlamentarischer Kontrolle, verfügt der Begriff der *parlamentarischen Mitwirkung* über aktive und kooperative Elemente. Mitwirkung erfolgt in einem gemeinsamen Prozess, bezieht sich somit auf eine themenbezogene Zusammenarbeit - das *Miteinander* ist hier das entscheidende Kriterium. Somit bezieht sich nach dem hier vertretenen Verständnis der Begriff der parlamentarischen Mitwirkung gegenüber der parlamentarischen Kontrolle auf Handlungsbereiche, in denen die MdBs über einen weitreichenderen Handlungsspielraum und Wirkungskreis verfügen. Der Begriff bezieht sich demnach auf ein Zusammenwirken von BT und BReg, bei dem die BReg jedoch die *Steuerungsfunktionen* des Willensbildungsprozesses national sowie die Lenkung der Verhandlungen und Entscheidungsfindungsprozesse auf EU-Ebene beibehält. Darüber hinaus

20 Vgl. hierzu Russo/Wiberg 2010; Wiberg 1995.

kennzeichnet sich der Begriff der Mitwirkung insbesondere durch seine relative Unbestimmtheit aus, was eben auch einen breiten Interpretationsspielraum mit sich bringt. Im Rahmen der Rollenbeschreibung und Funktionszuweisung des BT als europapolitischer Akteur im Art. 23 des GG wird der relativ unbestimmte Begriff der Mitwirkung verwendet.[21]

Parlamentarische Einflussnahme

In Abgrenzung zu den vorangegangenen Begriffen lässt sich die spezifische Eigenschaft des Begriffsverständnisses der Einflussnahme am deutlichsten zeigen: im Gegensatz zu den vorherigen Begriffen zeichnet sich die Einflussnahme insbesondere durch die *Abwesenheit* des unmittelbaren Bezuges zur BReg aus. Die Einflussnahme auf Entwicklung, Entstehung sowie den Verhandlungsverlauf und die Verabschiedung von EU-Rechtsetzungsvorhaben wird seitens des BT hier auch abseits der unmittelbaren Einwirkung bzw. Zusammenwirkens mit der BReg betrachtet und definiert. Der BT ist ein autonomerer Akteur bzw. die MdBs interpretieren ihre Rolle mit einer größeren Autonomie in der Wahl der geeigneten Mittel, um Entscheidungen auf EU-Ebene direkt zu beeinflussen. Von Bedeutung ist hier, dass Adressaten informeller Handlungsformen nicht primär Akteure der BReg sind, sondern eben auch relevante Entscheidungsträger auf EU-Ebene. Handlungsoptionen und Einflusspotentiale der MdBs können sich hierbei auf Grund von Parteizugehörigkeit ergeben oder z.B. auf Grund der Zusammenarbeit mit anderen nationalen Parlamenten (vgl. Töller 1995).

Parlamentarische Mitsteuerung

Vergleichbar mit dem Begriffsverständnis von Mitwirkung, zeichnet sich auch das Verständnis des Begriffes der „Mitsteuerung“[22] durch die besondere Komponente des Zusammenwirkens aus – auch hier ist ein kooperatives Element kennzeichnend. Der entscheidende Unterschied ist jedoch, dass das Zusammenwirken von BReg und regierungstragenden Fraktionen in AdEU ein Prozess ist, der nicht ausschließlich von Seiten der Akteure

21 Für einen Überblick über die wissenschaftliche Debatte zur relativen Unbestimmtheit des Begriffes der *Mitwirkung* vgl. Lang 1997.

22 Vgl. grundlegend zum Begriff der *Mitsteuerung* Schwarzmeier 2001.

der BReg gesteuert wird, sondern unter Einwirken der Mitglieder der Regierungsfraktionen und u.U. der Oppositionsfraktionen erfolgt. Dies insoweit, dass u.a. einzelne Aspekte von Positionen der BReg in einem relevanten Maße verändert werden. Somit ist der BT als mitsteuernder Akteur autonomer und verfügt über mehr Macht- und Handlungsoptionen (vgl. Marschall 2005: 171; Schwarzmeier 2001).

2.2. Informalität

2.2.1. Diskussion der Begriffsdefinitionen und Forschungsheuristiken von Informalität

Was wird untersucht, wenn Informalität analysiert wird? Ohne Zweifel ist in der Literatur eine Unschärfe in der Verwendung und Bedeutungszuschreibung des Begriffes der Informalität vorzufinden (vgl. Stüwe 2006: 547; Grunden 2011: 155; Pannes 2014). So werden u.a. Begriffe verwendet wie „informale Regeln" (Hanke 1994), „Informalisierung" (Manow 1996; Daase 2009), „informale Institutionen" (Lauth 2000; Kropp 2008), „informale Prozesse" (Kropp 2003b), „informelles Handeln" (Bohne 1984), „informelles Regieren" (Hartwich/Wewer 1991; Grunden 2011), „informale Verfassung" (Schulze-Fielitz 1984), „informale Politik" (Sattar 2001), „informale Komponenten des Regierens" (Hartwich/Wewer 1991) und „informale Phänomene" (Mayntz 1998).

Für die Zwecke dieser Arbeit soll unter der Untersuchung informalen politischen Handelns eine analytische Perspektive verstanden werden, die sich spezifischen Merkmalen des Prozesses zur Herstellung allgemein verbindlicher Entscheidungen widmet und andere vernachlässigt (vgl. Grunden 2011: 156). Sie geht der Frage nach, wo, wie und unter Beteiligung welcher Akteure die relevanten politischen Entscheidungen tatsächlich getroffen werden, die u.a. jenseits von formal vorgegebenen Verfahren und Institutionen vorbereitet, verhandelt und getroffen werden (vgl. Grunden 2011: 156; Rudzio 2005: 10; Lesmeister 2008: 39).[23]

> „Die Unterscheidung von Formalität und Informalität gewinnt dann an Relevanz, wenn Regieren nicht [...] auf der Systemebene, sondern als Prozess zur

23 Zwischen dem Begriff informal und informell bzw. formell und formal wird kein Bedeutungsunterschied angenommen und daher werden die Begriffe synonym verwendet. Vgl. kritisch hierzu Schwarzmeier 2001.

> Herstellung verbindlicher Entscheidungen auf der Meso- und Mikroebene rekonstruiert werden soll“ (Grunden 2011: 156).

Der Prozess wird hierbei als ein kommunikativer Verhandlungsprozess verstanden, indem „Handlungsstrategien und verdichtete Routinen“ (Kropp 2008: 55) ausgebildet und verwendet werden, die nicht rechtlich verfasst sind. Untersuchungsgegenstand sind somit informelle Verhaltens- und Verfahrensweisen sowie informelle Beziehungsstrukturen, die oftmals nur Experten bzw. Insidern bekannt sind (vgl. Köllner 2012: 6). Diese Unterteilung informeller Erscheinungsformen in Verfahrens- und Verhaltensweisen einerseits sowie Beziehungsstrukturen andererseits lehnt sich an eine organisationssoziologisch begründete Kategorisierung von Mayntz (1998: 56) an.[24]

Basierend auf einem engen Verständnis von informeller Institution werden sie als bewusst geschaffene Regelaspekte definiert, die in einem direkten Zusammenhang mit der Formalstruktur des politischen Systems verknüpft sind (vgl. Grunden 2013: 222). Diese informellen Regeln können auch als Ausdruck der Präferenzen, Ziele, Interessen und Handlungsoptionen intentional handelnder Akteure betrachtet und analysiert werden (vgl. Grunden 2013: 222; Farrell/Héritier 2003).[25] Sie schränken jedoch auch die Handlungsmöglichkeiten der Akteure ein.

Wenn aber nun die Unterscheidung zwischen formalen und informalen Entscheidungsprozessen an Hand der Formalstruktur erfolgt, sind dann die Verhaltensformen und Beziehungsstrukturen als Untersuchungsgegenstände überhaupt zugänglich? Bohne beantwortet diese Frage in seinen Ausführungen klar mit Ja insoweit die Handlung in der Formalstruktur rechtlich fixiert ist, sie die Formalstruktur ergänzt oder alternativ interpretiert sowie in Form einer Tauschhandlung offenbar wird (vgl. Bohne 1984: 344; Grunden 2013: 223). Diese stark durch die Verwaltungswissenschaft geprägte Perspektive lässt sich jedoch nur begrenzt auf die Politikwissenschaft übertragen. Hier lässt sich nicht zu jeder Handlung ein Bezug zur Formalstruktur herstellen. Daher ist laut Grunden (2013; 2011) neben der

---

24 Diese Unterteilung nimmt z.B. auch Grunden 2011 vor.

25 Neben diesem engen Verständnis informeller Institutionen, d.h. dem direkten Bezug zur Formalstruktur, können in einem weiten Verständnis von informellen Institutionen alle Formen kultureller Normen verstanden werden, die bedeutend für die Analyse politischer Prozesse sind (vgl. Grunden 2013: 222). Insbesondere in der Transitions- und Autokratieforschung hat der Bezug zur Formalstruktur eine andere Gewichtung (vgl. Köllner 2012: 15–17).

Unterscheidung von informaler und formaler Institution auch die Berücksichtigung der informalen Handlungen als weitere Analysekategorie von entscheidender Bedeutung.

> „Von Institutionen gehen Handlungsanreize aus, aber sie lassen in den meisten Fällen genügend Spielraum für Strategien und Taktiken. Zudem ist es nicht immer möglich, eine Handlung auf eine bestimmte Norm oder Regel zurückzuführen. Und schließlich beruhen Handlungen auch auf Kalkülen, Motiven oder schlichtweg auch individuellen Fähigkeiten, die sich durch Regeln gar nicht erfassen lassen“ (Grunden 2013: 223).

Bezug zur Formalstruktur

Somit ist für die Analyseperspektive neben dem Fokus auf das tatsächlich beobachtbare Handeln der beteiligten Akteure sowie deren Beziehungsstruktur ebenso die Referenz zur geltenden Formalstruktur des politischen Systems kennzeichnend (vgl. Grunden 2011: 168; Pannes 2011: 39). Diese schlägt sich im Grundgesetz, Geschäftsordnungen und einfachgesetzlichen Regelungen wider.

> „Informalität erhält seine Bedeutung erst durch den kontrastierenden Vergleich mit den (verfassungs-)rechtlich fixierten Regeln und Verfahren bzw. explizit formulierten Statuten politischer Organisationen. Rechtliche Unverbindlichkeit ist zwar ein notwendiges Merkmal von Informalität, kann aber keinesfalls ein hinreichendes Kriterium sein. Denn dann verschwänden alle politischen Handlungen und Entscheidungsprozesse, ja jegliches soziale Leben, dass sich nicht direkt aus Geboten rechtlicher Normen ableiten ließe, hinter dem Schleier der Informalität. Ein solcher Antagonismus wäre ohne jeden analytischen Wert“ (Grunden 2011: 169).

Damit ist die Analysekategorie umrissen, an Hand derer empirisch beobachtbare Phänomene des Informalen kategorisiert und untersucht werden: der Bezug zur Formalstruktur, d.h. der Zusammenhang zu rechtlich verfassten Verfahren und Institutionen. So können informale Handlungsformen und -verfahren die Formalstruktur ergänzen, dieser entsprechen oder ihr widersprechen und entgegenstehen (vgl. Helmke/Levitsky 2004). Bei der genaueren Definition des Verhältnisses zwischen Formalstruktur und informalen Handlungen hat sich sowohl in der Regierungsforschung als auch in der Parlamentarismusforschung die Annahme eines Kontinuums zwischen formellem und informellem Handeln etabliert (vgl. Schöne 2014: 157; Grunden 2011: 172–173, 2009; Lesmeister 2008: 40; Pannes 2014: 41).

Nach Kastning (1991) verlaufen Erscheinungsformen informeller politischer Handlungsformen auf einem Kontinuum, von „formal festgelegt", „informell festgelegt" über „regelmäßig erwartet" bis hin zur „situativen Abweichung" reicht (vgl. Kastning 1991: 69-73). Auch von Beyme (1991) entwirft ein Kontinuum zur Unterscheidung von informellen und formellen Ausprägungsformen politischen Handelns. Diese reichen von „rechtlich fixierten Prozessen" über „Konventionen" bis hin zu „informellen Absprachen" (vgl. Beyme 1991: 31).

Funktionalität von Informalität

Eine weitere Analysekategorie ist der Untersuchungsaspekt der Funktion von Informalität. Eine in der Literatur vielfach erwähnte Funktion von Informalität ist u.a. die Gewährleistung der Funktionalität des politischen Systems. Sie gewährleistet eine flexible Anpassungsfähigkeit formaler Institutionen und trägt so zur Überlebensfähigkeit des politischen Systems bei (vgl. Kropp 2008: 57; Lesmeister 2008: 39) .

> „Es ist die Frage nach der anderen Seite des Regierens – der Seite, die durch bloßes Studium der Verfassung, von Gesetzen, Geschäftsordnungen und Gerichtsurteilen nicht enthüllt werden kann" (Lesmeister 2008: 38).

Die informale Ebene als eine zweite Ebene neben der formalen Ebene ist Bestandteil jedes politischen Systems. Ihre politikwissenschaftliche Relevanz wird deutlich daran, dass eine Analyse der rein rechtlichen, formalen Vorgaben die Realität des politischen Handelns nur lückenhaft darstellen würde (vgl. Kropp 2008: 57–58, 2003b: 23; Lesmeister 2008: 39; Kastning 1991: 72).

> „In allen politischen Systemen pflegen sich informale Regeln einzuspielen, welche diese nicht nur ergänzen und miteinander verknüpfen, sondern auch definieren, wie die Macht unter den Akteuren realiter verteilt ist" (Kropp 2003b: 23).

Somit wird Informalität eine systemerhaltende und systemunterstützende Funktion zugeschrieben. Eine weitere Funktionszuschreibung ist mit dem Begriff des „Dissensmanagement" (Schöne 2010: 145) umschrieben. So ist es innerhalb informaler Abstimmungsprozesse möglich, dass Akteure ihre Positionen in einem relativ ungeschützten und von der Öffentlichkeit nicht nachvollziehbarer Weise zu äußern. Sie ermöglichen einen Austausch mit anderen politischen Akteuren oder Interessenvertretern. In diesem Rahmen können Meinungsverschiedenheiten und Konflikte ausgetragen werden, was u.a. im Falle fraktionsinterner Streitigkeiten oder im Bereich des Koalitionsmanagements von Relevanz ist (vgl. Schöne 2014: 165; Morlok 2003: 81). Aus staatswissenschaftlicher Perspektive werden Informalisierungsprozessen zudem Erneuerungspotentiale für den gesellschaftlichen und institutionellen Wandel zugeschrieben.

> „Informale Praktiken sind das Medium zur Primärverarbeitung sozialen Wandels. Die verfassungsrechtlich fixierten formalen Entscheidungsverfahren sperren sich einer unmittelbaren situativen Anpassung. Deshalb bilden sich unter dieser Ebene, aber mit Blick auf diese, informale Strukturen aus, die auf die konkreten Bedingungen der Entscheidungssituation (Gegenstand und Beteiligte) Rücksicht nehmen“ (Morlok 2003: 81).

Abgrenzung Informalität zu Illegalität

Eine wichtige Trennlinie gilt es zwischen der Informalität und dem Begriff der Illegalität zu definieren, Informalität ist nicht gleichzusetzen mit Illegalität. Luhmann (1964) bezeichnet Illegalität als eine Steigerungsform von Informalität. Unterscheidungskriterium ist demnach, dass die illegalen Handlungen, anders als die informellen, weder von der Formalstruktur abgedeckt sind und zudem diese offensichtlich verletzen (vgl. Luhmann 1964: 304).

> „Informalität ist somit weder ein Synonym für Regellosigkeit noch für Illegalität. Informelles Regieren umfasst vielmehr freiwillig formalisierte Entscheidungsverfahren sowie nicht explizit formulierte, aber anerkannte Regeln der Koordination, Lenkung und Führung, die in der Formalstruktur nicht vorgesehen sind, von dieser aber auch nicht ausdrücklich untersagt werden. Dazu zählen auch Verfahren, Regeln etc., die von jenen der Formalstruktur abweichen, ohne sie zu ersetzen, denen faktische Geltung zukommt, ohne rechtlich verbindlich zu sein.“ (Grunden 2011: 169).

Die Analyse dieser informalen Handlungsebenen und Institutionen ist deshalb relevant, weil sie einerseits Aufschluss darüber geben kann, welche Akteure im politischen Entscheidungsprozess über Einfluss und Gestaltungsmacht verfügen.

> „Die Suche nach informellen Komponenten des Regierens zielt nicht darauf ab, illegale oder illegitime Praxis aufzudecken“ (Lesmeister 2008: 39).

Die Analyse der informalen Entscheidungsprozesse und Handlungsformen gibt zudem Aufschluss darüber, welche Ziele, Interessen und Normen die handelnden Akteure verfolgen:

> „Informelle Regeln, Strukturen und Prozesse sind also immer auch Ausdruck der Ziele, Interessen und Normen intentional handelnder Akteure, die Handlungskorridore erweitern und Handlungsoptionen erschließen wollen" (Grunden 2011: 170).

Informalität aus agenturtheoretischer Sicht

Der in dieser Arbeit verwendete agenturtheoretische Ansatz betrachtet Informalität aus einem spezifischen Blickwinkel, der sich aus den theoretischen Grundannahmen heraus begründet. Der Ansatz fokussiert effektive und effiziente Formen der Entscheidungsfindung in komplexen Situationen. Daher zieht der Ansatz andere Bewertungskriterien heran als z.B. verfassungsrechtlich-normative bzw. repräsentationstheoretische Ansätze. Diese erörtern vielmehr das Problem, ob und inwieweit die demokratischen Grundsätze und verfassungsrechtliche Vorgaben gewahrt sind (vgl. Kropp 2003b: 24).[26]

> „Während Juristen ‚informales' Handeln zunächst immer als Abweichung oder Verstoß gegen Rechtsnormen betrachteten, setzte die empirische Forschung mehr und mehr die Frage nach der Funktionalität informeller Verhaltensweisen bei der wechselseitigen Optimierung von Effizienz, Transparenz, Partizipation und Legitimität in staatlichem Handeln dagegen" (Wewer 1991: 10, Hervorhebung im Original).

Politische Praktiken, die innerhalb formaler Verfahren bzw. im Rahmen formaler Institutionen erfolgen, sind offen zugänglich und nachprüfbar. Sie sind staatlich garantiert und können sanktioniert werden. Informale Praktiken hingegen sind lediglich durch und bei ihrer tatsächlichen Praxis bzw. Anwendung fassbar. Aus agenturtheoretischer Sicht kann Informalität als Garant für die Funktionsfähigkeit und Anpassungsfähigkeit des politischen Systems betrachtet werden, der Effizienz fördert und mitunter zeitliche und personelle Ressourcen schont (vgl. Kropp 2008: 57; Kropp 2003b: 24).

---

26 So moniert Grimm die steigende Intransparenz der Entscheidungsfindung, die fehlende Zuordnungsmöglichkeit von Entscheidungen und die Abwertung formaler Institutionen (vgl. Grimm 2001: 320–325). Schulze-Fielitz vertritt eine ausgleichende Position zur Problematik der „Entparlamentarisierung" vgl. Schulze-Fielitz 1984: 136.

Helmke/Levitsky (2004) haben eine Typologisierung informaler Institutionen[27] vorgelegt (vgl. Tabelle 1).[28] Um die unterschiedlichen Funktionstypen zu erfassen, richten Helmke/Levitsky (2004) sich an zwei Dimensionen aus: Zunächst wird die Dimension der Auswirkung informalen Handelns in den Blick genommen. Hier wird danach unterschieden, ob ein Befolgen informeller Verfahren zu einem vergleichbaren bzw. substantiell unterschiedlichen Ergebnis führte. Wo ein Befolgen informeller Verfahren zu einem substantiell anderen Ergebnis führt, dort divergieren formale und informale Verfahren. Entsprechend konvergieren formale Institutionen und informale Handlungsformen, wenn sie jeweils zu einem vergleichbaren Ergebnis führen (vgl. Helmke/Levitsky 2004: 728). Die zweite Dimension umfasst die Effektivität der entsprechenden formalen Verfahren und Prozeduren, d.h. inwieweit die rechtlich verfassten und schriftlich festgehaltenen formalen Regeln und Prozeduren in der Praxis tatsächlich in Kraft sind und eingehalten werden. Aus diesen beiden Dimensionen erschließen sich vier idealtypische Wirkformen von Informalität.

Tabelle 1: Idealtypische Wirkformen von Informalität

Wirkung bzw. Ergebnis informalen Handelns	**Leistungsfähige, wirkmächtige formale Institutionen**	**Unwirksame formale Institutionen**
• Konvergent mit formalen Vorgaben	• Ergänzend, komplementär (effizienzsteigernd)	• Ersetzend, substituierend
• Divergent zu formalen Vorgaben	• Ausgleichend, Angleichend (stabilitätsverstärkend)	• Konkurrierend

(Quelle: Eigene Darstellung in Anlehnung an Helmke/Levitsky 2004: 728.)[29]

27 Helmke/Levitsky 2004 gehen von einem Institutionenbegriff im Sinne des Neo-Institutionalismus aus. Angenommen wird, dass formal verfasste Normen und Regeln zwar das Akteurshandeln vorstrukturieren, aber keinesfalls fest bestimmen können, wie diese tatsächlich handeln (vgl. Helmke/Levitsky 2004: 730–733; Kropp 2008: 57).

28 Zu den Grenzen einer solchen analytischen Differenzierung und Abgrenzung von Idealtypen vgl. Pannes 2011: 49–53, die dennoch vergleichbare Zuschreibungen vornimmt. Kritisch würdigt ebenso Schuppert die Typologie von Helmke/Levitsky 2004, vgl. Schuppert 2011: 127-130.

29 Vgl. zur Übersetzung der englischen Termini auch Kaiser 2007: 128.

Ergänzende Funktion von Informalität

Bei der ergänzenden Funktion von Informalität kommt es zur effektiven Anwendung und Befolgung der formalen Vorgaben. Die Ergebnisse der formalen Verfahrensweise und der informalen Handlungen sind vergleichbar. Hier füllen informale Handlungsprozeduren mögliche Regelungslücken, die nicht von den formalen Vorgaben abgedeckt werden. Zudem unterstützen sie die Verknüpfung individueller Interessen der Akteure und verbessern so die individuelle Zielverfolgung, ohne hierbei jedoch regelverletzend zu wirken (vgl. Pannes 2011: 49f). Somit steigern sie die Effektivität der formalen Ebene. Beispiele sind etwa Routinen und Verfahrensweisen, die Abstimmungsprozesse und die Koordination zwischen Ministerialverwaltungen erleichtern (vgl. Helmke/Levitsky 2004: 728).

Ausgleichende Funktion von Informalität

Im Falle einer ausgleichenden Funktion von Informalität sind die formalen Vorgaben zwar vorhanden und wirkungsvoll, dennoch sind bei den Handlungsergebnissen Abweichungen von den formalen Vorgaben erkennbar. Die informale Ebene gibt demnach Anreize, substantielle Effekte des formalen Systems abzuändern, ohne diese direkt zu verletzen. Begleitende informale Handlungsformen werden vor allem von solchen Akteuren gewählt, die zwar das existierende institutionelle Gefüge ablehnen, aber keine Einflussmöglichkeiten und Machtpotenziale besitzen, diese zu ändern. Auch wenn diese informalen Handlungsformen die Geltung der formalen Regeln nicht explizit umsetzt, so stützen diese doch die bestehenden formale Arrangements (vgl. Kropp 2008: 57; Helmke/Levitsky 2004: 729).

Konkurrierende Funktion von Informalität

Bei diesem Typus sind informelle Handlungsformen kombiniert mit ineffektiven formalen Institutionen, d.h. formale Vorgaben sind nicht systematisch in Kraft. Dies ermöglicht es den handelnden Akteuren, diese zu ignorieren bzw. zu verletzen. Die informale Handlungsebene gibt hierbei Handlungsanreize, die die formalen Vorgaben verletzen. Die Verfolgung einer informalen Regel bewirkt die Verletzung einer formalen Regel. Beispiele sind Klientelismus, und Korruption (vgl. Helmke/Levitsky 2004:

729). Somit schwächt Informalität, die eine ersetzende Funktion hat, die Wirkkraft und Stabilität des formalen Systems.[30]

Ersetzende Funktion von Informalität

Informale Handlungsformen, die eine ersetzende Funktion erfüllen, werden tendenziell von Akteuren ausgeführt, die nach einem Ergebnis streben, das im Einklang mit den Vorgaben des formalen Systems stehen. Das formale Regelsystem ist aber nicht durchgängig und gleichmäßig in Kraft. Somit erzielen informale Handlungsebenen etwas, wozu das formale System nicht in der Lage ist (vgl. Schuppert 2011: 127–130; Helmke/Levitsky 2004: 729–731).

Positionsrolle: Verbindung von Formal und Informal

Eine besondere Schnittstelle, an der sich formale und informale Handlungs- und Einflusspotentiale überlappen, sind politische Ämter und herausgestellte, leitende Funktionen im Parlament. Diese Verwobenheit formaler und informaler Handlungsmacht wird in der Erweiterung des Konzeptes der Positionsrolle durch Kropp (2008; 2006) zum Ausdruck gebracht. Zunächst wurde das Konzept verwendet, um deutlich zu machen, dass MdBs in parlamentarischen Leitungsfunktionen sich mit diesen Funktionen verbundenen Verhaltensformen aneignen. Gründe hierfür sind die mit dem Amt zusammenhängenden Handlungs- und Machtressourcen. Diese eröffnen sich z.B. durch einen vorzeitigen und besseren Informationszugang aufgrund regelmäßiger Kontakte mit Regierungsmitgliedern (vgl. Kropp 2008: 39).

Anlehnend an Kropp (2008; 2006) soll im Folgenden davon ausgegangen werden, dass auf Grund der formalen Rollen in Form von parlamentarischen Ämtern, wie z.B. Ausschussvorsitz, informale Rollen und Handlungsressourcen erwachsen. Auch Schwarzmeier bestätigt in seiner Analyse parlamentarischer Mitsteuerung die Annahmen des Konzeptes der Positionsrolle:

---

30 Dieser Typus ist vergleichbar mit dem Spannungsverhältnis von formalen und informalen Institutionen und deren inhärenten Verhaltenserwartungen und –normen bei O´Donnell, vgl. O´Donnell 1996: 34-51.

> „Die formale Rolle ist ein zentraler determinierender Faktor für die Ausgestaltung der informalen Rolle eines Akteurs. Auf Grund der formalen Zugehörigkeit zur Parlaments-, Fraktions- und/ oder Parteileitungsebene eröffnen sich Rollenträgern Zugangschancen zu informalen Vorklärungs- und Entscheidungsstrukturen. Sie rücken damit in die Nähe des Steuerungszentrums" (Schwarzmeier 2001: 67).

Kropp weist daraufhin, dass in Regierungssystemen mit immer zunehmend fragmentierten Zuständigkeiten zudem Möglichkeiten für die Ausbildung informaler Positionsrollen ohne ein entsprechendes formales parlamentarisches Amt eröffnet werden (vgl. Kropp 2008: 39).

> „Diese Frage scheint umso berechtigter, wenn Regierungssysteme stark fragmentierte Zuständigkeiten aufweisen und es dergestalt Grenzgänger oder Makler bedarf, die in der Lage sind, verschiedene Handlungsarenen wiederholt, als im Ergebnis regelmäßiges Strukturmuster, zu verkoppeln" (Kropp 2008: 59).

Die besondere Aufgabe dieser Makler ist es, die auf verschiedenen Handlungsarenen agierenden kollektiven Akteure zu koordinieren sowie Informationen und Positionen zu bündeln. So kommen machtteilige und auf mehreren Ebenen verwobene Regierungssysteme nicht ohne „formale Scharnierinstitutionen" (Kropp 2008: 59) aus, doch es verbleiben zahlreiche relevante Schaltstellen, die nicht formal geregelt sind und an denen informale Maklerpositionen sich ergeben und des Managements bedürfen.

Über diese konzeptionellen Präzisierungen hinaus bleibt zu beachten, dass es keinen Begriff gibt, der alle Varianten des Verhältnisses von Formal und Informal treffend zu fassen vermag. Dies ist begründet in den vielschichtigen Konstellationen, in denen informale Handlungsformen und formale Vorgaben wie z.B. einer Verfassung, zueinander stehen können. Die Auffassung, dass Informalität Teil politischen Handelns und ebenso Teil der verfassungsgemäßen Ordnung ist, bringt die Annahme mit sich, dass informale Handlungsformen und formale Institutionen nicht diametral als Gegensätze bzw. zusammenhanglos nebeneinander existieren. Vielmehr geht es um die Frage, wie stark ist ein politischer Entscheidungsfindungsprozess von Informalität bzw. Formalität geprägt und in welcher Arena erfolgen die relevanten Ereignisse (vgl. Schuppert 2011: 144).

2.2.2. Definition von Informalität für die hier angestellte Untersuchung

Die hier angestellte Analyse der Einflussnahme von MdBs bei der Formulierung des Forschungsrahmenprogrammes Horizont 2020 untersucht formelle und informelle Prozesse und Strukturen sowie informelle Kommunikations- und Beziehungssysteme.

Wie im obigen Kapitel 2.2.1 deutlich wurde, beziehen sich die Begriffsdefinitionen von Informalität vornehmlich auf die Formalstruktur. In Abgrenzung zu formal festgeschriebenen Regelsystemen wird bestimmt, welche Kerneigenschaften Informalität charakterisieren.

Diese Vorgehensweise blendet jedoch zentrale Aspekte aus, die von erheblicher Bedeutung sind, wenn Handlungs- und Kommunikationsformen politischer Amtsträger analysiert werden. Insbesondere dann, wenn im Fokus die Einflussnahme auf allgemeinverbindliche Entscheidung in informellen Verfahren und Arenen liegt.

Denn hieraus ergeben sich durch die nicht-öffentliche Form aus Sicht der Bevölkerung erhebliche Probleme. Die Zurechenbarkeit der in informellen und nicht-öffentlichen Handlungsformaten vertretenen Positionen und getroffenen Entscheidungen zu den jeweiligen Akteuren ist nicht möglich. Die Absprachen und Positionierungen der Entscheidungs- und Mandatsträger in informellen Verhandlungsformaten sind nicht nachvollziehbar für diejenigen, die von diesen Entscheidungen betroffen sind. Daraus folgt, dass die Wähler ihre Vertreter nicht zu einer Rechtfertigung und Begründung für ihre Positionen und Entscheidungen anhalten können. Zudem ist eine Reaktionsfähigkeit, d.h. eine Unterstützung bzw. Ablehnung der Mandatsträger und ihrer Position in Form einer Wiederwahl bei einer Bundestagswahl nicht gegeben. Die Wähler können somit nicht nachvollziehen, für welche Positionen sich die MdBs einsetzen. Auch die Mitverantwortung für politische Entscheidungen kann nicht nachvollzogen werden. Für welche Interessen sich die informell aktiven MdBs also tatsächlich einsetzen, können sie nicht überprüfen (vgl. Bovens et al. 2010: 6–7; Przeworski et al. 1999).

Diese Aspekte der Zurechenbarkeit von Entscheidungen werden von dem Konzept der *Accountability* erfasst.

> „Accountability has become a new analytical focus for much of the multi-level governance literature. It promises to combine an emphasis on input-legitimacy without unduly limiting the problem-solving capacity of the EU. It underlines the need for transparent decision-making, legal oversight and good administrative procedures without necessarily imposing participatory require-

ments that would endanger the efficiency of decision-making. It is, finally, a concept that is very much in accordance with the practices of the EU" (Neyer 2014: 127).

Dieses heuristische Konzept kann laut Bovens (2010) in zweierlei Weise Anwendung finden. Es kann als normatives Konzept Standards für die Evaluierung des Verhaltens öffentlicher Amtsträger herangezogen werden. Zudem kann es genutzt werden, um die institutionellen Ordnungen und Verfahren im Hinblick auf ihre Funktion als sozialer Mechanismus zu untersuchen (vgl. Bovens 2010).

> „Accountability is a relationship between an actor and a forum, in which the actor has an obligation to explain and to justify his or her conduct, the forum can pose questions and pass judgment, and the actor may face consequences" (Bovens 2007: 450).

In informellen Verhandlungsarrangements wird diese Beziehung zwischen dem Akteur und dem Forum, das Begründungen einfordern kann und u.U. sogar Sanktionen ausüben kann, unterbrochen.

> „An die Stelle allgemein eröffneter Partizipation tritt privilegierte Partizipation, Deliberation wird durch Negotiation ersetzt, Transparenz weicht der Nichtöffentlichkeit, und statt der Kontrolle wird auf Vertragstreue gesetzt" (Grimm 2003: 203).

Das Konzept der Accountability verdeutlicht, dass ein weiterer Aspekt für die Analyse und Bewertung informeller Entscheidungs- und Mitbestimmungsprozesse relevant ist. Jenseits der Frage, ob ein Verfahren von rechtlichen Vorgaben abweicht, sind Fragen der Nachvollziehbarkeit und damit die Transparenz der Geschehnisse von Bedeutung. Hierzu zählen die Zugänglichkeit und Nachvollziehbarkeit der Prozessereignisse und damit das Wissen der Regelungsbetroffenen über Positionierungen und Begründungen der daran beteiligten Entscheidungsträger. Diese Transparenz wird unter dem Begriff der Öffentlichkeit zusammengefasst.

Informelle Arrangements sind gekennzeichnet durch „Nicht-Wissen" derjenigen, die nicht an den informellen Netzwerken beteiligt sind und zudem auch durch die bewusste „Nicht-Mitteilung" dessen, was in diesen informellen Verhandlungsarrangements geschieht (vgl. Knobloch 2011: 17–19). Die Akteure wollen unbeobachtet handeln können und „auch die Umwelt hinsichtlich ihrer Gegenstände, Arrangements und Übereinkünfte weitestmöglich uninformiert lassen" (Knobloch 2011: 18).

> „Die Informalität ist geradezu ein Indiz für Öffentlichkeitsdistanz. […] Öffentlichkeit als spezifisches (Kontroll-)Medium einer demokratischen Verfas-

> sung wird hier unterlaufen, gerade auch weil Öffentlichkeit ein spezifisches Medium der Kontrolle und Sanktionierung informaler Verfassungsregeln ist" (Schulze-Fielitz 1984: 135)

Aus diesem Grund ist zwar die Klärung der Fragen, ob die informellen Prozesse der Entscheidungsfindung in einem ergänzenden oder konfligierenden Verhältnis zu formellen rechtlichen Vorgaben stehen, relevant. Darüber hinaus spielt aber die Rolle der Nachvollziehbarkeit und Transparenz der Geschehnisse durch die Regelungsbetroffenen und somit die Öffentlichkeit eine gleichbedeutende Rolle für die Definition des Begriffsverständnisses von Formalität und Informalität dieser Untersuchung.

> „Hence accountability mechanisms are essential for the democratic process, because they provide the people's representation and the voters with the information needed for judging the propriety and effectiveness of the conduct of the government" (Bovens 2010: 955).

Daraus ergibt sich, dass der hier zu Grunde gelegte Begriff der informellen parlamentarischen Einflussnahme neben dem Bezug zur Formalstruktur und der Funktionalität, die Frage der Öffentlichkeit berücksichtigt. Dies erfolgt in zwei Schritten. Zunächst wird der Begriff der parlamentarischen Einflussnahme definiert. Darauf aufbauend wird die Definition von informeller parlamentarischer Einflussnahme ausgeführt. Zu diesem Zweck soll in Anlehnung und Erweiterung an Pannes (2011), Schwarzmeier 2001: 49–51 und Steffani (1989a: 1328) parlamentarische Einflussnahme wie folgt definiert sein:

Parlamentarische Einflussnahme umfasst diejenigen Aktivitäten der Parlamentarier, die auf ein Überprüfen, Bestimmen und Beeinflussen der Verhaltensweisen bzw. Verhandlungspositionen der BReg (bzw. deren Verhandlungsvertreter auf EU-Ebene) sowie weiterer Entscheidungsträger auf EU-Ebene (u.a. in der EU-KOM, dem EP) und nationaler Ebene (weitere Interessenvertreter, u.a. Forschungs- und Wissenschaftsorganisationen) im Rahmen der Ausgestaltung des Forschungsrahmenprogrammes Horizont 2020 gerichtet sind.

Informelle parlamentarische Einflussnahme umfasst diejenigen parlamentarischen Aktivitäten, die durch Strukturen, Instrumente und Prozesse ausgeübt wird, die nicht in formalrechtlichen Vorgaben reguliert sind bzw. die in einem nicht öffentlich zugänglichen bzw. öffentlich zu rechtfertigendem Rahmen erfolgt. Hierbei ist zwischen verschiedenen Auswirkungen bzw. Verhältnissen der Informalität zu rechtlichen Vorgaben zu unterscheiden.

Informelle Entscheidungsprozesse und deren Regelungsinhalte können in einem ergänzenden, ersetzenden, ausgleichendem sowie konkurrierenden Verhältnis zur Formalstruktur stehen (vgl. Helmke/Levitsky 2004: 728).

Aufgrund der beabsichtigten Nicht-Öffentlichkeit der Aktivitäten ist eine Zurechenbarkeit von Positionen und Entscheidungen und somit die Möglichkeit, die Parlamentarier für ihre Handlungen zur Rechenschaft anzuhalten, nicht gegeben.

Diese Aktivitäten umfassen Prozesse der Informationsgewinnung, und -verarbeitung, Entscheidungsfindungs- und Positionsbestimmungsprozesse, Strukturen und Prozesse der Kommunikation und Beeinflussung sowie Instrumente und Prozesse der Kontrolle.

2.3. Entwicklungslinien der Erforschung von Informalität

Im Folgenden Kapitel werden diejenigen Forschungsergebnisse zu Informalität dargestellt, die wichtige Erkenntnisse für die hier angestellte Untersuchung hervorgebracht haben und auf denen diese Arbeit aufbaut. Hierbei werden zunächst die grundsätzlichen Entwicklungslinien in der Erforschung von Informalität nachgezeichnet (vgl. Grunden 2011). Anschließend wird der Stand der Forschung zu Informalität in der Koalitions- und Regierungsforschung (vgl. Kapitel 2.3.1) sowie in der Parlamentarismusforschung (vgl. Kapitel 2.3.2) dargelegt. Neben den in diesen Fachbereichen erbrachten Befunde im Bereich des informellen Handelns, bildet die Forschung zur Rolle des BT als nationalstaatliches Parlament innerhalb der EU den weiteren Forschungsbereich, der wichtige Erkenntnisse hervorgebracht hat, auf denen diese Untersuchung aufbaut (vgl. Kapitel 2.3.3).

Die Unterscheidung von Formal und Informal als Analysekategorien hat in den jeweiligen Teildisziplinen der Sozialwissenschaften unterschiedliche Entwicklungslinien (vgl. Grunden 2011: 157). In den Sozial- und Wirtschaftswissenschaften wurden etwa zeitgleich in den 1950er Jahren erste analytische Differenzierungen des Begriffspaares Formal und Informal entwickelt. In den Sozialwissenschaften im Bereich der Organisationsforschung vgl. Schreyögg (2008) und in den Wirtschaftswissenschaften bei der Neuen Institutionenökonomik (vgl. Wegner/Wieland 1998).

In der Vergleichenden Regierungslehre der Politikwissenschaft wurden die Analysekategorien von Formal und Informal erst verhältnismäßig spät eingesetzt. Erste Ansätze einer indirekten Differenzierung von Formal und Informal wird bei Vertretern des *Historischen Institutionalismus* sowie des *Neuen Institutionalismus* in den 1990er Jahren verortet. Eine klare Zuschreibung von formalen und informalen Komponenten von Institutionen und deren Definition erfolgt jedoch noch nicht (vgl. Grunden 2011: 157).

Die Ausdifferenzierung des dichotomen Begriffspaares als heuristisches Konzept wissenschaftlicher Untersuchungen wurde erst durch die richtungsweisenden Arbeiten in der Verwaltungswissenschaft von Bohne (1981) zum informalen Rechtsstaat und in der Staatsrechtslehre von Schulze-Fielitz (1984)[31] zur informalen Verfassung nachhaltig geprägt (vgl. Grunden 2011: 157). Schulze-Fielitz zielt mit seinem Beitrag darauf ab, über die formale Verfassungsdogmatik hinaus, spezifische Bereiche der Verfassungswirklichkeit wissenschaftlich angemessen zu erfassen. Hierbei untersucht Schulze-Fielitz nur diejenigen informalen Regeln, die verfassungsrelevant sind. Aus politikwissenschaftlicher Sicht ist jedoch ein weitergehendes Verständnis von Informalität relevant (vgl. Hanke 1994: 419; Pannes 2014: 28).

> „Verfassungswirklichkeit ist aber nicht nur der zusammenfassende Begriff für die aktuell gültigen Interpretationen der verfassungsrechtlichen Regelungen und Bestimmungen, sondern auch die Zustandsbeschreibung, wie Verfassungsrecht beziehungsweise dessen Spielräume mit Leben erfüllt werden“ (Hanke 1994: 419).

Erst an Bohne und Schulze-Fielitz anknüpfend widmeten sich politikwissenschaftliche Untersuchungen unter Zuhilfenahme eines dezidierten Begriffsverständnis von informell und formell den organisatorischen Strukturen des politischen Systems, des Verhältnisses und der Interdependenzen von Exekutive und Legislative, der Rolle von Parteien und politischen Fraktionen (vgl. Grunden 2011: 157).

In der Governance-Forschung und Steuerungstheorie hat die Analyse der Beschaffenheit und Bedeutung von Netzwerken Berührungspunkte mit der Forschung zu Informalität in politischen Entscheidungsprozessen (vgl.

---

31 Schulze-Fielitz identifiziert in seiner empirischen Analyse der informalen Verfassungsregeln vor allem drei typische Formen: Proporzregeln in Parteien und Fraktionen, informale Formen von Kooperation sowie informale Mechanismen zur Herrschafts- und Machtbalancierung. Weiter etabliert er eine Theorie und Dogmatik informaler Verfassungsregeln und ordnet diese in bestehendes Staatsorganisationsrecht ein. Ferner erörtert er Funktionen von informalen Verfassungsregeln und erwägt deren Nutzen und Risiken, vgl. Hanke 1994: 419–420.

Grunden 2011: 158). Jedoch wird hier der Bezug zur Forschung von Informalität nicht explizit vorgenommen (vgl. Pannes 2014: 28). Festzuhalten ist, dass die Netzwerkanalyse politischer Entscheidungsfindungsprozesse ebenso wie die Erforschung des Einflusses nichtstaatlicher Akteure und (un-) freiwillig etablierter Entscheidungs- und Verhandlungsprozesse Erkenntnisse bereitstellen, die Impulse für die Erforschung informaler politischer Prozesse sowie informellem Regieren geben (vgl. Pannes 2014: 28; Grunden 2011: 158; Scharpf 1993b, 1991; Héritier 1993). Um vermehrte Defizite der Gestaltungs- und Steuerungspotentiale des Staates auszugleichen, rücken ergänzende Regierungs- und Steuerungsmechanismen neben den verfassungsrechtlich festgeschriebenen Regierungsprozessen hier in den Fokus der Analyse (vgl. Grunden 2011: 158). Diese Ansätze kennzeichnen sich jedoch durch eine einseitige Betrachtung der Problemlösungsfähigkeit im Augenschein schwindender Wirkungsmacht staatlichen Handelns und berücksichtigt daher nur in geringem Maß Faktoren wie Macht und Interessen der handelnden Akteure (Mayntz 2005; vgl. Pannes 2014; Mayntz 2004).

Erste systematische und theoretisch fundierte Herangehensweisen, formelle und informelle Komponenten des politischen Systems Deutschlands zu definieren sind die Beiträge, die von Hartwich/Wewer (1991) veröffentlicht wurden. Die Artikel nähern sich in vornehmlich explorativer Weise informellen Phänomenen und den möglichen Analyseperspektiven (vgl. Grunden 2011: 160). In einer Vielzahl wissenschaftlicher Forschungsarbeiten dienen die Artikel von Wewer (1991), Beyme (1991) und Kastning (1991) als Bezugspunkt für Begriffsdefinitionen und Analyseebenen von Informalität (vgl. Grunden 2013, 2011; Lesmeister 2008; Pannes 2014; Pannes 2011; Schöne 2014, 2010; Schwarzmeier 2001).

Die Beiträge von Beyme (1991), Wewer (1991) und Kastning (1991) begründen ein mittlerweile etabliertes analytisches Konzept des Kontinuums der Informalität, das bei von Kastning (1991) von „formal festgelegt" über „informell festgelegt", „regelmäßig erwartet", „regelmäßig beobachtet" bis hin zu „situative Abweichung" reicht (vgl. Pannes (2014), Grunden (2013; 2011)). In neuesten Forschungsarbeiten von Grunden (2013) und Pannes (2014) wurde das Konzept des Kontinuums der Informalität ergänzt und weiterentwickelt.

2.3.1. Informalität in der Koalitions- und Regierungsforschung

Die Analyse informeller Komponenten des politischen Systems erfolgte insbesondere bei der Erforschung der Gestaltung von Koalitionen sowie von Verhandlungen innerhalb von parlamentarischen Fraktionen, hierzu zählen u.a. Koalitionsgespräche als vorbereitende informelle Gesprächsrunden (vgl. Miller 2009; Stüwe 2006; Rudzio 2005; Kropp 2003b, 2000; Schreckensberger 1994). Somit gilt der Bereich des informellen Handelns in Koalitionen als relativ umfänglich erforscht (vgl. Schöne 2014: 164). Weitere Forschungsfragen, denen nachgegangen worden ist, beziehen sich auf den Ablauf von Willensbildungsprozessen innerhalb von Koalitionen, Verfahren zur Beilegung von Konflikten sowie die grundlegenden Normen und Regelsysteme der koalitionären Zusammenarbeit (vgl. Grunden 2011: 161). Weitere Untersuchungsaspekte waren die Umstände freiwilliger Formalisierung von Regeln an Hand von Koalitionsverträgen (vgl. Kropp/ Sturm 1998).

Diese Ergebnisse werden ergänzt durch Forschungsarbeiten, die aus der Perspektive des Parlamentes heraus die Formen der informalen Zusammenarbeit und Einflussnahme von Legislative und Exekutive erforschen. So konzeptionalisiert Schwarzmeier (2001) die Mitwirkung der Regierungsfraktionen an der Politikformulierung als informelle Mitsteuerung. Die Arbeiten von Schöne (2010), Sattar (2001) und Schwarzmeier (2001) eint hierbei, dass sie aufzuzeigen vermögen, dass die formal festgelegten Rechte der Abgeordneten ergänzt und überlagert werden durch informelle Rollenmuster und Erwartungen. In deren Rahmen können sie Handlungsoptionen erweitern und über Einflusspotenziale verfügen auf die von ihnen getragene und beauftragte Regierung und deren Politikformulierung. Zudem verweisen sie auf eine Verlagerung von Kontrollhandlungen von öffentlich zugänglichen und nachvollziehbaren Räumen in informelle und damit nicht durch die Öffentlichkeit und Wissenschaft nachvollziehbare Gremien (vgl. Schöne 2010: 178–185; Schwarzmeier 2001: 40).

In einer explorativen Arbeit zur informellen politischen Kommunikationskultur generiert Lesmeister (2008) empirische Befunde zur Ausgestaltung von Formen und Regeln der informellen Kommunikation zwischen politischen Entscheidungsträgern und Journalisten. Zudem werden Spielregeln politischer Kommunikation zwischen politischen und journalistischen Eliten erhoben. Knaut (2009) untersucht in explorativer Weise Veränderungen im repräsentativen Handeln von Abgeordneten, die sich auf Grund neuer Anforderungen im Zeitalter der „Mediendemokratie“ (Knaut

2009) verändern. Hierbei wird ein Fokus auf Kommunikation in informellen Foren unter besonderer Berücksichtigung geschlechtsspezifischer Einflussfaktoren gelegt. Die Beiträge des von Florack/Grunden (2011) veröffentlichten Bandes analysieren das Spannungsfeld von Formalität und Informalität in Machtzentren des Regierungssystems auf Bundes- und Landesebene. Schwerpunkt hierbei sind Erscheinungsformen und Entstehungszusammenhänge von informellen Strukturen in Regierungszentralen. Analysiert wird zudem das Einflusspotenzial von Informalität auf das Regierungshandeln.

Grunden (2009) geht in seiner empirischen Untersuchung der Funktionsweise und Struktur der Beraterkreise von drei Ministerpräsidenten nach, indem er den Einfluss personeller bzw. persönlichkeitsbedingter Einflussfaktoren der institutionellen Struktur gegenüber stellt. Durch das Aufzeigen interner informeller Prozsee der Entscheidungsfindung werden tiefgehende Einblicke in Regierungszentralen von drei Bundesländern gewährleistet. Pannes (2014) bietet eine Darlegung theoretischer Gemeinsamkeiten unterschiedlicher Operationalisierungen und theoretischer Zugänge informellen Regierens. Absicht ist es, ein heuristisches Konzept zu entwickeln, mit dem Informalität als Faktor politischer Entscheidungsfindungsprozesse analysiert und kategorisiert werden kann.

Erkenntnisse über Entstehungsbedingungen informaler Elemente der Regierungssystems der EU bietet die Studie von Kleine (2013). Durch eine Auswertung von Primärquellen aus europäischen Archiven sowie weiteren Quellenmaterialien gelingt es der Studie aufzuzeigen, wie die Weiterentwicklung formaler Institutionen verknüpft ist mit der Entstehung informeller Normen für einen Zeitraum von den Römischen Verträgen bis in die heutige Zeit. Mehr noch, Kleine konstatiert, dass das Vorhandensein und die Flexibilität informaler Normen (Über-) Lebenselixier der EU als Ganzes sei:

> „As a result, formal and informal institutional elements complement each other and sustain a deep level of integration that neither formal rules nor informal norms alone permit. This implies substantively that the European Union has been able to achieve and maintain the depth of economic integration *not only* because of its intrusive supranational institutions *but also* because informal governance allows the member states to flexibly tailor the costs of economic integration to what the domestic level is capable of bearing“ (Kleine 2013: 155, Hervorhebung im Original).

2.3.2. Empirische Befunde zu Informalität im Parlament

Die Literatur, die sich mit Informalität im Parlament beschäftigt, lässt sich untergliedern in Beiträge, die sich mit informellen Normen und Regeln beschäftigen und denen, die sich mit informellen Handlungsformen und Verfahren in unterschiedlichen Zusammenhängen beschäftigen (vgl. Schöne 2014: 158).

> „Informelles Regieren kann einerseits als Ausdruck verinnerlichter, habitualisierter Rollen der politischen Akteure und ihrer Sozialisation interpretiert werden, andererseits als eine strategische Antwort der handelnden Akteure auf die unterschiedlichen institutionellen Bedingungen des Regierungssystems“ (Lesmeister 2008: 39).

Informale handlungsleitende Normen im Parlament

In der deutschen Politikwissenschaft wurden Verhaltensweisen sowie die grundlegenden Normen und Rollenverständnisse von Parlamentariern erst in den 1980er Jahren verstärkt analysiert (vgl. Patzelt 1993). Zuvor lag der Fokus der politikwissenschaftlichen Analyse auf dem institutionellen und verfassungsrechtlich normierten Gefüge des politischen Systems (vgl. Schöne 2014: 156).

Die explorative Untersuchung von Mayntz/Neidhardt (1989) zu handlungsleitenden Normen von Parlamentariern etablierte sich als Standardwerk (vgl. Schöne 2014: 156-157). In neueren Studien wurden deren Erkenntnisse durch Ergebnisse zu informalen Strukturen, Mechanismen und Normen im Parlament erweitert, u.a. von Leuschner (2011), Schöne (2010; 2014), Schulz (2011), Schwarzmeier (2002; 2001), Wasner (1998). Wesentlicher empirischer Befund von Mayntz/Neidhardt (1989) ist, dass Wettbewerb unter den Parlamentariern das prägende Wesensmerkmal der Beziehungsstruktur im Deutschen BT ist. Integrierende Funktionen sowie die Fähigkeit, diese Konkurrenz zu überwinden, haben informale Normen innerhalb der parlamentarischen Fraktionen. Hierzu zählen u.a. das Kollegialitätsprinzip im Miteinander mit anderen Fraktionskollegen sowie das Unterlassen von öffentlichem Abweichen der Fraktionsposition. Sie vermögen es, ein Zersplittern des BT auf Grund von divergierenden machtpolitischen Interessen zu verhindern (vgl. Schöne 2014: 159-160; Mayntz/Neidhardt 1989).

Schöne (2010; 2014) erweitert diesen Erkenntnisstand in seinen eigenen Forschungsarbeiten mit dem Befund, dass es zudem informale Normen gibt, die auch ein Auseinanderbrechen entlang der Fraktionslinien verhindern. Informale Regeln, die das Miteinander bzw. Gegenüber verschiedener Fraktionen im BT anleiten sind „Respekt", „Kooperationsbereitschaft", „Verlässlichkeit", „Sachkunde", „Fairness" und „Loyalität" (vgl. Schöne 2010: 197–200).

Informale Normen innerhalb der Fraktionen mit integrativem Charakter werden mit den Begriffen „Spezialisierung" und „Solidarität" umschrieben (vgl. Schöne 2010: 200–206). Spezialisierung bezieht sich hierbei auf das jeweilige Politikfeld bzw. den thematischen Zuständigkeitsbereich eines Abgeordneten. Hier gilt es, „Expertentum" auszubilden (vgl. Kropp 2013a: 131; Oertzen 2006; Schöne 2014: 160).

> „Für die Fraktion Verantwortung in einem Politikfeld zu übernehmen, bedeutet zugleich Ressortabgrenzungen zu beachten und sich nicht in die Zuständigkeiten anderer Abgeordneter einzumischen oder sich gar in den Medien zu Politikfeldern zu äußern, die von anderen Kollegen vertreten werden" (Schöne 2014: 160).

Solidarität bezieht sich v.a. auf die Unterstützung einer im kommunikativen Aushandlungsprozess getroffenen gemeinsamen Fraktionslinie, selbst wenn man in dem Prozess eine andersartige Position vertreten hat:

> „Sich gegenüber der eigenen Fraktion solidarisch zu verhalten, bedeutet vor allem, von der Fraktionsmehrheit getroffene Entscheidungen mit zu tragen und sich öffentlich nicht gegen sie zu positionieren, auch wenn man im Entscheidungsprozess andere Auffassungen vertreten hat. Eine gemeinsam beschlossene Fraktionslinie sollte öffentlich nicht kritisiert werden, weder im Wahlkreis noch gegenüber Medienvertretern" (Schöne 2014: 160).

Innerhalb der Aktionseinheit von Regierungsfraktionen und Regierung wurde eine wechselseitige Solidaritätserwartung festgestellt. Demnach bestehen nicht nur Solidaritätserwartungen gegenüber den Positionen der eigenen Fraktion, sondern auch gegenüber denen eigener Regierungsmitglieder. Im Gegenzug sollten die Regierungsmitglieder die Positionen der Fraktionsmitglieder und deren Anliegen ernstnehmen. Sanktionsmöglichkeiten eröffnen sich z.B. durch das Stellen kritischer Fragen im Rahmen der Berichterstattung in den Ausschuss-Sitzungen (vgl. Schöne 2014: 161).

Orte und Charakteristika informellen Handelns im Parlament

Grundlegend lassen sich aufbauend auf die Studien von Schöne (2014, 2010) und Schwarzmeier (2001) grundlegend vier Orte informellen kommunikativen Handelns im Parlament unterscheiden. Hierunter sind „Gelegenheiten am Rande von Sitzungen" oder politisch-gesellschaftlicher Veranstaltungen, bei „Gelegenheiten der Essensaufnahme", am Telefon sowie in „institutionalisierten bzw. parainstitutionalisierten Formaten informeller Kommunikation" (vgl. Schöne 2014: 163; Schöne 2010: 179–187, Schwarzmeier 2001: 207). Schwarzmeier ergänzt diese Orte der Kommunikation mit der Variable der „Stabilität der Kommunikationsbeziehung" (vgl. Schwarzmeier 2001: 207).[32] Insbesondere die Arbeitskreise der Fraktionen wurden als bedeutende Orte der informellen Abstimmung und Konfliktbearbeitung identifiziert (vgl. Schöne (2014); Schulz (2011); Schwarzmeier (2001).

Oertzen (2006) stellt in seiner Studie eine Erweiterung des Rollenkonzeptes von Parlamentariern vor, indem eine Gliederung in drei Ebenen vorgenommen wird. Demnach setzen sich die Rollen aus dem Rollenverhalten und Rollenorientierungen der Rolleninhaber sowie der an sie gerichteten Erwartungen heran. Bei der Berücksichtigung der unterschiedlichen parlamentarischen Rollen wie u.a. Berichterstatter, Sprecher, Obleute und Arbeitskreisvorsitzender wurde die herausgehobene Stellung der Arbeitskreisvorsitzenden identifiziert (vgl. Oertzen 2006: 109-130). Im Hinblick auf das Beziehungsgeflecht der Akteure konnte festgestellt werden, dass der Großteil der informellen Kontakte und Tauschbeziehungen von Personen auf der gleichen hierarchischen Ebene erfolgt, also von Fachpolitiker zu Fachpolitiker bzw. Fraktionsmitarbeiter zu Fraktionsmitarbeiter (vgl. Schöne 2014: 166). Zu einem tiefergehenden Verständnis informeller Entscheidungsprozesse haben Studien beigetragen, die mittels mikropolitischer Perspektive und durch Anwendung ethnographischer Methoden die Vorgänge in parlamentarischen Gremien untersuchen. Hierzu zählen u.a. Pritzlaff/Nullmeier (2009), Nullmeier et al. (2008), Nullmeier et al. (2003), Pritzlaff (2003) (vgl. Schöne 2014: 167).

---

32 Auf Grundlage dieser Erkenntnisse werden die Annahmen der PAT erweitert und Typologien informeller Handlungsstrategien sowie informeller Handlungsarenen der MdB in AdEU entwickelt. Diese leiten die empirische Analyse der hier angestellten Untersuchung (vgl. hierzu Kapitel 3.2.4 und 3.2.5).

2.3.3. Forschungsstand zur Rolle des Bundestages in der EU-Politik und Aufdeckung der Forschungslücken

Neben dem Forschungsstand zu Informalität bzw. des informellen Handelns in der Regierungs- und Parlamentarismusforschung bildet die Forschung zur Rolle des BT als mitgliedstaatliches Parlament innerhalb der EU den weiteren relevanten Forschungsbereich auf dessen Erkenntnisse diese Untersuchung aufbaut. Hier sind zunächst die Forschungsarbeiten zu nennen, die sich mit der grundsätzlichen Eingliederung des BT in das politische Gesamtgefüge und den Wesensmerkmalen des parlamentarischen Regierungssystems sowie der Binnenorganisation von Parlamenten widmen.[33]

Inwieweit und inwiefern der BT Veränderungs- und Anpassungsprozesse auf Grund der Mitwirkung und Verantwortung in der EU-Integration innehat, ist ein Forschungsfeld, das zur Europäisierungsforschung zuzuordnen ist (vgl. Schulz 2011: 14; Beichelt 2009: 13; Kropp et al. 2012).[34]

Das Konzept der Europäisierung umschreibt einen Wandlungsprozess, der grundsätzlich aus zweierlei Perspektiven konzeptualisiert werden kann. Zum einen sind die EU-Institutionen mit Kompetenzen und Kapazitäten derart ausgestattet, dass sie Ausgangspunkt von Veränderungsprozessen sein können, die sich wiederum auf nationalstaatlicher Ebene manifestieren (top-down Prozess). Andererseits bieten die EU-Institutionen den nationalstaatlichen Regierungen eine Plattform für eine Politikgestaltung auf der EU Ebene, die sie befähigt, das Wesen der EU und seine Mechanismen maßgeblich zu gestalten (bottom-up Prozess).

Die Frage, welche Rolle die nationalen Parlamente in der EU ausfüllen können und sollen ist eng verknüpft mit grundsätzlichen Fragen zu Bewertungsmaßstäben und Erscheinungsformen von Demokratie in postparla-

33 Zur Rolle von Parlamenten vgl. u.a.: Beichelt 2009; Beyme 2014; Brummer et al. 2013; Burkhardt 2000; Ismayr 2012, 2001, 1997; Mill 1861; Oberreuter et al. 2002; Olson/Norton 1996; Patzelt 2014; 2013; 2012; 2009; 1999; 1995; Rudzio 2015, 2000; Schrenk/Ismayr 2010;Sebaldt 2009; Siefken 2013; Steffani 1989a; Steffani 1989b; Sturm/Pehle 2012, 2005; Wasner 1998.

34 Vgl. Auel/Benz 2005; Benz 2005; Beichelt 2009; Börzel 2000; Börzel/Risse 2000; Featherstone/Radaelli 2003; Goetz/Meyer-Sahling 2008; Ladrech 1994; Olsen 2002; Radaelli 2004; Schulz 2011; Töller 2004; Vink/Graziano 2007.

mentarischen[35] bzw. postnationalen[36] Konstellationen.[37] Die Debatte um einen Legitimations- und Demokratiedefizit der EU wird auch unter dem Begriff der Ent- bzw. Deparlamentarisierung[38] geführt und wurde in jüngerer Zeit durch Konzepte wie das *multi-level parliamentary field* Crum/ Fossum (2009) und *justified multi-level parliamentarism* Neyer (2014) bereichert.

Teil dieser Debatte ist die Frage, welchen Beitrag die nationalen Parlamente zur Demokratisierung der EU beitragen können und welche Funktionen der klassischen Parlamentsfunktionen hierfür die relevantesten bzw. geeignetsten sind.[39] Die in diesem Feld zentralen Fragen nach der institutionellen Einbindung nationaler Parlamente sowie der Stellung des EP auf der EU-Ebene[40] und Repräsentations- und Kooperationsmodi nationaler Parlamente im politischen System der EU bilden das weitere Forschungsfeld, in dem sich die hier angestellte Untersuchung verortet.[41]

Empirische, komparative Analysen über die Anpassungsleistung nationaler Parlamente in der EU sowie die Erforschung der Ursachen für unterschiedliche Machtpotentiale und Anpassungsleistungen nationaler Parla-

35 Vgl. u.a. Andersen/Burns 1996; Benz 1998; Crouch 2008; Jörke 2005; Kajewski 2014; Mouffe 2011; Oberreuter 2013.

36 Vgl. u.a. Abromeit 2002; Habermas 1998; Kluth 2013; Neyer 2014, 2004; Zürn 1998.

37 Vgl. u.a.: Forst 2011; Forst/Schmalz-Bruns 2011; Franzius et al. 2014b; Franzius/ Preuß 2012; Franzius et al. 2010; Grimm 2015; 2014; 2003; 2001; Majone 1998; Moravcsik 2008; 2002; Neyer 2015; 2014; 2012a; 2012b; 2011; 2007; 2006; 2004; Rittberger 2003; Scharpf 2014; 2009; 1999; 1993a; 1993b; 1991 Scharpf 1993a; 1999; 2009; 2014; Schmalz-Bruns 1999.

38 Vgl. u.a.: Auel 2014; Börzel 2000; Schüttemeyer 2009, 1979, kritisch hierzu: Kropp 2008: 50–53.
Wobei diese Debatte im Rahmen der Parlamentarismuskritik schon auf eine längere Tradition zurückblicken kann und die Veränderungen und Anpassungsprozesse an die Europäische Integration hier somit nur einen weitere Etappe aus jüngster Zeit darstellt, vgl. Beyme 2014; Marschall 2005.

39 Zum Beitrag nationaler Parlamente zur Demokratisierung der EU vgl. u.a. Abels 2013b; Becker/Pintz 2012; Cooper 2013; Helms 2008; Kietz/Maurer 2012; Kohler-Koch 2007; Maurer 2012b, 2011, 2009, 2002a, 2002b; Maurer/Wessels 2001; Mayer 2012b; Steffani 1971; 1989b.

40 Vgl. u.a. Dialer et al. 2015: 309–340; Maurer 2015, 2013a, 2013b, 2012a, 2012b, 2011, 2009, 2002a, 2002b; Maurer/Kietz 2004, 2003; Wessels et al. 2003.

41 Vgl. hierzu Kapitel das Kapitel 2.4.

mente sind in jüngster Zeit zu einer schier unüberschaubaren Menge angewachsen.[42]

Die Neuerungen des Vertrages von Lissabon und dem Protokoll zu Nationalen Parlamenten werden als Ausgangspunkt genutzt, um Veränderungen durch die Erweiterungen der Mitwirkungsrechte auf EU-Ebene in der Arbeitsweise der nationalen Parlamente auf nationaler und EU-Ebene zu analysieren. Hier wird u.a. die sogenannte Wächterrolle der Parlamente im Rahmen der Subsidiaritätsprüfung im Hinblick auf eine Stärkung der Einflussmöglichkeiten der nationalen Parlamente untersucht.[43] Auch die Auswirkungen der Finanz- und Wirtschaftskrise der EU wird in ihren Auswirkungen auf die nationalen Parlamente in der EU beleuchtet.[44] Selbst die Frage der Einbindung regionaler Parlamente auf die EU-Ebene ist ein Forschungsfeld, welches zunehmend Aufmerksamkeit erfährt. [45]

Somit kann konstatiert werden, dass der parlamentarische Anpassungs- und Wandlungsdruck ein dynamischer Prozess ist, der stetig Anlass zur wissenschaftlichen Debatte und Analyse ist.[46] Diese Arbeit verfolgt eine auf die Binnensicht des BT fokussierte Analyse und betrachtet die praktische und tatsächliche Mitwirkung im Hinblick auf informelle und proaktive Formen der Mitwirkung an EU-Rechtsetzungsvorhaben auf nationaler

---

42 Für komparative Studien zu nationalen Parlamenten in der EU: Vgl. u.a.: Auel 2015; 2008; Auel/Benz 2005; Auel/Höing 2015; Auel et al. 2015; Auel/Christiansen 2015; Auel/Raunio 2014a; 2014b; Becker/Pintz 2012; Buche 2013; Buzogány 2013; Cygan 2013; 2001; Dittgen 2011; Duina/Raunio 2007; Finke/Dannwolf 2013; Hefftler et al. 2015; Janowski 2005; Karlas 2012; Kiiver 2006a, 2006b; Raunio 2011; 2009; 2005b; 2005a; 1999; Sprungk 2013; 2010; Töller 2010; 2009; Weber-Panariello 1995; Wendler 2014; Winzen 2013; 2012; Winzen et al. 2013.

43 Vgl. u.a. Auel/Christiansen 2015; Maurer/Becker 2004; Raunio 2005b; Plottka 2012; Buzogány/Stuchlik 2012; Gattermann/Hefftler 2015; Mellein 2007; Preising 2011; Paulo 2012; Wilde 2012.

44 Zu den Auswirkungen der Finanz- und Währungskrise auf nationale Parlamente vgl. u.a.: Auel/Höing 2015; 2014; Bellamy/Weale 2015; Buzogány/Kropp 2013b; Habermas 2014; Karpen 2013; Maurer 2015; Neyer 2015; Pernice 2012; Puntscher Riekmann/Wydra 2013; Risse 2014; Scharpf 2014; Schwanholz 2015.

45 Vgl. u.a. Abels 2013a; Eberbach-Born 2013; Johne 2000; Mielke/Reutter 2012; Reutter 2013; Schneider et al. 2014.

46 Es bleibt jedoch zu berücksichtigen, dass dies nur ein Einflussfaktor ist, der Parlamente unter Anpassungsdruck setzt und Einfluss nimmt auf die Handlungs- und Gestaltungsfähigkeit von nationalen Parlamenten. Charakterveränderungen des Parlamentarismus werden ebenso durch u.a. die Mediendemokratie sowie die transnationale und globale Verflechtung ausgelöst vgl. u.a.: Beichelt 2009; Beisheim/Brunnengräber 2008.

wie EU-Ebene am Beispiel des 8. Forschungsrahmenprogrammes Horizont 2020. Die hier angestellte Untersuchung versteht sich als einen Beitrag, der empirische Erkenntnisse über die derzeitige Anpassungsleistung und Darstellung der tatsächlichen politischen Handlungsformen mit dem Schwerpunkt auf informale Mitsteuerungsmaßnahmen gegenüber der BReg sowie Entscheidungsträgern auf EU-Ebene bietet. Damit generiert sie empirische Befunde für die normative Debatte über die demokratische Ausgestaltung der EU, steigt aber nicht selber in diese ein.

Obwohl die Publikationen zur Anpassungsleistung nationaler Parlamente in der EU mit einer komparativen Perspektive in den vergangenen Jahren stark angewachsen sind, so gilt dies nicht entsprechend für die Analyse der alltäglichen informellen Praxis des BT. Berücksichtigt man nur die Studien, die sich explizit auf Anpassungs- und Veränderungsprozesse in einzelnen Fachpolitiken beziehen, verringert sich die Anzahl zusehends und lässt eine eklatante Forschungslücke offenbar werden. Zur Schließung diese Forschungslücke möchte die vorliegende Arbeit beitragen. Zudem müssen auf Grund der dynamischen Entwicklungen der formalen Mitwirkungsrechte des BT in AdEU auch jüngere Studien als veraltet eingeordnet werden.

Diejenigen Arbeiten, die relevanten Beitrag leisten durch empirische Befunde sowie anknüpfungsfähige theoretische wie konzeptionelle Vorgehensweise und auf denen diese Arbeit aufbauen kann, sollen nachfolgend vorgestellt werden. Zuvor erfolgt zunächst eine kompakte Erwähnung derjenigen Ereignisse, die in jüngster Zeit neuen Anpassungsdruck auf den BT ausgelöst haben (vgl. hierzu ausführlich Kapitel 4.1.1).

Ein Wesensmerkmal der politik- wie rechtswissenschaftliche Debatte über die Rolle des BT als nationales Parlament in der EU ist, dass es je parallel zu den Vertiefungsschritten in der EU bzw. mit Neuverhandlungen der vertraglichen Grundlagen der EU auch die Debatte um die Rolle und Europafähigkeit des BT erstarkte. So wie die meisten anderen mitgliedstaatlichen Parlamente der EU vermochte auch der BT als Akteur im politischen System Deutschland seine Position nur inkrementell anzupassen (vgl. Kropp et al. 2012: 113). Ereignisse, die für die Entwicklung eines europapolitischen Bewusstseins und der Einsicht zu Anpassungsbedarf befördert haben, waren neben den Neuverhandlungen der EU-Verträge krisenhafte Ereignisse wie der Skandal um den Europäischen Haftbefehl[47]

47 BVerfG, 2 BvR 2236/04 vom 18. Juli 2005.

und die Dienstleistungsrichtlinie (DL-RL). In jüngster Zeit sind vor allem die Wirtschafts- und Finanzkrise der EU und der in diesem Zusammenhang notwendig gewordenen Finanzhilfen für Griechenland zu nennen (vgl. Buzogány/Kropp 2013a: 166, 2013b; Häde 2012).

Eine bedeutende Rolle bei der Fortentwicklung der innerparlamentarischen Sensibilität für die Verantwortung der MdBs, die europäische Integration aktiv mitzugestalten, spielte dabei immer auch das BVerfG, dessen Rolle als politischer Akteur in diesem Rahmen selber Thema wissenschaftlicher Analyse ist.[48] Im Zuge der Klage der Fraktion Bündnis 90/Die Grünen kam es auf Grund des Urteils des BVerfG[49] zu einer Neugewichtung der Informationspflichten der BReg gegenüber dem BT in AdEU und einer Klärung der Frage, was zu den AdEU an sich gezählt werden kann. Dies befeuerte erneut die Debatte um die Fragen des *Kernbereiches der Exekutive*[50]. Dies umfasst die Frage welche Prozesse noch zur regierungsinternen Abstimmung gehören und ab wann die BReg verpflichtet ist, den BT zu unterrichten.[51]

Die beim Umweg über das BVerfG gewonnen Errungenschaften und angestoßenen Debatten haben dabei Auswirkungen auf den BT als Ganzes, sind aber insbesondere für die Rolle der Oppositionsfraktionen und deren Kontroll- und Mitwirkungsfähigkeit von Bedeutung. Zudem sollte der Aspekt nicht vernachlässigt werden, dass auf Grund der erstarkten Rolle Deutschlands[52] und der damit einhergehenden Führungsrolle der Bundeskanzlerin Angela Merkel ebenso die europapolitische Mitwirkung des BT u.a. im Rahmen der Bewältigung der Wirtschafts- und Finanzkrise der EU weltweit eine erhöhte Aufmerksamkeit erhalten hat.

Die Arbeiten von Sturm/Pehle 2012; 2005 und Beichelt 2009 analysieren auf einer systemischen Makro-Ebene die Veränderungen des politischen Systems auf Grund der Integration und Vernetzung innerhalb der EU. Sie berücksichtigen hierbei auch den BT und seine Einbettung in das institutionelle Gefüge. Gleichwohl gehen sie weder auf die Mikro-Ebene der alltäglichen parlamentarischen Praxis noch auf die Prozesse und infor-

48 Vgl. u.a.: Höing 2012; Höreth 2015; Lhotta/Ketelhut 2015; Möllers/Redcay 2013; Patzelt 2015; Stüwe 2015; Vorländer 2015.

49 BVerfG, 2 BvE 4/11 vom 19. Juni 2012.

50 Vgl. u.a.: Baer 2001; Möllers 2008.

51 Vgl. BVerfG, Urteil des Zweiten Senats vom 19. Juni 2012, 2 BvE 4/11.

52 Vgl. hierzu u.a.: Bulmer/Paterson 2013; Schweiger 2015.

malen Handlungsstrategien innerhalb eines spezifischen Politikfeldes bzw. Rechtsetzungsvorhabens ein.

Die Beiträge von Maurer[53] erfuhren in der wissenschaftlichen wie politisch-praktischen Debatte hohe Aufmerksamkeit. Fokus seiner Analysen war eine komparative Analyse und systematische Beschreibung des Mehrebenenparlamentarismus der EU mit einer Schwerpunktsetzung auf das Europäische Parlament. Die Studie von Demuth (2009) kennzeichnet sich dadurch aus, dass er explizit die Anpassung- und Wandlungsfähigkeit der MdBs in den Blick nimmt und dies im Hinblick auf die Mitwirkung in AdEU tut. Damit bietet er vertiefte Einblicke in das Rollenverständnis von MdBs. Eine Schwäche ist jedoch, dass er lediglich die Mitglieder des EU-Ausschusses in seine Analyse einbezieht und nicht auf Ebene der anderen Fachausschüsse des BT Anpassungsfähigkeiten untersucht. Auch die Beiträge von Töller (2004; Töller 1995) tragen zu einem vertieften Verständnis der Anpassungsprozesse des BT bei, müssen aber angesichts der Konzentration auf den EG-Ausschuss sowie die dynamischen Entwicklung in diesem Feld als veraltet betrachtet werden.

Die Analysen und empirischen Befunde von Auel tragen vielfältige Erkenntnisse für diese Untersuchung bei. Auel analysiert die Anpassungs- und Entwicklungsprozesse des BT sowie der nationalen Parlamente in der EU allgemein[54], u.a. im Rahmen von Forschungsprojekten[55] zur Rolle der nationalen Parlamente. Zudem konzeptualisiert Auel das Beziehungsgeflecht zwischen BT und BReg auch an Hand der Prämissen der PAT und bietet daher vielfältige Anknüpfungspunkte für die theoretische Konzeption ebenso wie die empirische Erhebung dieser Untersuchung.

Die Beiträge von Kropp[56] bieten für die hier angestellte Untersuchung vielfältige Anknüpfungspunkte. Fundierte Erkenntnisse liefern wegberei-

---

53 Vgl. u.a.: Maurer 2009; 2002a; 2002b; 2001; Maurer/Becker 2004; Maurer/Kietz 2003, 2004, 2005; Maurer/Wessels 2001.

54 Vgl. u.a.: Auel 2015, 2014, 2013, 2010, 2009, 2008, 2007, 2006b, 2006a, 2005; Auel/Benz 2005; Auel/Christiansen 2015; Auel/Höing 2015, 2014, Auel/Raunio 2014a, 2014b; Auel et al. 2015; Auel et al. 2012.

55 Hierzu zählen u.a. Observatory of National Parliaments after the Lisbon Treaty (OPAL), im Internet einsehbar unter: http://www.opal-europe.org/; PACE, Parliamentary Communication of Europe, PADEMIA, Parliaments and Citizens in Europe.

56 Vgl. u.a. Kropp 2013b, 2013a, 2010b, 2010a, 2008, 2003b, 2000; Kropp et al. 2012; Kropp et al. 2011; Kropp/Ruschke 2010; Eberbach-Born/Kropp 2013, Buzogány/Kropp 2013b, 2013a.

tende Studien von Kropp zu informellen Prozessen im Rahmen der Koalitionsforschung. Die besondere Relevanz für die hier unternommene Untersuchung besitzen die Arbeiten von Kropp wegen der Konzeptionalisierung informaler Handlungsressourcen der Akteure sowie der vertieften Einblicke in die Verwobenheit von parlamentarischer und administrativer Ebene. In aktuellen Beiträgen untersucht Kropp gemeinsam mit Buzogány inwiefern von MdBs durch strategische Vernetzung mit der Ministerialverwaltung Expertise bei der Begleitung und Bewältigung der Euro- und Finanzkrise ausbilden können (vgl. Kropp/Buzogány 2016, Buzogány/Kropp 2013a, 2013b). Hierbei kommt u.a. zum Ausdruck, dass im Rahmen der Krisenbewältigung zwar die Exekutivlastigkeit der EU-Politik verstärkt wird. Die Krisensituation eröffnet jedoch auch eine Gelegenheit, bisherige tradierte Verfahren aufzubrechen sowie für die Veränderung der Mitwirkungsrechte einzustehen. Damit stützen diese Befunde die These der Reparlamentarisierung. Der BT kann – wenn auch langsam – durch stete Reformbemühungen, Geländegewinne verzeichnen kann und sich neue Handlungsressourcen eröffnen (vgl. Kropp 2013b: 181). Zu einem ähnlichen Ergebnis kommt auch die Studie von Calliess/Beichelt 2013.[57] Sie bieten einen aktuellen Einblick in das Geschehen innerhalb des BT sowie in Bezug auf seine Stellung gegenüber der BReg im Rahmen der Euro- und Finanzkrise. Hierbei werden sowohl wesentliche rechtliche Neuerungen und Neuerungen des EUZBBG beschrieben sowie kompakt interne Anpassungsleistungen vorgestellt (vgl. Calliess/Beichelt 2013).

Die Arbeit von Schulz (2011) nimmt den BT als nationalstaatliches Parlament in einer Mikro-Perspektive in den Blick. Sie vermittelt einen vertieften Einblick in die Koordinierung und Vernetzung nationaler Parlamente auf EU-Ebene sowie vereinzelt Einblicke in informale Handlungsprozesse in AdEU. Da sie jedoch keinen politikfeldspezifischen Fokus verfolgt, kann sie in diesem Bereich nicht die Fülle an Einblicken bieten, wie das die hier vorgelegte Arbeit anstrebt. Zudem muss aufgrund der dynamischen Entwicklung in der Folge der Wirtschafts- und Finanzkrise und der damit im Zusammenhang stehenden Rechtsprechung des BVerfG die Arbeit als veraltet gelten. Dies gilt in vergleichbarer Weise für Forschungsbeiträge, die sich den rechtlichen Grundlagen der Mitwirkung des BT in AdEU widmen, wie u.a. Cygan (2001), Freuendorfer (2008) und Janowski (2005).

57 Vgl.: Calliess 2012b; Calliess/Beichelt 2013; Kietz 2013.

Neben den oben vorgestellten teils empirischen Arbeiten zur Europäisierung des BT sind eine Vielzahl von Aufsätzen publiziert worden, die sich Einzelaspekten widmen. Darunter u.a. den Veränderungen auf einfachgesetzlicher Ebene sowie den Anpassungsprozessen im Wissenschaftlichen Dienst des BT, die wichtige aktuelle Beiträge darstellen, aber nicht die Tiefe der hier vorgestellten Arbeit erreichen können.[58]

2.4. Relevanz der Mitwirkung des Bundestages für die demokratische Verfasstheit der EU

Warum ist es relevant, die politischen Praktiken der MdBs bei der Mitwirkung an EU-Rechtsetzungsverfahren zu analysieren? In welchem Zusammenhang steht diese Untersuchung mit der Frage nach der demokratischen Verfasstheit der EU? Die Analyse der tatsächlichen parlamentarischen Praktiken, d.h. der Maßnahmen zur Beeinflussung der Politikgestaltung auf EU-Ebene, zielt darauf, Erkenntnisse über die *tatsächliche* demokratische Verfasstheit der EU zu erlangen. Somit berührt diese Analyse die wissenschaftliche wie öffentliche Auseinandersetzung mit der Frage nach der Demokratiehaftigkeit und Demokratiefähigkeit der EU an sich – gleichwohl diese Debatte nicht der zentrale Fokus dieser Untersuchung darstellt.

> „In der parlamentarisch-repräsentativen Demokratie ist das Parlament die entscheidende Vermittlungsstelle zwischen Volk und exekutiver Staatsgewalt“ (Veil 2007: 127).

Die Relevanz der ausgebildeten informellen Praktiken und Strategien der Parlamentarier im Hinblick auf die Demokratiehaftigkeit der EU ergibt sich durch die grundlegende Relevanz des Parlamentes in einer parlamentarisch-repräsentativen[59] Demokratie:

---

58 Vgl. u.a.: Barnickel 2012; Beichelt 2012; Buzogány/Kropp 2013b; Daiber 2012; Eberbach-Born et al. 2013; Eisele 2012; Gröning von Thüna 2010; Hölscheidt 2013; Kropp 2013b; Kropp 2010b; Patzelt 1999; Rauh 2015; Rohleder/Schöler 2013; Schäfer/Schulz 2013; Schröder 2012; Schüttemeyer 2013; Sinner 2012; Vollrath 2011; Wichmann 2012.

59 Das Demokratieprinzip ist existenziell mit dem Prinzip der Repräsentation verbunden. Für einen Überblick über die Entwicklung sowie den aktuellen Stand der Repräsentationsforschung vgl. Kühne 2013.

„In westlichen Demokratien sind Parlamente letztgültige Legitimationsinstanzen politischer Entscheidung und staatlichen Handelns. Eingebunden in verschiedene gewaltenteilende Vorkehrungen sind sie es, die die Volkssouveränität - das tragende Konzept neuzeitlicher Demokratie - wie kein anderes Verfassungsorgan verkörpern. Parlamente operationalisieren Volkssouveränität gleichsam; sie übersetzen diese mit Hilfe des Repräsentationsprinzips in gemeinwohlorientierte Verteilungs- und Regelungsentscheidungen, die dem Widerstreit der Interessen den verbindlichen und akzeptierten Schlußpunkt setzen, der mindestens solange gilt wie der Wählerauftrag des Parlaments" (Schüttemeyer 1993: 47).

Das Parlament fungiert somit u.a. als ein öffentliches Forum, in dem unterschiedliche gesellschaftliche Interessen aufeinandertreffen bei der Aushandlung von allgemein verbindlichen Entscheidungen.

„Die spezifische Rationalität des parlamentarischen Verfahrens besteht darin, dass dort an einem von allen Bürgerinnen und Bürgern beobachtbaren, stetigen Ort kontinuierlich Kompromisse ausgehandelt und öffentlich vermittelt werden müssen und man als Abgeordneter und Politiker für die jeweiligen Ergebnisse dieses Prozesses spätestens bei der nächsten Wahl verantwortlich gemacht werden kann" (Voßkuhle 2012: 5).

Parlamente sind somit die zentrale Institution der „Aggregation, Spiegelung und Rückkopplung gesellschaftlicher Problemlagen und Konflikte" (Maurer 2011: 50). Sie stellen die erforderliche Grundlage für ein demokratisches Herrschafts- und Gesellschaftssystem dar (vgl. Maurer 2011: 50). Im Hinblick auf die Legitimierung der Herrschaftsausübung der EU, die durch Fortschreiten der EU-Integration in immer weitreichenderem Maße allgemein verbindliche Entscheidungen für die Bürger der EU-MS trifft, obliegt dem BT im besonderen Maße die Verantwortung für die parlamentarische Begleitung und Kontrolle der EU-Integration Deutschlands:

„Nach dem Grundgesetz ist der Deutsche Bundestag der Ausgangspunkt der demokratischen Legitimation und der institutionelle Mittelpunkt des politischen Lebens. Er wird als einziges Verfassungsorgan direkt gewählt und besitzt damit unmittelbare personelle demokratische Legitimation. Auch im Hinblick auf den Prozess der europäischen Integration ist die zentrale Rolle des Bundestages vom Bundesverfassungsgericht mehrmals bestätigt worden. Vor allem in seinem Urteil zum Vertrag von Lissabon und zuletzt auch im Urteil zum Euro-Rettungsschirm wurde die besondere „Integrationsverantwortung" des Bundestages betont, der danach den Entwicklungsprozess der EU aktiv zu begleiten hat" (Voßkuhle 2012: 5, Hervorhebung im Original).

Somit stellt das BVerfG explizit die Erwartung an den BT, diese Integrationsverantwortung aktiv voranzutreiben, um die erforderliche demokratische Legitimation der Herrschaftsausübung der EU zu gewährleisten.

Die Herausforderungen, die sich auf Grund der verstärkten grenzüberschreitenden Vernetzung und Interdependenzen ergeben, erfordern eine Koordination und Regulation von Herrschaftsausübung jenseits des traditionellen Nationalstaates:

> „Es hat sich gezeigt, dass staatliches Vorgehen auf der Grundlage territorialer Souveränität in einem Widerspruch zu den grenzüberschreitenden und interdisziplinären Herausforderungen der Neuzeit treten kann. Für sich gestellt verfügt der Nationalstaat traditioneller Prägung offenbar weder faktisch noch normativ über hinreichende Möglichkeiten, diesen Herausforderungen angemessen zu begegnen“ (Proelß/Uhl 2005: 97).

Der Grad der wirtschaftlichen und sozialen Verwobenheit in Europa erfordert es, gemeinsame Belange in einem dem Nationalstaat übergeordneten, hierfür eigens geschaffenen institutionellen Gefüge zu regeln (vgl. Neyer 2015; Neyer 2012a). Hiermit wird dem Umstand Rechnung getragen, dass staatliches Handeln und Entscheiden, z.B. über den Energiemix oder die Ausgestaltung von Lohnuntergrenzen, nicht nur Auswirkungen auf das eigene Staatsgebiet haben:

> „Genau hier findet die Europäische Union ihren tieferen Grund. Sie ersetzt die mitgliedstaatliche Demokratie nicht, sondern komplettiert sie, indem sie die externen Effekte einzelstaatlichen Handeln quasi „internalisiert“ [...]. Die Integration im Sinne der Schaffung gemeinsamer Institutionen zur Internalisierung externer Effekte ist damit ein direkter Ausfluss des Demokratiegebotes des Grundgesetzes“ (Neyer 2015: 140).

Die verstärkte Interdependenz und Transnationalisierung u.a. in Europa wirft Fragen nach den Bewertungsmaßstäben und der Ausgestaltung demokratischer Legitimation von Herrschaft auf, die sich nach Dahl auf Grund der dritten demokratischen Wende in Herrschaftssystemen jenseits des Nationalstaates stellen (vgl. Dahl 1994, 1989, 1971). Das von Dahl identifizierte Spannungsfeld erfasst die Herausforderungen, denen demokratische Praxis und demokratische Ideale durch die Internationalisierung ausgesetzt sind.

> „Denn durch die Ausweitung der territorialen Grenzen und die Tendenz hin zu supranationalen politischen Institutionen gerät das normative Ideal der Identität von Rechtsautoren und Rechtsadressaten im Sinne der (zumindest potenziellen) Beteiligung aller (Staats-)Bürger beim (diskursiven) Prozess der Rechtsgenese unter massiven Druck. Dies zeigt sich nicht zuletzt in der Frage nach der Demokratiehaftigkeit und Demokratiefähigkeit der Europäischen Union. Zugleich gerät der demokratische Rechtsstaat auf der Ebene des Nationalstaats unter Druck“ (Brodocz et al. 2009: 13).

Die Frage, ob europäische Regierungstätigkeit demokratisch ausreichend legitimiert ist, begleitet die EU bereits seit der Gründung ihres Vorläufers, der EWG.[60] Im Verlauf der Reformen der primärrechtlichen Grundlagen blieb die Debatte über die Form der Behebung des demokratischen Defizits kontrovers und fokussierte sich im jüngsten Reformprozess vor allem auf die Neugestaltung der Mitwirkung der nationalen Parlamente sowie des EP (vgl. Maurer 2012b: 18, 2009).

> „In der zurückliegenden, zum Lissabonner Vertrag führenden Reformdebatte der EU stellte die Auseinandersetzung über Ziele, Methoden und Instrumente zur weiteren Demokratisierung der EU einen Dreh- und Angelpunkt dar, um den die beteiligten Akteure ihre Vorstellungen zur Revision der EU-Verträge formulierten. Hierbei ging es ihnen im Wesentlichen um die Stärkung der Mitwirkungsfunktionen der Parlamente im europäischen Entscheidungssystem" (Maurer 2011: 43).

Seit dem Maastricht-Urteil des BVerfG[61] im Jahr 1993 setzte sich in der wissenschaftlichen Debatte vermehrt das Konzept der dualen demokratischen Legitimation der EU durch (vgl. Achenbach 2014, 2008: 2–3; Bogdandy 2009; Calliess 2010, 2005; Kluth 2013, 1995). Demnach stützt sich die europäische Herrschaftsausübung auf zwei parallele Legitimationsstränge: Auf Grund der direkten Wahl zum EP verleiht die Mitwirkung des EP an EU-Rechtsetzungsvorhaben der EU demokratische Legitimation.[62] Der zweite Strang verläuft in Form einer mehrgliedrigen Legitimationskette, die von den demokratisch verfassten Mitgliedsvölkern ausgehend über die nationalen Parlamente, die Regierungstätigkeit im Rahmen des Ministerrats sowie des Europäischen Rates demokratisch legitimieren:

---

60 Für einen Überblick über die gegenwärtige Diskussion der Demokratiehaftigkeit bzw. das Demokratiedefizit der EU sowie den Entwicklungsverlauf der Debatte vgl. u.a. Alcántara et al. 2016; Abromeit 2002; Buchstein/Jörke 2003; Eriksen 2014; Franzius et al. 2014a; Franzius et al. 2010; Føllesdal/Hix 2006; Habermas 2014; 2013; 2011; 1998; Huget 2007; Jörke 2005; Lembcke et al. 2016; Lembcke et al. 2012; Massing 2012; Mayer 2012a; Merkel 2013; Moravcsik 2008; 2004; 2002; 1997; Scharpf 2009; 1999; 1993a; Schmidt 2010; Weiler 2012; Weiler et al. 1995.

61 BVerfGE 89, 155 (*Maastricht*) vom 12.10.1993.

62 Hierbei verweisen Kritiker darauf, dass das EP je nach Art des Rechtsetzungsverfahrens nicht immer gleichberechtigter Co-Gesetzgeber ist (vgl. hierzu: Achenbach 2014).

> „Entsprechend dem Grundgedanken der dualen Legitimation ergeben sich aus Wahlen zwei Legitimationsstränge: zum einen das auf der Gesamtheit der Unionsbürger fußende Europäische Parlament, zum anderen Rat und Europäischer Rat, deren Legitimation auf den demokratisch verfassten mitgliedstaatlichen Völkern aufruht, so Art. 10 Abs. 2 EUV-Liss. Dabei besteht gegenwärtig ein deutliches Übergewicht bei dem Legitimationsstrang, der über die nationalen Parlamente führt, wie sich insbesondere aus Art. 48 EU sowie der Präponderanz des Rates und des Europäischen Rates in den unionalen Entscheidungsverfahren ergibt“ (Bogdandy 2009: 65).

Allerdings ist die Akzeptanz dieses dualen Legitimationsmodells noch relativ neu (Dittgen 2011: 11). Zunächst konzentrierten sich die Bemühungen auf die Erweiterung und den Ausbau der Kompetenzen des EP zur Behebung des Demokratiedefizits.

In jüngerer Zeit haben die nationalen Parlamente jedoch mehr Aufmerksamkeit erfahren, ob und inwieweit sie bereits *Europafähigkeiten* ausgebildet haben und in der Lage sowie gewillt sind, die demokratische Legitimität der EU zu gewährleisten (vgl. Maurer/Becker 2004; Maurer/Kietz 2004; Maurer/Wessels 2001; Mayer 2012b; Schäfer et al. 2007; Zier 2005).

Klassische Funktionskataloge weisen Parlamenten neben der Legislativ-, Kreations- und Kontrollfunktion auch die Öffentlichkeitsfunktion zu (vgl. Ismayr 2012: 34–42). Diese Funktion der Kommunikation und Herstellung von Öffentlichkeit ist erforderlich, um die Anbindung an den Willen und die Bedarfe der Bürger zu gewährleisten (vgl. Ismayr 2012: 41).

Nach Benz/Broschek (2010) stehen nationalen Parlamenten in der EU im Wesentlichen drei Wege zur Beeinflussung von EU-Rechtsetzungsprozessen zur Verfügung: die Herstellung von Öffentlichkeit über europäische Regierungstätigkeit, die Ratifikation der vertraglichen Grundlagen der EU je nach den verfassungsrechtlichen Grundlagen sowie die Kontrolle der Regierungstätigkeit der beauftragten Verhandlungsführer im Rat der EU. Dies kann je nach den nationalen verfassungsrechtlichen Vorgaben ex-ante, d.h. auf Grundlage eines verfassungsrechtlich gewährten Rechtes der Mandatierung der Regierungsvertreter auf eine spezifische Verhandlungsposition erfolgen. Oder die Kontrolle erstreckt sich auf die Überprüfung und kritische Nachfrage nach den Positionierungen im Verlauf der Verhandlungen (vgl. Benz/Broschek 2010: 2–10; Dittgen 2011: 12).

> „Die wohl wichtigste Funktion nationaler Parlamente in der EU besteht darin, Entscheidungen sowie das Handeln der Vertreter im Europäischen Rat oder Ministerrat öffentlich zu machen, um in den Mitgliedstaaten Debatten zu initiieren. Letztere sind wesentliche Voraussetzung für die Wirksamkeit der in-

direkten, d.h. über die nationale Ebene vermittelten Legitimationskette zwischen Bürgerinnen und Bürgern und der europäischen Politik" (Benz/ Broschek 2010: 3).

Im Verlauf des fortschreitenden Integrationsprozesses wurden im Rahmen der Vertragsreformen inkrementell Befugnisse zur Politikgestaltung auf den Ministerrat und die EU-KOM übertragen. Dies erfolgte im Hinblick auf die parlamentarischen Funktionen in unterschiedlichem Ausmaß. So werden die Kreationsfunktionen zur Bestellung der nationalstaatlichen Regierung nicht vom europäischen Integrationsprozess beschränkt. Auch die Öffentlichkeitsfunktion der nationalen Parlamente wird durch die EU-Integration nicht beschnitten (vgl. Dittgen 2011: 11).

Demgegenüber ist jedoch ein erheblicher Kompetenztransfer im Bereich der Legislativfunktionen erfolgt. Dies geschah zu Lasten der Gestaltungsbefugnisse der nationalen Parlamente bei der Kontrolle der eigenen Regierung sowie der Rechtsetzung. Auf Grund der Ausweitung der Mehrheitsentscheidungen im Rat verliert die legitimierenden Kontrolle nationaler Parlamente auf die Vertreter ihrer Regierung im Rat an Gestaltungs- und Einflussmöglichkeit (vgl. Calliess 2010: 182; Mellein 2007: 143–145). Die Gesetzgebungsbefugnisse des EP wurden – im Vergleich zum Kompetenztransfer auf den Ministerrat – nur in nachgelagerten Schritten und zeitlich abgestuft erweitert und aufgestockt (vgl. Deroin/Neyer 2016; Grimm 2015; Maurer 2011: 44–45). Maurer (2011) verweist in diesem Zusammenhang darauf, dass die EU sich durch ein doppeltes Defizit demokratischer Legitimation auszeichnet:

> „Doppelt, weil den nationalen Parlamenten Handlungsoptionen - insbesondere im Bereich der Gesetzgebung - verloren gingen, die vom Europäischen Parlament nicht unmittelbar aufgefangen wurden, und weil die mit Entscheidungsbefugnissen ausgestatteten Institutionen Ministerrat und Kommission daher die Lebensverhältnisse der Bürgerinnen und Bürger der Union eingreifen können, ohne einer sanktionsmächtigen Kontrolle durch ein aufgrund von Wahlen direkt legitimiertes Organ zu unterliegen" (Maurer 2011: 44–45).

Neben dem Kompetenzverlust der nationalen Parlamente und der Einschränkungen der Legitimationsfähigkeit des EP werden weitere Aspekte als Ursachen für den Mangel an demokratischer Legitimation der EU erachtet.[63]

---

63 Im Fokus dieser Analyse steht der Aspekt der parlamentarischen Legitimation, daher liegt das Hauptaugenmerk auf möglichen Defiziten in diesem Bereich. Somit stehen v.a. die legitimatorische Kraft des EP und der nationalen Parlamente im

Aufgrund der hohen Machtkonzentration im Ministerrat der EU sowie der EU-KOM, der geringfügigen Sanktionsfähigkeit bzw. Kontrollfähigkeit des Regierungshandelns im Ministerrat durch die nationalen Parlamente sowie der weiterhin bestehenden Mängel demokratischer Demokratisierungskraft des EP, wird der EU *Exekutivlastigkeit* attestiert (vgl. Føllesdal/Hix 2006; Andersen/Burns 1996; Raunio 1999). Auswirkung der Exekutivlastigkeit ist die fehlende Rückkoppelung der Entscheidungsprozesse an die Bürger durch die mangelnde öffentliche Auseinandersetzung der konfligierenden und im Wettstreit befindlichen Interessen, die in Form einer lebendigen parlamentarischen Beratung bzw. öffentlichen Debatte erfolgen und vermittelt werden sollte. Zudem wird der Verlust von Transparenz der Entscheidungsverfahren und der Zurechenbarkeit von Entscheidungen bemängelt (vgl. Benz 2003).

Zwar wurden im Rahmen des Vertrages von Lissabon Reformen bei der Beteiligung der nationalen Parlamente sowie des EP eingeführt[64] (vgl. Kietz/Maurer 2012; Maurer 2012a; Maurer/Kietz 2004; Maurer/Ondarza 2012). Jedoch werden den neuen Mitwirkungsrechten der nationalen Parlamente nur begrenzt das Potential zugeschrieben, Quelle pro-aktiver Gestaltungsmacht zu sein (vgl. Gröning von Thüna 2010; Heise 2012; Hölscheidt 2008; Koch et al. 2010; Uerpmann-Wittzack/Edenharter 2009). So bietet die Subsidiaritätskontrolle lediglich einen Mechanismus, Rechtset-

Zentrum. Über die in diesem Bereich feststellbaren Defizite hinaus bestehen jedoch weitere gewichtige Kritikpunkte an der demokratischen Verfasstheit der EU, die mitunter Bezüge zu der parlamentarischen Dimension aufweisen. Hierzu zählt u.a. die Debatte, ob die EU über einen europäischen Demos verfügt bzw. welche Hindernisse dessen Entwicklung hemmen (vgl. zu dieser Debatte Grimm 1995; Kielmannsegg 2003; Scharpf 1999). Darüber hinaus wird der EU grundsätzlich der Vorwurf entgegengebracht ein Projekt der Eliten zu sein, das entkoppelt vom Willen der Bevölkerungen neoliberal dominierte Wirtschaftsinteressen verfolgt, die vor allem spezifischen Partikularinteressen dienen und kaum Vorteile für den Großteil der Bevölkerung bereit stellen (vgl. Habermas 2008; Haller 2009a, 2009b; Føllesdal/Hix 2006; Neyer 2015; Wegmarshaus 2010).

64 Hierzu zählt neben der erheblichen Erweiterung der gesetzgeberischen Befugnisse, die volle Mitentscheidung beim EU-Haushaltsverfahren. Zudem unterliegen folgende Beschlüsse des Rates der Zustimmung des EP: Beschlüsse über die Einleitung einer Verstärkten Zusammenarbeit, die Anwendung der Flexibilitäts- bzw. Kompetenzabrundungsklausel, Beschlüsse über die Anwendung einer allgemeinen "Überbrückungsklausel" beim Übergang von der Einstimmigkeit auf die qualifizierte Mehrheit oder vom besonderen auf das ordentliche Gesetzgebungsverfahren, sowie Beschlüsse, die zur Ausweitung des Anwendungsbereichs führen, wie er in den Verträgen vorgesehen ist (vgl. Maurer 2012a: 20).

zungsbestrebungen der EU abzuwehren und sind nicht Quelle von Gestaltungs- und Mitwirkungspotential im Sinne einer pro-aktiven Mitwirkung. Fraglich bleibt daher, ob und wie die nationalen Parlamente auf dieser Basis, die erforderliche Anpassung parlamentarischer Praxis sowie Kompetenzen und Problembewusstsein für eine aktive und engagierte Kontrolle der Regierungstätigkeit der EU ausbilden (vgl. Becker 2013).

Zudem verbleiben auch nach Inkrafttreten des Lissabonner Vertrages bestehende Schwächen der demokratischen Legitimationskraft des EP. Zu den gewichtigsten Kritikpunkten zählt, dass das EP nicht über ein voll umfängliches Initiativrecht verfügt. Dieses beschränkt sich auf ein konkurrierendes Initiativrecht für die Änderung der Verträge (vgl. Maurer 2012a: 20). Zwar wählt das EP seit dem Vertrag von Lissabon den Präsidenten der EU-KOM, dennoch verfügt es nicht über vergleichbare Machtbefugnisse im Hinblick auf die Wahl und Abwahl einer europäischen exekutiven Regierung, wie dies die nationalen Parlamente im Rahmen ihrer Kreationsfunktion vermögen. Grundsätzlich hinderlich für die Entfaltung eines europäischen Demos bzw. einer vitalen europäischen Öffentlichkeit auf Grundlage parlamentarischer Mitwirkung und Kontrolle des EP, ist die grundlegende fehlende gesamteuropäische Aufmerksamkeit für parlamentarische Prozesse im EP und der daraus resultierenden verminderten Öffentlichkeitsfunktion des EP.

> „The European Parliament cannot be a properly deliberative assembly because of the multi-lingual nature of debates in committees and the plenary without a common political backdrop culture. And, the policy process is fundamentally technocratic rather than political" (Føllesdal/Hix 2006: 536–537).

Zwar wird der Ausweitung des Mitentscheidungsverfahrens im Rat auf eine Vielzahl von Politik- und Regelungsbereichen generell eine demokratisch legitimierende Funktion zugeschrieben. Demgegenüber stehen jedoch empirische Befunde über die Auswirkungen der tatsächlichen Anwendungs- und Umsetzungspraktiken der Abstimmungsverfahren zwischen EP und dem Ministerrat im Rahmen des Mitentscheidungsverfahrens (Reh 2014; Roederer-Rynning/Greenwood 2015). So ist eine Tendenz feststellbar hin zur Verabschiedung von Legislativakten im Rahmen der ersten Lesung:

> „Codecision has de facto become a single-reading legislative procedure. Whereas in the fifth (1999–2004) legislature, every other codecision file was agreed in the second reading, in the seventh (2009–14) European Parliament (EP) term almost 90 per cent of all legislative files under codecision were

adopted as first-reading agreements (FRA)" (Roederer-Rynning/Greenwood 2015: 1148).

Die Verabschiedung eines Rechtsetzungsvorhabens in der ersten Lesung setzt voraus, dass im Vorfeld informelle Formen der Abstimmung und Verhandlung erfolgt sind. Diese Verhandlungsformate werden als Triloge bezeichnet (vgl. Roederer-Rynning/Greenwood 2015; Reh 2014).

> „The critical element behind this phenomenon is the development of inter-institutional trilogue negotiations. Trilogues have no reference in the EU treaties, but have developed in practice from the need of the two branches of the legislature, the Council of the European Union (Council of Ministers – CoM) and European Parliament, to manage their interdependence" (Roederer-Rynning/Greenwood 2015: 1148).

Kritisch zu bewerten an dieser Entwicklung ist vor allem der Wegfall einer vitalen parlamentarischen Debatte. Es vermindert die Auseinandersetzung und Konfrontation potenziell bestehender gesellschaftlich widerstrebender Interessenlagen. Dadurch wird ein notwendiger argumentativ unterlegter Argumentationsaustausch behindert, der öffentlich nachvollzogen und kommentiert werden kann.

Weitere Kritikpunkte richten sich auf das Wahlsystem und die Zusammensetzung des EP. Diese erfolgt auf Grundlage des Prinzips der degressiven Proportionalität. Dessen Konsequenz ist die ungleiche Gewichtung der einzelnen Wahlstimme und damit die fehlende Gleichheit der Wahl:

> „Die Gleichheit der Wahl ist auf europäischer Ebene nicht gewährleistet. Es fehlt nach dem Vertrag von Lissabon an „einem durch gleiche Wahl aller Unionsbürger zustande gekommenen politischen Entscheidungsorgan mit der Fähigkeit zur einheitlichen Repräsentation des Volkswillens". Stattdessen sieht der Lissabon-Vertrag (Art. 14 Abs. 2 Unterabsatz 1 Satz 3 EUV) für das Europäische Parlament eine degressiv proportionale Zusammensetzung mit mitgliedstaatlichen Kontingentierungen vor, die das völkerrechtliche Prinzip der Staatengleichheit mit dem demokratischen Prinzip der Wahlrechtsgleichheit kombiniert. Das führt dazu, dass das Gewicht der Stimme des Staatsangehörigen eines bevölkerungsschwachen Mitgliedstaates etwa das Zwölffache des Gewichts der Stimme des Staatsangehörigen eines bevölkerungsstarken Mitgliedstaates betragen kann" (Voßkuhle 2012: 8).

Zwar ist festzuhalten, dass es dem EP gelungen ist, inkrementell im Verlauf der Vertragsreformen seine Gestaltungsmacht stetig zu verbessern und es „einen bemerkenswerten Demokratisierungsprozess durchlaufen" (Voßkuhle 2012: 7) hat. Dennoch verstetigt sich die Erkenntnis, dass der Demokratisierung der EU durch die Aufwertung des EP wegen systemspezifischen und strukturellen Bedingungen Grenzen gesetzt sind, u.a. beim

Wahlsystem sowie der Dominanz nationaler Einflussfaktoren bei der Wahlentscheidung zum EP (vgl. Føllesdal/Hix 2006: 534-536).

Die Rettungsmaßnahmen im Verlauf der Eurokrise seit dem Jahr 2010 haben die Debatte über die demokratische Legitimität der EU neu entfacht (vgl. Habermas 2014; Maurer 2013a, 2013b; Neyer 2015; Pernice 2012; Rauh/Zürn 2014; Scharpf 2014; Schuppert 2015). Die öffentliche Aufmerksamkeit als auch die wissenschaftliche Debatte galt hierbei insbesondere der Frage der Einbindung des EP sowie der nationalen Parlamente, besonders der Rolle des Deutschen BT (Calliess/Beichelt 2013; Buzogány/Kropp 2013b; Häde 2012; Hölscheidt 2013; Neyer 2014 Schwanholz 2015; Wimmel 2014).

Die Kontrolle der Regierungstätigkeit durch die nationalen Parlamente erhielt eine so große Bedeutung, da die Entscheidungsfindung über fiskalpolitische Rettungsmaßnahmen in der Eurogruppe in intergouvernementaler Form, d.h. nicht im Rahmen der sogenannten Gemeinschaftsmethode debattiert und entschieden worden sind (vgl. Häde 2012: 16–17).

Auf der Frühjahrstagung des Europäischen Rates wurde der Art. 136 AUEV durch einen neuen Absatz 3 ergänzt, demnach die Euroländer einen Stabilitätsmechanismus einrichten können. Dieser Absatz führt aber nicht zu einer Ermächtigung der EU selbst mit der einhergehenden Beteiligung der EU-KOM, dem Rat sowie dem EP im Rahmen der Gemeinschaftsmethode. Vielmehr handeln die MS selbst (vgl. Häde 2012: 17).

> „Diese Maßnahmen haben nicht nur eine breite Diskussion über ihre Vereinbarkeit mit europarechtlichen Vorgaben ausgelöst. Vielmehr haben sie daneben auch die Frage nach dem Verhältnis von Parlament und Exekutive bei den Euro-Rettungsbemühungen aufgeworfen. Wie bedeutsam diese Frage ist, zeigt nicht nur die vom 7. September 2011 datierende Entscheidung des Bundesverfassungsgerichtes über die so genannten Euro-Verfassungsbeschwerden, sondern auch sein am 28. Februar 2012 ergangenes Urteil zum Stabilisierungsmechanismusgesetz. Beide Entscheidungen entfalten die bereits in der Lissabon-Entscheidung thematisierte haushaltspolitische Gesamtverantwortung des Deutschen Bundestages unter den Bedingungen intergouvernementalen Regierens“ (Häde 2012: 5).

Neben der Eurokrise hat im Jahr 2015 die sich dramatisch zuspitzende Migrations- und Flüchtlingskrise eindringlich die gestiegene Unfähigkeit der EU gezeigt, effektiv und effizient auf transnationale und grenzüberschreitende akute Problemlagen zu reagieren (vgl. Bendiek/Neyer 2016). Die EU ist praktisch handlungsunfähig gemeinschaftlich festzulegen, wie im Rahmen eines EU-weiten Verteilungsmechanismus die Flüchtlinge verteilt werden können. Dies erschüttert massiv den Glauben an die Effizienz und

Effektivität der Lösungsfähigkeit der EU und erodiert damit zusätzlich die demokratische Legitimationskraft, die der EU aus Effizienzgründen zugeschrieben wurde (vgl. Majone 2010; 2006; 1998; 1996). Nicht zuletzt zeugt der steigende Zuspruch, den europaskeptische Parteien in einer Vielzahl von EU-MS erhalten, von der fehlenden Identifikation der Bürger mit der EU (vgl. Ondarza 2016).

Zusammenfassend festzuhalten ist somit, dass die Stärkung der Europakompetenz der nationalen Parlamente eine dringenderes öffentliches Interesse sowie verfassungsrechtliche gebotenes Erfordernis zur Wahrung der demokratischen Legitimation europäischer Regierungstätigkeit darstellt.

Es besteht ein erhöhtes wissenschaftliches wie gesamtgesellschaftliches Interesse nach der Verbesserung der Legitimationskraft der Herrschaftsausübung der EU durch die nationalen Parlamente, um die Anbindung an den Willen des Volkes mittels einer lebendigen Debatte zu gewährleisten.

> „Zwar gibt es Szenarien welche Europa und seine Institutionen gut einen funktionierenden Markt zu reduzieren trachten und die Wirtschaftsverfassung den nationalen Parlamenten langfristig ganz entziehen wollen. In der Realität wird aber der Sozialstaat als Domäne der nationalen Parlamente von den Bürgern immer wieder als Schutzinstitution angerufen“ (Beyme 2014: 429).

Die Abkehr vom Fokus auf das EP basiert auf der Erkenntnis, dass auf Grund von systemischen und strukturellen Bedingungen das EP nur bedingt in der Lage ist, die Demokratiehaftigkeit der EU zu gewährleisten. Zudem ist der Rat der EU als Machtzentrum der EU nur durch die Kontrolle der Staats- und Regierungschefs durch ihre nationalen Parlamente möglich (vgl. Dittgen 2011: 11).

Daher ergibt sich die Notwendigkeit, die politischen Praktiken der Abgeordneten nationaler Parlamente bei der Mitwirkung an EU-Rechtsetzungsverfahren in den Fokus zu nehmen und zu analysieren, wie sich die veränderte verfassungsrechtliche Ausgangslage in politische Praktiken und Strategien manifestieren. Erkenntnisse über gegenwärtige Anpassungsprozesse parlamentarischer Mitwirkung auf nationaler Ebene sind unerlässlich, bei der Entscheidung über erforderliche Reformmaßnahmen zur Behebung demokratischer Defizite der EU.

Die Angst vor einer tendenziellen Re-Nationalisierung der EU und des drohenden Bedeutungsverlustes europäischer Solidarität sind nicht gänzlich von der Hand zu weisen und stellen sicherlich eine Gefahr bei einer Überbewertung der Rolle nationaler Parlamente als Legitimationsgarant der EU dar. Sowohl das EP als auch die nationalen Parlamente sind systembedingt nur in begrenztem Maße in der Lage, die demokratische Verfasstheit der EU zu gewährleisten. Es obliegt daher beiden parlamentarischen Säulen der EU, die jeweiligen Aufgaben und Einflussbereiche effektiv auszufüllen, um somit die jeweiligen Schwächen der anderen Säule auszugleichen.

Dementsprechend gilt den Kooperationsmechanismen zwischen dem BT und dem EP eine besondere Aufmerksamkeit. Die dahinter liegenden Fragen zielen auf die Auswirkungen von Ausweitungen von Informations- und Mitwirkungsrechten der nationalen Parlamente auf die Ausbildung neuer Kooperations- und Koordinationsformen zwischen dem EP und nationalen Parlamenten.

Die hier angestellte Untersuchung nimmt hierbei jedoch vor allem die tatsächliche parlamentarische Praxis in den Fokus und analysiert aus der Perspektive der MdBs, welche informellen Handlungs- und Einflussarenen sich bei der Einflussnahme auf EU-Entscheidungsprozesse ergeben. Hierbei gilt es zu klären, welche Formen der informellen Handlungsarenen sich mit dem EP ergeben und wie diese im Verhältnis zu anderen Handlungsarenen mit der EU-KOM sowie der nationalen Exekutive, d.h. den Ministerien und deren Vertretern verhalten.

3. Definition und Diskussion der theoretischen Grundlagen

3.1. Auswahl der theoretischen Basis und kritische Würdigung

Im Folgenden wird die Auswahl der Prinzipal-Agenten Theorie (PAT) als theoretische Basis ausführlich begründet und deren Erkenntnisbeitrag für das hier verfolgte Erkenntnisinteresse erläutert. Daran anschließend wird der Erklärungsbeitrag der PAT kritisch gewürdigt und ins Verhältnis zu alternativen Erklärungsansätzen gesetzt.

Ausgewählt wurde die PAT als theoretische Basis auf Grund des Erklärungsgehaltes für die hier angeführte Forschungsfrage und dem damit verbundenen Erkenntnisinteresse sowie den Eigenschaften des Untersuchungsgegenstandes. Die PAT verweist mit ihren Grundannahmen der Informationsasymmetrie, dem opportunistischen Verhalten der Akteure sowie der Existenz von diskretionären Handlungsspielräumen auf die grundlegenden Spannungsfelder und Problembereiche im Rahmen des Verhältnisses von BT und BReg. Mit Rückgriff auf die theoretischen Grundannahmen der PAT ist es möglich, die Beziehungsstruktur zwischen dem BT und der BReg im Rahmen einer Agenturbeziehung zu erfassen und die Problembereiche exakt zu bestimmen.

Die hier vorgestellte Untersuchung ist zwar eine theoriegeleitete, aber im Schwerpunkt empirisch orientierte Arbeit, die eine Forschungslücke füllt durch Erkenntnisgewinn über informale Handlungspraktiken und -strategien sowie informale Handlungsarenen der MdBs bei der Mitwirkung an Rechtsetzungsprozessen in der EU. Da dieses Forschungsgebiet bisher kaum empirisch erforscht ist, ist es notwendig eine relative normative Offenheit der theoretischen Grundannahmen zu gewährleisten und dennoch ein exaktes und treffendes Analyseraster für die Beziehungsstrukturen auszuwählen. Diese Anforderungen erfüllt die PAT. Ein weiterer Vorteil der PAT ist eben nicht, dass vor Beginn der Analyse ein Konzept steht, das definiert, wie die Einbindung und Mitwirkung sein sollte, was für eine normative Offenheit zuträglich ist.

Die hierbei gewonnen Erkenntnisse können dazu dienen, die Debatten über die Ausgestaltung der parlamentarischen Demokratie in der EU und im Besonderen die Einbettung nationaler Parlamente zu fundieren. Die PAT kann jedoch nur in einem sehr begrenzten Maße dazu dienen, um ein normativ geleitetes Konzept herzuleiten, das beschreibt, wie der BT als nationales Parlament in der EU eingebunden sein sollte (vgl. Neyer 2014: 126). Aussagekraft kann sie jedoch entfalten im Hinblick auf die institutionellen Hürden und Problemfelder, an denen institutionelle Reformen ansetzen sollten und auf die normative Theoriekonzepte eingehen müssen, um eine für die politische Praxis relevante Antwort auf die Lösung von Beteiligungsproblemen nationaler Parlamente zu generieren.

Der besondere Mehrwert der PAT liegt in ihrer theoretischen Einfachheit, auf Grund derer sie in vielfältigen Konstellation als brauchbare analytische Grundlage zur Untersuchung des politischen Systems eingesetzt werden kann. Aber – auch wenn sie den Anschein erwecken mag – so ist mit dem Rückgriff auf die theoretischen Annahmen der PAT immer nur ein Teilbereich des Regierungshandelns erfassbar. So bleibt zu berücksichtigen, dass ihr Anwendungsbereich und damit auch ihr Erklärungsanspruch nicht allumfassend sind.

Die PAT vermag es mit Rückgriff auf ihre Grundannahmen, die Macht- und Informationsasymmetrien zwischen den Akteuren BT und BReg überzeugend darzustellen (vgl. van Aaken 2002a). Hierbei verbindet sie einerseits die Ebene der individuellen Präferenzen der beteiligten Akteure sowie die Anreizstrukturen, die die institutionelle Ordnung des politischen Systems auf nationaler wie EU-Ebene bieten. Zudem wird die Ressourcenknappheit mit berücksichtigt, was in anderen, alternativen Ansätzen, wie z.B. dem Akteurszentrierten Institutionalismus nicht in gleicher Gewichtung erfolgt (vgl. van Aaken 2002a, 2002b).

Basis der Grundannahmen über die Delegationsbeziehung in der PAT ist die Annahme, dass Individuen unter Knappheitsbedingungen beschränkt rational Entscheiden und Handeln. Hierbei wird angenommen, dass die Präferenzen stabil bleiben und das handlungsleitende Motiv die Steigerung der eigenen Wohlfahrt bzw. des eigenen Nutzen ist (vgl. van Aaken 2002b: 214–215).

> „Nutzen ist ein theoretisches Konstrukt, dessen konkreter Inhalt aus beobachtbaren Wahlhandlungen [...] abgeleitet wird" (van Aaken 2002b: 214).

Die PAT kann auf Grund der Annahme der stabilen Präferenzen und der Trennung von Präferenzen und Restriktionen zur Überprüfung von Verhaltensänderungen herangezogen werden, ohne dass dabei auf mögliche Wandlungen der Präferenzen eingegangen werden muss (vgl. van Aaken 2002b: 215).

> „Ein solches formelles Verständnis der Rationalität geht von einem System gegebener subjektiver Präferenzen aus und kümmert sich weder um deren Zustandekommen noch um ihren Inhalt“ (van Aaken 2002b: 215).

Damit wird ersichtlich, dass die PAT im Gegensatz zu u.a. deliberativen Theorien, die Diskursbedingungen, die auf die Präferenzen der Akteure einwirken können, nicht berücksichtigt. Ebenso werden die den Präferenzen vorgelagerten Prozesse, die Kognitionen sowie ein möglicherweise stattfindender Diskurs und eine Änderung der eigenen Präferenzen im Diskursverlauf, nicht berücksichtigt (vgl. van Aaken 2002b: 213).

Daher kann es nicht Anspruch der PAT sein zu klären, welche institutionellen Alternativen geeigneter wären, um einen Austausch über Präferenzen und die Möglichkeit einer argumentativen Abwägung zu ermöglichen. Somit vernachlässigt die PAT „den Aspekt wie durch deliberative Verfahren eine Konsensfindung möglich wäre, die die Legitimität der Entscheidung sowie die Wirkung auf Befolgen der Regelung entfaltet“ (van Aaken 2002b: 213).

> „Es wird von einem Gleichklang zwischen individueller Nutzenmaximierung und überindividueller Richtigkeit ausgegangen. Das Augenmerk der Ökonomik liegt dabei bei dem rationalen Entscheidungsakt der Individuen; ein eventuell vorgeschalteter Prozess der Deliberation und die diesen Prozess fördernden oder sogar dazu eingerichteten Institutionen wird nicht betrachtet“ (van Aaken 2002b: 216).

Gerade diese Aspekte bilden die zentralen Analysekategorien deliberativer Theorien. Gleichwohl können die Erkenntnisse aus der auf die Kontrollbeziehung zwischen BT und BReg fokussierte Analyse für eine Reflexion über die angemessene institutionelle Einbindung Verwendung finden für eine nachgelagerte Analyse mit Zuhilfenahme deliberativer Theorien.

Anschlussfähigkeit besteht daher, da beides Theorien prozeduraler Rationalität sind, die auf gesellschaftlicher Ebene grundsätzlich ergebnisoffen ist. Zwar vernachlässigt die PAT die Prozesse der Entscheidungsfindung, sie schließt deren Berücksichtigung aber nicht aus (vgl. van Aaken 2002b: 239).

> „Die Diskurstheorie hat kein eigenes sozialwissenschaftliches Handlungsmodell, welches zu sozialwissenschaftlichen Erklärungen oder Prognosen befähigen würde. Dennoch ist der homo communicans ein rationales, d.h. formal, deduktiv und unemotionales Individuum und somit dem homo oeconomicus grundsätzlich kompatibel“ (van Aaken 2002b: 239).

3.2. Prinzipal-Agenten-Theorie

Die Prinzipal-Agenten Theorie (PAT) erfasst die Auswirkungen einer Delegation von Entscheidungs- und Handlungsbefugnissen von einem Auftraggeber (dem Prinzipal) auf einen Beauftragten (den Agenten), der durch den Kontakt zu Dritten bzw. einer weiteren institutionellen Umwelt über einen Handlungsspielraum verfügt, der vom Prinzipal schwer bis nicht einsehbar und kontrollierbar ist (vgl. Gilardi/Braun 2002: 147; Miller 2005: 203–206; Saam 2002: 6–10; Wittek/Flache 2002: 61).

Vielfältige Anwendung findet der Ansatz in den Wirtschaftswissenschaften, wo er zur Erfassung und Systematisierung der Informationsasymmetrien zwischen Vertragspartnern verwendet wird (vgl. Saalfeld 2000: 355). Der Ansatz hat insbesondere in der Neuen Institutionenökonomik, einem Teilbereich der Wirtschaftswissenschaften, eine bedeutende Stellung. Die PAT ist neben der Transaktionskostentheorie und der Theorie der Verfügungsrechte das theoretische Grundwerk der Neuen Institutionenökonomik (vgl. Ebers/Gotsch 2006, Richter/Furubotn 2010, Saam 2002).

Bezogen auf die Erforschung politischer Repräsentation und des Delegationsverhältnisses zwischen Legislative und Exekutive haben vor allem Kiewiet/McCubbins (1991) die PAT gewinnbringend eingesetzt und durch die Hervorhebung der Bedeutung von Autorität – im Gegensatz zur Betonung vertraglicher und rechtlicher Aspekte in der wirtschaftswissenschaftlichen Verwendung – für die Sozial- und Politikwissenschaft anknüpfungsfähig gemacht (vgl. Saalfeld 2000: 355). In Abgrenzung zur wirtschaftswissenschaftlichen Verwendung der PAT verstehen Kiewiet/McCubbins 1991) ein Delegationsverhältnis zwischen einem Agenten und einem Prinzipal nicht als ein primär vertraglich geregeltes Verhältnis, dessen Vertragsgrundlagen und Einzelheiten der Prinzipal festlegen und bestimmen kann. Stärker im Vordergrund steht bei Ihnen die Delegation von Handlungs- und Entscheidungsbefugnissen. Welcher Akteur die Kompetenz besitzt, die Vertragsbeziehungen und damit den Rahmen des Delegationsverhältnisses zu bestimmen, ist in ihrer Definition von zweitrangiger Bedeutung:

> „We posit that an agency relationship is established when an agent is delegated, implicitly or explicitly, the authority to take action on behalf of another, that is, the principal. For our purposes, it is not important who offers the contract that governs the relationship; the principal may seek to employ an agent for a particular task, or the agent may offer to serve and define his or her own

terms. Nor does our definition require the principal to be able to commit to a schedule of rewards or punishments in advance. The agent may take action in anticipation of reward from the principal. Or the principal may hire the agent „to do good things", leaving for later the specification of what constitutes good things as well as the nature of the reward for doing them" (Kiewiet/ McCubbins 1991: 240).

Delegation von Entscheidungs- und Handlungsbefugnissen – Wozu?

Die Delegation von Handlungs- und Entscheidungskompetenzen kann ein Mittel sein, den Problemen und Herausforderungen zu begegnen, die entstehen, wenn ein Kollektiv aktiv sein soll bzw. zu verbindlichen, allgemein gültigen Entscheidungen kommen soll. Kiewiet/McCubbins (1991) skizzieren drei „collective action problems"(Kiewiet/McCubbins 1991: 22). Das bekannteste Problem sei das auf der Spieltheorie basierende Gefangenendilemma. Mit Gefangenendilemma wird eine Situation bezeichnet, in der individuell rationales Verhalten einzelner Mitglieder einer Gruppe nicht zu einem optimalen Ergebnis für die Gesamtheit aller Gruppenmitglieder führt. Das *Dilemma* basiert also darauf, dass die individuelle Situationsanalyse und die kollektive Situationsanalyse je unterschiedliche optimale Handlungsstrategien als Ergebnis aufweisen und somit zu konfligierenden Interessen zwischen Individual- und Gruppeninteresse führen. Die dominanten, gewählten Strategien führen zu einem ineffizienten Equilibrium, da rationale individuelle Entscheidungen zu irrationalen kollektiven Entscheidungen führen (vgl. Kiewiet/McCubbins 1991: 22–25). Ein weiteres Problem bei der Handlung von Kollektiven ist der mögliche Mangel an Koordination. Da eine Situation bzw. ein Problem eine Vielzahl von geeigneten Lösungswegen bietet, ist eine Koordination zur Auswahl der alternativen Lösungswege zur Bewältigung der Problemlage erforderlich. Ein weiteres, unmittelbar damit verbundenes Problem ist die Instabilität der sozialen Wahl. Die Delegation von Entscheidungen von einem Kollektiv bzw. einem kollektiven Akteur an einen Agenten kann ein geeignetes Mittel sein, diesen Problemen des Gefangenendilemmas, der Koordination kollektiver Entscheidungen und der Instabilität der sozialen Wahl zu begegnen.

„Delegation from principals to agents is the key to the division of labor and development of specialization; tremendous gains accrue if tasks are delegated to those with the talent, training, and inclination to do them. This, when all is said and done, is what allows firms to profit, economies to grow, and governments to govern. [...]Indeed, it is the delegation of authority to a central agent to lead or manage the organization that is the key to overcoming problems of collective action" (Kiewiet/McCubbins 1991: 24).

3.2.1. Grundlagen der Prinzipal-Agenten-Theorie

Analyseschwerepunkt der PAT ist das Delegationsverhältnis zwischen Prinzipal und Agent und der spezifischen Probleme, die sich auf Grund der Übertragung von Handlungskompetenzen ergeben. Die PAT nimmt dabei die Perspektive des Prinzipals ein und untersucht das Verhältnis zum Agenten daraufhin, wie der Prinzipal die Agenturbeziehung so gestalten kann, um die Agenturprobleme möglichst gering zu halten. So empfiehlt sie dem Agenten eine Vielfalt von Maßnahmen, die zur Verhinderung, Eindämmung bzw. Lösung von Agenturproblemen Anwendung finden können.

Es gilt zwei verschiedene Ausrichtungen der PAT zu unterscheiden, die je mit differierendem methodischem Rüstzeug und Analyseschwerpunkt Agenturbeziehungen untersuchen. Die normative PAT greift zurück auf mathematische Methoden und nutzt Formeln, um relativ simple Beziehungen zwischen Prinzipal und Agent zu analysieren. Dabei werden empirische Rahmenbedingungen in mathematischen Formeln abstrahiert, um Lösungen von Agenturproblemen durch mathematische Berechnungen aufzuzeigen.[65] Die positive PAT hingegen ist durch eine stärker empirisch ausgerichtete Herangehensweise gekennzeichnet und deskriptiv. Sie konzentriert sich auf Agenturbeziehungen in Organisationen und erforscht deren typischen Probleme und deren Beseitigung (vgl. Saam 2002: 9–11).

Die Grundannahmen und Grundkonzepte, auf die die PAT basiert, sollen im Folgenden vorgestellt werden. Hierbei werden zunächst die individuellen Verhaltensannahmen dargestellt, die die PAT auch mit weiteren theoretischen Ansätzen teilt. Im Anschluss werden die spezifischen Annahmen der PAT vorgestellt.

65 Diese Ausrichtung hat für die vorliegende Arbeit keine Relevanz und wird aus diesem Grund nicht weiter ausgeführt.

3.2.1.1. Individuelle Verhaltensannahmen

Die Aussagen über das Delegationsverhältnis und die Agenturbeziehung zwischen Prinzipal und Agent und deren typischen Problemfelder sind in einer Vielzahl von Annahmen begründet, die sich auf das individuelle Verhalten der Akteure beziehen. Diese sollen im Folgenden vorgestellt werden.

Theorie Rationaler Wahl und die rationalistische Ausprägung

Die PAT ist den Ansätzen der Theorie der Rationalen Wahl (Rational Choice Theorie) zuzuordnen. Gemeinsames Kennzeichen der Ansätze, die unter dem Sammelbegriff Rationale Wahl zusammengefasst werden, ist, dass sie von rational handelnden Subjekten ausgehen, die geleitet von je spezifischen Präferenzen ihr Handeln an der Verbesserung ihres eigenen Nutzens ausrichten (vgl. Kiewiet/McCubbins 1991: 25). Die „rationalistische Ausrichtung" (Miebach 2014: 31), deren Wurzeln im Rückbezug auf die Definition zweckrationalen Handelns von Max Weber liegen, soll vielmehr als eine Forschungsstrategie[66] als eine Bewertung sozialen Verhaltens bzw. sozialer Phänomene verstanden werden (vgl. Miebach 2014: 31).[67]

> „Dies Verfahren darf aber natürlich nicht als ein rationalistisches Vorurteil der Soziologie, sondern nur als methodisches Mittel verstanden und also nicht etwa zu dem Glauben an die tatsächliche Vorherrschaft des Rationalen über das Leben umgedeutet werden" (Weber 1972: 3).

Ein Unterscheidungsmerkmal unterschiedlicher Ansätze der Theorie Rationaler Wahl ist die Ausprägung der Rationalitätsannahme, der damit verbundenen Präferenzbildung, die das Handeln anleitet sowie die daraus resultierende Annahme über das Verhalten der Akteure und die Orientierung hierbei an dem sie umgebenden sozialen System (vgl. Richter/Furubotn 2010: 4–8; Wittek/Flache 2002: 57–59).[68]

---

66 Vgl. Bartelborth 1999: 115; Ganghof/Manow 2005: 13.

67 Vgl. Bartelborth 1999 als Überblick über die Diskussion der Rationalitätsannahme bei der Interpretation von Akteursverhalten.

68 Die Vertreter einer eingeschränkten Rationalität stehen in der Nachfolge von Simon 1957, 1993. Vgl. hierzu auch van Aaken 2002b: 214.

Der Grad der rationalistischen Ausprägung wird in drei Gruppen unterteilt: in Modelle mit der Annahme „voller Rationalität", „eingeschränkter Rationalität" und „prozeduraler Rationalität"2 (Wittek/Flache 2002: 57-59). Ansätze, die von voller Rationalität ausgehen, konzipieren Akteure als informiert über alle relevanten Handlungsalternativen einschließlich ihrer jeweiligen Konsequenzen. Sie verfügen zudem über die kognitive Kapazität, die Informationen zu bewerten. Die Handlungsoptionen werden unter dem Gesichtspunkt des größtmöglichen Nutzens beurteilt und ausgewählt.

Demgegenüber nehmen Modelle eingeschränkter Rationalität an, das Akteure nicht über einen umfassenden Informationszugang verfügen und zudem nicht über ausreichend Kapazitäten verfügen, diese entsprechend zu verarbeiten und einschätzen zu können (vgl. Simon 1957). Modelle prozeduraler Rationalität gehen von der Annahme aus, dass Akteursverhalten zu einem wesentlichen Anteil von erlernten Prozessen und Automatismen beeinflusst ist. Häufig sind sie Ergebnisse von Lernprozessen, in denen optimale Entscheidungs- und Handlungsmuster ausgebildet wurden (vgl. Wittek/Flache 2002: 57–59; Macy/Flache 1995: 76–79).

Somit stehen sich Ansätze, die von der Annahme der vollen Rationalität der Akteure ausgehen mit Ansätzen mit der Annahme begrenzter Rationalität der Akteure gegenüber. Begrenzte Rationalität beschreibt Saam (2002: 11–15) als ein „Streben" der Akteure nach möglichst zweckrationalem Handeln, das auf Grund der begrenzten Möglichkeiten der Individuen immer nur ein Annäherungsprozess sein kann, z.B. weil sie über konfligierende individuelle Interessen verfügen können bzw. begrenzte eigene Ressourcen haben.[69] Die methodischen Vorgehensweisen der positiven PAT hingegen ermöglichen die Annahme begrenzter Rationalität. Diese wird als ein Streben nach rationalem Verhalten der Akteure konzipiert, die jedoch auf Grund von Beschränkungen, wie ein begrenzter Zugang zu Informationen oder eine begrenzte Informationsverarbeitungskapazität, eingeschränkt ist (vgl. Saam 2002: 11–15).

69 Insbesondere in der normativen PAT, die mit mathematischen Formeln arbeitet, wird die Annahme voller Rationalität getroffen, da eine begrenzte Rationalität schwer mathematisch fassbar, d.h. operationalisierbar ist. Dies wird deutlich bei der Frage, an welchem Punkt Rationalität endet und ob deren Grenze je individuell variiert, vgl. Saam 2002: 11–15.

Nutzenmaximierung

Unter Ansätzen der Theorie der Rationalen Wahl variieren die Annahmen, welche Bedeutung der Maximierung des individuellen Nutzens zugeordnet wird und ob andere Präferenzen handlungsleitend sein können. So nimmt zum Beispiel Coleman an, dass auch soziale Ziele handlungsentscheidend sein können, wie die soziale Anerkennung des individuellen Handelns (vgl. Coleman 1990). Weitere Autoren vertreten die Position, dass Akteure sich nicht nur an ihrem eigenen Nutzen orientieren, sondern auch das Wohl anderer Personen zumindest teilweise in ihre Bewertung und Handlungen einbeziehen (vgl. Wittek/Flache 2002: 58).

> „Rationalitäts-, Präferenz- und Einbettungsannahmen der RCT umfassen somit ein Spektrum, das von der vollen Rationalität eines opportunistischen, atomisierten Akteurs bis zur prozeduralen Rationalität eines teilweise altruistischen und sozial eingebetteten Individuums reicht" (Wittek/Flache 2002: 59, Abkürzung im Original).

Saam positioniert sich für die PAT jedoch eindeutig, indem sie konstatiert, dass die Akteure auf Basis ihrer individuellen Präferenzen ihren eigenen Nutzen maximieren wollen:

> „Die individuellen Nutzenfunktionen werden dabei als bekannt vorausgesetzt und inhaltlich nicht hinterfragt" (Saam 2002: 10).

Allerdings gelten auch nicht materielle Güter, wie z.B. Selbstbestätigung, Ruhm oder beruflicher Erfolg als individueller Nutzen, nach dem die Akteure streben. Ziel der Handlungen der Akteure ist das Erlangen von materiellen bzw. immateriellen Gütern. Bei der Abwägung individueller Handlungsalternativen beschränken institutionelle Regeln bzw. Gesetze die individuelle Handlungsfreiheit (vgl. Saam 2002: 10–14).

Opportunismus der Akteure

Ausgehend von der Annahme der Nutzenmaximierung nimmt die PAT an, dass Akteure sich opportunistisch verhalten. So wird angenommen, dass sie potentielle Handlungsspielräume im Sinne ihrer eigenen Interessen ausnutzen (vgl. Saam 2002: 12). Da der Agent seine Handlungsoptionen rational abwägt und orientiert ist an der Maximierung seines eigenen Nutzens, wird er diejenige Handlungen auswählen, die mit dem geringstmöglichen Aufwand und Ressourceneinsatz gerade noch geeignet sind, die Bedürfnisse des Prinzipals zu befriedigen (vgl. Kiewiet/McCubbins 1991: 24–28).

Konsequenz ist, dass die Interessen des Prinzipals stets in einem geringeren Maße verfolgt werden als es möglich wäre, da nicht alle Gewinnaussichten ausgeschöpft werden. Um diese Handlungsfreiheit zu bewahren, liegt es im Interesse des Agenten, den Prinzipal nicht über alle Handlungsmöglichkeiten und alternativen Lösungswege zu informieren.

> „The perils arise from the fact that delegation entails a transfer of power – every time lawmakers delegate to bureaucrats, they give away a portion of their authority to govern. A great danger is that the people to whom power is delegated will abuse the power they receive" (Strøm et al. 2006: 34).

Das Individuum als Analyseeinheit

Die Konzentration auf das Individuum als zentrale Analyseeinheit ist ein weiteres Kennzeichen der analytischen Vorgehensweise der PAT. Die auf Individuen bezogene Analyse basiert auf den Annahmen des methodologischen Individualismus[70], eines methodischen Vorgehens der Soziologie bzw. Sozialwissenschaften. Grundlegend ist die Annahme, dass durch die Erfassung und Analyse der individuellen Handlungen und den leitenden Motiven (Mikroebene) Rückschlüsse zur Erklärung sozialer Phänomene auf der Makroebene möglich sind (vgl. Miebach 2014: 31–36).

> „Für die verstehende Deutung des Handelns durch die Soziologie sind dagegen die Gebilde lediglich Abläufe und Zusammenhänge spezifischen Handelns einzelner Menschen, da diese allein für uns verständliche Träger von sinnhaft orientiertem Handeln sind" (Weber 1972: 6).

Die PAT setzt den Ausgang ihrer Untersuchung daher nicht bei Organisationen als soziale Entität an sich an, sondern beginnt ihre Analyse auf der Ebene der Individuen als Akteure und fokussiert auf deren Präferenzen und Handlungen, um soziale Phänomene zu erklären (vgl. Saam 2002: 13).

---

70 Der Begriff „Methodologischer Individualismus" wurde von James Coleman begründet, der diesen Begriff zunächst für den methodologischen Standpunkt Max Webers verwendet (vgl. Coleman 1991: 7).

Eine Herausforderung, die diese Vorgehensweise in sich birgt, ist der Rückschluss von den Präferenzen individueller Akteure auf das Verhalten von sozialen Einheiten wie Organisationen. Dies wird als „Mikro-Makro-Problem" bezeichnet:

> „Das Hauptproblem bei Erklärungen von Systemverhalten, die auf Handlungen und Einstellungen auf der Ebene unterhalb der Systemebene basieren, ist der Übergang von der unteren Ebene zur Systemebene. Dies wird das Mikro-Makro-Problem genannt, und es taucht in der Sozialwissenschaft immer wieder auf" (Coleman 1991: 7).

Um den Zusammenhang zwischen individueller Ebene und dem Systemverhalten herzustellen, entwickelt die Neue Institutionenökonomik und damit auch die PAT Vertragskonzepte, die das Zusammenspiel der einzelnen Akteure und das Verhalten der verschiedenen Gruppen in Systemen erfassen (vgl. Saam 2002: 13).

3.2.1.2. Das Delegationsverhältnis zwischen Prinzipal und Agent

Die voran dargestellten Annahmen über das Verhalten der Individuen und die Vertragskonzepte bilden die Basis für die Analyse des Delegationsverhältnisses zwischen Prinzipal und Agent.

Die Delegation ist Kernelement der PAT. Die Delegation umfasst einen Handlungsauftrag eines Auftraggebers (dem Prinzipal) an eine beauftragte Person (den Agenten), der für seine Aufwendungen, die er im Rahmen der Erfüllung seines Auftrages aufbringen muss, belohnt wird. Kennzeichen der Delegation ist die Asymmetrie und Unsicherheit, die zwischen den Vertragspartnern besteht (vgl. Gilardi/Braun 2002: 147; Saam 2002: 16). Kennzeichnende Wesensmerkmale der Delegation sind insbesondere zwei Elemente: zum einen die Abhängigkeit des Prinzipals vom Agenten und zum Zweiten die Unsicherheit auf der Seite des Prinzipals (vgl. Gilardi/ Braun 2002: 147).

Zwar obliegt dem Prinzipal bei der Gestaltung der Anreiz- und Kontrollmechanismen des Delegationsverhältnisses eine – eingeschränkte – Gestaltungsmacht, doch bleibt zu berücksichtigen, dass selbst strikte hierarchische Verknüpfungen zwischen Prinzipal und Agent kein absolutes Verfügungsrecht über den Agenten ermöglichen. Aus diesem Grund ist der Prinzipal darauf angewiesen, dass der Agent sich in seinem Handlungsspielraum für die Interessen des Prinzipals einsetzt. Daher ist der Prinzipal nach der Übertragung von Handlungskompetenzen abhängig von dem Einsatz und der Leistung des Agenten.

Zum Zweiten ist die Unsicherheit, mit der das Delegationsverhältnis für den Prinzipal behaftet ist, eine bedeutende Ursache für Probleme und Gefahren der Delegation, sogenannte Agenturprobleme, die zu Agenturverlusten führen können. Die Ungewissheit begründet sich darin, dass der Prinzipal nicht über den Zugang zu allen relevanten Informationen verfügt, die er benötigte, um zu beurteilen, ob der Agent seine Potentiale ausschöpft und einsetzt, um den Handlungsauftrag des Prinzipals bestmöglich zu erfüllen (vgl. Gilardi/Braun 2002: 147–148).

Diese Unsicherheit wird dadurch verstärkt, dass aus der Umwelt des Delegationsverhältnisses zusätzliche Einflüsse auf das Ergebnis und die Qualität der Delegation ausüben können. Zwar konzentriert sich die PAT nicht auf die Analyse und Identifikation möglicher Umwelteinflüsse auf das Delegationsverhältnis. Diese werden eher als ein einheitlicher Block betrachtet. Dennoch wird berücksichtigt, dass die Umwelt der Beziehung zwischen Prinzipal und Agent das Ergebnis der Leistungen des Agenten positiv wie negativ beeinflussen können und es für den Agenten sehr schwierig bis nicht möglich ist, deren Anteil am Ergebnis genau zu bestimmen (vgl. Saam 2002: 21).

Informationsasymmetrie

Grundsätzlich wird im Rahmen der PAT davon ausgegangen, dass eine ungleiche Verteilung von Information zwischen Prinzipal und Agent besteht. Diese wirkt bereits ex-ante, d.h. im Verlauf der Gestaltung der Anreiz- und Sanktionsstrukturen, während der Agent seinen Auftrag durchführt sowie bei der Beurteilung der Leistung des Agenten nach der Auftragsausführung.

> „In a wide variety of agency relationships, the agent possesses or acquires information that is either unavailable to the principal or prohibitively costly to obtain. The agent hast incentives to use this information strategically or to simply keep it hidden – a situation referred to variously as the problem of truthful revelation or incentive incompability" (Kiewiet/McCubbins 1991: 25).

Auf Grund der bestehenden Informationsasymmetrie zwischen Prinzipal und Agent, wird der Prinzipal angehalten, zusätzlichen Mitteleinsatz vorzunehmen, um diese Asymmetrie möglichst einzudämmen. Diese Maßnahmen erfordern jedoch einen Einsatz von zeitlichen, finanziellen und personellen Ressourcen, die zu Agenturverlusten führen können (vgl. Ebers/Gotsch 2006: 263; Saam 2002: 19).

Unterschiedliche Risikoneigung

Es wird angenommen, dass Prinzipal und Agent durch unterschiedliche ausgeprägte Risikoneigung ausgestattet sind, d.h. sie sind zu unterschiedlichen Graden bereit, Risiko zur Erfüllung ihrer Ziele in Kauf zu nehmen. Grundsätzlich wird der Agent als risikoscheuer als der Prinzipal eingestuft (vgl. Saam 2002: 19–21).

Zielkonflikte

Es wird davon ausgegangen, dass sich auf Grund der Orientierung am eigenen Nutzen und der Neigung zu opportunistischem Verhalten sowie der unterschiedlichen Risikoneigung Zielkonflikte zwischen Prinzipal und Agent ergeben (vgl. Kiewiet/McCubbins 1991: 25). Es liegt im Interesse des Agenten mit einem möglichst geringen Aufwand und mit einem möglichst niedrigen Risiko die vorgegebenen Ziele zu erreichen.

Nach der Übertragung der Handlungskompetenzen und der Festlegung der zu erbringenden Leistungen und Gegenleistung, stehen die Handlungen des Agenten im Spannungsverhältnis zwischen einerseits den Anreiz- und Sanktionsstrukturen, die der Prinzipal vorgibt und andererseits den eigenen Interessen und Strategien, die der Agent im Rahmen der Erfüllung seiner vertraglichen Verpflichtungen verfolgen will (vgl. Kiewiet/McCubbins 1991: 239).

> „In such a relationship the agent seeks to maximize his or her return subject to the constraints and incentives offered by the principal. The principal conversely, seeks to structure the relationship with the agent so that the outcomes produced through the agent´s efforts are the best the principal can achieve, given the choice to delegate in the first place“ (Kiewiet/McCubbins 1991: 24).

Eine Konsequenz des Interessenkonfliktes zwischen Prinzipal und Agent ist der Wohlfahrtsverlust des Prinzipals (Agenturverlust). Dieser Wohlfahrtsverlust des Prinzipals entsteht, wenn der Agent Handlungsformen wählt bzw. Aktionen durchführt, die nicht der Realisierung der Interessen des Prinzipals am dienlichsten sind.

Zudem entstehen dem Prinzipal Kosten, da er Anstrengungen unternehmen muss, die Unsicherheit der Delegation einzudämmen, um die Wohlfahrts- und Kontrollverluste so gering wie möglich zu halten (Agenturkosten). Es ist durchaus möglich, dass die Wohlfahrtsverluste den Nutzen der Delegation vom Prinzipal auf den Agenten übersteigen und schwerer wiegen als die Probleme einer kollektiven Handlung. In diesem Fall sollte eine Delegation nicht erfolgen (vgl. Kiewiet/McCubbins 1991: 24–27).

3.2.1.3. Agenturprobleme

Aus den voran dargestellten Annahmen bezüglich des individuellen Verhaltens der Akteure und des Delegationsverhältnisses von Prinzipal und Agent ergeben sich spezifische Agenturprobleme, die im Folgenden in Anlehnung an Saam 2002 vorgestellt werden (vgl. Saam 2002: 29–31):

Hidden Characteristics – verborgene Merkmale

Bevor es zu einer vertraglichen Definition des Delegationsverhältnisses kommt, ist dem Prinzipal die tatsächliche Qualifikation und Kompetenz des Agenten unbekannt. Dieser kann dem Prinzipal bestimmte Kompetenzen vortäuschen. Daher ergibt sich Unsicherheit über die Qualität der Leistungen des Agenten.

Hidden Intentions – verborgene Absichten

Sobald der Vertrag abgeschlossen ist, kann der Agent seinen Handlungsspielraum nutzen, verborgene Absichten, d.h. individuelle Interessen, umzusetzen. Diese können den Interessen des Prinzipals entgegen gerichtet sein. Der Prinzipal hat auf Grund seiner zu Beginn getätigten Investition einen geringeren Anreiz, das Delegationsverhältnis zu beenden, sollte er feststellen bzw. vermuten, dass der Agent eigene Absichten verfolgt.

Hidden Knowledge – verborgenes Wissen

Im Verlauf der Durchführung seiner Aufgaben kann der Agent Zugang zu Informationen erlangen, z.B. über relevante exogene Faktoren, die zur Bewertung seiner eigenen Tätigkeit von Bedeutung sind. Hierbei kann es sich um Wissen bezüglich der Erfolgschancen alternativer Handlungsoptionen, dem Einfluss externer Umwelteinflüsse auf die Erfolgsaussichten sowie die zu erwartenden Ergebnisse der gewählten Handlungsoptionen handeln. Diese Informationen kann sich der Agent opportunistisch zunutze machen.

Hidden Action – verborgenes Handeln

Durch die Beauftragung des Agenten durch den Prinzipal werden dem Agenten zur Erfüllung Ressourcen zur Verfügung gestellt. In der Verwendung dieser Ressourcen obliegt dem Agenten ein bestimmter Handlungsspielraum. Diesen kann er derart nutzen, dass er schwächere Arbeitsintensität und geringeres Engagement zur Erfüllung seiner Aufgaben einsetzt oder den Anschein eines wesentlich aufwendigeren Arbeitseinsatzes vorgibt. Dies ist für den Agenten schwer nachvollziehbar.

Gemeinsamkeit aller Agenturprobleme ist, dass die Informationsasymmetrie negative Folgen für den Prinzipal hat. Er muss damit rechnen, dass es nicht zum optimalen Ergebnis kommt, da der Agent entweder sein Engagement reduziert oder Ressourcen zur Verfolgung eigener Ziele einsetzt (vgl. Saam 2002: 31).

3.2.1.4. Maßnahmen zur Lösung der Agenturprobleme

Um die oben beschriebenen Agenturprobleme zu beheben, können sowohl auf der Seite des Prinzipals wie auf der Seite des Agenten, Agenturkosten entstehen. Dem Prinzipal entstehen Steuerungs- und Kontrollkosten bei dem Versuch, die Leistung des Agenten zu kontrollieren bzw. zu steuern. Dem Agenten wiederum entstehen „Garantiekosten“ (Saam 2002: 23), da er den Prinzipal davon überzeugen muss, dass er ihn nicht mit opportunistischem Verhalten ausnutzen bzw. täuschen wird.

In Anlehnung an Kiewiet/McCubbins 1991 sollen im Folgenden die Hauptkategorien der Maßnahmen zur Eindämmung des Wohlfahrtsverlustes des Prinzipals sowie der oben beschriebenen Agenturprobleme vorgestellt werden.[71]

---

71 In der Literatur zur Agenturtheorie sind eine Vielzahl von Varianten dieser Kategorien sowie unterschiedliche analytische Unterteilungen vorzufinden. Da Kiewiet/McCubbins die Verwendung der PAT für den Bereich der Beziehungen zwischen Exekutivorganen und Legislativorganen anknüpfungsfähig gemacht haben, wird im Folgenden schwerpunktmäßig ihre Einteilung aufgegriffen werden.

Kiewiet/McCubbins gliedern Maßnahmen zur Begrenzung und Lösung von Agenturproblemen in die folgenden vier Hauptkategorien: „Contract Design“, „Screening and Selection Mechanisms“, „Monitoring and Reporting Requirements“ sowie „Institutional Checks“ (Kiewiet/McCubbins 1991: 27–34).

Contract Design – Vertragsgestaltung

Contract Design bezeichnet die vertraglichen Bestimmungen, die die Aufgaben und Pflichten des Agenten gegenüber dem Prinzipal festlegen. Dieser Rahmen für das Delegationsverhältnis zwischen Prinzipal und Agent muss die Beeinträchtigungen, die der Agent durch die Ausführung des Vertrages erfährt, in angemessener Weise kompensieren. Diese Kompensation muss mindestens die Opportunitätskosten des Agenten aufwiegen, sollte aber nicht höher als der Grenzwertnutzen des Prinzipals sein, die der Prinzipal auf Grund der Delegation erfährt.

Bei der Gestaltung der vertraglichen Rahmenbedingungen sollte es ein Anliegen des Prinzipals sein, Aufgaben und Zuständigkeiten des Agenten sowie die entsprechenden Belohnungsmechanismen in einer derartigen Form festzulegen, die den Agenten in bestmöglicher Weise dafür motiviert, sich für die Interessen des Prinzipals einzusetzen (Anreizsysteme schaffen). Zudem wird im Vertragsrahmen festgehalten, über welche Kontrollbefugnisse und Sanktionen der Prinzipal verfügen kann, um die Tätigkeiten des Agenten verfolgen und überwachen zu können und ggf. eingreifen zu können.

Die Herausforderungen, die sich auf Grund von verborgenen Informationen und verborgenem Handeln ergeben, erschweren die Ausgestaltung der Kompensationsleistungen und der Sanktionsmaßnahmen. Da der Prinzipal nicht über alle relevanten Informationen verfügt über bspw. die Fähigkeiten und die vom Agenten investierten Ressourcen, ergibt sich auch eine Undurchsichtigkeit der Gesamtsituation, die Auswirkungen auf die Ausgestaltung der Belohnungs-, Anreiz und Sanktionsmechanismen hat.

Als Folge könnten z.B. unangemessene Anreize gegeben werden, die entweder zu umfassend und hoch sind, da sie nicht im Verhältnis mit dem Aufwand des Agenten stehen oder nicht derart ausgestaltet sind, dass sie der Interessenverfolgung des Prinzipals dienlich sind. Ein Lösungsansatz, um derartige dysfunktionale Anreizsysteme zu verhindern, ist die Einbindung der Agenten in den Gesamtgewinn der Delegation. Im wirtschaftlichen Bereich kann dies z.B. durch eine prozentuale Gewinnbeteiligung am

Unternehmensgewinn erfolgen. Im öffentlichen, politischen Sektor kann dies nicht über monetäre Anreize erfolgen. Denkbar sind vielmehr Angebote zu zukünftigem kooperativem Verhalten. Zu berücksichtigen gilt hierbei jedoch, dass die Gewinnbeteiligung des Agenten für den Prinzipal sehr kostenintensiv bzw. beim Beispiel der Kooperationsangebote gar die Gefahr des Gesichtsverlustes mit sich ziehen kann (vgl. Kiewiet/McCubbins 1991: 27–35).

Screening and Selection Mechanisms – Auswahlprüfverfahren

Die Maßnahmen der Auswahlprüfverfahren beziehen sich vor allem auf den Zeitpunkt vor der Vertragsausgestaltung und setzen somit ex-ante an. Auswahlprüfverfahren haben zum Ziel, die Passgenauigkeit zwischen den Anforderungen des Prinzipals und den Kompetenzen des Agenten zu verbessern und zu optimieren. Hierbei muss berücksichtigt werden, dass auch die detailliertesten Methoden nicht perfekt und vollkommen sein können. Erst bei Arbeitsantritt wird der Agent tatsächlich erfahren, welche Anforderungen an ihn gestellt werden. Auch der Prinzipal wird erst nach dem Verlauf eines bestimmten Zeitfensters feststellen können, ob der mit den Qualifikationen des Agenten zufrieden ist und seine Einschätzung im Auswahlprozess sich bestätigt. Zudem sind differenzierte Auswahlprüfverfahren für den Prinzipal sehr kosten- und zeitaufwendig (vgl. Kiewiet/McCubbins 1991: 29–31). Im interinstitutionellen Gefüge zwischen BT und BReg besteht bspw. für den einzelnen Abgeordneten nicht die Möglichkeit, einzelne Regierungsmitglieder zu bestimmen, sondern lediglich (als Teil der Regierungsmehrheit im Parlament) die Möglichkeit ein Kabinett zu ernennen. Daher sind die Möglichkeiten einer Prüfung der Kandidaten bei der Auswahl und Ernennung erheblich eingeschränkt.

Monitoring and Reporting Requirements – Überwachungsmechanismen und Berichtspflichten

Wie zuvor aufgezeigt, sind Herausforderungen bei der Vertragsgestaltung (*Contract Design*) insbesondere die Faktoren verborgene Information (*Hidden Information*) und verborgene Handlungen (*Hidden Action*). Genau an diesen Problemfeldern setzt der nun folgende Bereich der Überwachungsmechanismen an.

Die Überwachung, d.h. die Kontrolle, ob der Agent mit den auf ihn übertragenen Handlungsbefugnissen und -freiräumen im Sinne des Prinzipals umgeht, wird häufig durch die Einführung regelmäßiger Berichte umgesetzt. Der Agent wird dazu verpflichtet, regelmäßig in bestimmter Form und in Bezug auf spezifische Themengebiete Berichte über den aktuellen Sachstand und den Fortgang des Vorhabens abzulegen. Dieser Überwachungsmechanismus in Form eines Berichtswesens soll den Agent dazu bewegen, seine gewonnenen Erkenntnisse und Informationen, zu denen er durch die Ausübung seiner Handlungskompetenzen gelangt ist, offen zu legen.

Ziel ist, dass der Prinzipal somit einerseits Einblick in die Handlungen und deren Zwischenergebnisse erhält. Dies wiederum ermöglicht dem Prinzipal, den Fortgang kontinuierlich zu verfolgen und somit Fortschritte und potentielle Hindernisse zu analysieren. Intendiertes Ziel ist zudem, die Informationsasymmetrie zwischen Prinzipal und Agent so gering wie möglich zu halten und eine Ausbeutung der Freiräume und ein Missbrauch der Kompetenzen zu verhindern und die Möglichkeit für Korrekturmaßnahmen zu eröffnen, die im Prozessverlauf ergriffen werden können.

Zu berücksichtigen gilt hierbei jedoch, dass die Berichterstattung zeitliche und personelle Ressourcen des Agenten bindet und ihn von seinen eigentlichen Aufgaben abhält. Eine weitere Schwachstelle des Berichtswesens als Überwachungssystem ist darüber hinaus, dass es dem Agenten obliegt, Inhalte und Tiefe der Berichte selbst zu bestimmen und Informationen zu selektieren. Anzunehmen ist, dass er diejenigen Informationen auswählen wird, die ihn selbst und seine Handlungen in einer positiven Weise darstellen und ggf. von negativen Entwicklungen abzulenken vermögen. Folglich ist davon auszugehen, dass die Berichte nur einen Teil der relevanten Informationen enthalten und kein vollständiges Bild über den Fortgang des Vorhabens gewähren. Ferner bindet auch die Lektüre und Analyse der Berichte des Agenten wiederum Ressourcen des Prinzipals.

Um den dargestellten Schwachpunkten teilweise zu begegnen, verwenden Prinzipale weitere Überwachungsmaßnahmen, die ihre Wirkung insbesondere durch einen Überraschungseffekt entfalten: Untersuchungen, mündliche Befragungen bzw. Nachfragen und weitere Nachforschungsmethoden. Derartige, überraschende Maßnahmen kosten den Prinzipal aber nicht nur viel Zeit und Aufwand, sondern sie bergen eine inhärente Gefahr der Demoralisierung des Agenten wie des Prinzipals.

Eine weitaus vielversprechendere Alternative setzt bei betroffenen Dritten an. Mit dem Begriff betroffene Dritte werden Personen bezeichnet, die von den Handlungen des Agenten profitieren und somit Zielgruppe des Prinzipals sind, z.B. die Kunden eines Unternehmens, die durch ein Callcenter betreut werden sollen. Das Unternehmen beauftragt das Callcenter mit der Kundenbetreuung und kann durch die Befragung der Kunden Auskünfte über die Leistung des Callcenter erhalten.

Die Befragung dieser betroffenen Dritten hat entscheidende Vorteile gegenüber der überraschenden Befragung des Agenten. Ein wesentlicher Aspekt ist, dass der Prinzipal und die betroffenen Dritten über gleiche Interessen verfügen, im Unterschied zum Agenten. Auch den betroffenen Dritten ist ein Anliegen, die Leistung des Agenten besser auf ihre Bedürfnisse hin zu beeinflussen. Daher sind sie auch geneigt, über negative Erfahrungen zu berichten. Dies kann dem Prinzipal Einblicke darin geben, wo der Agent die Vereinbarungen des vertraglichen Rahmens möglicherweise verletzt. Zudem ist ein positiver Nebeneffekt des direkten Kontakts zu den betroffenen Dritten, Erkenntnisse zu gewinnen über deren Wünsche und Bedürfnisse. Diese können wiederum zur Konkretisierung der Aufgaben des Agenten eingesetzt werden.

Auch wenn dies für den unternehmerischen Bereich sehr einleuchtend ist, erscheint eine Übertragung auf den politischen Bereich eher problematisch. Grund hierfür ist, dass die betroffenen Dritten, in diesem Fall z.B. die Wähler bzw. Bürger, schwierig durchschauen können, welche Personen welche Handlungsoption aus welchen Gründen präferiert und schließlich umgesetzt hat. Zudem ist die Einschätzung dessen Reichweite zum Teil auf Grund von mangelnder Kenntnis bzw. Erfahrung und zum anderen Teil auf Grund unterschiedlicher Bedürftigkeit kein vergleichbares Mittel zur Bewertung der Leistung des Agenten.

Eine Variante, die im politischen Bereich dennoch verwendbar ist, kehrt von der wertenden Komponente etwas ab und wendet sich den eher deskriptiven Elementen zu. Hierbei werden von politischen Maßnahmen betroffene Personengruppen gebeten im Falle einer Betroffenheit eine Auskunft hierüber zu geben. Dies dient dem Zweck feststellen zu können, welche Personengruppen von einer Maßnahme tangiert sind bzw. welche sich als tangiert einschätzt. So können Personengruppen, wie z.B. die lokalen Ortsverbände einer Partei, Besuchergruppen eines Abgeordneten, Verbände, Interessenvertreter allgemein oder im Hinblick auf eine spezifische Maßnahme um eine Stellungnahme gebeten werden (vgl. Kiewiet/McCubbins 1991: 31–37).

Kollektive bzw. multiple Agenten und Prinzipale

Die Überwindung der im Kapitel 3.2 skizzierten Probleme kollektiven Handelns, die durch eine Delegation von Handlungsbefugnissen erreicht werden sollte, kann durch Kollektivität des Prinzipals bzw. des Agenten bedroht sein. Bei einer Kollektivität des Prinzipals bzw. des Agenten und der damit verbundenen inhärenten Heterogenität von Interessen und Präferenzen, können Herausforderungen wie das Gefangenendilemma, der Mangel an Koordination und die Instabilität der sozialen Wahl die Handlungsfähigkeit einschränken (vgl. Kiewiet/McCubbins 1991: 26–27).

> „A collective principal may be unable to announce a single preference over its agent's actions or to offer a single contract governing compensation for the agent. A subset of the membership may strategically manipulate the decision-making process of the collective principal" (Kiewiet/McCubbins 1991: 27).

In Unterscheidung zu kollektiven Prinzipalen bzw. Agenten sind multiple Agenten bzw. Prinzipale mit spezifischen Interessenkonflikten konfrontiert. Ein Agent, der im Auftrag multipler Prinzipale handelt, kann bei der Umsetzung der Interessen eines Prinzipals die Bedürfnisse und Interessen eines anderen Prinzipals verletzen (vgl. Kiewiet/McCubbins 1991: 27).

Verwendung der PAT in den Politik- und Sozialwissenschaften

Erste Anwendungen der PAT finden sich in der US-amerikanischen Bürokratieforschung. Noch ohne expliziten Verweis auf die PAT befassten sich bereits Niskanen (1971) und Downs (1967) mit der Verselbständigungsdynamik der Bürokratie von ihrem eigentlichen Auftraggeber: dem Parlament und der Regierung. Ihr Entwurf des „Bürokraten" richtete sich gegen das Bild, das Max Weber vom Bürokraten als „treuem Erfüllungsgehilfen" entwarf. Grundannahme der Theorie der rationalen Wahl ist die Orientierung der Akteure an ihrer eigenen Nutzenmaximierung, folglich bestehe auch ein Spannungsverhältnis zwischen der Politik und der Bürokratie. Der Bürokrat ist somit keineswegs bemüht, mit Hilfe seines Fachwissens sich für die Umsetzung politischer Entscheidungen einzusetzen. Diese Abweichung der Zielsetzungen zwischen Politik und Bürokratie wurde später auch bei McCubbins/Noll/Weingast aufgegriffen und als „bureaucratic drift" bezeichnet (vgl. McCubbins et al. 1989).

Eine Studie zur politischen Wirkkraft eines legislativen Organs haben Weingast/Moran im Jahr 1983 vorgelegt. In ihrem Artikel „Bureaucratic

Discretion or Congressional Control? Regulatory Policymaking by the Federal Trade Commission“ (1983) wird das Verhalten der US-amerikanischen Kartellbehörde untersucht. Die Grundfrage, die sie in ihrem Artikel beantworten wollen, ist die nach dem Machtverhältnis zwischen dem US-amerikanischen Kongress und der Kartellbehörde. Um diese Frage zu klären, entwickeln sie ein Modell, das statistische Ergebnisse hervorbringt und damit überprüfbare Auswirkungen liefert.

Zu Beginn legen sie zwei grundsätzlich unterschiedliche Positionen zu dem Macht- und Einflussverhältnis zwischen dem Kongress als Legislative und US-amerikanischen Behörden (agencies) dar. Der erste Ansatz geht davon aus, dass Behörden unabhängig von der Legislative agieren und ihre Kompetenzen ausüben. Der zweite Ansatz hingegen geht davon aus, dass der Kongress fähig ist, die Behörden maßbeglich in ihren Entscheidungen und ihrem Verhalten zu steuern.

> „The bureaucratic, or traditional, approach argues that agencies are independent of the legislature. The second, or congressional dominance, approach argues that agencies are directly tied to (or operate in alliance with) the legislature or specific committees within the legislature“ (Weingast/Moran 1983: 767–777).

Der bürokratische, bzw. traditionelle Ansatz argumentiert, da wenig Überwachung stattfindet, tritt erhebliche Drückebergerei auf in der Kartellbehörde - so sehr, dass es am besten ist, den Einfluss des Prinzipals (Kongress) auf Entscheidungen des Agenten (Kartellbehörde) ganz zu ignorieren. Der Kongress-Ansatz, der von einer dominanten Einflussnahme des Kongresses auf die Kartellbehörde ausgeht, argumentiert, dass der Kongress über relevante ex-post-Sanktionsmechanismen verfügt. Aus diesem Grund passt die Kartellbehörde ihre Entscheidungen und Maßnahmen an den Bedürfnissen des Kongresses insofern an, da sie eine entsprechende Belohnung bzw. Bestrafung durch den Kongress zu erwarten ist. In dem Maße, in dem dieses System aus potentiellen ex-post-Folgen geeignete ex-ante-Anreize generiert, kann von handlungsstrukturierender Einflussnahme des Kongresses ausgegangen werden. Auf Grund potentieller strafender Maßnahmen, die ex-post erfolgen können, wird bereits ex-ante das Verhalten der Kartellbehörde reguliert. Eine Konsequenz dieses Systems ist, dass wenige tatsächliche Strafen erfolgen und beobachtet werden können.

Weingast/Moran weisen hierbei auf das empirische Problem der *Beobachtungs-Äquivalenz* (Weingast/Moran 1983: 792) hin: Sowohl der traditionelle Ansatz und der Ansatz der dominanten Einflussnahme des Kongresses stützt seine These durch das empirisch beobachtbare Fehlen von strafenden (Überwachungs-) Maßnahmen des Kongresses.

> „[...] the actions of Congress under this system appear to be precisely the same as those under a system in which Congress has no influence, we cannot conclude that the absence of congressional monitoring is evidence against legislative control" (Weingast/Moran 1983: 792).

Weingast/Moran schließen aus der Beobachtungs-Äquivalenz, dass eine Abwesenheit bzw. ein Mangel an beobachtbaren Überwachungsmaßnahmen nicht bedeutet, dass keine Einflussnahme auf das Verhalten der Behörden erfolgt.

> „That is, they lead to the same observations about the relationship between agencies and Congress during periods of stable policy: (1) the lack of oversight hearings; (2) the infrequency of congressional investigations and policy resolutions; (3) the perfunctory nature of agency heads; (4) the lack of ostensible congressional attention to or knowledge about the ongoing operation and policy consequences of agency choice; and (5) the superficiality of annual appropriations hearings" (Weingast/Moran 1983: 767).

Sie entwickeln ein Modell der politischen Beschlussfassung bezüglich der Behörden, welches mittels statistischer Verfahren vergleichbare Ergebnisse liefert und Grundlage ihrer Thesen bezüglich der Ausprägung der Einflussnahme des Kongresses bildet.

> „We therefore developed a model of regulatory policymaking under the hypothesis that Congress controls agencies. The model allows comparative statistics results from which we derived specific hypothesis about the nature of congressional influence on regulatory change" (Weingast/Moran 1983: 792).

In einem 1984 veröffentlichten Artikel, entwirft Weingast die Beziehung zwischen US-Kongress und staatlichen Behörden als eine Beziehung zwischen Prinzipal und Agent (vgl. Weingast 1984). Ausgehend von der Annahme, dass Abgeordnete des Kongresses ein grundsätzliches Interesse haben, zu überprüfen, ob und inwieweit die Behörden den Wählerwillen verfolgen, legt er die Mechanismen dar, mit denen dies umgesetzt werden kann.

3.2.2. Anwendung und Erklärungsbeitrag für das Verhältnis von Bundestag und Bundesregierung in AdEU

Erklärungsbeitrag der Prinzipal-Agenten-Theorie

Im Folgenden wird dargestellt, welche der Grundannahmen der PAT über Delegationsverhältnisse auf die Agenturbeziehung von BT und BReg in AdEU übertragen werden und welcher Erkenntnisbeitrag hierdurch erzielt wird.

Der wesentliche analytische Beitrag der PAT sind idealtypische Konstellationen des Kontroll- und Abhängigkeitsverhältnisses zwischen BT und BReg, die durch den Rückgriff auf theoretische Annahmen wie die Informationsasymmetrie und Interessendivergenz, konstruiert werden (vgl. Kropp 2008: 65–67). Hieraus wird ersichtlich, welche zentralen Problembereiche das Delegationsverhältnis kennzeichnen, insbesondere im Hinblick auf den Informationsvorsprung der BReg sowie deren diskretionären Handlungsräume.

Die PAT konzipiert auf diese Problembereiche gerichtete Mechanismen des Prinzipals zur Eindämmung der Agenturprobleme: *Contract Design* (Vertragsgestaltung), *Screening and Selection Mechanisms* (Auswahlprüfverfahren) sowie *Monitoring and Reporting Requirements* (Überwachungsmechanismen und Berichtspflichten) (vgl. ausführlich hierzu Kapitel 3.2.1.4). Diese Mechanismen stellen Forschungsheuristiken dar, auf deren Grundlage Annahmen über die Ausbildung von Ausweich- und Anpassungsstrategien formuliert werden können.

Die Kompetenzverlagerung auf die EU-Ebene im Verlauf der EU-Integration wirkt auf das Delegationsverhältnis von BT und BReg ein. Die Agenturprobleme verschärfen sich auf Grund der Integration in das EU-Mehrebenensystem und bedingen die Ausbildung von informellen Handlungsformen und Mechanismen. Diese sind notwendig, um Informationen zu erhalten als Basis für Einflussnahmen auf EU-Rechtsetzungsverfahren. Hierbei sind vor allem die Ausweichstrategien im Bereich der Überwachungsmechanismen und der Berichtspflichten von Relevanz.[72]

---

72 Der Bereich der Vertragsgestaltung wird im Rahmen der Fallanalyse keine Rolle spielen. Die Berücksichtigung der Vertragsgestaltung als Analysekategorie der PAT erfolgt durch eine Analyse der rechtlichen Grundlagen der parlamentarischen Mitwirkung des BT in Kapitel 4. Ebenso bietet das Auswahlprüfverfahren für die

Informelle Mechanismen zur Eindämmung der Agenturprobleme im Rahmen des Delegationsverhältnisses in AdEU sind in der bisherigen Literatur zur PAT jedoch nicht konzeptionalisiert. Diese bestehende theoretische Lücke möchte die hier angestellte Untersuchung schließen. Zu diesem Zweck erfolgt eine Erweiterung der bisherigen Annahmen über Ausweichmechanismen des Prinzipals zur Eindämmung der Agenturprobleme. Diese Szenarien über Anpassungs- und Ausweichmechanismen der MdBs in AdEU werden in Erweiterung der bisherigen Mechanismen der PAT zur Eindämmung der Agenturprobleme[73] sowie auf Basis der bisherigen empirischen Befunde zu Informalität im Parlament[74] konzeptionalisiert (vgl. Kapitel 3.2.3).[75] Diese stellen eine Forschungsheuristik dar, die die empirische Analyse strukturiert und anleitet (vgl. Kapitel 5). An die Darstellung der informellen Anpassungsstrategien der MdBs in AdEU in Kapitel 3.2.3, 3.2.4 und 3.2.5 schließt die Formulierung der forschungsleitenden Hypothese an (vgl. Kapitel 3.3).

Konzeptionalisierung des Verhältnisses von Bundestag und Bundesregierung in AdEU als Agenturbeziehung

Auf Grundlage der theoretischen Annahmen der PAT soll im Folgenden die Beziehung zwischen BT und BReg als ein Delegationsverhältnis konzipiert werden. Hierbei stehen die Besonderheiten der Agenturbeziehung im Rahmen der Mitwirkungen des BT in AdEU im Fokus. Dies geschieht auf Basis und in Erweiterung bisheriger Anwendungen der PAT in der Parlamentarismusforschung.[76]

Prägend für die Verwendung der PAT zur Analyse der Beziehung zwischen Legislative und Exekutive war die Arbeit von Kiewiet/McCubbins (1991). Darauf aufbauend wurde ein Konzept der Delegation in parlamentarischen Regierungssystemen entwickelt (vgl. Müller et al. 2003: 3–27).

Anwendung der PAT auf die Delegationsbeziehung von BT und BReg keinen Erkenntnisfortschritt und wird aus diesem Grund im Folgenden nicht weiter verfolgt.

73 Insbesondere aufbauend auf den Konzeptionalisierungen von Auel 2008 und Kropp 2008.

74 Vor allem auf Grundlage der Erkenntnisse von Schwarzmeier 2001.

75 Hierbei stehen die Anpassungsmechanismen im Bereich der Überwachung und der Berichtspflichten im Vordergrund, die Mechanismen der Vertragsgestaltung sowie der Auswahlprüfverfahren werden vernachlässigt.

76 Vgl. u.a. Auel 2008; Kropp 2008.

Ausgangspunkt der parlamentarischen Delegationskette ist der Wähler, der durch Ausübung seines Wahlrechtes die personelle Zusammensetzung des Parlamentes und die Machtverteilung der jeweiligen Fraktionen der Parteien bestimmt. Die Delegationskette im parlamentarischen Regierungssystem wird wie folgt beschreiben:

> „1. Delegation from voters to their elected representatives.
> 2. Delegation from legislators to the executive branch, specifically to the head of government (the Prime Minister).
> 3. Delegation from the head of government (Prime Minister) to the heads of different executive departments.
> 4. Delegation from the heads of different executive departments to civil servants.
> The chain of delegation is mirrored by a corresponding chain of accountability that runs in the reverse direction. Thus, democratic constitutions contain mechanisms that allow principals to delegate and that make agents accountable. Indeed, what makes democratic regimes democratic is precisely that they contain mechanisms by which the citizens can select and control their representatives“
> (Müller et al. 2003: 19)).

Somit erfolgt die Delegation in Form einer mehrgliederigen, linearen Kette, die beginnend beim Wähler bis hin zum Ministerialbeamten der jeweiligen Ministerien reicht und ergänzt wird durch eine Kette der Verantwortlichkeit bzw. Rechenschaftspflicht für das Regierungs- bzw. Verwaltungshandeln, die in entgegengesetzter Richtung verläuft (vgl. Auel 2008: 217). In welchen Mechanismen und Verfahrensweisen diese Verantwortung bzw. Rechenschaftspflicht zum Ausdruck kommt und eingefordert werden kann ist in der Verfassung sowie in einfachgesetzlichen Regelungen (u.a. dem EUZBBG) festgelegt (vgl. Müller et al. 2003).

Das Delegationsverhältnis von Bundestag und Bundesregierung

Die Delegationsbeziehung wird hier als eine Kontrollbeziehung konzipiert und betont den essentiellen Zusammenhang zwischen Information einerseits und Steuerungs- bzw. Kontrollfähigkeit andererseits (vgl. Seifert 2004: 157).

Die PAT nimmt an, dass die Beziehung zwischen BT und BReg gekennzeichnet ist von folgenden Eigenschaften:

Tabelle 2: Grundlegende Eigenschaften der Delegationsbeziehung von Bundestag und Bundesregierung

– Informationsasymmetrie, d.h. einem Informationsvorsprung der BReg – Opportunistischem Verhalten der Akteure, d.h. der Informationsvorsprung führt zu Agenturproblemen, v.a. *hidden knowledge* und *hidden action* – Anfallen von Agenturkosten u.a. für die Informationsgewinnung auf Seiten des BT – Schwierige Messbarkeit und Beurteilung der Handlungen der BReg, insbesondere auf EU-Ebene wegen der Mehrebenenkonstellation – Durchsetzungsstrategien der BReg gegenüber dem BT

(Quelle: eigene Darstellung in Erweiterung von Seifert 2004: 156).

Spezifika des Delegationsverhältnisses auf EU-Ebene

Die Zuständigkeiten sowie das Gestaltungspotential des BT als nationalstaatliches Parlament innerhalb der EU unterscheiden sich in ausschlaggebenden Aspekten im Vergleich zur Stellung im Gesetzgebungsverfahren im rein nationalen Kontext. Entsprechend ist auch die Delegationsbeziehung zwischen dem BT als Prinzipal und der BReg als Agent im Kontext der EU anders ausgestaltet (vgl. Auel 2008).

Im Wesentlichen haben nationale Parlamente auf EU-Ebene zwei Funktionen. Sie sind beteiligt an der Entscheidung von Grundsatzfragen. Ihnen obliegt die Aufgabe neuverhandelte primärrechtliche Verträge der EU gemäß ihrer verfassungsrechtlichen Vorgaben zu ratifizieren. Zudem ist es ihre Aufgabe, die Regierung stetig für die auf EU-Ebene vollzogene Regierungstätigkeit zur Rechenschaft und Begründung anzuhalten. Dies geschieht öffentlichkeitswirksam u.a. im Rahmen der parlamentarischen Interpellationsrechte (vgl. Auel 2008: 215). Hinzu kommt seit dem Inkrafttreten des Vertrages von Lissabon die dort festgeschriebene Wächterrolle der nationalen Parlamente im Bereich der Subsidiaritätsprüfung (vgl. Benz/Broschek 2010: 2–10; Dittgen 2011: 12–13, Kietz/Maurer 2012; Maurer 2012b, 2011, 2009, 2002a).

Bei der Mitgestaltung politischer Grundsatzentscheidungen haben sie – anders als im nationalstaatlichen Rahmen – nur eine Einflussmöglichkeit auf die Position der eigenen Regierung, die jedoch nur eine Position unter vielen ist (vgl. Auel 2008: 208ff.).[77]

> „With the process of European integration this chain of delegation has been extended to the European level. Yet European integration has not just added another link to the chain, but has fundamentally altered the chain of delegation in the parliamentary systems of Europe. What is particularly important in this respect is that the delegation to the EU level entails several different tasks, namely
> the delegation of agenda setting
> the delegation of legislation (in the sense of both policy-making and giving final approval), and
> the delegation of supervision“
> (Auel 2008: 210).

Im nationalstaatlichen Bezugsrahmen geht die PAT von der Annahme aus, dass in der parlamentarischen Delegationskette der Agent vom Prinzipal Handlungskompetenzen übertragen bekommt, die auch die Kompetenz umfasst, die politische Agenda zu bestimmen (*agenda-setting power*). Dem Prinzipal bleibt jedoch die Möglichkeit, Einspruch zu erheben, der sich eine Letztentscheidungskompetenz und somit Steuerungsfähigkeit bewahrt.

Der innerstaatliche Gesetzgebungsprozess nimmt seinen Beginn häufig in den Ministerien bei der Erarbeitung von Gesetzesentwürfen, die anschließend im Kabinett diskutiert und evtl. geändert werden. Als Legislativorgane werden diese dem BT und ggf. dem Bundesrat vorgelegt, wo in den Fachausschüssen und durch das Plenum Einflussmöglichkeiten bestehen. Auf EU-Ebene hingegen besteht diese Gestaltungsfähigkeit durch eine *Letztentscheidungskompetenz* der nationalen Parlamente nicht (vgl. Auel (2008), Holtmann et al. (2004) Ismayr (2012)).

In der EU wurde die Gestaltungskompetenz der politischen Agenda auf die EU-KOM übertragen, die ein Initiativmonopol für die Vorlage von Rechtsetzungsakten innehat. Aus diesem Grund können MS ohne die Initiative der EU-KOM keinen Rechtsetzungsprozess in Gang setzen.[78] Daher haben die mitgliedstaatlichen Regierungen sowie die nationalen Parla-

---

77 Die von Auel (2009) identifizierten Spezifika der Delegationskette in AdEU sollen nun Grundlage sowie einen ersten Ausgangspunkt darstellen für die Konzeption des Delegationsverhältnisses zwischen BT und BReg in AdEU.

78 Der Vertrag von Lissabon führte in Form der Bürgerinitiative eine Ausnahme ein. Für eine eingehende Berücksichtigung der Bürgerinitiative sei der interessierte Leser sei auf die Arbeiten von Cilo 2014; Hieber 2014 verwiesen.

mente einen wesentlichen Teil ihrer Gestaltungsmacht der politischen Agenda verloren.[79] Ergebnis ist, dass politische Gestaltungsmacht auf EU-Ebene zu einem erheblichen Anteil von der EU-KOM ausgeübt wird. Diese kann aber nicht von den nationalen Parlamenten zur Verantwortung gezogen werden kann für ihr Aktivwerden bzw. Unterlassen (vgl. Auel 2008: 211–214).

Da nationale Parlamente auf EU-Ebene nicht direkt beteiligt sind am Rechtsetzungsprozess sowie an der Formulierung der politischen Grundsatzentscheidungen, haben sie nur einen verminderten, mittelbaren Einfluss auf europäische Politik und die Ausgestaltung europäischer Rechtsetzung. Zudem verfügen sie nicht wie im nationalen Kontext über eine *Letztentscheidungskompetenz* im legislativen Prozess. Auf EU-Ebene obliegt dies dem Europäischen Rat und dem EP. Die nationalen Parlamente haben keine Option, einen EU-Rechtsetzungsakt nach der Verabschiedung auf EU-Ebene abzuändern. Lediglich die Umsetzung und Einfügung in das nationale Rechtsgefüge bietet einen gewissen, wenn doch sehr begrenzten, Gestaltungsspielraum für nationale Parlamente (vgl. Auel 2008: 212).

Dies zeigt auf, dass es unzutreffend ist, von einer Delegation politischer Gestaltungsmacht seitens der nationalen Parlamente auf die EU-KOM auszugehen. Wesensmerkmal eines Delegationsverhältnisses ist es, das der Prinzipal eine – wenn auch geringe – Kontrolle über den beauftragten Agenten bewahrt (vgl. Auel 2008: 213). Dies ist auf Grund der fehlenden Verantwortlichkeit der EU-KOM gegenüber den nationalen Parlamenten jedoch nicht gegeben.[80] Auch das EP hat Entscheidungskompetenzen auf EU-Ebene, die MdEPs sind jedoch nicht den nationalen Parlamenten, sondern den Wahlberechtigten der EU-MS gegenüber verantwortlich (vgl. Auel 2008: 214).

Bundestag als Prinzipal der BReg in AdEU

Aus der Sicht der PAT übertragen die MdBs Handlungs- und Entscheidungsbefugnisse auf die Regierungsvertreter im Rat der EU, die ihr Han-

---

79 Kropp 2008 relativiert diese Annahme in der Hinsicht, dass bereits auf nationaler Ebene das agenda-setting vornehmlich von der Exekutive übernommen wird, vgl. Kropp 2008: 55.

80 Auel (2008) verweist darauf, dass die mitgliedstaatlichen Regierungen jedoch einen graduellen Einfluss auf die Zusammensetzung der EU-KOM haben, vgl. Auel 2008: 214.

deln dem BT gegenüber begründen und rechtfertigen müssen. Somit ist im Wesentlichen das Einwirken auf die von der eigenen Regierung vertretene Verhandlungsposition in den RAG die gestaltende und mitwirkende Form der Einflussnahme auf EU-Rechtsetzungsvorhaben. Die Regierungsvertreter im Rat sind jedoch nur einzelne Akteure eines kollektiven Legislativorgans, dessen Entscheidungen sie nur zu einem begrenzten Maß gestalten und bestimmen können: in Politikbereichen mit Einstimmigkeitserfordernissen können sie zwar eine Entscheidung blockieren, bei Mehrheitsentscheidungen könnten sie sogar überstimmt werden (vgl. Auel 2008: 214).

Verwobenheit von regierungstragenden Fraktionen und Bundesregierung

Es bleibt zu berücksichtigen, dass der BT als Parlament kein einheitlicher Prinzipal ist, sondern sich aus zwei grundlegenden Prinzipalen zusammensetzt: den Regierungsfraktion (-en) sowie den Oppositionsfraktion (-en) (vgl. Auel 2008: 220).

Bei der Bewertung der Wirkkraft formaler Mitwirkungsrechten des BT in AdEU muss beachtet werden, dass es aus Sicht der Regierungsfraktion im BT nur begrenzt Anreize gibt, diese im Konfliktfall gegenüber der eigenen BReg anzuwenden. Gleiches gilt für die Beurteilung der Inanspruchnahme der formalen Mitwirkungsrechte. Da die formalen Kontrollrechte durch öffentlichkeitswirksamen Charakter gekennzeichnet sind, werden diese von MdBs der Regierungsfraktionen nicht als Form der Einflussnahme ausgewählt. Denn es liegt im Regelfall nicht in ihrem Interesse, ihre eigene Regierung öffentlich zu kritisieren bzw. deren Handlungsfähigkeit in den EU-Verhandlungen einzuschränken (vgl. Kropp 2008: 64).

Kropp (2008) verweist in diesem Zusammenhang auf die Verwobenheit von Parlamentariern der regierungstragenden Fraktionen und den Mitgliedern der BReg. Grundlegendes Ziel von Parteien sei das „office-seeking" (Kropp 2008: 64), d.h. beide Aktionseinheiten streben nach „der Aufrechterhaltung der Regierungsleistung" (Kropp 2008: 64). Daher würde eine Infragestellung der Regierungstätigkeit grundsätzlich abgeschwächt. Hinzu kommt der politische Gestaltungswille von Parteien und deren Anhänger, das sogenannte „policy-seeking" (Kropp 2008: 64), also dem Streben parteipolitische Positionen „in konkrete politische Entscheidungen umzusetzen" (Kropp 2008: 64).

Auch im Hinblick auf das Streben nach Machterhalt, der durch Wiederwahl gesichert wird, gilt ein einheitliches Auftreten der Partei als vorteilhaft. Entsprechend ist auch der MdB im Hinblick auf das „vote-seeking“ (Kropp 2008: 64) eher nicht angehalten, öffentlich eine Position zu vertreten, die sich gegen den eigenen Minister bzw. Ministerin und deren Positionierungen im Rat richtet (vgl. Kropp 2008: 64–65).

Aus diesem Grund werden MdBs der Regierungsfraktionen öffentlich Positionen vertreten, z.B. in Form von Stellungnahmen gem. Art. 23 GG, die die Position der BReg unterstützt, um die Verhandlungsposition im Rat zu stärken. Im Falle von gegensätzlichen Positionen zwischen BT und BReg, ist anzunehmen, dass sie in informellen Foren und Handlungsformen versuchen, Einfluss zu nehmen auf die Positionierung der BReg im Rat (vgl. Auel 2008: 216–217, 2007; Auel/Benz 2005).

Informationsasymmetrie zwischen Bundesregierung und Bundestag in AdEU

Auf EU-Ebene sind es die Regierungen der MS und die von ihr beauftragten Vertreter, die in den jeweiligen Gremien die nationalen Interessen und Positionen im EU-Rechtsetzungsprozess, v.a. in den RAG der zahlrechen Ratsformationen, vertreten. Wie oben erläutert, ist der BT formal v.a. durch die Kontrolle der Regierungstätigkeit auf EU-Ebene, u.a. bei der EU-Rechtsetzung beteiligt.

> „Auf Grund des umfassenden Informationsvorsprungs, den die Exekutiven gegenüber den Parlamenten geltend machen können, sind jene in der Lage, sich vom Willen und dem ursprünglichen Auftrag der Legislative loszulösen. Diese Tendenz ist dem Umstand geschuldet, dass die „Agenten“ der Parlamentsseite entweder bedeutsame Informationen vorenthalten können, oder aber, dass die Abgeordneten - z.B. aufgrund einer intransparenten organisatorischen oder institutionellen Architektur - nicht in der Lage sind, die Präferenzen und Interessen der Exekutive zu erkennen“ (Kropp 2008: 61).

Um die relevanten Etappen herauszustellen, an denen die BReg und ihre Vertreter aus der Ministerialverwaltung entscheidende Informations- und Beteiligungsvorsprünge haben, soll auf das Konzept des europäischen Politikzyklus zurückgegriffen werden (vgl. Beichelt 2011: 121–123; Kropp 2008: 68–79; Maurer/Mittag 2003).

Bei der Erarbeitung einer Rechtsetzungsinitiative durch die EU-KOM kommen Vertreter der BReg im Rahmen der frühzeitigen Beratung durch die ca. 1700 Expertengruppen - die u.a. auch mit Personen besetzt sind, die von nationalen Regierungen entsandt wurden - in einem sehr frühen Stadium in einen Austausch mit den jeweiligen Mitarbeitern der EU-KOM (vgl. Beichelt 2011: 122). Somit hat die BReg über die von ihr in diese Gremien entsandten Experten in einem sehr frühen Stadium Kenntnis von den Vorhaben und der Ausformulierung der Regelungsgehalte. In diesem vorgelagerten Konsultationsmechanismus sind Vertreter nationaler Parlamente nicht in vergleichbarer systematischer Weise eingebunden.[81] Aufgabe dieser Expertengruppen ist neben der Bereitstellung von Fachexpertise zudem eine Einschätzung möglicher nationaler Vorbehalte bzw. Vetopositionen für die entsprechenden Regelungsgehalte (vgl. Beichelt 2011: 122).

Zu der Phase der Interessenaggregation auf EU-Ebene werden die Abstimmungs- und Koordinierungsprozesse auf der Ebene der RAG gezählt. In diesen Gremien werden – unter der Leitung des jeweiligen Landes, welches den Ratsvorsitz innehat – die Positionen der jeweiligen MS zu spezifischen Rechtsetzungsinitiativen der EU-KOM ausgetauscht. Diese Verhandlungen bereiten die Sitzungen des Ausschusses der Ständigen Vertreter (AStV I sowie AStV II) vor, da sie die Meinungen, Positionen und somit die konsensfähigen Alternativen aushandeln (vgl. Beichelt 2011: 122; Wessels 2008: 191–220). In den weiteren Formationen des Rates werden die verbleibenden streitigen politischen Fragen auf der Ebene von EU-Botschaftern sowie Abteilungsleitern bzw. Ministern und Staatssekretären verhandelt. Darüber hinaus agieren sie in den weiteren Verhandlungsformationen der EU-Rechtsetzungsprozeduren gem. Art. 288-294 des Vertrages über die Arbeitsweise der Europäischen Union (AEUV) mit dem EP und der EU-KOM (vgl. Beichelt 2011: 122).

In diesem Zusammenhang sind die Koordinierungs- und Abstimmungsmechanismen im Rahmen der rotierenden Ratspräsidentschaften von Bedeutung. Hier erfolgt eine frühzeitige Definition der politischen Agenda der EU. Nach dem Abschluss des Rechtsetzungsverfahrens auf EU-Ebene wird auf nationaler Ebene ein Gesetzgebungsverfahren in der Regel von dem Ministerium eingeleitet, das auch auf EU-Ebene federführend war (vgl. Beichelt 2011: 121–123).

Somit wird deutlich, dass die BReg in zahlreichen Stationen des Rechtsetzungsprozesses eingebunden ist, in denen frühzeitig Informationen bereitgestellt und in denen Positionen ausgetauscht und Kompromisslinien austariert werden. Daraus ergibt sich, dass die BReg und ihre Vertreter

81 Zur Rolle von Expertengruppen und deren Beratungsleistung vgl. Dreger 2014; Hartlapp et al. 2010; Metz 2015.

einen Informationsvorsprung vor den Abgeordneten haben, der ihnen diskretionäre Handlungsspielräume eröffnet.

Opportunistisches Verhalten der Bundesregierung

Zwar ist im GG in Art. 23 festgelegt, dass die BReg verpflichtet ist, den BT zu einem frühestmöglichen Zeitpunkt und umfassend zu informieren.[82] Doch de facto obliegt es der Entscheidung der BReg auszuwählen, wann dies erfolgt und welche Informationen bereitgestellt werden. Insbesondere ist es für den BT schwierig ein Weglassen von Informationen nachzuweisen. Vor allem im Hinblick auf vorbereitende und informelle Foren des Informationsaustausches auf EU-Ebene ist die Informationsasymmetrie stark ausgeprägt und die Möglichkeit der Abgeordneten Informationen einzufordern und Kontrolle über die BReg als den Agenten auszuüben, erschwert bis unmöglich. Vergleichbares gilt, wenn Verhandlungen in Gremien erfolgen, die außerhalb von EU-Gremien erfolgen, wie dies im Falle des ESM-Vertrages während der Wirtschafts- und Finanzkrise der Fall gewesen ist. Hier ist eine Klage der Bundestagsfraktion von Bündnis 90/Die Grünen vor dem Bundesverfassungsgericht notwendig geworden, um die BReg zur Weitergabe von Informationen zu verpflichten.

> „Die Bundesregierung verneinte dies vehement und weigerte sich, dem Bundestag jedwede Informationen, nicht einmal einen Entwurf des ESM-Vertrags, zukommen zu lassen. Die Begründung lautete: Da diese Verträge außerhalb der regulären Gremien und Entscheidungswege der Europäischen Union verhandelt wurden, hätten sie mit ihr nichts zu tun. Und weiter: Da sich die Beteiligungsrechte des Bundestages lediglich auf die Europäische Union bezögen, hätte das Parlament hier keinerlei Informationsrechte. Diese unter anderem wegen des offensichtlichen Bezugs des ESM zur Wirtschafts- und Währungsunion sowie der institutionellen Verknüpfung mit Europäischer Zentralbank, Europäischer Kommission, Europäischem Rat und Europäischem Gerichtshof waghalsige Argumentation veranlasste die Bundestagsfraktion der Grünen zu einer Klage vor dem Bundesverfassungsgericht" (Schäfer/Schulz 2013: 201).

82 Diese Informationspflichten sind im EUZBBG weiter ausgeführt und konkretisiert (vgl. Gesetz über die Zusammenarbeit von Bundesregierung und Deutschem Bundestag in Angelegenheiten der Europäischen Union vom 4. Juli 2013 (BGBl. I S. 2170).

Drahtberichte

Auch das Beispiel der Drahtberichte (vgl. Beichelt 2009: 255) macht deutlich, dass es die BReg selbst in der Hand hat, Informationen in einer möglichst knappen und verklausulierten Form zu übermitteln, die ein Nachvollziehen der Verhandlungen in den RAG erschwert. Folglich sind die Abgeordneten nicht in gleicher Weise über die Planungen von Rechtsetzungsakten informiert, d.h. sie erhalten nicht frühzeitig vorbereitende Papiere und damit Kenntnis von Themen auf EU-Ebene, den Problemen im EU-Verhandlungsprozess. Dies bedeutet, dass die einzelnen Fraktionen nicht die Zeit haben, eine eigene fraktionsinterne Positionsabstimmung zu lancieren, was jedoch die Grundlage für ein pro-aktives gestaltendes Einmischen und Einwirken auf die BReg ist (vgl. Schäfer/Schulz 2013).

3.2.3. Anpassungsstrategien des Bundestages

Die sich verschärfende Informationsasymmetrie und die Erweiterung von diskretionären Handlungsspielräumen der BReg im Kontext der Mitwirkung an Rechtsetzungsverfahren auf EU-Ebene bedingen das Ausbilden informeller Anpassungsstrategien der MdBs. Diese sind notwendig, um zusätzliche verlässliche Informationsquellen zu erschließen. Diese müssen Auskunft geben über die allgemeinen politischen Geschehnisse auf EU-Ebene sowie die spezifischen Aktivitäten und Positionierungen der BReg in den EU-Gremien.

Neben der Erschließung dieser Informationen sind informelle Anpassungsstrategien ebenso darauf ausgerichtet, durch die Etablierung von informellen Handlungsarenen, neue Sphären der Einflussnahme zu erschließen. Aus diesen Annahmen heraus begründen sich die nachfolgenden Szenarien über Anpassungsstrategien der MdBs: Die Ausbildung informeller Handlungsarenen (Kapitel 3.2.4) sowie informeller Handlungsstrategien (Kapitel 3.2.5). Hierdurch entsteht dem BT ein erhöhter Aufwand, Agenturkosten fallen an, um die BReg zu kontrollieren.

Überwachungsmechanismen und Berichtspflichten

Voraussetzung für ein Monitoring der Aktivitäten der BReg auf EU-Ebene durch den BT ist ein entsprechendes Informations- und Wissensmanagement, um nicht der Gefahr einer Informationsflut zu erliegen. Der BT hat auf diese Gegebenheiten bereits mit der Bereitstellung neuer personeller wie finanzieller Ressourcen in der Verwaltung und auch unter den Fraktionsmitarbeitern reagiert (vgl. Schulz 2011: 67-69). So wurden einerseits Verfahren etabliert, um die Flut der offiziell zugeleiteten Dokumente zu ordnen und Prioritäres von weniger Wichtigem zu trennen. Dies erfolgt im Priorisierungsverfahren (vgl. Schulz 2011: 67–69; Vollrath 2011).

Eine weitere Einrichtung, die Aufgaben im Bereich des Wissens- und Informationsmanagement des BT im Hinblick auf das Monitoring der BReg erfüllt, ist das Verbindungsbüro des BT bei den EU-Institutionen in Brüssel, das aus einer Verwaltungseinheit und Büros der einzelnen Bundestagsfraktionen besteht. Aufgabe der Mitarbeiter aus Fraktion und Verwaltung ist es, Vorabinformationen für den BT zu erhalten und somit eine Positionierung und gestaltende Einwirkung des BT zu ermöglichen (vgl. Kapitel 4.3.2). Um ein effektives Monitoring durchführen zu können, sind ebenso die Beziehungen und Zugänge zu den federführenden Bundesministerien von Relevanz, da hierdurch auf einem schnellen Wege Zugang zu Hintergrundinformationen möglich sind.

Die obigen Beispiele zeigen in kompakter Form die bereits bestehenden Anpassungsstrategien des BT auf institutioneller und fraktioneller Ebene. Darüber hinaus sind jedoch weitere informelle Anpassungsmechanismen der MdBs erforderlich. Derartige informelle Mechanismen zur Eindämmung der Agenturprobleme im Rahmen des Delegationsverhältnisses in AdEU sind in der bisherigen Literatur zur PAT jedoch nicht konzeptionalisiert. Diese Lücke im Rahmen der PAT soll im Folgenden geschlossen werden. Hierfür werden Szenarien zu den informellen Handlungsarenen der MdBs sowie zu informellen Handlungsstrategien der MdBs konzeptionalisiert.

Diese Szenarien über Anpassungs- und Ausweichmechanismen der MdBs in AdEU werden in Erweiterung der bisherigen Mechanismen der PAT zur Eindämmung der Agenturprobleme[83] sowie auf Basis der bisherigen empirischen Befunde zu Informalität im Parlament[84] konzeptionalisiert (vgl. Kapitel 3.2.3).[85] Diese stellen eine Forschungsheuristik dar, die die empirische Analyse strukturiert und anleitet.

---

83 Insbesondere aufbauend auf den Konzeptionalisierungen von Auel 2008 und Kropp 2008.

84 Vor allem auf Grundlage der Erkenntnisse von Schwarzmeier 2001.

85 Hierbei stehen die Anpassungsmechanismen im Bereich der Überwachung und der Berichtspflichten im Vordergrund, die Mechanismen der Vertragsgestaltung sowie

Wie können Anpassungsstrategien im Bereich der Überwachungsmechanismen und Berichtspflichten auf informeller Ebene ausgeprägt sein? Welche Funktionen erfüllen sie und welchen Bezugsgrad weisen sie zu den formalen Etappen und Handlungsarenen auf? Wie stark sind sie institutionell verfestigt? (vgl. Schwarzmeier 2001) Um diesen Fragen nachzugehen, werden im Folgenden Typologien von informellen Handlungsarenen sowie informellen Handlungsstrategien entwickelt. Diese Typologien dienen als Forschungsheuristik für die im Kapitel 5 durchgeführte Fallrekonstruktion. Dort wird analysiert, welche der idealtypischen Handlungsarenen und -Strategien im empirischen Fall tatsächlich etabliert und angewendet werden und welche Funktionen diese erfüllen.

3.2.4. Typologie informeller Handlungsarenen

Auf Basis des Konzeptes der Positionstrolle (vgl. Kropp 2008, 2006) erfolgen politische Praktiken im Rahmen einer Akteurskonstellation, die geprägt ist durch die institutionelle Zugehörigkeit der jeweils beteiligten Akteure. Demnach müssen die Handlungsformen, d.h. die politischen Praktiken analysiert werden im Rahmen der Handlungsarena, in denen sie ausgeübt und eingesetzt werden. Um dies durchzuführen, gilt es zunächst Handlungsarena als Analysekategorie zu definieren.

> „Der Begriff Arena bezeichnet einen Handlungszusammenhang von Akteuren, der durch Institutionen und die sich darin bildenden Interaktionskonstellationen definiert ist" (Benz 2009: 50).

Die Analyse einer Handlungsarena beinhaltet hierbei die Bestimmung der institutionellen Zugehörigkeit der in ihr aktiven Akteure. Zudem ist insbesondere die Untersuchung der Zugänglichkeit der Arena von Bedeutung. Somit stellen sich zunächst Fragen nach der Durchlässigkeit der Arena sowie der Art von Legitimation, die Beteiligungs- und Mitwirkungsberechtigte in dieser Arena erbringen müssen, um zugangsberechtigt zu sein. Dies kann auch begründet sein auf einem politischen Mandat oder einer Fachexpertise. Ein weiterer Untersuchungsaspekt ist die Nachvollziehbarkeit der in der Handlungsarena erfolgten Prozesse und Entscheidungen durch unbeteiligte Dritte.

---

der Auswahlprüfverfahren werden vernachlässigt, da sie keinen Erkenntnisfortschritt für die hier angestellte Untersuchung bieten.

Darüber hinaus hat Benz (2009) weitere Kategorisierungsmerkmale von politischen Arenen wie folgt definiert:

> „Akteurs- und Interaktionskonstellationen sind beschreibbar durch die Zahl der Akteure, ihre Interaktionsorientierungen (egoistisch, kooperativ oder kompetitiv), ihre Interessenkonflikte und Machtverhältnisse" (Benz 2009: 50).

Dieses Begriffsverständnis von *Arena* strukturiert die Analyse und Bewertung der Handlungsarenen im folgenden Abschnitt. Zuvor werden die grundsätzlichen Rahmenbedingungen der Handlungsarenen vorgestellt.

Die MdBs, die im Rahmen von informellen Handlungsarenen auf EU-Ebene aktiv sind, bewegen sich im vertikal differenzierten politischen Mehrebenensystem. Die Zusammensetzung der Akteurskonstellationen zeichnet sich hierbei durch eine Heterogenität aus, die sich auf Grund der Zugehörigkeit zu unterschiedlichen institutionellen Arenen ergibt. Die Handlungsarenen setzen sich zusammen aus Akteuren der nationalstaatlichen Legislativen sowie u.a. der europäischen Exekutiv- sowie Legislativorgane. Mitunter sind Konstellationen vorhanden, die durch Vertreter der nationalen Exekutive sowie durch Interessenvertreter erweitert werden.

Gemein ist den Akteuren, dass sie zwar alle in einem Politikfeld aktiv sind, jedoch zugehörig zu politischen Institutionen unterschiedlicher Ebenen sind. Auf Grund der Zugehörigkeit entweder zu einer EU-Legislativ- bzw. Exekutivinstitution oder dem nationalen Legislativ-Organ, kommt es in informellen Handlungsarenen zu einer Interdependenz von Ebenen unterschiedlicher territorialer politischer Systeme.

> „Wenn die Wirkungen von Aufgaben und Entscheidungen die Ebenen eines territorial organisierten politischen Systems überschreiten, dann werden die Interdependenzen in erster Linie in Beziehungen zwischen Akteuren bearbeitet und diese interagieren zumindest partiell außerhalb der Institutionen, die politische Prozesse auf den einzelnen Ebenen regeln und damit ihr Handeln direkt beeinflussen" (Benz 2009: 50–51).

Benz (2009) verweist darauf, dass diese Interaktionskonstellationen, die sich durch eine vertikale Differenzierung im Hinblick auf das politische System sowie eine funktionale Interdependenz auszeichnen, in Form von interpersonellen Beziehungen ausgestaltet werden. Diese spielen sich zum Teil außerhalb des institutionellen Gefüges und damit tradierten und mitunter rechtlich fixierten Regelwerkes ab.

Die jeweiligen Steuerungsformen der verschiedenen Ebenen, die sich in Handlungsarenen konstituieren, begünstigen hierbei je eigene Interaktionsmechanismen (vgl. Benz 2009: 52).

> „Akteure der Mehrebenenpolitik sind daher unterschiedlichen Regeln und Einflussfaktoren unterworfen, die zum Teil gleichgerichtet wie entgegengesetzt wirken können. Daraus resultieren spezifische Koordinationsprobleme. Widersprüche zwischen den handlungsbeeinflussenden Faktoren und Regeln bedeuten aber auch, dass Akteure entscheiden müssen, wie sie mit diesen Bedingungen umgehen, und dies verleiht ihnen Handlungsfreiheiten" (Benz 2009: 52).

Diese Handlungsfreiheiten ergeben sich auf Grund der Koordination über territoriale Ebenen und damit zu einer Überschneidung der Kompetenzbereiche der jeweiligen politischen Systeme führt. Sie eröffnen den Beteiligten Handlungsspielräume, um den Koordinationsbedarf umsetzen zu können und Handlungsunfähigkeit zu vermeiden:

> „Da die Wirkung von Regeln, die in einem politischen System gelten, auf dessen Kompetenzbereich begrenzt sind, können die Akteure, die sich in der Mehrebenenkoordination außerhalb dieses Kompetenzbereichs bewegen, Handlungsspielräume gewinnen. Diese benötigen sie, wenn sie mit widersprüchlichen Handlungsbeschränkungen umgehen, andernfalls droht Handlungsunfähigkeit" (Benz 2009: 51).

Auf Grundlage dieser Handlungsfreiheiten, die sich im Rahmen der Mehrebenenkoordination für MdBs ergeben, so die Annahme, etablieren und nutzen MdBs informelle Handlungsarenen, um in diesen Konstellationen Informationen zu erhalten sowie Einflussnahme auf Entscheidungsträger auf EU- wie nationaler Ebene auszubilden.

Im Folgenden werden die unterschiedlichen Typen der Handlungsarenen vorgestellt. Hierbei werden die Merkmale und Ausprägungen beschrieben, die die Vorgänge kennzeichnen, die den jeweiligen Handlungsarenen zugeordnet werden. Die Definition der Forschungsheuristik der Handlungsarenen dient dabei dem folgenden Zweck bei der Fallrekonstruktion und -analyse (vgl. Kapitel 5):

Es sollen diejenigen Akteurskonstellationen bestimmt werden, in dessen Rahmen die MdBs informelle Handlungsmacht und Einflussnahme entfalten. Hierbei werden die Handlungsarenen danach unterschieden, welche Akteure beteiligt sind, wie verfestigt und etabliert diese Akteurskonstellationen sind und welche Bedeutung sie für die Einflussnahme auf den Verhandlungsprozess haben.

Hierfür wird durch Erweiterung der Annahmen der PAT sowie auf Basis bisheriger Forschungsergebnisse zu Informalität im Parlament eine Typologie von informellen Handlungsarenen der MdBs definiert. Diese Typologie strukturiert die Fallrekonstruktion und -analyse. Diese Typologie beansprucht über den hier herangezogenen Fall hinaus Geltung für die strukturierte Analyse parlamentarischer Mitwirkung in EU-Entscheidungsverfahren.

Zwei Dimensionen der Typologie der Handlungsarenen

Die erste Dimension bezieht sich auf die Funktion der informalen Handlungsarena. Der Bezug zu den Annahmen der PAT wird durch Berücksichtigung der Funktion der jeweiligen Handlungsarena und der in ihr erfolgten informalen Handlungsform hergestellt. Ziel ist, zu untersuchen, inwieweit die Handlungsarena die MdBs dazu befähigt, relevante Informationen zu erhalten, die die Informationsasymmetrie einzudämmen vermag. Sollten im Rahmen der Handlungsarena Informationen ausgetauscht werden, gilt es zu überprüfen, aus welchen Beweggründen diese Informationen weitergeben werden. Zudem dient dies der Bewertung, ob und inwieweit die Handlungsarena die MdBs befähigt, die Ausgestaltung von Rechtsetzungsverfahren zu beeinflussen. Dies sichert die Berücksichtigung der relevanten Analysekategorien, auf die die PAT durch ihre Grundannahmen der Problembereich von Agenturbeziehungen verweist.

Die zweite Dimension der Typologie der Handlungsarenen stellt die institutionelle Verfestigung, d.h. der Grad der Institutionalisierung der Akteurskonstellation dar. Aufbauend auf dem Verständnis von Informalität (vgl. Kapitel 2.2) sowie dem Stand der Forschung zu Informalität im Parlament (vgl. Kapitel 2.3) gilt es zu analysieren, welchen Bezugsgrad die informale Handlungsform zu der Formalstruktur aufweist. Dies beinhaltet die Analyse der Zugänglichkeit und Durchlässigkeit der Arenen. Hierbei ist somit der Frage nachzugehen, wer zu diesen Handlungsarenen Zutritt hat. Ebenso gilt es zu klären, welche institutionelle Zugehörigkeit die politischen Akteure haben und inwieweit sich hieraus eine Informationsasymmetrie zwischen den Akteuren begründet.

Tabelle 3: Typologie informaler Handlungsarenen der MdBs auf Ausschuss-Ebene

Stabilität der Akteurs-konstellation	**Funktion der informalen Handlungsarena**			
	Informations-gewinnung	**Prozedurale Abstimmung**	**Meinungs- und Willensbildung**	**Positionierung und Appell**
Punktuell, situativ	Punktuelle, situative Gespräche aller Art			
Etabliert, wiederkehrend		Regelmäßige Arbeitskontakte, Gesprächsrunden	Regelmäßige Beratungs- und Koordinations-formate zwischen MdB und MdEP	Informelle Gespräche mit Entscheidungs-trägern in EP und EU-Kommission
Parainstitutio-nalisiert, gefestigt				
Interfraktionell	Interfraktionelle Strukturen, z.B. Ausschuss-Reise			

(Quelle: eigene Darstellung in Erweiterung von Schwarzmeier 2001: 227).

Differenziert werden Foren und Handlungsarenen danach wie stark sie (institutionell) etabliert sind und wie kontinuierlich sie in Erscheinung treten (vgl. Tabelle 3). Hierbei werden (1) „punktuelle, situative“ (Schwarzmeier 2001: 227) Handlungsarenen unterschieden von (2) etablierten, wiederkehrenden und (3) institutionell gefestigten bzw. „parainstitutionalisierten“ (Schwarzmeier 2001: 227) Handlungsarenen (vgl. Schwarzmeier 2001: 227). Eine weitere Kategorie bilden die (4) interfraktionellen Handlungsarenen.

Zu (1) sind jene Handlungsarenen zuzuordnen, die zwar aktiv herbeigeführt bzw. initiiert worden sind, die aber einmalig stattfinden und nur einen geringen Bezugsgrad zu formellen Handlungsarenen aufweisen. Ein Beispiel für eine situative Handlungsarena ist ein Telefongespräch zwischen zwei Entscheidungsträgern oder ein Abendessen zwischen einem MdB und einem MdEP. Die Stabilität der Beziehung bezieht sich dabei auf die konkrete Akteurskonstellation.

Institutionell gefestigte Handlungsarenen (2) hingegen können u.a. die verstetigten situativen Handlungsarenen sein, wenn z.B. aus einem sporadischen Kontakt ein regelmäßiger, wiederkehrender kommunikativer Austausch wird, in dessen Rahmen politische Handlungen initiiert und geplant werden. Wiederkehrende Gesprächskreise, bei denen Fachpolitiker mit der gleichen Parteizugehörigkeit im Austausch stehen werden u.a. dieser Kategorie zugeordnet.

Bei den parainstitutionalisierten, d.h. institutionell gefestigten Handlungsarenen (3) handelt es sich um gezielt geplante und vorbereitete Handlungsformate, die zielgerichtet auf eine politische Entscheidung hin organisiert werden. Diese weisen einen höheren Bezugsgrad zu formellen, u.a. entscheidungsvorbereitenden Handlungsarenen, als die unter (2) zusammengefassten etablierten Handlungsarenen auf (vgl. Schwarzmeier 2001: 89). Diese Handlungsarenen sind u.a. fraktionsübergreifend konzipiert.

Analysiert und bewertet werden Handlungsarenen zudem im Hinblick auf ihre Funktion für den Verhandlungs- bzw. Interaktionsprozess. Hierbei werden die folgenden vier funktionellen Kategorien in Erweiterung von Schwarzmeier (2001) unterschieden: (1) Informationsgewinnung vorab sowie politisch-inhaltliche Information, (2) „prozedurale Abstimmung" (Schwarzmeier 2001: 89) und „Koordination" (Schwarzmeier 2001: 89) (3) „Meinungs- und Willensbildung" (Schwarzmeier 2001: 89) sowie (4) Positionieren und Appellieren (vgl. zu den folgenden Kategorisierungen Schwarzmeier 2001: 89–90).

(1) *Informationsgewinnung vorab* umfasst all jene Aktivitäten von MdBs, die darauf gerichtet sind, frühzeitige Informationen über geplante Rechtsetzungsvorhaben zu erlangen. Diese Gewinnung von Vorabinformationen ist u.a. die Aufgabe des Verbindungsbüros des BT in Brüssel und umfasst u.a. den frühzeitigen Zugang zu Non-Paper der EU-KOM. Die *politisch-inhaltliche Information* beinhaltet darüber hinaus Aspekte der politischen Bewertung dieser Rechtsetzungsvorhaben. Hierbei werden u.a. die Positionen der unterschiedlichen Entscheidungsträger und relevanten Akteure berücksichtigt und ausgetauscht. Dies bezieht somit die Frage der Positionierungen der Regierungsvertreter der MS ebenso mit ein wie den Meinungs- und Positionsstand der Fraktionen im EP. Wesensmerkmal dieser Informationsform ist somit die politische Bewertung des Vorhabens.

Unter (2*) prozeduraler Abstimmung* und *Koordination* werden diejenigen politischen Handlungen kategorisiert, die darauf gerichtet sind, strategische, beeinflussende Maßnahmen der unterschiedlichen politischen Akteure und Ebenen aufeinander abzustimmen. Hierbei wird das politische Vorgehen ausgerichtet z.B. am politischen Kalender der Entscheidungsgremien auf EU-Ebene. Hierunter fallen somit u.a. Hinweise der MdEPs an die MdBs auf entscheidungsvorbereitende informelle Beratungen von Regierungsvertretern sowie auf zu schaffende Expertengremien, auf deren Zusammensetzung noch Einfluss geltend zu machen ist.

Mit dem Punkt (3) *Meinungs- und Willensbildung* sind Interaktionsformen bestimmt, die auf Grund des geschützten, nicht öffentlichen Charakters der Informalität der Handlungsarenen ein vertrauliches Gespräch, d.h. einen geschützten Raum bieten. Dieser ermöglicht die Präsentation von Argumenten, die gegeneinander abgewogen und damit ausgetestet und überprüft werden können. Dies ist von Bedeutung, da die jeweiligen Argumentations- und Rechtfertigungsmuster sich zumeist an den politischen Mechanismen des jeweiligen politischen Systems ausrichten. Die Argumentationslinien der MdBs orientieren sich auf Grund von Traditionen und Routinen sowie politischen Notwendigkeiten heraus oftmals an der nationalstaatlichen Perspektive und sind mitunter ohne genaue Kenntnis über die Entstehungsbedingungen der Vorhaben und das Machtgefüge in der EU entstanden. Hier kann der Austausch von Argumenten im Gespräch vielfach dazu dienen, den Blick für die Regeln des Aushandlungsprozesses und der damit verbundenen Erforderlichkeit für bestimmte Positionsbeziehungen oder taktischen Vorgehensweisen auf EU-Ebene.

Der Punkt (4) *Positionieren und Appellieren* umfasst nun solche Aktivitäten der MdB, bei denen die Akteure sich explizit für eine spezifische Ausgestaltung eines Regelungsinhaltes aussprechen. Sie plädieren also in einer Handlungsarena mit dem EP für ein spezifisches Budget oder betonen die Bedeutung der Verbundforschung und fordern die Unterstützung von anderen Entscheidungsträgern des EP für diese politische Position im Rahmen ihrer formalen Mitwirkungstätigkeit. Auch eine Anfrage der Unterstützung im Rahmen von informellen Handlungsformaten mit den anderen beteiligten Rechtsetzungsorganen der EU kann diesem Punkt zugeordnet werden.

3.2.5. Typologie informeller Handlungsstrategien

Durch die Kombination der Annahmen der PAT über Informationsasymmetrien in Agenturbeziehungen und des opportunistischen Verhaltens der Akteure kann eine Informationsasymmetrie zwischen BT und BReg angenommen werden. Zudem wird davon ausgegangen, dass bei der Einflussnahme auf ein EU-Rechtsetzungsverfahren unterschiedliche Positionen zwischen BT und BReg bestehen (vgl. Kropp 2003a: 334, 2008: 62).

Auf dieser Basis erfolgt die Konzeption von Szenarien über informelle Handlungsstrategien der MdBs in AdEU. Dies dient dem Zweck im Rahmen der Fallrekonstruktion (vgl. Kapitel 5) konsistente Verhaltensmuster freizulegen und deren zu Grunde liegenden Handlungsstrategien der MdBs aufzudecken.[86]

Das Aufdecken von erkennbaren Mustern und wiederkehrenden Strukturen als Bestandteile einer Handlungsstrategie dient dabei dem folgenden Zweck: Es sollen die Lösungsstrategien herausgestellt werden, die MdBs entwickeln, um der verringerten Einflussnahme und Kontrollfähigkeit auf Basis der formalen Mitwirkungsrechte zu begegnen und diese zu überwinden. Zudem sollen die Kriterien identifiziert werden, die Einsatz und Ausbildung informeller Handlungsstrategien befördern bzw. bedingen.

Hierfür wird durch Erweiterung der Annahmen der PAT eine Typologie von informellen Handlungsstrategien der MdBs definiert. Diese wird im Verlauf der Fallanalyse herangezogen und überprüft und leitet die Ergebnisdarstellung an. Diese Typologie beansprucht somit über den hier herangezogenen Fall hinaus Geltung für die strukturierte Analyse parlamentarischer Mitwirkung in EU-Entscheidungsverfahren.

Aufbauend auf den Annahmen der PAT sowie in Erweiterung von Kropp (2008; 2003a) werden die Handlungsstrategien an Hand der Faktoren *Informationsasymmetrie* und *Interessendivergenz* unterschieden und kategorisiert.

> „An Principal-Agent-Theorien anknüpfend kann zwischen solchen Konstellationen unterschieden werden, in denen zwischen beiden kollektiven Akteuren, der Regierung und dem Parlament, ein Interessengegensatz oder aber Interessenkongruenz besteht und gleichzeitig Informationsasymmetrien existieren bzw. ein gleicher Informationsstand gegeben ist“ (Kropp 2003a: 334).

Eine weitere Präzisierung der Handlungsstrategien erfolgt durch die Unterscheidung von Handlungsstrategien auf nationaler wie EU-Ebene. Aufbauend auf diesen Annahmen werden die in Tabelle 4 zusammenfassend dargestellten Szenarien angenommen, die als Heuristik eingesetzt, Grundlage für systematisierende Aussagen über Handlungsstrategien der informellen Einflussnahme sind (vgl. Kropp 2003a: 334).

---

86 Hierbei gilt es zu berücksichtigen, dass zwei grundsätzliche Entstehungs- und Erscheinungsformen von Strategien bestehen. Zum Einen bestehen Erscheinungsformen von Strategien, die gekennzeichnet sind durch eine eindeutige *Zieldefinition vorab* sowie Kalkulation des erforderlichen Mitteleinsatzes, um dieses zu erreichen. Demgegenüber ist es möglich, dass sich erst im Verlauf von Handlungsausübungen Strategien herausbilden, vgl. Mintzberg 1987: 13.

Tabelle 4: Handlungsstrategien informeller Einflussnahme der MdBs

		Informationsasymmetrie zwischen Regierung und Regierungsfraktion			
		JA		NEIN	
Interessenkongruenz zw. Regierung und Regierungsfraktion	NEIN	**Aktive Informationsbeschaffung**		**Umgehung direkter Konfrontation**	**Informelle Mitsteuerung**
		EU (Strategietyp 1a)	**National** (Strategietyp 1b)	**EU** (Strategietyp 3a)	**National** (Strategietyp 3b)
	JA	**Passive Informationsbeschaffung**		**Back-up der Regierung**	**Abwesenheit öffentlicher Konflikte**
		EU (Strategietyp 2a)	**National** (Strategietyp 2b)	**EU** (Strategietyp 4a)	**National** (Strategietyp 4b)

(Quelle: Eigene Zusammenstellung in Erweiterung von Kropp 2008: 62).

Grundsätzlich zu beachten gilt es, dass die unterschiedlichen Szenarien sich nicht gegenseitig ausschließen. Vergleichbar mit der Typologie der Handlungsarenen handelt es sich bei der Festlegung von unterschiedlichen Typen von Handlungsstrategien um eine analytische Differenzierung.

In der tatsächlichen, praktischen Politik sind die jeweiligen Typen interdependent und bedingen einander mitunter. So stellt die Informationsbeschaffungsstrategie zwar einen eigenen Strategietyp dar, ist jedoch ebenso Grundlage für die jeweiligen anderen Strategietypen, wie z.B. der Einflussnahme auf Entscheidungsträger in EU-KOM und EP. Hierdurch wird ersichtlich, dass die Strategietypen sich mitunter gegenseitig bedingen.

Im Folgenden werden die in Tabelle 4 aufgezeigten unterschiedlichen Typen der Handlungsstrategien vorgestellt. Hierbei werden die Merkmale und Ausprägungen beschrieben, die die Vorgänge kennzeichnen, die den jeweiligen Strategien zugeordnet werden.

(1a und 1b) Informationsbeschaffungsstrategie

Es wird angenommen, dass bei bestehender Informationsasymmetrie zwischen MdB(s) und der BReg bei gleichzeitig vorhandenen unterschiedlichen Interessen in Bezug auf den Regelungsinhalt, eine Strategie der Informationsgewinnung ausgebildet wird. Diese Entwicklung und Herausbildung einer eigenständigen Informationsbeschaffungsstrategie ist erforderlich, um die notwendigen Informationen zur Bewertung und Beeinflussung der Regelungsinhalte zu erlangen. Eigenständig bezieht sich hierbei insbesondere auf das Erschließen von Informationsgebern bzw. –quellen, die unabhängig von der Berichterstattung bzw. Informationsweitergabe der BReg erfolgt.

Die BReg wird, basierend auf der Annahme des opportunistischen Verhaltens der Akteure, den eigenen Informationsvorsprung sowie die Spielräume auf Grund der diskretionären Handlungsräume in der Form ausnutzen, dass sie Informationen nicht ungefiltert und unmittelbar an die Parlamentarier weiter gibt. An die PAT anknüpfend ist anzunehmen, dass die BReg Informationen nur insoweit weitergibt an den BT, dass relevante diskretionäre Handlungsspielräume weiterhin gewahrt bleiben. Vor allem im Hinblick auf den Zeitpunkt der Weitergabe von Informationen sowie die Detailliertheit der Ausführungen kann die BReg Einfluss nehmen und dies zum eigenen Vorteil ausgestalten.

Die Herausbildung von Handlungsstrategien und verdichteten Routinen, die der Informationsbeschaffung dienen, können sowohl auf nationaler (1a) sowie auf EU-Ebene erfolgen (1b). Zudem kann sowohl seitens der Regierungsfraktionen sowie der Oppositionsfraktionen eine eigenständige Informationsbeschaffungsstrategie herausgebildet werden.

(2a und 2b) Passive Informationsbeschaffungsstrategie

Im Falle bestehender Informationsasymmetrie zwischen MdB(s) und der BReg bei gleichgerichteter Interessenlage ist davon auszugehen, dass Bestrebungen für eine unabhängige Informationsbeschaffung in einem verhältnismäßig geringen Umfang erfolgen (2a und 2b). Die Informationsbeschaffung richtet sich in diesem Falle darauf zu klären, ob die BReg sich tatsächlich für die postulierten Ziele und Interessen in den Gremien auf EU-Ebene einsetzt.

Im Gegensatz zu den Informationsbeschaffungsstrategien kennzeichnen sich die nachfolgend vorgestellten Strategien durch unterschiedliche Interessen sowie einer verringerten Informationsasymmetrie aus. Die Strategie der *Umgehung direkter Konfrontation* (3a) zielt auf das Herausbilden von Handlungsformen und verdichteten Routinen zur Einflussnahme auf Akteure der EU-Ebene. Die Strategie der *informellen Mitsteuerung* (3b), die vornehmlich den Regierungsfraktionen vorbehalten ist, spielt sich hingegen vor allem auf nationaler Ebene ab.

(3a) Umgehung direkter Konfrontation

Es wird angenommen, dass bei bestehenden unterschiedlichen Interessen und bereits verminderter Informationsasymmetrie zwischen BReg und MdBs, die Mitglieder der Regierungsfraktionen Handlungsmuster und verdichtete Routinen ausüben, die einer Strategie der *Umgehung direkter Konfrontation* zugeordnet werden können.

Der Strategie der *Umgehung direkter Konfrontation* (3a) sind diejenigen Handlungen zugeordnet, die auf eine Einflussnahme der Entscheidungsträger in den rechtsetzenden Organen der EU, d.h. der EU-KOM und dem EP gerichtet sind. Hierbei ist es vor allem ein Anliegen der MdBs der Regierungsfraktion, einen öffentlich nachvollziehbaren Interessenkonflikt zwischen parlamentarischer Mehrheit im BT und der BReg zu vermeiden.

(3b) Informelle Mitsteuerung

Es wird angenommen, dass eine Handlungsstrategie der *Informellen Mitsteuerung* (3b) verfolgt wird bei verringerter Informationsasymmetrie und unterschiedlicher Interessenlage zwischen Parlament und BReg. Dabei wird *Mitsteuerung* in Erweiterung von Schwarzmeier (2001) verstanden als ein Prozess, bei dem es den MdBs der Regierungsfraktionen bzw. der Oppositionsfraktionen gelingt, auf die Ausbildung und Formulierung einer Verhandlungsposition der BReg in den EU-Entscheidungsgremien vorab Einfluss geltend zu machen und auf diese modifizierend einzuwirken.

Somit bezieht sich diese Form der Einflussnahme nicht auf eine nachgelagerte Form der Kontrolle bzw. des Nachprüfens, sondern auf eine proaktive Mitgestaltung ex-ante. Adressaten der Handlungen, die der Strategie der informellen Mitsteuerung zugeordnet werden, sind somit die Mitglieder der BReg bzw. die zuständigen Ministerialbeamten, die als Regierungsvertreter in den EU-Gremien tätig sind.

(4a) Back-up der Regierung und (4b) Abwesenheit öffentlicher Konflikte:

Die nachfolgenden Strategien des *Back-up der Regierung* (4a) und der *Abwesenheit öffentlicher Konflikte* (4b) sind eng miteinander verknüpft und werden daher gemeinsam vorgestellt.

Im Falle des Zusammentreffens gemeinsamer Interessen bei verringerter Informationsasymmetrie werden wahrscheinlich keine öffentlich nachvollziehbaren Konflikte erfolgen. Folglich kommt es zur *Abwesenheit öffentlicher Konflikte* (4b). Es kann mitunter Teil der Handlungsstrategien der Regierungsfraktionen sein, öffentliche Konflikte und Auseinandersetzungen zu vermeiden, um die eigene Regierung nicht zu schädigen und als Verhandlungspartner in den EU-Gremien nicht zu schwächen. In diesem Falle beschränkt sich die Anwendung parlamentarischer Kontroll- bzw. Mitwirkungsrechte auf Positionsbekundungen, die die Position der BReg bestärkt. Diese Formen der Unterstützung der BReg sind unter (4a) *Back-up der Regierung* zusammengefasst, die öffentlich wirksam erfolgen aber auch in informeller Form erfolgen können.

3.3. Darstellung der Forschungsfragen

Die Literatur zur Mitwirkung des BT in AdEU kann bisher nur geringe empirische Befunde über informelle Mitwirkungsmechanismen in Fachpolitiken aufweisen, auf dessen Basis die hier angestellte Untersuchung aufbauen konnte. Da empirische und theoretische Defizite bestehen, ist eine theoriegeleitete, induktiv-explorative Vorgehensweise angemessen. Auf Grund der erforderlichen Analysetiefe und der erhöhten Zugangsschwierigkeiten der Phänomene der informellen Einflussnahme von MdBs in AdEU, ist die Untersuchung durch eine Einzelfallanalyse erforderlich.

Die theoretischen wie empirischen Defizite begründen sich u.a. aus der grundsätzlich schwierigen Zugänglich- und Beobachtbarkeit von informellen Prozessen per se. Darüber hinaus sind in jüngster Vergangenheit vielfältige rechtliche Neuerungen erfolgt. Angestoßen durch die Rechtsprechung des BVerfG wurden formelle Mitwirkungsrechte, u.a. auf einfachgesetzliche Ebene beim EUZBBG, neu ausdifferenziert. Daher kann der Forschungsstand zu den Auswirkungen dieser Reformen auf institutioneller, rechtlicher Ebene zum derzeitigen Zeitpunkt noch keine abschließenden Ergebnisse, sondern lediglich Tendenzen feststellen. Aus diesen Gründen ist eine zwar theoriegeleitete, aber dennoch ausreichend offen gestaltete analytische Vorgehensweise angezeigt, um dem Untersuchungsgegenstand gerecht zu werden.

Es bestehen bereits Forschungsarbeiten, die Befunde über Mechanismen der informellen Mitsteuerung von MdBs im nationalen Rahmen (vgl. Schwarzmeier 2002, 2001) sowie im Hinblick auf die EU aufweisen (vgl. Buzogány/Kropp 2013a, 2013b). Zudem liegen Analysen über die Mitwirkung des BT in AdEU vor (vgl. Freuendorfer 2008; Schulz 2011). Die Erkenntnisse dieser Beiträge bilden die Basis für einen Baustein der Forschungsheuristiken, welche die empirische Analyse strukturieren und anleiten. Der zweite wesentliche Baustein der hier entworfenen Forschungsheuristiken stellt die Übertragung der Grundannahmen der PAT auf das Delegationsverhältnis von BT und BReg als Delegationsbeziehung in Erweiterung bisheriger Konzeptionalisierungen (vgl. Auel 2008; Kropp 2008) dar.

Die Konzeptionalisierung der Beziehung von BT und BReg in AdEU als Delegationsbeziehung in Kapitel 3.2.2 verdeutlicht die Verstärkung grundsätzlicher Agenturprobleme eines Legislativ-Exekutivverhältnisses, wenn es im Rahmen der EU-Integration zu einer Erweiterung der Delegationskette kommt. Auf Grundlage dieser theoretischen Vorkenntnisse wird davon ausgegangen, dass die bisherigen in der PAT etablierten Anpassungsstrategien des Prinzipals zur Eindämmung der Agenturprobleme, Defizite im Hinblick auf die Berücksichtigung informeller Anpassungsstrategien aufweisen.

Somit wird die Erschließung der Empirie angeleitet durch die entwickelten Typologien der informellen Handlungsarenen sowie der informellen Handlungsstrategien (vgl. Kapitel 3.2.4 und Kapitel 3.2.5), die basierend auf theoretischen Annahmen und empirischen Befunden erstellt worden sind. Durch diese Vorgehensweise ist sichergestellt, dass die Forschungsheuristiken die bisherigen Forschungsergebnisse berücksichtigen und an die theoretischen Annahmen anknüpfen. Dadurch wird eine theoriegeleitete und dennoch induktiv-explorative Vorgehensweise ermöglicht. Auf dieser Grundlage werden die Forschungsfragen abgeleitet und formuliert.

Aufgrund der Informationsasymmetrie und der diskretionären Handlungsspielräume der BReg auf EU-Ebene können die Informations- und Mitwirkungsrechte, wie sie aus dem GG abgeleitet und im EUZBBG enthalten sind, kaum Quelle von Handlungsmacht und Einflussnahme für MdBs sein. Zudem sind die Mitwirkungsrechte des BT als nationales Parlament auf EU-Ebene als nachgelagerte Mitwirkungsrechte im Rahmen der Subsidiaritätsprüfung ausgestaltet. Verstärkend hinzukommen die Verwobenheit und das Loyalitätsverhältnis von Regierungsfraktionen und BReg, was die Ursache für eine fehlende bzw. geringe Inanspruchnahme formeller Mitwirkungsrechte darstellt.

Daraus ergibt sich für MdBs die Notwendigkeit der Ausbildung informeller Handlungsstrategien und die Herausbildung informeller Handlungsarenen, um EU-Rechtsetzungsprozesse auf EU-Ebene pro aktiv und ex-ante zu beeinflussen. Dies gilt sowohl für die MdBs der Regierungsfraktion als auch für die MdBs der Oppositionsfraktionen, wenn auch aus unterschiedlichen Beweggründen. Diese Handlungsstrategien und Handlungsarenen erstrecken sich hierbei auf die nationale wie EU-Ebene und umfassen sowohl Entscheidungsträger aus den nationalen Ministerien sowie der EU-KOM, dem EP und weiteren Interessenvertretern.

Aus diesen Grundannahmen heraus stellen sich die im Rahmen dieser Arbeit verfolgten Forschungsfragen wie folgt:

1) Inwieweit gelingt es MdBs in Fachausschüssen trotz der Hemmnisse, die sich aus den Asymmetrien in der Informations- und Kompetenzverteilung zwischen BT und Bundesregierung ergeben, EU-Rechtsetzungsvorhaben zu beeinflussen?
2) Inwieweit agieren MdBs in informellen Handlungsarenen und verwenden informelle Handlungsstrategien bei der Kontrolle der Regierungstätigkeit auf EU-Ebene bei spezifischen fachpolitischen Rechtsetzungsvorhaben?
3) Welche markanten Unterschiede sind bei der Etablierung von informellen Handlungsarenen und der Verwendung informeller Handlungsstrategien von MdBs der Regierungsfraktionen sowie der Oppositionsfraktionen feststellbar?
4) Inwieweit gelingt es den MdBs darüber hinaus auf relevante Entscheidungsträger auf EU-Ebene informell Einfluss zu nehmen und somit das Rechtsetzungsvorhaben mitzugestalten?

4. Grundlagen der Mitwirkung des Bundestages in AdEU

Wie in den obigen Kapiteln deutlich gemacht wurde, zielt diese Untersuchung auf die Analyse der *tatsächlichen*, d.h. praktischen Formen der Einflussnahme und Mitwirkung des BT in AdEU. Ausgehend von der Annahme, dass die formal rechtlichen Formen der Mitwirkung, wie sie das EU-Primärrecht sowie die verfassungsrechtlichen Vorgaben und die einfachgesetzlichen Regelungen auf nationaler Ebene dem BT eröffnen, nicht Ausgangspunkt einer vitalen und pro-aktiven Einflussnahme auf EU-Ebene sein können, werden informelle Handlungsstrategien und Handlungsarenen in den Fokus genommen. Nichts destotrotz ist es bedeutsam, die relevanten rechtlichen Grundlagen und Verfahrensweisen der Mitwirkung des BT als nationales Parlament der EU zu berücksichtigen. Dies soll in diesem Kapitel in kompakter Form an Hand ausgewählter·Bereiche erfolgen. Hierbei ist es nicht Anspruch, eine ausführliche rechtswissenschaftliche Analyse aller Regelungsbereiche anzubieten. Ein Fokus wird daher auf dem Frühwarnmechanismus und den damit zusammenhängenden Informationsrechten nationaler Parlamente liegen.[87]

4.1. Der Frühwarnmechanismus auf EU-Ebene

Mit Inkrafttreten des Vertrages von Lissabon wurde die Rolle der nationalen Parlamente im Primärrecht der EU gestärkt und erstmalig ein direkter Beteiligungsmechanismus für nationale Parlamente eingeführt (vgl. Calliess 2010: 183). Die neuen Mitwirkungsrechte nationaler Parlamente ergänzen dabei die bereits bestehenden Beteiligungsformen des BT. Sie räu-

---

87 Im Rahmen dieser Arbeit wird ein Fokus auf die Beteiligungsmechanismen nationaler Parlamente im Rahmen des Frühwarnsystems bei der Subsidiaritätsprüfung gelegt. Die Fragen nach der Beteiligung nationaler Parlamente in speziellen Politikfeldern sowie im Rahmen der Vertragsänderungen werden hierbei nicht berücksichtigt. Hierzu sowie zu grundsätzlichen verfassungsrechtlichen Fragen im Hinblick auf die Stellung nationaler Parlamente im Europäischen Verfassungsverbund sei der interessierte Leser verwiesen u.a. auf Achenbach 2014; Bogdandy 2009; Calliess/Blanke 2016; Geiger et al. 2016; Grabitz et al.; Kietz/Maurer 2012; Pernice 2015, 2010c, 2010a, 2009; Schulz 2011.

men den nationalen Parlamenten jedoch keinerlei Befugnis in Form einer Mitgestaltungskompetenz im EU-Rechtsetzungsprozess ein. Sie umfassen Vorgaben bei der Mitwirkung an Vertragsveränderungen, Informationsrechte, Kooperationen nationaler Parlamente in der COSAC sowie die Subsidiaritätskontrolle im Bereich des Frühwarnmechanismus (vgl. Calliess 2010: 183–184; Schulz 2011: 26). Die Aufgabe der Kontrolle und Rückbindung der Regierungstätigkeit der Vertreter im Ministerrat sowie im Europäischen Rat wurde erstmalig im Art. 10 Abs. 2 EUV erwähnt. Die Details der Ausgestaltung dieser Funktion erfolgt auf nationaler Ebene und nach Maßgabe der nationalen verfassungsgebenden Ordnung (vgl. Schulz 2011: 26).

4.1.1. Entwicklungslinien der Mitwirkung nationaler Parlamente auf EU-Ebene

Eine unmittelbare Mitwirkung der nationalen Parlamente auf EU-Ebene war vor Inkrafttreten des Vertrages von Lissabon nicht kodifiziert. Erstmals wurde bei der Regierungskonferenz im Jahr 1997 zum Vertrag von Amsterdam eine unmittelbare Beteiligung der nationalen Parlamente vereinbart. Im Vertrag über die EU vom Juli 1992 (Vertrag von Maastricht) war in der 13. und 14. Erklärung bereits eine entsprechende Absichtserklärung enthalten, die auf eine größere Beteiligung der nationalen Parlamente zielte. Dies sollte durch einen Informationsaustausch zwischen dem EP und den nationalen Parlamenten gewährleistet werden. Eine erste Verpflichtung gegenüber den nationalen Parlamenten führte im Jahre 1997 der Vertrag von Amsterdam ein, dem ein Protokoll über die Rolle der nationalen Parlamente beigefügt wurde. Dieses regelte, dass den nationalen Parlamenten alle Konsultationsdokumente der EU-KOM zugeleitet werden.[88] Prälegislative Dokumente des Rates wurden den Regierungen rechtzeitig zugeleitet, damit diese eine Weiterleitung an die nationalen Parlamente sicherstellen konnten.

Zudem wurde festgelegt, dass zwischen der Veröffentlichung eines Gesetzesvorschlags und dessen Verabschiedung ein Zeitraum von sechs Wochen liegen muss. Keinen Hinweis enthielt das Protokoll darüber, welches Zuleitungsverfahren für die Übermittlung gewählt werden soll und welche

88 Hierzu zählen u.a. Weißbücher, Grünbücher und Mitteilungen der EU-KOM.

Institution für die Überleitung zuständig ist. Da die Dokumente, die den nationalen Parlamenten zugeleitet werden sollten, auf Vorschläge begrenzt war, ist es möglich, dass der Ministerrat dies als Mittel einsetzte, bestimmte Dokumente aus dem Verfahren der Weiterleitung an nationale Parlamente herauszunehmen. Becker/Maurer (2004) vertreten diesbezüglich die Auffassung, dass es im Ermessen des Ministerrates lag, festzulegen, bei welchen Dokumenten es sich um Vorschläge der EU-KOM handelt. Dies ermöglichte dem Rat, einzelne Dokumente als nicht-legislativ einzustufen und diese somit nicht der Weiterleitung an die nationalen Parlamente zuzufügen (vgl. Maurer/Becker 2004: 9).

Auf dem Europäischen Rat von Laeken 2001 wurde ein Mandat für einen Europäischen Konvent formuliert, der den ins Stocken geratenen Reformprozess beleben sollte. Die Frage nach der angemessenen Art und Weise der Einbindung nationaler Parlamente in das EU-Rechtsetzungsverfahren war ausführlich Thema des Verfassungskonventes, der vom 28. Februar 2002 bis zum 10. Juli 2003 unter der Leitung von Valéry Giscard d'Estaing stattfand (vgl. Grabner 2005: 16). In den Jahren 2002/2003 erarbeitete der Konvent den Entwurf eines Vertrages über eine Verfassung für Europa, der in einer anschließenden Regierungskonferenz gebilligt werden musste. Nach dem negativen Ausgang der Referenden in Frankreich und den Niederlanden im Mai/Juni 2005 wurde der Ratifizierungsprozess des Verfassungsvertrages zunächst ausgesetzt und es folgte eine lange Phase der Reflexion.

Auf dem Europäischen Rat im Juni 2007 in Brüssel war eine Einigung über einen revidierten Entwurf nach langer Verhandlungsnacht erzielt worden und ein Mandat verabschiedet worden, noch vor Ende Juli 2007 eine Regierungskonferenz einzuberufen (vgl. Mayer 2007: 1147). Im Oktober 2007 wurde unter portugiesischer Ratspräsidentschaft der Vertrag von Lissabon von den Staats- und Regierungschefs unterzeichnet. Dieser setzt die bisherige Tradition der Vertragsänderung fort und nahm somit Abstand vom ursprünglichen Leitgedanken einer Verfassung der EU. Dennoch blieben wesentliche inhaltliche Neuerungen erhalten. Dem Lissabonner Vertrag sind zwei für die nationalen Parlamente relevante Protokolle beigefügt. Das Protokoll Nr. 1 „Über die Rolle der nationalen Parlamente in der Europäischen Union“ und das Protokoll Nr. 2 „Über die Anwendung der Grundsätze der Subsidiarität und Verhältnismäßigkeit“.

Der Kommissionspräsident José Barroso initiierte im September 2006 eine neue Zuleitungspraxis an die nationalen Parlamente. Auf Grund dieser sogenannten Barroso-Initiative wurden alle Legislativvorschläge und

Konsultationsdokumente direkt an die nationalen Parlamente geleitet, die an Rat und EP gerichtet sind, damit diese in der prälegislativen Phase ihre Stellungnahmen zu den Vorschlägen abgeben können (vgl. Jančić 2012). Die neuen Rechte der nationalen Parlamente sind im Wesentlichen im neuen Art. 12 EU-Vertrag in der Fassung vom Vertrag von Lissabon sowie in dem Protokoll Nr. 1 und dem Protokoll Nr. 2 verankert.

4.1.2. Informationsrechte

Um der Rolle gerecht zu werden, aktiv zu einer guten Arbeitsweise der EU beizutragen, bestätigt und konkretisiert der Lissabonner Vertrag die Informationsrechte nationaler Parlamente in Art. 12 lit. a) EUV sowie im Protokoll Nr. 1 (vgl. Calliess 2010: 184; Kietz/Maurer 2012: 68). So sind sämtliche Dokumente zu Gesetzgebungsakten direkt an die nationalen Parlamente weiterzuleiten (vgl. Art. 1 und 2 Protokoll Nr. 1). Ausführlich regelt das Protokoll, dass sämtliche Dokumente zu Gesetzgebungsakten von der jeweiligen EU-Institution direkt den nationalen Parlamenten zuzuleiten sind. Die EU-KOM muss die Entwürfe zu Rechtsetzungsakten gleichzeitig dem EP, dem Rat und den nationalen Parlamenten zuleiten. Art. 1 und 2 des 1. Protokolls präzisiert, dass zu diesen Entwürfen neben den Mitteilungen auch die Grün- und Weißbücher, das jährliche Rechtsetzungsprogramm ebenso wie alle weiteren relevanten Dokumente für die Entwicklung von Strategien und Rechtsetzungsakten zu zählen sind. Ebenso sollen die Entwürfe von Gesetzgebungsakten des EP direkt an die nationalen Parlamente weitergeleitet werden. Zudem wird der Rat beauftragt, Entwürfe vom Gerichtshof, der Europäischen Zentralbank (EZB), der Europäischen Investitionsbank sowie die Entwürfe von Mitgliedstaaten an die nationalen Parlamente zuzuleiten und nicht wie zuvor von der nationalen Regierung (vgl. Calliess 2010: 184; Kietz/Maurer 2012: 66). Darüber hinaus sollen die Tagesordnungen des Rates, die Ergebnisse dieser Tagungen und die Ergebnisprotokolle jener Tagungen, auf denen Entwürfe für Gesetzgebungsakte beraten werden, gleichzeitig den Regierungen und den nationalen Parlamenten zugeleitet werden (vgl. Art. 5 Protokoll Nr. 1). Hinzu kommt, dass alle Entwürfe von Gesetzgebungsakten eine Begründung im Hinblick auf die Einhaltung des Subsidiaritäts- und des Verhältnismäßigkeitsprinzips enthalten müssen (vgl. Art. 5 Protokoll

Nr. 2). Dies soll den nationalen Parlamenten die Ausübung ihrer Kontrollbefugnisse erleichtern.[89]

4.1.3. Subsidiaritätskontrolle

Die im Rahmen des Art. 12 lit. a) EUV i.V.m. dem Art. 2 des 1. Protokolls erteilten Informationsrechte der nationalen Parlamente bilden die Grundlage für die Ausübung der Subsidiaritätskontrolle durch die nationalen Parlamente (vgl. Calliess 2010: 194).

> „Im Wege einer Koppelung der Kompetenz- mit der Demokratiefrage wird den nationalen Parlamenten bzw. ihren Kammern zur Kontrolle der Wahrung des Subsidiaritätsprinzips durch den Vertrag von Lissabon das politische Instrument der Subsidiaritätsrüge sowie das richterliche Instrument der Subsidiaritätsklage zur Verfügung gestellt" (Calliess 2010: 194).

Subsidiaritätsrüge

Der Lissabonner Vertrag gibt für die Subsidiaritätsrüge das Verfahren wie folgt vor: Ab dem Zeitpunkt, zu dem ein Gesetzesentwurf in allen Amtssprachen der EU vorliegt, haben die nationalen Parlamente acht Wochen Zeit, um begründet hierzu Stellung zu nehmen (vgl. Art. 6 Protokoll Nr. 2). Zur Absicherung dieses Rechts muss zwischen der Übermittlung der Entwürfe an die nationalen Parlamente und dem Moment, in dem der jeweilige Entwurf auf die Tagesordnung des Rates gesetzt wird, ein Zeitraum von acht Wochen liegen (vgl. Art. 4 Protokoll Nr. 1).

Die Abgabe einer begründeten Stellungnahme durch ein nationales Parlament kann mehrere Rechtsfolgen unterschiedlicher Intensität haben. In jedem Fall muss sie von dem jeweiligen Organ *berücksichtigt* werden (vgl. Art. 7 Absatz 1 Unterabsatz 1 Protokoll Nr. 2). Erreicht die Anzahl der begründeten Stellungnahmen ein Drittel der Gesamtzahl der Stimmen

---

89 Für einen Überblick über die Tätigkeitsbereiche der EU, in denen die nationalen Parlamente nicht durch Weiterleitung von Dokumenten informiert werden vgl. Kietz/Maurer 2012: 67.

der nationalen Parlamente[90], muss der Entwurf *überprüft* werden.[91] Hält die jeweilige Institution dennoch an dem Gesetzentwurf fest, muss sie dies wiederum *begründen*. Erfolgt die Gesetzgebung im Rahmen des ordentlichen Gesetzgebungsverfahrens und erreicht die Anzahl der begründeten Stellungnahmen die einfache Mehrheit, so muss ebenfalls der Vorschlag *überprüft* und das Festhalten an diesem gegebenenfalls *begründet* werden.

In diesem Fall schließt sich jedoch eine zusätzliche Überprüfung des Vorschlags durch den europäischen Gesetzgeber an. Kommt dabei der Rat mit einer Mehrheit von 55% seiner Mitglieder oder das EP mit einfacher Mehrheit zu dem Ergebnis, dass der Vorschlag mit dem Subsidiaritätsprinzip nicht vereinbar ist, so ist der Gesetzesvorschlag abgelehnt und wird nicht weiter geprüft (vgl. Art. 7 Absatz 3 Unterabsatz 2 Protokoll Nr. 2) (vgl. Calliess 2010: 194–201).

Subsidiaritätsklage

Neben der Wächterrolle bei der Überprüfung der Einhaltung des Subsidiaritätsprinzips im Verlauf von EU-Rechtsetzungsverfahren, verleiht der Vertrag von Lissabon auf Grundlage des Art. 263 AUEV den nationalen Parlamenten das Recht, ex-post, d.h. nach Abschluss eines EU-Rechtsetzungsverfahrens wegen vermeintlichen Verstoßes gegen das Subsidiaritätsprinzips gegenüber dem EuGH (Europäischen Gerichtshof) eine Nichtigkeitsklage zu erheben (vgl. Calliess 2010: 202).

Zuvor stand dieses Recht alleinig den mitgliedstaatlichen Regierungen zu. Mit Inkrafttreten des Vertrags von Lissabon wurden diese verpflichtet, auch im Namen ihrer Parlamente eine Nichtigkeitsklage vor dem EuGH wegen Verletzung des Subsidiaritätsprinzips zu erheben (vgl. Art. 8 Protokoll Nr. 2; Ritzer/Ruttloff 2006: 131). Der EuGH kann gem. Art. 264 AEUV den Rechtsakt dann im Fall eines Verstoßes gegen das Subsidiaritätsprinzip für nichtig erklären.

90 Jedes Parlament erhält zwei Stimmen, die nach dem jeweiligen System der nationalen Parlamente aufgeteilt werden, z.B. erhält bei einem Zweikammersystem jede Kammer eine Stimme, vgl. Art. 7 Absatz 1 Unterabsatz 2 Protokoll Nr. 2.

91 Im Bereich des Raums der Freiheit, der Sicherheit und des Rechts liegt die Schwelle bei einem Viertel der Stimmen (vgl. Art. 7 Absatz 2 Protokoll Nr. 2).

Die Subsidiaritätsklage ist im GG-Änderungsgesetz sowie im Integrationsverantwortungsgesetz (IntVG)[92] als Minderheitenrecht ausgestaltet (vgl. Pernice 2010b: 25–26). So ist der BT nach dem neuen Art. 23 Absatz 1a Satz 2 GG bereits auf Antrag eines Viertels seiner Mitglieder verpflichtet, eine Subsidiaritätsklage vor dem EuGH zu erheben. Sollte ein weiteres Viertel der Mitglieder die Erhebung der Klage nicht unterstützen, so ist dies in der Klageschrift deutlich zu machen (vgl. § 12 Satz 1 IntVG). Dabei ist es Aufgabe der BReg, die Klage im Namen des BT an den EuGH zu übermitteln. Die Prozessführung obliegt dagegen dem BT selbst (vgl. § 12 Satz 4 IntVG) (vgl. Uerpmann-Wittzack/Edenharter 2009).

Ob und inwieweit die nationalen Parlamente im Rahmen des Frühwarnmechanismus eine Aufwertung erfahren, ist sowohl in der wissenschaftlichen Debatte als auch unter Praktikern umstritten. Vielfach wird dem Verfahren ein symbolischer Charakter zugeschrieben (vgl. Becker 2013; Buzogány/Stuchlik 2012; Kietz/Maurer 2012; Koch et al. 2010).

> „Gegen eine hohe Praxis-Relevanz der Subsidiaritätsprüfung spricht, dass solche in der Substanz rechtlichen Prüfungen nicht der Funktionslogik von Parlamenten als politische Institutionen entsprechen. Politische Fraktionen in Parlamenten bewerten EU-Vorhaben danach, ob sie mit ihren politischen Zielen vereinbar sind und wollen gegebenenfalls ihre inhaltlichen Bedenken zu EU-Gesetzesvorschlägen äußern. In der Regel spielt sich die Auseinandersetzung über EU-Vorhaben zwischen Regierungsfraktionen und Oppositionsfraktionen im Parlament ab“ (Kietz/Maurer 2012: 71).

4.2. Rechtliche Rahmenbedingungen auf nationaler Ebene

Da der Zugang sowie der rechtzeitige Erhalt von Informationen über EU-Rechtsetzungsvorhaben die Voraussetzung für die Kontroll- und Mitwirkungsfähigkeit des BT ist, haben sich Mitglieder des BT kontinuierlich für eine Verbesserung der formalen Informationsrechte eingesetzt. Neben den Bemühungen der MdBs, ist es in jüngster Zeit vor allem das BVerfG gewesen, das in einer Vielzahl von Entscheidungen die Gesamtverantwortung des BT für die EU-Integration durch Ausdifferenzierung der Mitwirkungs- und Informationsrechte voran getrieben und eine aktive Rolle des BT angemahnt hat.

---

92 Gesetz über die Wahrnehmung der Integrationsverantwortung des Bundestages und des Bundesrates in Angelegenheiten der Europäischen Union vom 22. September 2009 (BGBl. I S. 3022).

> „In den vergangenen Jahren hat insbesondere das Bundesverfassungsgericht mit einer Reihe von Urteilen den Deutschen Bundestag in das Zentrum der Gesamtverantwortung für Belange der Europäischen Integration gestellt und gesetzgeberische Reformen erzwungen, die eine größere Aktivität und erweiterte Kontrolle des Bundestages anmahnen" (Kropp 2013b: 188).

Im Folgenden soll zunächst ein Überblick über die wichtigsten Entwicklungen der Beteiligungsrechte und Informationsrechte dargestellt werden. Anschließend werden einzelne, als besonders relevant eingestufte Vorschriften des GG herangezogen und im Hinblick auf die Mitwirkungsrechte des BT beleuchtet. Hierbei kann es nicht Anspruch des nachfolgenden Abschnitts sein, die Urteile des BVerfG mit Bezug zur Mitwirkung des BT in AdEU voll umfänglich zu erörtern.[93] Die Darstellung fokussiert sich auf die für diese Untersuchung relevanten Regelungsbereiche.

4.2.1. Verfassungsrechtliche Vorgaben aus Art. 23 GG

Mit dem Art. 23 GG wird die innerstaatliche Rechtsgrundlage für die Mitgliedschaft der Bundesrepublik in der EU geschaffen. Er enthält Regelungsvorschriften für den Bereich der Veränderung der primärrechtlichen Grundlagen der EU sowie die Mitwirkung an AdEU außerhalb der Änderung des Primärrechts. Darüber hinaus soll die von den Organen der EU ausgeübte Hoheitsgewalt gegenüber den Bürgern der Bundesrepublik stärker legitimiert werden (vgl. Hillgruber 2014: 921).

Der erste Satz des Art. 23 GG definiert die Verwirklichung eines vereinten Europas als Staatsziel und konkretisiert damit das bereits in der Präambel enthaltene Ziel, nach der Vereinigung Europas zu streben, dahingehend, dass dies innerhalb der EU vollzogen werden solle (vgl. Hillgruber

93 So werden u.a. die Urteile des BVerfG zum Vertrag von Maastricht im Hinblick auf die parlamentarische Mitwirkung nicht behandelt (vgl. hierzu Ooyen 2014; Steffani 1995). Der interessierte Leiser sei für eine ausführliche Darstellung der verfassungsrechtlichen Rahmenbedingungen sowie rechtswissenschaftliche Einordnung der BVerfGE verwiesen auf Kommentierungen des Art. 23 GG in den folgenden GG-Kommentierungen: Dreier 2015, 2010; Dreier/Bauer 2007; Epping/Axer 2013; Hömig 2013; Maunz et al. 2015; Pernice 2010b; Sachs 2014; Schmidt-Bleibtreu et al. 2014. Einschätzungen und Analysen zur Rolle des BVerfG bei der Fortentwicklung der parlamentarischen Mitwirkungsrechte sowie des institutionellen Gefüges des politischen Systems bieten: Bogdandy 2010; Calliess 2012b; Lhotta/Ketelhut 2015; Möllers/Redcay 2013; Nettesheim 2012a; Sinner 2012; Ooyen 2014; Ooyen/Möllers 2015; Zürn 2010.

2014: 922; Streinz 2014: 937–938). Die nachfolgende Struktursicherungsklausel definiert in Art. 23 Abs. 1 S. 1 die Anforderungen an die verfassungsrechtlichen Strukturbedingungen der EU. Diese müsse einen demokratischen, rechtsstaatlichen, sozialen sowie föderativen Charakter aufweisen und den verfassungsrechtlichen Strukturprinzipien des GG entsprechen. Diese Struktursicherungsklausel begrenzt die Integrationsoffenheit des GG und definiert klare Grenzen sowie Anforderungen an eine Übertragung von Hoheitsrechten auf die EU (vgl. Schulz 2011: 33–34; Streinz 2014: 940). Art. 23 Abs. 1 Satz 2 und 3 konkretisieren das Verfahren, das zur Übertragung von Hoheitsrechten auf die EU sowie zur Abänderung der primärrechtlichen Grundlagen der EU erforderlich ist (vgl. Hillgruber 2014: 928; Risse 2013: 307). Hierfür ist die Zustimmung des BT erforderlich:

> „Die Entscheidung über die Übertragung von Hoheitsrechten auf die Europäische Union ist dem Gesetzgeber vorbehalten, um eine selbstherrliche Entäußerung deutscher Staatsgewalt durch die Regierung als Trägerin der auswärtigen Gewalt zu verhindern“ (Hillgruber 2014: 928).

Für die Übertragung von Hoheitsrechten sind laut Art. 23 Abs. 1 Satz 2 GG die Verabschiedung eines Bundesgesetzes erforderlich, was neben der Zustimmung des BT auch die Zustimmung des Bunderates einschließt für die Übertragung einer Kompetenz auf die EU (vgl. Hillgruber 2014: 928, Risse 2013: 307; Streinz 2014: 952). Die Beteiligung des BT am Ratifizierungsverfahren im Falle einer Änderung des EU-Primärrechts regelt der Art. 23 Abs. 1 Satz 3 GG. Der Art. 23 Abs. 1 Satz 3 verweist auf Art. 79 Abs. 2 und 3 GG und definiert damit formelle Schranken für die Übertragung von Hoheitsrechten: die verfassungsändernde Zweidrittelmehrheit, womit die Ewigkeitsklausel des GG einschlägig wird (vgl. Hillgruber 2014: 929; Risse 2013: 307–308; Streinz 2014: 954–955).

Zusammenfassend lässt sich im Hinblick auf die Analyseperspektive dieser Untersuchung festhalten, dass jegliche Veränderung der primärrechtlichen Grundlagen der EU, der Zustimmung des BT und des Bundesrates bedarf und folglich die MdBs hieraus eine erhebliche Mitwirkungs- und Vetomöglichkeit – zumindest theoretisch – erwachsen könnte (vgl. Schulz 2011: 35).

4.2.1.1. Grundsatz der Mitwirkung

Art. 23 Abs. 2 bestimmt, dass in AdEU der BT sowie der Bundesrat, mitwirken. Somit formulieren Art. 23 Abs. 2 und 3 eine Ausnahme von dem Grundsatz, dass Außenpolitik in die alleinige Zuständigkeit der BReg fällt. Sie definieren, dass nicht nur für die Übertragung der Hoheitsrechte eine Zustimmung des BT erforderlich ist, sondern auch in allen anderen Bereichen der Angelegenheiten der Europäischen Union wird dessen Mitwirkung verlangt (vgl. Hillgruber 2014: 935; Wollenschläger 2015: 513–514). Die hinreichend unkonkrete Formulierung der Mitwirkung und die damit einhergehende fehlende Eindeutigkeit des Begriffes ist kontinuierlich Gegenstand wissenschaftlicher Debatten gewesen (vgl. Lang 1997; Schulz 2011: 37).

Die einhellige Meinung ist, dass der Begriff der Mitwirkung als weit zu verstehen ist in dem Sinne, dass die parlamentarische Begleitung weit über das Maß hinaus geht, wie es in auswärtigen Angelegenheiten der Fall ist (vgl. Streinz 2014: 962; Hillgruber 2014: 935; Wollenschläger 2015: 516).

> „**Einzelheiten** der Mitwirkung des Bundestages sind entsprechend Art. 23 III GG im Gesetz über die Zusammenarbeit von Bundesregierung und Deutschem Bundestag in Angelegenheiten der EU (**EUZBBG**) geregelt, das namentlich im Kontext der Lissabonner Vertragsreform grundlegend überarbeitet und in 2013 in Reaktion auf das Beteiligungsrechte erweiternde Urteil des Bundesverfassungsgerichts zum Euro-Plus-Pakt novelliert wurde“ (Wollenschläger 2015: 514, Hervorhebung im Original).

Dem BT wird eine aktive Rolle zugesprochen, um dem Verlust von Kompetenzen durch die Übertragung von Hoheitsrechten ausgleichend zu begegnen (vgl. Streinz 2014: 962; Wollenschläger 2015: 513). Ein weiterer Grund hierfür ist

> „[...]die Erkenntnis, dass Fragen der europäischen Integration nicht wie „herkömmliche“ auswärtige Angelegenheiten behandelt werden können, sondern **Bestandteil innerstaatlichen Rechts und innerstaatlicher Politik** sind, woran Parlament und Länder entsprechend beteiligt werden müssen“ (Streinz 2014: 962, Hervorhebung im Original).

4.2.1.2. Unterrichtungspflicht der Bundesregierung

Die BReg hat den BT in AdEU laut Art. 23 Abs. 2 Satz 2 GG umfassend und zum frühestmöglichen Zeitpunkt zu unterrichten. Dies dient dem Zweck, Informationsasymmetrien so weit als möglich auszugleichen (vgl. Streinz 2014: 962). Die detaillierte Ausgestaltung der Unterrichtungspflicht der BReg erfolgt im Rahmen des EUZBBG[94]. Grundsätzlich hat die Unterrichtung schriftlich zu erfolgen und muss umfassend über die Sachverhalte aufklären, die für die Bundesrepublik von Bedeutung sind bzw. sein können (vgl. Streinz 2014: 963).

> „Die Unterrichtungspflicht der BReg beschränkt sich nicht auf eine bloße Weiterleitung von Unterlagen (§§ 4-6 EUZBBG), sie umfasst darüber hinaus auch eine Aufbereitung (Berichtsbogen) sowie eine Bewertung der geplanten Vorhaben bei Rechtsetzungsakten der EU sowie im Bereich der GASP (§§ 7-8 EUZBBG)“ (Risse 2013: 310, Hervorhebung im Original).

Durch die Klarstellung des BVerfG in seiner Entscheidung zum ESM/ Euro-Plus-Pakt (vgl. BVerfGE 131, 152 [199]; 2 BvE 4/11, Urteil vom 19.6.2012) sind zu den AdEU im Sinne des Art. 23 Abs. 2 GG, d.h. im Rahmen des Mitwirkungsrechtes des BT bzw. der Unterrichtungspflicht der BReg ebenso völkerrechtliche Verträge zu rechnen, die in einem Ergänzungs- oder sonstigen Näheverhältnis zum Recht der EU stehen. Maßgeblich ist die Gesamtbetrachtung der Umstände sowie des Regelungsinhaltes, -ziele und -wirkungen. Das Wesen des ESM wurde vom BVerfG als *hybride Natur* definiert auf Grund seiner Verflechtung mit supranationalen Elementen und entsprechend als Angelegenheit der EU eingestuft, ebenso der Euro-Plus-Pakt sowie der Fiskalpakt (vgl. Hillgruber 2014: 935–936; Risse 2013: 309; Wollenschläger 2015: 516).

Da die Regelung auf eine umfassende parlamentarische Beteiligung im Rahmen eines dynamischen Integrationsprozesses abzielt, gilt es, den BT zu einem Zeitpunkt zu unterrichten, an dem es ihm möglich ist, effektiv Einfluss auf die Willensbildungsprozesse innerhalb der BReg auszuüben[95] (vgl. Risse 2013: 309). Zudem hat die Unterrichtung *kontinuierlich* zu erfolgen, d.h. das eine Unterrichtung auf Dauer erfolgen muss und bei der Entwicklung neuer Fragen, zu denen sich der BT bisher keine Meinung gebildet hat, über die neuen Entwicklungen unterrichtet werden muss. Die

94 Gesetz über die Zusammenarbeit von Bundesregierung und Deutschem Bundestag in Angelegenheiten der Europäischen Union vom 4. Juli 2013 (BGBl. I S. 2170).

95 BVerfG, 2 BvE 4/11 vom 19.6.2012.

parlamentsfreundliche Auslegung der Unterrichtungspflicht dient hierbei dem Zweck der „Herstellung demokratischer Öffentlichkeit sowie der Effektivierung der Regierungskontrolle“ (Wollenschläger 2015: 517-519).

Laut der Entscheidung des BVerfG zum ESM/Euro-Plus-Pakt (vgl. Leitsatz 2 des Urteils des Zweiten Senats vom 19. Juni 2012, 2BvE 4/11) muss sie umso ausführlicher sein, je bedeutsamer und komplexer der Vorgang ist. Die Unterrichtungspflicht schließt hierbei die Berichterstattung über den Stand der Beratungen ebenso ein, wie über den Fortgang der eigenen, regierungsinternen Willensbildung.

Die BReg ist zur Weitergabe der Informationen verpflichtet, die sie selbst sowie über die Ständige Vertretung der Bundesrepublik Deutschland bei der EU (StäV) in Brüssel erhalten hat. Hierbei spielt keine Rolle, auf welchem Wege diese Informationen zugeleitet worden sind (vgl. Risse 2013: 310; Streinz 2014: 963). Insofern der BT die Informationen über einen Rechtsetzungsakt selbst über die Einbindung als nationales Parlament der EU gem. Art. 12 lit. a EUV erhalten hat, so ist die BReg über dessen Bewertung und Einschätzung weiterhin unterrichtungspflichtig (vgl. Streinz 2014: 963; Wollenschläger 2015: 518–520).

Die Unterrichtungspflicht der BReg ist dort begrenzt, wo der sogenannte *Kernbereich der exekutiven Eigenverantwortung* beginnt.[96]

> „Ihre Grenze findet die Unterrichtungspflicht erst im Kernbereich der exekutiven Eigenverantwortung der BReg, der aber spätestens dann wieder verlassen ist, wenn die BReg mit (Teil-)Ergebnissen ihrer Willensbildung an die Öffentlichkeit oder in Abstimmungsprozessen mit Dritten tritt“ (Risse 2013: 309, Hervorhebung im Original).

Der Kernbereich exekutiver Eigenverantwortung umfasst laut der Klarstellung des BVerfG in seiner Entscheidung zum ESM/Euro-Plus-Pakt vor allem den Bereich der Willensbildung der Regierung, also Abstimmungen im Kabinett sowie die Vorbereitung von Kabinetts- und Ressortentscheidungen, die der ressortübergreifenden sowie der ressortinternen Abstimmung dient (vgl. Leitsatz 4 des Urteils des Zweiten Senats vom 19. Juni 2012, 2BvE 4/11; Wollenschläger 2015: 520).

> „Zwar komme der Regierung ein Kernbereich exekutiver Eigenverantwortung zu, der einen grundsätzlich nicht ausforschbaren Initiativ-, Beratungs- und Handlungsbereich einschließe. Solange die interne Willensbildung der Bundesregierung nicht abgeschlossen sei, bestehe kein Anspruch des Parlaments

96 Grundsätzlich zur Definition des *Kernbereiches exekutiver Eigenverantwortung* vgl. Baer 2001; Berger 2014; Cancik 2014.

auf Unterrichtung. Habe die Regierung jedoch ihre Willensbildung selbst so weit konkretisiert, dass sie Zwischen- oder Teilergebnisse an die Öffentlichkeit geben könne oder mit einer eigenen Position in einen Abstimmungsprozess mit Dritten eintreten wolle, falle ein Vorhaben nicht mehr in den gegenüber dem Bundestag abgeschirmten Kernbereich exekutiver Eigenverantwortung" (Sinner 2012: 322–323).

4.2.1.3. Das Recht zur Stellungnahme nach Art. 23 Abs. 3 GG

Der Art. 23 Abs. 3 GG fordert, dass die BReg dem BT „die Gelegenheit zur Stellungnahme vor ihrer Mitwirkung an Rechtsetzungsakten der Europäischen Union" gibt (Satz 1). Diese Stellungnahme muss die BReg bei den Verhandlungen *berücksichtigen.* Hierbei ist das Recht zur Stellungnahme zwar auf Bereiche beschränkt, an denen die BReg mitwirkt, bezieht sich jedoch nicht nur auf Rechtsetzungsakte, sondern auch auf alle *„rechtserheblichen Handlungen, somit etwa auch Beschlüsse"* (Wollenschläger 2015: 522). Relevant ist hier, dass die Gelegenheit zur Stellungnahme *vor* der Mitwirkungshandlung der BReg zu geben ist (vgl. Art. 23 Abs. 3 Satz 1 GG) und zudem ggf. eine Aktualisierungen der Stellungnahme erfolgen können. Daraus ergibt sich, dass die Fristen zur Stellungnahme eine ausreichende Befassung des BT ermöglichen müssen (vgl. Wollenschläger 2015: 523).

Zwar ist die BReg verpflichtet, diese Stellungnahme im gesamten Rechtsetzungsprozess der Willensbildung auf EU-Ebene sowie im Rahmen der Gesetzesbegründung zu *berücksichtigen.* Die BReg ist jedoch nicht rechtlich an die Stellungnahme gebunden. Die Pflicht zur Berücksichtigung umfasst neben der Befassung sowie Abwägung der Stellungnahme auch die Begründung bei einer Abweichung (vgl. Wollenschläger 2015: 523). Sollte die Stellungnahme bzw. relevante Teilbereiche bei den Verhandlungen in den EU-Gremien nicht durchsetzbar sein, so ist ein Parlamentsvorbehalt einzulegen. Seit dem Jahr 2013 erfolgt dieser Parlamentsvorbehalt nicht erst im Rat, sondern er wird bereits in den Verhandlungen in den RAG eingelegt (vgl. Schröder 2013). Daraufhin ist die BReg verpflichtet, sich um ein Einvernehmen mit dem BT zu bemühen. Im Falle von außen- und integrationspolitischen Gründen bleibt es der BReg möglich, von der Stellungnahme des BT abzuweichen (vgl. Wollenschläger 2015: 524).

4.2.1.4. Entwicklungslinien der Informations- und Mitwirkungsrechte des Bundestages im EUZBBG

Das „Gesetz über die Zusammenarbeit von Bundesregierung und Deutschem Bundestag in Angelegenheiten der Europäischen Union" (EUZBBG)[97] spezifiziert die in Art. 23 Abs. 2 und 3 GG verankerten Rechte des BT auf Unterrichtung seitens der BReg sowie das Recht zur Abgabe von Stellungnahmen. Absicht ist es, eine weitestgehende Kontrolle der Regierungstätigkeit der BReg und ihrer Vertreter in den EU-Gremien, vor allem im Rat, zu gewährleisten. Ebenso stellt es die Grundlage für die in Art. 12 AEUV formulierte Aufgabe der nationalen Parlamente dar, aktiv an einer guten Arbeitsweise der EU mitzuwirken (vgl. Schröder 2012: 250). In jüngster Zeit wurde das EUZBBG gleich zweimal grundlegend überarbeitet und konkretisiert.[98] Auslöser hierfür sind jeweils Urteile des BVerfG gewesen. In seinem Urteil zum Vertrag von Lissabon[99] entwarf das Gericht im Jahr 2009 das „Konzept der Integrationsverantwortung"[100], auf dessen Basis das EUZBBG revidiert worden ist. Die *Integrationsverantwortung* ist nach dem BVerfGU vor allem in den Fällen von besonderer Bedeutung, wenn durch alleiniges oder maßgebliches Aktivwerden der Organe der EU das Primärrecht der EU abgeändert wird.[101] Im Falle einer Änderung der vertraglichen Grundlagen der EU durch Entscheidungen der EU-Organe ist es erforderlich, dass der BT durch entsprechende Beschlüsse oder Weisungen beteiligt wird (vgl. Buzogány/Kropp 2013a: 167). Zudem wurden die Bestimmungen der vorherigen BBV[102] in das EUZBBG überführt.

Bereits im Jahr 2010 ergaben sich jedoch im Rahmen der parlamentarischen Begleitung der Entscheidungen in der Wirtschafts- und Finanzkrise

---

97 Gesetz über die Zusammenarbeit von Bundesregierung und Deutschem Bundestag in Angelegenheiten der Europäischen Union vom 4. Juli 2013 (BGBl. I S. 2170).

98 Vgl. hierzu die Ausführungen in Kapitel 4.2.1.

99 BVerfG, 2 BvE 2/08 vom 30.6.2009.

100 Vgl. zum Konzept der Integrationsverantwortung und dessen Kritik: Calliess 2012a; Daiber 2012; Kluth 2014; Lhotta 2013; Lhotta/Ketelhut 2009; Nettesheim 2012b; Niedobitek 2011; Sensburg 2012; Sonder 2011.

101 Vgl. BVerfG, 2 BvE 2/08 vom 30.6.2009, BVerfGE 123, 351.

102 Vereinbarung zwischen dem Deutschen Bundestag und der Deutschen Bundesregierung über die Zusammenarbeit in Angelegenheiten der Europäischen Union (BBV) in der Fassung vom 28. September 2006 BGBl. 2006 I, S. 2177-2180.

deutliche Anzeichen für Probleme in der praktischen Umsetzung. Streitigkeiten bestanden vor allem in der Frage, welche Dokumente seitens der BReg an den BT weitergeleitet werden müssen.

Zusammenfassend lässt sich festhalten, dass der BT in der neueren Rechtsprechung des BVerfG der zentrale Ort der Debatte und Entscheidung sein soll. Um dies zu gewährleisten, wurden die Unterrichtungspflichten der BReg in der letzten Änderung des EUZBBG im Jahr 2013 erheblich konkretisiert. Hierbei beschränken sich die Aufgaben des BT nicht auf die Ratifikation neuer primärrechtlicher Grundlagen sowie die kontinuierliche Begleitung der Rechtsetzung durch die Organe der EU. Insbesondere im Zusammenhang mit der Währungsunion hat das BVerfG das Recht des BT als „Letztentscheidungsinstanz" gestärkt (Sinner 2012: 323).

Ein anschauliches Beispiel des Einwirkens von MdBs auf die Ausgestaltung der Mitwirkungs- und Informationsrechte im Sinne des *Contract Design* der PAT ist die Entwicklung der einfachgesetzlichen Regelungen, die die verfassungsrechtlichen Vorgaben des Art. 23 GG im Hinblick auf die Mitwirkung des BT in AdEU konkretisieren.

Die Vorgängerin des Gesetzes über die Zusammenarbeit von Bundesregierung und Bundestag in AdEU (EUZBBG)[103], ist die Vereinbarung zwischen BT und BReg über die Zusammenarbeit in AdEU, kurz BBV.[104] Die BVV trat im September 2006 in Kraft und sollte die Informationspflichten der BReg im Detail regeln und somit eine rechtzeitige Information des BT sicher stellen (vgl. Baddenhausen 2006; Beichelt 2009: 254–258). Trotz der Nennung der Dokumente, die dem BT zugeleitet werden müssen unter Ziffer I Nr. 2 der BBV – hierunter u.a. die Frühwarnberichte der StäV sowie die Berichte der informellen Ministertreffen – wurden Defizite bei der tatsächlichen Umsetzung dieser Vereinbarung aus der Mitte des BT geäußert (vgl. Deutscher Bundestag 2009a).

> „Zweieinhalb Jahre nach Inkrafttreten der BBV stellt der Deutsche Bundestag aber auch fest, dass einige Bestimmungen der Zusammenarbeitsvereinbarung unterschiedlich ausgelegt werden. Dies betrifft u. a. die in Einzelfällen sehr

---

103 Gesetz über die Zusammenarbeit von Bundesregierung und Deutschem Bundestag in Angelegenheiten der Europäischen Union vom 4. Juli 2013 (BGBl. I S. 2170).

104 Vereinbarung zwischen dem Deutschen Bundestag und der Deutschen Bundesregierung über die Zusammenarbeit in Angelegenheiten der Europäischen Union (BBV) in der Fassung vom 28. September 2006 BGBl. 2006 I, S. 2177-2180.

unterschiedliche Qualität der Berichtsbögen und umfassenden Bewertungen sowie die Zuleitung von Dokumenten, die als VS-Vertraulich oder höher eingestuft sind, also der Geheimhaltung unterliegen“ (Deutscher Bundestag 2009a: 2).

In seinem Urteil zum Lissabon-Urteil vom 30. Juni 2009 stellte das BVerfG fest, dass die BBV weder in seiner Rechtsnatur noch ihrem Inhalt nach ausreichend sei, um die vom GG vorgesehenen Beteiligungsrechte des BT sicher zu stellen.[105] Aus diesem Grunde wurden die Bestimmungen der BBV in das bereits seit 1993 bestehende EUZBBG überführt (vgl. Deutscher Bundestag 2009b: 1). Schon vor dem Urteil des BVerfG ist die Rechtsnatur sowie Justiziabilität der BBV kritisiert worden (vgl. Hoppe 2007: 1540–1543).

Angestrebt wurde die Behebung von Differenzen zwischen BReg und BT im Hinblick auf die Auslegung und praktische Ausfüllung der Vorschriften zur Herstellung eines Einvernehmens vor der Aufnahme von Beitrittsverhandlungen sowie von Veränderungen des EU-Primärrechts:

> „Insbesondere Lücken bei der Information des Bundestages durch die Bundesregierung und Auslegungsdifferenzen bezüglich der Handhabung der Einvernehmensherstellung vor Aufnahme von Verhandlungen über Beitritte oder Vertragsänderungen sollte die neue gesetzliche Regelung überwinden helfen. Zugleich versprach sich der Bundestag von der gesetzlichen Regelung ein höheres Maß an Verbindlichkeit, da das Gesetz immer auch Grundlage einer Organklage sein könnte, die Vereinbarung hingegen nicht“ (Gröning von Thüna 2010: 316).

Dank der Klarstellung des BVerfG in dem Lissabon-Urteil vom 30. Juni 2009 wurden die Detailregelungen der BBV in ein Gesetz überführt und sind damit grundsätzlich justiziabel im Rahmen einer Organklage vor dem BVerfG im Falle von Verstößen seitens der BReg. Zudem wurden Anpassungen des EUZBBG vorgenommen, die zu einer immer detaillierteren einfachgesetzlichen Ausgestaltung der Informationsrechte bzw. der Unterrichtungspflichten der BReg beitrugen.

Zusammenfassend lässt sich festhalten, dass das BVerfG dem Integrationsprozess dort Schranken setzt, wo Hoheitsrechte in besonders sensiblen Bereichen übertragen werden, die untrennbar verwoben sind mit der nationalen Identität (vgl. Nettesheim 2010: 181; Sonder 2011: 214). Zwar räumt das BVerfG die Bedeutung der Ermächtigung zur Hoheitsrechtsübertragung gem. Art. 23 GG im Hinblick auf die Fortentwicklung der

105 Vgl. BVerfG, 2 BvE 2/08 vom 30.06.2009, BVerfGE 123, 410.

EU-Integration ein. Sie definiert aber die Bedingungen im Verweis auf das Prinzip der begrenzten Einzelermächtigung sowie der Erhaltung der verfassungsrechtlichen Identität. Hierbei erhält die Selbststeuerungsfähigkeit der sozialen und politischen Gestaltung der Lebensverhältnisse eine besondere Gewichtung (vgl. Sonder 2011: 218).

Der BT verabschiedete ein Integrationsverantwortungsgesetz (IntVG) als Begleitgesetz zum Vertrag von Lissabon, welches am 25. September 2009 in Kraft trat.[106] Dies war erforderlich, um die Ratifikation des Vertrages von Lissabon zu ermöglichen. Das IntVG schafft eine Basis für die Instrumente und Mitwirkungsrechte des BT, die zur Sicherung der *Integrationsverantwortung* erforderlich sind (vgl. Daiber 2012: 293–294; Niedobitek 2011; Sensburg 2012).

Bereits im Jahr 2010 – ein Jahr nach Inkrafttreten des überarbeiteten EUZBBG, das nun die Regelungen der vorigen BBV enthielt – wurde erneuter Anpassungsbedarf festgestellt. Insbesondere die Ereignisse der Wirtschafts- und Finanzkrise sowie der Parlamentsbeteiligung bei den Entscheidungen über die Rettungsschirme für Griechenland führten zu neuen Konfliktsituationen zwischen BT und BReg. Die identifizierten „Lücken der Informationszuleitung“ (Buzogány/Kropp 2013a: 168) wurden insbesondere bei der Kontrolle der Sitzungen des Europäischen Rates manifest.

> „Damit werden ausgerechnet die Prozesse im Rat, wo der Großteil der wichtigen Entscheidungen im Vorfeld durch administrative Arbeitsgruppen getätigt wird, nicht hinreichend in das Kontrollsystem einbezogen. Dem Parlament ist so die effektive Einflussnahme auf politische Weichenstellungen in Brüssel bislang kaum möglich, obschon sich die Unterrichtungspflicht bei politischen Programmen des Rates eigentlich auch auf diese Vorbereitungsgremien erstreckt“ (Buzogány/Kropp 2013a: 168).

Die Ereignisse der Wirtschafts- und Finanzkrise und der damit zusammenhängenden Verschuldungs- und Eurokrise ließ „gesetzestechnische als auch politische Schwachpunkte“ (Gröning von Thüna 2010: 313) der Begleitgesetzgebung offenkundig hervortreten:

> „Hierzu gehören nicht zuletzt die in der Eurokrise offenbar gewordenen Grenzen der Parlamentsbeteiligung bei kurzfristigen Beschlüssen des Europäischen Rates. Entgegen den Bemühungen des Bundestages um eine Stärkung der parlamentarischen Mitbestimmung mussten die Abgeordneten im Frühjahr 2010 gleich zweimal erleben, dass sie Entscheidungen des Europäischen

106 Vgl. BGBl. 2009 I, S. 3022 ff.

> Rates mit erheblicher finanzieller Bedeutung für den Bund in Form der Finanzhilfen für Griechenland und der Stabilisierung des Euros nur noch abnicken oder ablehnen, nicht aber mitgestalten konnten“ (Gröning von Thüna 2010: 313).

Eindrücklich führte das BVerfG in seinen Urteilen im Zusammenhang mit der Eurokrise[107] dem BT vor Augen, dass AdEU in gleicher Weise wie innenpolitische Angelegenheiten zu behandeln und zu begleiten seien und verhalf dem BT zu Ausweitungen und Konkretisierungen seiner Informationsrechte (vgl. Buzogány/Kropp 2013a; Hölscheidt 2013).

Im Verlauf der Finanzkrise der Eurozone, war der BT mit Entscheidungen konfrontiert, die zu einer erheblichen Eingrenzung der Haushaltsrechte des BT führten und die zudem unter erheblichen Zeitdruck gefällt werden mussten:

> „Im Mai 2010 stimmte der Bundestag dem „Währungsunion- Finanzstabilitätsgesetz“ (WFStG) zu, das die Bundesregierung ermächtigt, Bürgschaften in Höhe von 22 Milliarden Euro für Kredite an Griechenland zu übernehmen. Nur kurze Zeit später trat das Gesetz zur Übernahme von Gewährleistungen im Rahmen eines europäischen Stabilisierungsmechanismus (StabMechG) in Kraft, womit die Europäische Finanzstabilisierungsfazilität (EFSF) ins Leben gerufen wurde. Im September 2011 beschloss der Bundestag die parlamentarische Kontrolle der EFSF durch ein aus der Mitte des Haushaltsausschusses zu gründendes „Neuner-Gremium“, das nach Parteiproporz zusammengesetzt sein sollte“ (Buzogány/Kropp 2013a: 168).

Die Konfliktsituation zwischen BT und BReg im Hinblick auf die Informationsweitergabe sowie inhaltliche Einbindung des BT gab Anlass für eine erneute Revision des EUZBBG durch das Urteil des BVerfG vom 19. Juni 2012.[108] Wiedermal also war es eine Entscheidung des

> „[...] Bundesverfassungsgerichts, das in der Herausbildung der Rolle des Bundestages in europäischen Fragen, seiner rechtlichen Stellung gegenüber der Bundesregierung sowie als Impulsgeber für einen Wandel des parlamentarischen Selbstverständnisses stets eine besonders aktive Rolle gespielt hat“ (Schäfer/Schulz 2013: 200).

---

107 Vgl. Urteil zur Griechenland-Hilfe und zum Euro-Rettungsschirm (BVerfG, 2 BvR 1099/10 vom 07. September 2011), Urteil zum EFSF-Sondergremium (BVerfG, 2 BvE 8/11 vom 28. Februar 2012), Urteil zur Unterrichtung des Bundestages in Angelegenheiten der Europäischen Union (BVerfG, 2 BvE 4/11 vom 19. Juni 2012) sowie Urteil zum ESM- und Fiskalvertrag (BVerfG, 2 BvR 1390/12 vom 12. September 2012) (vgl. hierzu im Überblick Hölscheidt 2013: 114–129).

108 Vgl. BVerfG, 2 BvE 4/11 vom 19.6.2012.

Das Urteil des BVerfG erging auf Grund der Verfassungsklage der Bundestagsfraktion Bündnis 90/Die Grünen, die wegen der Verweigerung der BReg Vertragsentwürfe des ESM und EFSF an den BT weiter zu geben, sich zu der Klage gezwungen sahen (vgl. Montag/Bündnis 90/Die Grünen Bundestagsfraktion 2013; Schäfer/Schulz 2013: 201).

> „Von Dezember 2010 bis weit ins Jahr 2011 hinein verlangten Abgeordnete immer wieder Unterlagen zu den verhandelten Verträgen über die EFSF und den ESM. Weder Vorlagen der Europäischen Kommission noch Vorlagen der Bundesregierung wurden dem Bundestag überlassen. Die Bundesregierung vertrat die verfassungswidrige Auffassung, Maßnahmen zur Stabilisierung der Währung Euro seien keine Angelegenheit der Europäischen Union im Sinne des Art. 23 Grundgesetz. Informationen wurden dem Bundestag und den Abgeordneten nur mündlich und immer wieder unter Bestreiten jeglicher Rechtspflicht zur Information erteilt“ (Montag/Bündnis 90/Die Grünen Bundestagsfraktion 2013: 1).

Sowohl das Urteil des BVerfG zu den Finanzhilfen an Griechenland und dem Euro-Rettungsschirm vom 7. September 2011[109] als auch das Urteil vom 28. Februar 2012 zur Europäischen Finanzstabilisierungsfazilität (EFSF-Sondergremium)[110] betonte die Integrationsverantwortung des BT. Es wurde hervorgehoben, dass der BT der Ort der Letztentscheidung zu sein habe in AdEU (vgl. Buzogány/Kropp 2013a: 168). Somit weist das Gericht dem BT eine zentrale Funktion zu und betont dessen parlamentarische „Gesamtleitungsfunktion“ (Sinner 2012: 313).

Dieses Beispiel verdeutlicht abermals das Abhängigkeitsverhältnis des BT von der Bereitwilligkeit der BReg, die Abgeordneten des BT zu informieren sowie der Gestaltungs- und Interpretationsfreiheit, über die die BReg auf Grund der diskretionären Spielräume in EU-Verhandlungen de facto verfügt.

> „Die Bundesregierung wollte das Parlament im Ergebnis aus allen Maßnahmen zur Stabilität und Rettung des Euro heraushalten, obwohl die Abgeordneten die Verantwortung für die beschlossenen Maßnahmen zu tragen haben. Die Bundesregierung wollte das Parlament gerade nicht fortlaufend und umfassend über Maßnahmen und Handlungen auf europäischer Ebene informieren. Beispielhaft hierfür ist die Aussage von Finanzminister Schäuble, er wolle das Parlament nicht „kleckerweise“, sondern eben nur über das Gesamtpaket informieren, wenn dieses bereits ausverhandelt sei. Damit hat die Bundesregierung verhindert, dass sich der Bundestag mit den Maßnahmen beschäfti-

---

109 Vgl. BVerfG, 2 BvR 1099/10 vom 07. September 2011.

110 Vgl. BVerfG, 2 BvE 8/11 vom 28. Februar 2012.

> gen, sich eine Position hierzu erarbeiten und die Bundesregierung lenken konnte" (Montag/Bündnis 90/Die Grünen Bundestagsfraktion 2013: 1–2).

Erst die Initiative durch eine Oppositionsfraktion, in diesem Fall die Bundestagsfraktion Bündnis 90/Die Grünen, den Weg der Verfassungsklage vor dem BVerfG zu gehen, ermöglichte hier ein Einwirken auf das verfassungswidrige Handeln der BReg. Im Weiteren erfolgte eine rechtliche Klarstellung dessen, welche der Entscheidungen und Regelungsvorhaben auf EU-Ebene zu den AdEU zu zählen sind und über die die BReg den BT zu informieren hat. So gehören hierzu eben auch völkerrechtliche Verträge sowie Angelegenheiten, die

> „[..]in einem Ergänzungs- oder sonstigen besonderen Näheverhältnis zum Recht der Europäischen Union stehen. Maßgebend dafür ist eine Gesamtbetrachtung der Umstände, einschließlich der Regelungsinhalte, -ziele und –wirkungen" (BVerfG, 2 BvE 4/11 vom 19. Juni 2012, 1. Leitsatz).

Auf Grund der Klarheit der Formulierungen des Urteils wurde es von den Bundestagsfraktionen als Vorlage für eine erneute Überarbeitung des EUZBBG herangezogen (vgl. Schäfer/Schulz 2013: 201). Eine wesentliche Neuerung dieser Entwicklung ist, dass der BT nun nicht mehr nur begrenzt in seinem Mitwirkungs- und Kontrollbestreben gegenüber der BReg auf Rechtsetzungsprozesse innerhalb der EU-Gremien ist. Dies wurde erweitert durch die Klarstellung des Begriffes der Angelegenheiten der EU durch das BVerfG (vgl. BVerfGE 131, 152, 199; 2 BvE 4/11, Urteil vom 19.6.2012) (vgl. Buzogány/Kropp 2013a: 167; Hillgruber 2014: 935–936; Risse 2013: 309; Schröder 2012: 252–253; Wollenschläger 2015: 516).

Diese Entwicklungsgeschichte verdeutlicht, welche Auswirkungen die Informationsasymmetrie und die daraus entstehenden Agenturprobleme auf Grund der diskretionären Spielräume der BReg haben. Die Annahme des opportunistischen Verhaltens der PAT wird im Beispiel deutlich an dem gezielten Vorenthalten von Informationen. Die BReg nutzt den Informationsvorsprung und die Verborgenheit der eigenen Handlungen auf der EU-Ebene dazu, den BT bewusst nicht zu informieren, um keine Einwirkungsmöglichkeiten auf die Positionierung der BReg zu ermöglichen. Auf Grund der Verwobenheit und des besonderen Nähe- sowie Loyalitätsverhältnisses der Regierungsfraktionen im BT sind es die Oppositionsfraktionen, die auf die Sanktionsmacht Dritter, hier das BVerfG, einwirken müssen, um die formalen Mitwirkungs- und Informationspflichten zur Geltung zu bringen. Die Errungenschaften aus diesen Anstrengungen sind neben richterlichen Klarstelllungen durch das BVerfG vornehmlich eine immer detailliertere Ausformulierung der Informationsrechte des BT, die überwiegend für die Oppositionsfraktionen von Relevanz sind.

Zu berücksichtigen gilt hierbei jedoch, dass ein Hinzuziehen des BVerfG erheblichen Ressourceneinsatz fordert und erst möglich ist nach dem Auftreten von erheblichen Fehlverhalten durch die BReg sowie zu einem Zeitpunkt, an dem die Entscheidungen auf EU-Ebene bereits gefallen sind. Daher ist dies kein Mittel für die parlamentarische Alltagspraxis der Mitwirkung in AdEU.

Festgehalten werden kann, dass trotz einer zunehmenden formalen Regulierung, z.B. der Informationspflichten der BReg im Rahmen der Erneuerung des EUZBBG[111], es nicht zu einer verbesserten Kontrolle bzw. vermehrten Inanspruchnahme von Kontrollmöglichkeiten durch die MdBs der Regierungsfraktionen kommt. Dies ist u.a. begründet in der Verwobenheit von Regierungsfraktionen und Regierung. Aus diesem Grund, wird hier argumentiert, investieren Abgeordnete Ressourcen in die informale Informationsbeschaffung sowie informale Handlungsformen zur Beeinflussung und Gestaltung europäischer Rechtsetzungsverfahren, um die eigene BReg zu kontrollieren und die Informationsasymmetrie zu verringern.

4.3. Interne Strukturen des Bundestages

4.3.1. Unterabteilung Europa

Um die vielfältigen Informationen über die Vorgänge auf EU-Ebene besser bewerten und verarbeiten zu können, hat der BT bereits seit dem Jahr 2005 fortlaufend seine Aktivitäten verstärkt auf die Etablierung eines verbesserten „Informationsgewinnungs- und verarbeitungssystem“ gerichtet (Buzogány/Kropp 2013a: 166). Innerhalb der Bundestagsverwaltung wurde ein Referat PA 1 (Parlaments-Ausschuss 1) geschaffen, um eine von der Regierung unabhängige Informationsverarbeitung und -bereitstellung zu etablieren (vgl. Vollrath 2011). Inzwischen ist dieses Referat in eine neu etablierte Unterabteilung *PE Europa* integriert worden. Diese umfasst nun sechs Referate, die sich mit EU-Themen beschäftigen und Service-

---

111 Vgl. u.a. Schäfer/Schulz 2013.

dienstleistungen für die Abgeordneten anbieten (vgl. Buzogány/Kropp 2013a: 166-167).

> „Die zum 1. Januar 2013 geschaffene Unterabteilung Europa (PE) umfasst das Sekretariat des Ausschusses für die Angelegenheiten der Europäischen Union, kümmert sich um EU-Grundsatzangelegenheiten und Fragen der Wirtschafts- und Währungsunion, befasst sich mit EU-Analysen, Beratung und Prioritäten für EU-Vorhaben sowie mit dem Management von EU-Dokumenten. Hinzu kommen die Erstellung (rechts-)wissenschaftlicher Gutachten zu Fragen des Europarechts und der Europapolitik sowie die frühzeitige Information über aktuelle politische Entwicklungen innerhalb der EU-Institutionen, insbesondere Rechtssetzungsvorhaben, durch das Verbindungsbüro des Deutschen Bundestages in Brüssel“ (Deutscher Bundestag 2016).

Zu den wesentlichen Aufgaben der Mitarbeiter in Berlin wie in Brüssel zählt die frühzeitige Auswertung des Arbeitsprogrammes der EU-KOM sowie des Rates. Die Auswertung dieser Arbeitsprogramme erfolgt thematisch fokussiert an Hand der Fachausschüsse des BT und wird diesen für die frühzeitige strategische Ausrichtung ihrer europapolitischen Mitwirkung zugeleitet.

Im Jahr 2007 wurde in Brüssel das Verbindungsbüro des Deutschen Bundestages eröffnet, das sich aus einer Verwaltungseinheit sowie den Fraktionsbüros der im BT vertretenen Fraktionen zusammensetzt.[112] Die Hauptaufgabe der dortigen Mitarbeiter ist die frühzeitige Gewinnung von Vorabinformationen über die Planung von politischen Initiativen und Rechtsetzungsvorhaben.

> „Das Büro hat die Aufgabe, den Bundestag durch Vorfeldbeobachtung über die politisch wichtigen Vorgänge in Brüssel zu informieren. Politische Agenden in Brüssel werden zudem nach ihrer Relevanz priorisiert. Etwa die Hälfte aller EU-Dokumente wird durch die Mitarbeiter des Büros aussortiert, bevor sie den Bundestag erreichen“ (Buzogány/Kropp 2013a: 167).

Berichtsdienste und Analysen der Unterabteilung Europa

Im Rahmen der Verbesserung der Informationsgrundlage der Abgeordneten im BT erstellt die Unterabteilung aktuelle Berichte sowie weiterführende Analysen. Zu diesen Berichtsdiensten zählen u.a. der Bericht aus Brüssel sowie die Europapolitische Vorausschau.

---

112 Vgl. hierzu ausführlich Kapitel 4.3.2.

Bericht aus Brüssel

Zu Beginn jeder Sitzungswoche des Bundestages wird ein sogenannter Bericht aus Brüssel an die Abgeordnetenbüros in Berlin zugestellt. Dieser Bericht wird von den Mitarbeitern der Verwaltungseinheit des Verbindungsbüros des BT in Brüssel erstellt. Die Abstimmung über die Themen erfolgt in einer gemeinsamen Mitarbeiterbesprechung, bei der die Mitarbeiter der Fraktionsbüros die von ihnen favorisierten Themen vorschlagen. Zumeist werden diese Wünsche der Fraktionen aufgegriffen.

Die Referenten arbeiten die Themen derart auf, dass zunächst in einem Kopfbogen der bisherige Verfahrensablauf zusammengefasst wird. Zudem werden die Rechtsgrundlage und das geltende Rechtsetzungsverfahren aufgeführt. Hierbei wird ersichtlich, ob eine Vorlage im Mitentscheidungsverfahren behandelt wird und somit das EP Einfluss auf die Ausgestaltung des Rechtsetzungsvorhabens hat. Anschließend werden die bisher erfolgten Schritte aufgeführt, um einen Überblick über den Verfahrensstand zu vermitteln. Mitunter werden, soweit vorhanden, die jeweiligen Dokumentennummern der EU-Institutionen der entsprechenden Vorlage aufgeführt, wodurch die Fortentwicklung des Vorschlages während des Durchschreitens der unterschiedlichen EU-Institutionen nachvollziehbar wird. Nachfolgend werden der Rechtsetzungsvorschlag und seine Diskussion im entsprechenden Gremium in zusammengefasster Form dargestellt. Zudem wird ein Überblick gewährt über bereits erfolgte Positionsäußerungen von nationalen und EU-Institutionen, wie z.B. anderen Mitgliedstaaten, dem EP oder der BReg. Abschließend werden die nachfolgenden Schritte des Rechtsetzungsverfahrens aufgeführt.

So bietet der Bericht aus Brüssel eine Plattform, um über Plenardebatten und Abstimmungen des EP zu Vorschlägen der KOM und Konsultationsverfahren zu berichten. Entsprechend dem neutralen Anspruch der Verwaltungsmitarbeiter erfolgt die Berichterstattung nicht unter parteipolitischen Gesichtspunkten. Schwerpunkt der Analyse hat gleichwohl die Bedeutung des dargestellten Themas für die Bundesrepublik Deutschlands und nimmt daher oft als Vergleichsgröße die bisherige rechtliche Regelungsweise in den Blick. Auch anstehende wichtige Ereignisse in Brüssel werden im Bericht angekündigt. Somit dient der Bericht den MdBs und ihren Mitarbeitern dazu, regelmäßig einen Überblick über aktuelle Geschehnisse einschließlich einer übersichtlichen Bewertung und Einschätzung zu erhalten. In der Sitzungswoche findet im BT die parlamentarische Arbeit mit ihren zahlreichen Abstimmungsgremien statt (z.B. Gruppensitzungen, Obleute-Gesprächen, Ausschuss-Sitzungen, Fraktionssitzungen und den Plenartagungen). Daher befinden sich die MdBs in Berlin und ein Austausch sowie eine evtl. Positionsfindung und das Ergreifen von Maßnahmen ist zu diesem Zeitpunkt möglich.

Somit bringt der Bericht den MdBs, ihren Mitarbeitern und den Fraktionsreferenten die europäische politische Ebene regelmäßig ins Gedächtnis. Ziel ist es, dass sich die parlamentarische Arbeit des BT mehr und mehr auf die Ereignisse in Brüssel bezieht – idealerweise erfolgen die Reaktionen unmittelbar in Debatten und Positionsformulierungen.

Europapolitische Vorausschau

Zu den Dienstleistungen der Unterabteilung Europa zählen noch weitere Informationsdienste. Hierzu ist ebenfalls die Europapolitische Vorausschau zu rechnen, die zu Beginn eines jeden Jahres erstellt wird. Maßgeblich ist die Erscheinung des Legislativ- und Arbeitsprogrammes der EU-KOM. Auf Basis der dort enthaltenen Information stellt die Auswertung der Europapoltischen Vorausschau eine ausschussbezogene Zusammenschau der Planungspapiere der EU-Institutionen dar. Informationsquellen sind neben dem Legislativ- und Arbeitsprogramm der EU-KOM Planungsdokumente des EP, des Rates und der jeweiligen Ratspräsidentschaften, wobei die Teampräsidentschaften mit einbezogen werden. Diese thematische Zusammenstellung dient dazu, den Bundestagsfraktionen und Ausschüssen eine Handreichung und Unterstützung für die europapolitische Schwerpunktsetzung anzubieten (vgl. Schulz 2011: 66).

4.3.2. Verbindungsbüro in Brüssel

Bedeutendes Element im Hinblick auf die eigenständige und frühzeitige Informationsbeschaffung ist das Verbindungsbüro des Bundestages in Brüssel, welches im Dezember 2006 seine Arbeit aufgenommen hat und am 5. Februar 2007 eröffnet worden ist (vgl. Kropp 2010a: 421; Schulz 2011: 240). Zu diesem Zeitpunkt ist bereits eine Mehrzahl der nationalen Parlamente in Brüssel vertreten gewesen, der BT ist also im Vergleich relativ spät nach Brüssel gekommen.[113] Die Form der personellen Zusammensetzung und Struktur des Verbindungsbüros hingegen ist innovativ.

Anders als die Mehrzahl der anderen nationalen Parlamenten, die durch ein bis maximal zwei Verwaltungsbeamte im EP vertreten sind, setzt sich das Verbindungsbüro aus einer Verwaltungseinheit und eigenständigen Fraktionsbüros zusammen und ist im Hinblick auf die Personenzahl vergleichsweise groß (vgl. Bolesch 2007; Schulz 2011: 241).

> „Im Jahr 2007 richtete der Bundestag als Reaktion auf die Diskussionen über den Lissabon-Vertrag ein Verbindungsbüro in Brüssel ein[...]. Das Büro setzt sich aus Mitarbeitern der Fraktionen zusammen, wodurch die politische Zusammensetzung des Parlamentes gespiegelt wird. Die Fraktionen, die Ausschüsse des Bundestages und Abgeordnete sollen mithilfe dieses Frühwarnsystems und durch Vorfeldbeobachtung rechtzeitig über die politisch wichtigen Vorgänge in Brüssel informiert werden. Es war das Ziel aller Fraktionen, die fachpolitische Arbeit des Bundestages in EU-Fragen zu verbessern" (Kropp 2013b: 188).

Die Verwaltungseinheit ist Teil der Unterabteilung Europa der Bundestagsverwaltung. Diese bildet nun in Brüssel mit den Fraktionsbüros eine Bürogemeinschaft, welche sich nicht wie im Falle der anderen nationalen Parlamente im Gebäude des EP befindet, sondern über eigene Räumlichkeiten verfügt. Zur Entstehungs- und Vorgeschichte des Verbindungsbüros gehört neben der langen Dauer der tatsächlichen Umsetzung eines eigenen Büros in Brüssel (vgl. Demuth 2009: 318–319) auch die Erwägung, das Büro innerhalb der Räumlichkeiten der StäV und der deutschen bilateralen Botschaft in Brüssel zu integrieren. Diese Überlegungen wurde im weiteren Entscheidungsprozess jedoch verworfen.

Zusammensetzung und Aufgabenbereich

Förmlich wurde die Eröffnung des Verbindungsbüros im Mai 2005 in einem interfraktionellen Entschließungsantrag als fraktionsübergreifende Maßnahme formuliert und beschlossen. Hierin wurde als Grundsatz der Mitwirkung festgehalten, dass die Arbeit des Verbindungsbüros die jeweiligen institutionellen Kompetenzen achtet und wahrt.

---

113 Bevor das Verbindungsbüro in seiner Zusammensetzung aus Verwaltungsmitarbeitern und Fraktionsbüros in Brüssel eröffnete, ist der Bundestag im Gebäude des EP bereits durch eine Verwaltungsmitarbeiterin vertreten gewesen, vgl. Demuth 2009: 319.

> „Der Deutsche Bundestag beachtet bei seiner Mitwirkung in EU-Angelegenheiten das institutionelle Gefüge in der Europäischen Union und die deutschen, innerstaatlichen Zuständigkeiten. Jenseits der Neuerungen des Verfassungsvertrages wirkt er gegenüber der Bundesregierung mit, nicht aber gegenüber den Organen der Europäischen Union“ (Deutscher Bundestag 2005: BT-Drs. 15/5493: 4).[114]

Aufgabe des Verbindungsbüros ist es als „Horchposten“ vor Ort in Brüssel durch den Aufbau eines persönlichen Netzwerkes zu relevanten Entscheidungsträgern frühzeitig über politische Vorgänge, Initiativen und Rechtsetzungsvorhaben informiert zu sein und diese an die Bundestagsfraktionen zu übermitteln. Ziel ist es, die MdBs zu einem Zeitpunkt über den Verfahrensstand und die jeweils vertretenen Positionen zu einem Gesetzgebungsvorschlag zu informieren, in dem eine Positionsbildung im BT und somit eine Beeinflussung und Mitgestaltung des Vorschlages noch möglich ist. Schwerpunkt liegt hierbei jedoch nicht auf der Beschaffung offizieller Dokumente, die den nationalen Parlamenten im Rahmen bestehender Zuleitungsverfahren sowieso förmlich zugeleitet werden.

> „Vielmehr soll das Verbindungsbüro dazu beitragen, den Kenntnisstand der Parlamentarier in qualitativer Hinsicht zu verbessern sowie frühzeitig adressatenspezifische Informationen nach Berlin zu liefern. Qualitativ bedeutet hier vor allem, den immensen formalen Dokumentenfluss sinnvoll zu ergänzen und insbesondere diejenigen Informationen bereitzustellen, die zwar in den gedruckten Berichten, Mitteilungen und Vorhaben aus den europäischen Institutionen nicht zu finden sind, die für eine politische Mitwirkung jedoch immense Bedeutung besitzen“ (Schulz 2011: 240–241).

Ziel der Einrichtung des Verbindungsbüros war es, durch Präsenz vor Ort informelle Kontakte zu knüpfen und zu pflegen, die die Basis für eine frühzeitige Information bieten. Dies dient dem Zweck, auch unabhängig von der Unterrichtung seitens der Regierung, eigene Informationen über Entscheidungsprozesse und Verhandlungspositionen zu erlangen.

> „Das Verbindungsbüro hat demnach auch die Funktion, die informellen Netzwerke des Bundestages zu stärken und solche Kontakte zu institutionalisieren. Anders als die individuellen Kontakte der ‚Euroinsider‘ würden diese zum

114 Es ist zu berücksichtigen, dass zum Zeitpunkt des Entschließungsantrages der Ratifizierungsprozess des Verfassungsvertrages noch nicht als gescheitert galt. Es wird ersichtlich, dass die im Verfassungsvertrag erstmals formulierte Wächterfunktion der nationalen Parlamente in Subsidiaritätsfragen auch im Bezug zur Eröffnung eines Bundestagsbüros in Brüssel Handlungsdruck erzeugte und somit die Eröffnung beförderte.

> einen dann nicht so leicht von der Institution ‚vergessen', zum anderen könnten ferner Nicht-Europainsider über die Kontakte verfügen" (Demuth 2009: 320).

Dies ist zum einen von erheblicher Bedeutung für die Oppositionsfraktionen des Bundestages, die anders als die Regierungsfraktionen, mehr Schwierigkeiten beim Zugang zu informellen Informationen haben. Die Stärkung der Oppositionsfraktionen erhält im Hinblick auf die Loyalitätsbeziehung zwischen Regierung und Regierungsfraktionen im BT eine wesentliche Bedeutung bei der Kontrolle der Regierung. Darüber hinaus hat alleine die Präsenz und das Wissen um den direkteren Zugang zu den beteiligten Akteuren eine Auswirkung auf die Informationsbereitschaft seitens der BReg. Um an Informationen zu gelangen, bevor sie als formelle Unterrichtungen den BT erreichen, unterhalten sowohl die Fraktionsmitarbeiter als auch die Verwaltungsmitarbeiter einen engen Kontakt zu EU-Institutionen wie dem EP, der EU-KOM sowie der StäV, den deutschen politischen Stiftungen, Interessensverbänden, den Landesvertretungen sowie den Vertretern anderer nationaler Parlamente.

> „Ziel ist es, insbesondere eine Vorfeldbeobachtung europäischer Gesetzgebungsvorhaben zu ermöglichen, um damit die Informationsbeschaffung zu verbessern" (BT-Drs. 15/5493: 4).

Verwaltungseinheit

Das Referat PE 4 – EU-Verbindungsbüro ist der neu geschaffenen Unterabteilung Europa zugeordnet. Das Referat PE 4 befindet sich im Verbindungsbüro in Brüssel und bildet dort die Verwaltungseinheit der Bürogemeinschaft.

Die Verwaltungsmitarbeiter in Brüssel wirken durch ihre Anwesenheit in Brüssel an den Informationsdiensten der Unterabteilung PE Europa mit. Insbesondere der Bericht aus Brüssel wird im Wesentlichen hier konzipiert und erstellt.

> „Den Verwaltungsmitarbeitern wird man Aufgaben übertragen können, die für alle Fraktionen gleichermaßen bzw. für den Bundestag als Ganzes wahrzunehmen sind" (Silberhorn 2006: 194).

Die in Brüssel tätigen Referenten von PE 4 nehmen zu diesem Zweck teil an den Ausschuss-Sitzungen des EP und halten Kontakte zu den europäischen Institutionen, den Mitarbeitern der StäV, der Landesvertretungen und weiterer Interessenvertreter. Zudem liegt es im Aufgabenfeld der Verwaltung, Besuche der MdBs, sei es im Rahmen eines Besuches eines Ausschusses, einer Fraktion oder interparlamentarischen Konferenzen im EP, organisatorisch und logistisch vorzubereiten und die Besucher vor Ort in Brüssel zu begleiten.

Fraktionsmitarbeiter

Alle im BT vertretenen Fraktionen haben eigene Fraktionsmitarbeiter und somit *eigene Verbindungsbüros* in Brüssel eröffnet, die sich in derselben Büroetage befinden. Neben den grundsätzlichen Informations- und Organisationsaufgaben der Verwaltungseinheit des Verbindungsbüros, stellen die Mitarbeiter der Bundestagsfraktionen die Vernetzung zur politischen Entscheidungsebene des BT dar. Auf Grund der andersgearteten internen Organisationsstruktur der einzelnen Fraktionen sind sie unterschiedlich an ihre jeweilige Fraktion in Berlin angebunden. Der Aufgaben- und Tätigkeitsbereich lässt sich jedoch als vergleichbar charakterisieren. Insbesondere die Pflege der Kontakte zur jeweiligen Parteifamilie im EP und den weiteren EU-Institutionen zählt hier zum Tätigkeitsfeld. Aufgrund der Struktur und interinstitutionellen Stellung des EP ergeben sich bei der Netzwerkarbeit zum EP spezifische Herausforderungen. Da die Fraktionen des EP (anders als nationale Parlamente) keine Regierung stützen, sind sie in ihrer Positionsfindung wesentlich unabhängiger. Auch der im BT vorhandene Fraktionszwang entfällt. Daher sind die Abstimmungs- und Kompromissfindungsprozesse wesentlich heterogener. Um einen Einblick hierin zu erhalten, nehmen die Fraktionsmitarbeiter an den Fraktionssitzungen der jeweiligen europäischen Parteifamilien und den Sitzungen der jeweiligen deutschen Gruppe teil. So erhalten sie Einblick in die breite parteipolitische Haltung auf EU-Ebene und können die Position der eigenen deutschen Gruppe hierin verorten. Diese Gremien bereiten die Debatten und Beschlüsse der einzelnen Ausschüsse vor. Insbesondere bei strittigen Dossiers und unklarem Ausgang der Abstimmungen nehmen die Fraktionsmitarbeiter an den Ausschuss-Sitzungen des EP teil. Über Positionen, Uneinigkeiten und Einflussmöglichkeiten bei der Positionsbildung werden die Fraktionen in Berlin durch eigene Berichte der Fraktionsmitarbeiter informiert.

Neben dieser Vorfeldbeobachtung ist es Aufgabe der Fraktionsbüros, Dienstleister für die eigenen MdBs zu sein. Dies zeigt sich in der Vorbereitung der Besuche eigener MdBs, Informationsbeschaffung bei eingegangenen Anfragen zu spezifischen Themen sowie die Nennung von geeigneten und relevanten weiterführenden Gesprächspartnern. Auch die Begleitung vor Ort zu Gesprächsterminen in Rat, EP, EU-KOM und weiteren Organisationen zählt zum Tätigkeitsfeld. Über diese Aufgaben hinaus sind insbesondere die Fraktionsmitarbeiter zunehmend gefragte Gesprächspartner von in Brüssel ansässigen Interessensverbänden.

5. Empirische Untersuchung und Ergebnisse

5.1. Forschungsdesign der empirischen Untersuchung

Nachfolgend wird dargestellt, wie die theoriebasierten Vorüberlegungen sowie die Auswertung derzeitiger Wissensbestände die Konzeption des Forschungsdesigns anleiten. Zu diesem Zweck wird die vorliegende Untersuchung methodologisch eingeordnet, um auf dieser Grundlage die Fallauswahl sowie die ausgewählten Datenerhebungsverfahren zu begründen. Anschließend erfolgt eine Reflexion des Forschungsdesigns an Hand der Qualitätsanforderungen qualitativer Untersuchungen.

5.1.1. Methodologische Einordnung

Im Hinblick auf unterschiedliche Forschungszugänge empirischer Studien werden explorative, explanative und deskriptive Untersuchungen unterschieden (vgl. Bortz/Döring 2006: 356). Die hier angestellte Rekonstruktion der informellen Einflussnahme der MdBs auf die Ausgestaltung des 8. FRP Horizont 2020 stellt eine explorative Einzelfallstudie im Sinne der qualitativen Sozialforschung dar.

> „In der empirischen Forschung werden Untersuchungen, die das Generieren von Hypothesen und Theorien zum Ziel haben, als explorative Untersuchungen bezeichnet. Klassifiziert man empirische Untersuchungen nach ihrer Zielsetzung, so ergibt sich eine – wohlgemerkt idealtypische – Dreiteilung: Explorative Untersuchungen dienen der Bildung von Theorien und Hypothesen. Explanative Untersuchungen dienen der Prüfung von Theorien und Hypothesen. Deskriptive Untersuchungen dienen der Beschreibung von Populationen" (Bortz/Döring 2006: 356).

Die Analyse informeller Handlungsarenen sowie informeller Handlungsstrategien von MdBs in dem spezifischen Politikfeld der EU-Forschungsförderung stellt ein junges Forschungsgebiet dar. Bisher sind hierzu keine empirischen Daten verfügbar, auf die diese Untersuchung aufbauen könnte.

Dies bedingt, dass die bisherigen Kenntnisse in diesem Forschungsfeld keine Grundlage bieten können, um darauf aufbauend spezifische Hypothesen zu formulieren. Daher ist die Untersuchung bestrebt, vermutete Zusammenhänge von Ursachen und Wirkungen zu überprüfen (vgl. Bortz/ Döring 2006: 491).

Aus diesem Grund ist eine explorative Vorgehensweise und Datenerfassung erforderlich. Zudem ist angestrebtes Ziel der hier angestellten Untersuchung, die theoretischen Annahmen der PAT vor allem im Bereich der Lösungsmechanismen der Prinzipale durch die Erweiterung informeller Strategien zu ergänzen. Hierzu ist die Rekonstruktion und Analyse eines einzelnen empirischen Falls angezeigt.

Die angenommenen Relationen ergeben sich aus theoretischen Vorüberlegungen sowie dem derzeitigen Forschungsstand über informelle Mechanismen im parlamentarischen Mitwirkungsprozess. Auf Basis der theoretischen Annahmen der PAT sowie des derzeitigen Forschungsstandes wurden diejenigen Kategorien sowie Merkmalausprägungen im Rahmen der Entwicklung der Typologien der informellen Handlungsstrategien sowie der informellen Handlungsarenen identifiziert.

> „Explorationsstudien sind im wissenschaftlichen Arbeitsprozess den explanativen Untersuchungen vorgeschaltet; sie zielen auf die Entwicklung wissenschaftlich prüfbarer Hypothesen ab. Dabei gehen explorative Untersuchungen keineswegs völlig theoriefrei vor. Allein die Auswahl derjenigen Variablen, die in den explorierten Datensatz aufgenommen werden, die Art und Weise ihrer Operationalisierung und Messung oder die Selektion von Untersuchungsobjekten ist von teils impliziten, teils expliziten Vorannahmen und Theorien geleitet. Der Unterschied besteht allerdings darin, dass dieses theoretische Vorverständnis noch nicht soweit elaboriert und fokussiert ist, dass sich operationale und schließlich auch statistische Hypothesen formulieren lassen, die einer Signifikanzprüfung unterzogen werden konnten“ (Bortz/ Döring 2006: 356).

Darüber hinaus ist der Forschungsgegenstand per se schwer zugänglich und erfordert eine detaillierte methodische Vorgehensweise, die durch Rückgriff auf qualitative Methoden wie die Durchführung von leitfadenbasierten, problemzentrierten Interviews (vgl. Witzel 2000) sowie die Datentriangulation (vgl. Flick 2011) umfasst. Dies sind Verfahren, die sehr aufwendig sind. Nicht zuletzt ist die Beantwortung der Forschungsfragen, denen sich diese Untersuchung widmet, nicht durch eine quantitative Vorgehensweise möglich.

Die Rekonstruktion des empirischen Falles erfolgt in Form einer Prozessanalyse (vgl. George/Bennett 2005; Nullmeier 2013). Wesentlicher Bestandteil zur Bestimmung des Prozesses ist hierzu die Bestimmung der spezifischen Prozessdaten, die zu Beginn in Form einer Ereignisliste zusammengetragen werden. Dies dient u.a. dem Zweck, die sachliche, räumliche und zeitliche Abgrenzung der zu untersuchenden Ereignisse vorzunehmen.

Die Prozessanalyse zielt durch das Sammeln, Gewichten und Auswerten von relevanten Datenmaterialien sowie die Durchführung der Interviews auf die stete Ergänzung des Datensatzes. Die Analyse nimmt hierbei die „kleinteiligen Interaktionen" (Nullmeier 2013: 36) ausgewählter Personen auf der Mikro-Ebene in den Fokus. Diese Interaktionen stehen im Bezug zu den Entscheidungsprozessen auf der Makro-Ebene und können u.a. von diesen verborgen sein.

> „Über die immer weiter verfeinerten Ereignisdaten lassen sich zudem die beteiligten Akteure und Interaktionsarenen identifizieren, die anschließend ins Zentrum der Prozessanalyse rücken" (Nullmeier 2013: 36).

Im Verlauf der Auswertungsphase der generierten und gesammelten Daten geht es um die Identifikation der relevanten Deutungssets der zentralen Akteure. Die Auswertung der Interviews erfolgt durch die Transkription des Interviews sowie die Erstellung von Exzerpten. Diese Datenbasis wird mittels der computergestützten Software MAXQDA für qualitative Datenanalyse ausgewertet. Auf diese Weise werden entscheidende Wendungspunkte und Entwicklungen identifiziert. Hierbei ist die Selektion der relevanten Aspekte auf Grund der Materialfülle unabdingbar (vgl. Nullmeier 2013: 36–37).

> „Eine solche ideographische Erklärung ist darauf gerichtet, ein Geschehen immer stärker transparent zu machen - mittels einer Erklärungsskizze, die nachvollziehbar werden lässt, wie sich Handlungen und Handlungsfolgen als Ergebnis der Überlegungen der beteiligten Akteure und ihrer Wahrnehmung intervenierender Ereignisse ergeben haben" (Nullmeier 2013: 35).

5.1.2. Begründung der Fallauswahl-Warum Horizont 2020?

Der hier ausgewählte Fall untersucht die Mitwirkung des BT an der Gestaltung und Ausformulierung des 8. FRP Horizont 2020 der EU.

Die EU-Rechtssetzungsverfahren zur Verabschiedung des Richtlinienpaketes, gestützt auf Art. 182 AEUV, sind einschließlich der dem Verfahren zugrundeliegenden Mitteilung der EU-KOM vom 30. November 2011 (KOM (2011) 808 endg.) eine Angelegenheit der EU im Sinne des Art. 23 Abs. 2 GG. Daraus ergibt sich formalrechtlich die Mitwirkung des BT an der Willensbildung des Bundes, was auch das Recht zur Stellungnahme umfasst.

Die Mitwirkung Deutschlands an der Etablierung des 8. FRP Horizont 2020 erfolgt insbesondere durch die Beteiligung deutscher Regierungsvertreter bei der Erarbeitung der Verordnung (EU) Nr. 1291/2013 in den Ratsverhandlungen und Entscheidungen im ordentlichen Gesetzgebungsverfahren gemäß Art. 294 AEUV.

Über den Fortgang der Verhandlungen dieses EU-Vorhabens im Sinne des § 5 EUZBBG n.F./ § 3 EUZBBG a.F. hat die BReg den BT gemäß §§ 3 ff. EUZBBG n.F./ §§ 4 ff. EUZBBG a.F. umfassend, zum frühestmöglichen Zeitpunkt und fortlaufend insbesondere durch die Weiterleitung von Dokumenten oder die Abgabe von eigenen Berichten zu unterrichten.

Im Zentrum des hier zu untersuchenden Falles stehen demgegenüber die informellen Aktivitäten der MdBs, insbesondere der Mitglieder des Ausschusses für Bildung, Forschung und Technikfolgenabschätzung (ABFT). Diese informellen Aktivitäten umfassen dabei die informellen Formen der Informationsgewinnung, Informationsverarbeitung, Einflussnahme und Kontrolle der Regierungstätigkeit der BReg sowie deren Vertreter als Verhandlungspartner auf EU-Ebene. Die formalen parlamentarischen Maßnahmen der Mitwirkung sowie die Kontrolle der Regierungstätigkeit in den Ratsverhandlungen werden mit den informellen Aktivitäten gegenübergestellt.

Als Startpunkt wird die Entwicklung eines Problembewusstseins seitens der MdBs für diesen legislativen Prozess auf EU-Ebene gesetzt und der damit einhergehende Beginn von Aktivitäten und Beratungen im Umfeld der Tätigkeiten des ABFT. Endpunkt stellt die Verabschiedung der zugehörigen Legislativakte im EP am 21. November 2013 sowie dem Erlass der Verordnung (EU) Nr. 1291/2013 am 11. Dezember 2013 dar.

Die Forschungspolitik ist laut AEUV in der Fassung des Vertrages von Lissabon eine geteilte Zuständigkeit, d.h. sie berührt somit nationale wie EU-Kompetenzen. Die Konflikt- und Präferenzstrukturen innerhalb dieses Politikfeldes sind stark davon abhängig, wie weit die mitgliedstaatliche Forschungslandschaft jeweils entwickelt ist und inwieweit Forscher im nationalen Rahmen die Möglichkeit haben, finanzielle Förderung zu erhalten (vgl. Grande 1995).

Aus deutscher Perspektive bedeutet dies, dass die Förderung seitens der EU nur einen relativ geringen Anteil ausmacht und die nationale Förderung von Forschung flankiert. Deutschland investierte im Jahr 2011 75,5 Milliarden Euro in Forschung und Entwicklung und damit mehr als jedes andere Land in der EU. Im Bezug zum Bruttoinlandsprodukt (BIP) lagen diese Ausgaben mit 2.9% auch deutlich über dem Durchschnitt in der EU (vgl. Bundesministerium für Bildung und Forschung 2015e). Daraus leitet sich ab, dass Forschungsteilnehmer aus anderen MS verhältnismäßig stärker auf die europäischen Forschungsgelder angewiesen sind als Antragsteller aus Deutschland. Dies lässt auf Basis der theoretischen Vorannahmen vermuten, dass die MdBs dieses Themenfeld nicht als ein Gebiet erachten, in dem eine aktive und informelle Rolle besonders lohnenswert im Hinblick auf das Bestreben nach Wiederwahl und Machterhalt ist.

Diese Annahme wird bestärkt durch die grundlegende Tendenz des parteiübergreifenden Konsenses und geringen Streitigkeit, die die Forschungsförderung als Politikfeld kennzeichnet. Oft herrscht auch über die Fraktionen im BT sowie im Verhältnis zwischen Legislative und Exekutive zumindest augenscheinlich Einigkeit in wesentlichen Grundsatzfragen. Besonders im Hinblick auf Grundsatzentscheidungen wie die finanzielle Ausstattung der FRP, herrscht zumeist Gleichklang der Forderungen nach einer erheblichen Ausweitung der finanziellen Mittel für die EU-Forschungsförderung.

Verstärkend hinzu tritt die geringe gesamtgesellschaftliche wie wissenschaftliche Aufmerksamkeit, die dem Politikfeld der EU-Forschungsförderung entgegengebracht wird und über deren Binnenorganisation und Entscheidungsstrukturen bisher nur relativ wenig bekannt ist. Im Hinblick auf die theoretischen Vorannahmen ließe sich vermuten, dass ressourcenintensive informelle und pro-aktive Bemühungen der Vorab-Einflussnahme von MdBs in diesem legislativen Prozess nur äußerst unwahrscheinlich anzutreffen sind.

Aus diesem Grund stellt der Befund einer intensiven und strukturierten informellen Vorgehensweise aus theoretischer Perspektive umso aussagekräftigere und stärkere Argumente für die Beantwortung der theoriebasierten Forschungsfragen dar. Informelle Bemühungen zur Einflussnahme scheinen zunächst nicht besonders wahrscheinlich. Somit vereint die Rekonstruktion der Einflussnahme auf die Programmformulierung von Horizont 2020 sowohl einen Wesensmerkmale eines „revelatory case" (vgl. Yin 1994: 40) sowie eines „least-likely case" (vgl. George/Bennett 2005: 120–122).

> „A third rationale for a single case study is the revelatory case. This situation exists when an investigator has an opportunity to observe and analyze a phenomenon previously inaccessible to scientific investigation [...] few social scientists had previously hat the opportunity to investigate these problems, even though the problems were common [...] (as distinguished from the rare or unique case). When other investigators have similar types of opportunities and can uncover some prevalent phenomenon previously inaccessible to scientists, such conditions justify the use of a single-case study on the grounds of its revelatory nature“ (Yin 1994: 40).

Der Entdeckungskontext bzw. Entdeckungscharakter des Falles liegt darin begründet, dass bisher keine empirischen Daten über fachpolitische informelle Strategien zur Einflussnahme auf EU-Rechtsetzungsvorhaben der MdBs vorliegen. Es ist ein bisher unterentwickeltes Forschungsfeld. Es bestehen in der wissenschaftlichen Literatur bisher keine wesentlichen Forschungsergebnisse über die informellen Handlungsarenen und informellen Handlungsstrategien sowie deren Erfolgsaussichten.

Somit besteht bisher kein etabliertes und erprobte Analyseraster zur Konzeptionalisierung der analytischen und theoretischen Annahmen auf das zum Zwecke dieser Untersuchung aufgebaut werden kann. Diese Forschungslücke will die vorliegende Arbeit füllen. Dafür ist die Wahl eines einzelnen Falls angezeigt. Zudem sind informelle Entscheidungsprozesse per se schwer zugänglich und es erfordert daher eine umfassendere, ressourcenintensive Analyse und Triangulation der Aussagen der Interviewpartner. Die angestrebten Ergebnisse können als ein Auftakt für weitere erforderliche Untersuchungen in diesem Feld dienen.

Die erfolgreiche Zugänglichkeit der Experten und beteiligten Akteure stellt eine einmalige und bisher nicht erfolgte Besonderheit dar. Im Verlauf des sequentiellen Forschungsprozess war es möglich, das Vertrauen einer Vielzahl von relevanten Entscheidungsträgern sowohl im BT, dem BMBF als auch in nationalen Forschungseinrichtungen sowie dem EP, der GD Forschung und dem Kabinett der zuständigen Kommissarin zu gewinnen.

Dies ist u.a. auf eine grundsätzliche Offenheit der Akteure gegenüber Forschungsvorhaben und dem angestrebten Erkenntnisfortschritt zurückzuführen. Bisher liegt keine vergleichbare Analyse vor, die in der hier vorliegenden Tiefe die informellen Entscheidungsprozesse und informellen Handlungsstrategien nachvollzieht und darlegen kann.

Aufgrund der zeitlichen Parallelität der Geschehnisse, der wissenschaftlichen Analyse sowie Rekonstruktion, war es möglich, den Prozess sehr zeitnah zu verfolgen und nachzuvollziehen. Die Gesprächspartner konnten sich daher noch gut an die Ereignisse und Abläufe erinnern. Auch war es möglich, die Sitzungen des federführenden Ausschusses für Industrie, Forschung und Energie (ITRE) sowie die entsprechendem Plenarsitzungen im EP via Livestream zu verfolgen.

5.1.3. Erhebung der empirischen Daten

Auf Grund des Entdeckungs- bzw. Erkundungscharakters dieser Untersuchung in einem sehr jungen Forschungsgebiet, hat die Generierung eigener empirischer Daten eine herausgehobene Relevanz für die Beantwortung der Forschungsfragen. Die empirischen Daten wurden durch leitfadengestützte, problemzentrierte Interviews nach Witzel erhoben (vgl. Witzel 2000).[115] Ergänzend hinzu tritt die Triangulation der Expertenaussagen durch die Auswertung offizieller Dokumente und interner Dokumente (vgl. Flick 2011). Im Folgenden werden die Besonderheiten der Konzeption sowie Durchführung der Interviews nach Witzel sowie der Stellenwert der Triangulation für diese Untersuchung erläutert.

Im Wesentlichen sind problemzentrierte Interviews nach Witzel durch drei Kernelemente gekennzeichnet (vgl. Siedentopp 2010: 131; Witzel 1989: 230–235):

1. die *Problemzentrierung*, d.h. der Forscher richtet sich auf ein zentrales gesellschaftliches Problem aus (in diesem Fall die informelle Einflussnahme von MdBs an EU-Rechtsetzungsvorhaben) und erkundet dieses Feld systematisch. Auf dieser Basis wird eine feldspezifische Gesprächsstruktur erarbeitet;
2. die *Gegenstandsorientierung*, wonach die methodische Vorgehensweise im Hinblick auf die spezifischen theoretischen Vorannahmen ausgerichtet erläutert werden, sowie
3. die *Prozessorientierung*, wonach im iterativen Forschungsprozess die identifizierten Untersuchungsaspekte, Ausprägungsmerkmale bzw. die

115 Weitere Methoden der Interviewdurchführung und –auswertung wie u.a. das Experteninterview (vgl. Bogner et al. 2009; Gläser/Laudel 2010; Kaiser 2014), sowie das narrative Interview (vgl. Bernart/Krapp 1998; Kleemann et al. 2013; Rosenthal 2015) werden wegen der andersgerichteten methodischen Zielsetzung für diese Untersuchung nicht herangezogen. Einen Überblick über die verschiedenen Methoden der qualitativen Interviews bieten u.a. Kleemann et al. 2013; Misoch 2015.

zu messenden Konstrukte aufeinanderfolgend angepasst, ergänzt und modifiziert werden.

Das leitfadenbasierte Interview nach Witzel setzt sich zusammen aus einem zuvor entwickelten Leitfaden, der Tonbandaufnahme sowie der Transkription des Interviews (vgl. Witzel 2000, 1989: 245). Die Funktion des Leitfadens ist hier zweierlei: er soll den Erzählfluss des Interviewten anregen sowie in unergiebigen bzw. versiegenden Phasen Anregungen für eine Gesprächswendung geben. Zudem dient der Leitfaden der Explikation des problemzentrierten Forschungsinteresses des Interviewers und weist Bezüge zu den theoretischen Vorannahmen sowie angenommenen kausalen Wirkmechanismen auf. Er erfüllt somit eine Orientierungsfunktion und ist zugleich eine Hilfe, den Gesprächsverlauf zu strukturieren und stellt die Anbindung an die Forschungsfragen her. Vor allem leistet er die Spezifikation von einzelnen, themenspezifischen Erzählsequenzen (vgl. Siedentopp 2010: 132). Wichtige Elemente der Gesprächsführung sind der sogenannte *Gesprächseinstieg, allgemeine und spezifische Sondierungen* sowie *Ad-hoc-Fragen*, v.a. letzteres wird vom Interviewer im Bedarfsfall für die Gesprächsgestaltung angewendet (vgl. Witzel 2000, 1989: 245).

Um ein effizientes und ergiebiges Interview führen zu können, muss die Interviewführung erprobt werden. Für diese Untersuchung fanden im Vorfeld der empirischen Erhebung Schulungen zur Interviewführung und -auswertung sowie Pilotinterviews mit Akteuren aus deutschen Forschungsorganisationen statt.

Bei der Gestaltung des Interviewleitfadens wird der Problembereich nach Witzel (1989: 236–238) in Sequenzen, d.h. in themenspezifische Teilbereiche untergliedert. Jedem dieser Teilbereiche werden Stichwörter bzw. Fragen zugeordnet. Diese Themenfelder werden im Rahmen der Vorarbeit identifiziert. Dies bietet die nötige Flexibilität, die themenfeldbezogenen Stichwörter und Fragen als Ausgangspunkt für Interviews mit Akteuren unterschiedlicher Statusgruppen bzw. unterschiedlichen Akteursrollen anzuwenden. Der Leitfaden dient der Problemzentrierung im Gesprächsverlauf, soll jedoch während des Gespräches nicht im Vordergrund stehen. Vielmehr ist der Anstoß zu einem ergiebigen Erzählfluss des Interviewten intendiert. In der praktischen Interviewsituation kann an Hand des Leitfadens überprüft werden, welche Themenbereiche bereits angesprochen wurden und auf welche Fragen bereits eine hinreichende Antwort gegeben worden ist. Der Leitfaden dient darüber hinaus als Bezugspunkt für anschließende und weiterführende Fragen. Zudem kann der Pool an Stichwörtern insbesondere für Ad-hoc Fragen verwendet werden, die den situationsspezifischen Bedingungen angepasst werden. Das Spannungsfeld erstreckt sich hierbei zwischen der Gewährleistung eines Erzählflusses des Interviewten einerseits und der ausdrücklichen Nachfrage nach spezifischen Sachverhalten, die mitunter den Erzählfluss ins Stocken bringen können (vgl. Siedentopp 2010: 133).

Auch bei intensiver Vorarbeit kann es passieren, dass ein Interview einen versiegenden bzw. nicht intendierten Verlauf nimmt. Ursachen hierfür können sein, dass der Interviewpartner den Erzähleinstieg bzw. die Anregungen des Erzählflusses als Erschwernis empfindet. Ein weiterer Grund kann darin bestehen, dass die ausgewählte Person doch weniger Kenntnis über das Gebiet hat, als zunächst erwartet. In diesen Fällen stehen die im Leitfaden enthaltenen Stichwörter bereit, den Gesprächsverlauf wieder in die tendierte Richtung zu lenken (vgl. Siedentopp 2010: 132). In dem sensiblen Forschungsfeld der Informalität war es darüber hinaus von Relevanz zu Beginn des Gespräches das Begriffsverständnis von Informalität zu explizieren und insbesondere die Abgrenzung zur Illegalität deutlich zu machen, um eine Erzählbereitschaft des Interviewten sowie Vertrauen zu befördern. Um einen erfolgreichen Verlauf des Interviews zu ermöglichen, ist es zudem hilfreich, dass sich der Interviewer stets den Grundsatz der Offenheit des Prozessverlaufes vergegenwärtigt.

Ein beständiges Spannungsfeld bei der Anwendung diesen Interviewtypus ist die Ausbalancierung zwischen möglichst ausreichender Offenheit, um den gewünschten Erzählfluss zu erreichen und der notwendigen Strukturierung und Lenkung des Interviewverlaufs. Diese Anbindung an die theoretischen Vorüberlegungen ist wichtig, um Antworten auf die angestellten Forschungsfragen zu erhalten. Bei der Durchführung der Interviews ist es je nach dem Verhalten und der Erzählbereitschaft der Interviewpartner notwendig gewesen, die Struktur des Interviews im Verlauf anzupassen.

Die Interviews wurden geführt mit der Absicht, Erkenntnisse über den Prozessverlauf der Ausgestaltung des 8. FRP Horizont 2020 zu gelangen. Besonderer Fokus lag auf der informellen Einflussnahme der MdBs hierbei. Der Rechtsetzungsprozess von Horizont 2020 und die Mitwirkung der BReg und des BT stellen dabei einen Prozess dar, der über einen längeren Zeitraum verläuft und von weiteren Kontextbedingungen beeinflusst wird. Zudem sind insbesondere die Formen der Handlungen, die Handlungsarenen sowie die informellen Handlungsstrategien der informellen Einflussnahme mitunter den Akteuren selbst nicht explizit bewusst. Daher eignete sich eine standardisierte Erhebungsmethode nicht für diese Untersuchung.

Ziel der Interviews war es, Antworten auf die Fragen nach der Rolle der MdBs bei der Ausgestaltung von Horizont 2020 zu erhalten und den Formen der informellen Einflussnahme nachzuspüren. Die Interviews waren darauf ausgerichtet, zu erfahren:

1) *In welchen informellen Handlungsarenen MdBs agiert haben und welche Strukturmerkmale diese Arenen kennzeichnen*
2) *Welche Akteure in diesen Handlungsarenen agierten und in welcher Regelmäßigkeit die Akteure in diesen Akteurskonstellationen zusammenkamen*
3) *Inwieweit die Interaktion in der informellen Handlungsarena die Einflussnahme auf das EU-Rechtsetzungsverfahren befähigt bzw. befördert*
4) *Inwieweit Unterschiede bei den Interaktionsmustern sowie der Akteurskonstellationen (wer mit wem?) in den informellen Handlungsarenen seitens MdBs der Regierungsfraktionen bzw. der Oppositionsfraktion erkennbar sind*

Der Gesprächseinstieg wurde dazu genutzt, die jeweilige Akteursrolle des Interviewten im Rahmen des Prozesses zu klären und den Fokus des Gespräches auf die einzelnen Etappen der Mitwirkung des BT an Horizont 2020 zu lenken. Die anschließenden allgemeinen Sondierungen fielen je nach Akteursgruppe unterschiedlich aus, hatten jedoch alle einen Bezug zu den Stichwörtern, die den thematischen Feldern zugeordnet geworden waren. Mit Hilfe von spezifischen Sondierungen, d.h. mit konkreten Verständnisfragen zum Sachverhalt bzw. zum Prozessverlauf, wurden genauere Explikationen der Interviewpartner angeregt. Abschließend wurden Adhoc Fragen, insoweit sie situationsadäquat waren, spontan aus dem Gesprächsverlauf heraus gestellt. Somit konnte auf den neu gewonnenen Einblicken aufbauend weitere Fragen formuliert werden. Diese Darstellung der Bausteine des problemzentrierten Interviews macht die besondere Stärke dieser Interviewmethodik deutlich: die Flexibilität macht es möglich, je nach Gesprächsverlauf verschiedene Kommunikationsstrategien anzuwenden und dennoch theoretisch verankert und strukturiert vorzugehen.

Ein besonderer Vorzug des leitfadengestützten Interviews ist die Möglichkeit der nachträglichen Rekonstruktion von Prozessverläufen aus der Perspektive des Probanden. Diese Stärke macht diese Methodik insbesondere für die hier angestellte Untersuchung ergiebig. Vermag es der formulierte Gesprächseinstieg, den Probanden anzuregen über die zurückliegenden Prozesse und relevanten Ereignisse zu berichten, können Erkenntnisse und Informationen in einem erheblichen Umfang gewonnen werden. Hier ist die besondere Aufmerksamkeit des Interviewers gefordert, diesen Erzählfluss nicht durch das Aufbringen u.a. sensibler Themen zu verhindern (vgl. Siedentopp 2010: 134).

Ein weiterer Aspekt, der diese Methodik auszeichnet, ist die Verwendung der allgemeinen und spezifischen Sondierungen sowie der Ad-hoc Fragen. Diese Methodik ermöglicht eine schrittweise Vertiefung des Nachfragens, bleibt dabei jedoch immer flexibel für situationsspezifische Anforderungen. Dies ermöglicht eine flexible Vorgehensweise sowie Erlangung von spezifischem Detailwissen, das je nach den Erfahrungen und der Auskunftsbereitschaft der Interviewpartner unterschiedlich angepasst werden kann. Vor allem wiederkehrende thematische Teilbereiche können im Rahmen dieser Interviewführung gut identifiziert werden. Damit können sich wiederholende Muster und Mechanismen der informellen Einflussnahme entdeckt werden und spezifische Nachfragen gestellt werden.

5.1.4. Qualitative Gütekriterien für die vorliegende Untersuchung

Im Folgenden soll erläutert werden, welche Gütekriterien qualitativer Forschung den Forschungsprozess anleiten und strukturieren. Die Beurteilung der Güte der qualitativen Datenerhebung und -auswertung richtet sich hierbei darauf zu überprüfen, ob und inwieweit die gewählten methodischen Herangehensweisen den Ausprägungsmerkmalen der empirischen Realität des Untersuchungsgegenstades angemessen Rechnung tragen und mit ausreichender Gültigkeit Aussagen im Hinblick auf das Erkenntnisinteresse der Untersuchung erzielt werden (vgl. Flick 2010: 396).

> „Gütekriterien umfassen verschiedene Regeln und systematisierte Vorgehensweisen, die die Qualität der Studienplanung, der Durchführung der Datenerhebung, der Datenaufzeichnung, der Datentranskription bis hin zur Datenauswertung sicherstellen sollen. Nur durch Anwendung und Beachtung dieser regelgeleiteten Verfahren zur Gütesicherung kann vermieden werden, dass die Ergebnisse empirischer Studien als vollkommen beliebig und willkürlich kritisiert werden“ (Misoch 2015: 231).

Die Fragen, inwieweit im Rahmen der methodischen Vorgehensweise die Untersuchungsgegenstände verlässlich und mit ausreichender Güte ermittelt werden, sind Fragen, die zur Beurteilung jeder Untersuchung herangezogen werden:

> „Inwieweit subjektive Sichtweisen, Alltagswissen (oder andere Gegenstände qualitativer Forschung) verlässlich ermittelt werden und darüber Aussagen mit einer ausreichenden Gültigkeit zum Untersuchungsthema getroffen werden können (um die Grundbedeutung von Reliabilität und Validität heranzuziehen), stellt sich als Frage für jede Untersuchung" (Flick 2010: 396).

Die Kriterien der Validität, Reliabilität sowie Objektivität werden als klassische Gütekriterien bezeichnet (vgl. Flick 2010: 396; Misoch 2015: 231). Diese Gütekriterien entwickelten sich im Rahmen quantitativer Forschung. Ihre Übertragbarkeit und Anwendbarkeit im Rahmen qualitativer Forschung ist Gegenstand wissenschaftlicher Debatten (vgl. Flick 2010; Misoch 2015: 231; Steinke 1999).

> „Die Eignung dieser drei Gütekriterien für die Qualitätssicherung qualitativer Forschung ist umstritten, weil sich diese „klassischen" Kriterien nicht direkt und unhinterfragt auf qualitative Forschung übertragen lassen. Dies liegt darin begründet, dass diese Daten einer anderen Handlungs- und Erkenntnislogik entstammen, bewusst anhand flexibler und sensibler Methoden Subjektives messen wollen und bei qualitativer Forschung der Forschende selbst zum zentralen Erhebungsinstrument wird" (Misoch 2015: 231–232; Hervorhebung im Original).

In dieser wissenschaftlichen Debatte haben sich im Wesentlichen zwei Positionen herausgebildet:[116] die Vertreter der Modifikation und Anpassung der Gütekriterien auf die Bedingungen qualitativer Forschungsarbeiten (vgl. Peräkylä 2003) sowie die Vertreter der Reformulierung der Gütekriterien an Hand der Grundprinzipien qualitativer Forschung (vgl. Flick 2010).

Um den Qualitätsanforderungen qualitativer Forschung gerecht zu werden, wurden die im Folgenden beschriebenen Maßnahmen in dieser Untersuchung getroffen, um den Forschungsprozess transparent, intersubjektiv nachvollziehbar, valide und verlässlich zu gestalten (vgl. Misoch 2015).

Den Anforderungen intersubjektiver Nachvollziehbarkeit sowie prozeduraler Reliabilität (vgl. Misoch 2015: 242-236) wurde Rechnung getragen durch ein transparentes sowie regelgeleitetes Vorgehen bei der Konzeption, Durchführung, Auswertung sowie Darstellung der Untersuchungsergebnisse, um die Nachvollziehbarkeit und Überprüfbarkeit sicher zu stellen. Um deutlich zu machen, welche Aussagen den Interviewpart-

---

116 Darüber hinaus gibt es zudem Vertreter, die eine Übertragung dieser Gütekriterien für qualitative Forschung gänzlich ablehnen, vgl. hierzu weiterführend Misoch 2015.

nern entstammen und welche Aussagen Interpretationsleistungen der Forscherin sind (vgl. Flick 2010: 398), wurden Zitate aus den Interviews deutlich gekennzeichnet. Zudem wurde in diesem Sinne die Darstellung der Rekonstruktion des Prozessverlaufes auf Basis der durchgeführten Interviews deutlich getrennt von der Interpretation und Diskussion der Ergebnisse, um Interpretationen und Einschätzung der Forscherin kenntlich zu machen.

Validität ist ein Gütekriterium, das sicherstellt, dass an Hand der erhobenen Daten die Ausprägungsmerkmale des zu untersuchenden Sachverhaltes tatsächlich erhoben werden (vgl. Misoch 2015: 237). Um Validität im Forschungsprozess sicherzustellen, wurde eine Methoden- sowie eine Datentriangulation durchgeführt (vgl. Flick 2011: 12-17; Misoch 2015: 238–239). Triangulation bezeichnet eine methodische Vorgehensweise, bei der ein Forschungsgegenstand aus mindestens zwei Perspektiven heraus betrachtet bzw. konstituiert wird (vgl. Flick 2011: 11). Methoden- sowie Datentriangulation wurde im Rahmen des Forschungsprozess durch das Heranziehen und Auswerten unterschiedlicher Datenquellen realisiert (vgl. Flick 2011: 13–14).

Hierzu wurden für die Zwecke dieser Untersuchung neben den problemzentrierten Interviews ebenso offizielle Dokumente des Rechtsetzungsverfahrens u.a. der EU-KOM, des BT sowie offizielle Stellungnahmen u.a. der BReg, des BMBF und von Forschungseinrichtungen herangezogen. Zudem erfolgte eine Triangulation und damit Validierung des Datenmaterials durch die Einbindung von Akteuren mit unterschiedlicher institutioneller Zugehörigkeit und damit differierender Akteursrolle im Rahmen des Rechtsetzungsverfahrens. So wurden beteiligte Personen u.a. aus dem BT, der Bundestagsverwaltung, aus Bundesministerien, dem EP, der EU-KOM sowie von Forschungseinrichtungen befragt. Somit umfasst die Triangulation die Gegenkontrolle von Expertenaussagen durch Einholen weiterer Aussagen zu diesem Problemfeld von unterschiedlichen Akteursgruppen sowie die Analyse von offiziellen und internen Dokumenten.

5.2. Rechtliche Grundlagen der EU-Forschungsförderung

In der Literatur wird der EU-Forschungs- und Innovationspolitik eine dynamische Entwicklung hin zu einer verstärkten Integration der forschungsfördernden Maßnahmen auf EU-Ebene beobachtet (vgl. Gornitzka 2012; Lock 2014). Eng verknüpft damit sind die Bemühungen um die Vertiefung und Ausweitung des Konzeptes des Europäischen Forschungsraumes (EFR) (vgl. Eikenberg 2013: 224; Pilniok 2011: 1; Prange-Gstöhl 2008: 181). Dieses Konzept wurde im Rahmen des Lissabonner Vertrages primärrechtlich in Art. 179 Abs. 1 AEUV verankert. Neben der Ermächtigung von Handlungskompetenzen hat das Konzept des EFR eine zentrale Bedeutung in der strategischen Lenkung der Diskussionsprozesse in der EU sowie in den MS:

> „Eine zentrale Funktion des Europäischen Forschungsraums liegt folglich auch darin, ein Leitbild für die europäische Forschungspolitik, insbesondere aber für die mitgliedstaatlichen Forschungspolitiken zu bilden. [...] Sie strukturieren jedoch nicht nur die Diskussion, sondern auch Handlungs- und Entscheidungsprozesse. Mit dem Europäischen Forschungsraum hat die Kommission die forschungspolitische Diskussion für alle mitgliedstaatlichen Akteure gestaltet, die sich daran ausrichten“ (Pilniok 2011: 68–69).

5.2.1. Forschungsrahmenprogramme als Instrument der EU-Forschungspolitik

Die Ursprünge der Europäischen Forschungspolitik reichen bis in die 1960er Jahre zurück. In ihren Anfängen war sie vor allem auf die nukleare und nicht-nukleare Energieforschung beschränkt. Zwar bemühte sich die EU-KOM bereits verstärkt in den 1970er Jahren um eine Ausweitung der EU-Kompetenzen und damit Gestaltungsmacht auf neue Felder der Forschungspolitik, dies jedoch weitestgehend erfolglos. Im Vergleich zu den mitgliedstaatlichen forschungspolitischen Maßnahmen und Kompetenzen verblieb die EU-Politik der Forschung und technologischen Entwicklung lange Zeit weitestgehend bedeutungslos (vgl. Grande 1995; Sombrowski 2005: 9). Erst im Verlauf der 1980er Jahre gelang es durch einen ansteigenden Wettbewerbsdruck vor allem im internationalen Handel, neben den nationalen Strukturen auch parallele europäische Kompetenzbereiche aufzubauen. Vor allem das Argument, dass zur Wahrung der Wettbewerbsfähigkeit der Unternehmen, europäische Kooperationen erforderlich seien, förderte die Kooperationsbereitschaft der EU-MS (vgl. Grande 1995: 460;

Grewlich 1992: 252; Sombrowski 2005: 9). Auch wenn im Zuge der Etablierung des EFR als Leitidee seit der Jahrtausendwende die Gestaltungs- und damit auch die Regulierungsansprüche der EU-KOM im Hinblick auf die Schaffung eines europäischen Forschungsbinnenmarktes (vgl. Eikenberg 2013: 224–227; Prange-Gstöhl 2008) stark zugenommen haben, so verbleibt die EU-Forschungspolitik im Wesentlichen weiterhin in der Hand der MS (vgl. Pilniok 2011). Die Kompetenzen der EU beschränken sich im Wesentlichen auf distributive und nicht regulative Maßnahmen.[117]

Das zentrale distributive Element der EU-Forschungspolitik stellen die mehrjährigen Forschungsrahmenprogramme (FRP) dar (vgl. Eikenberg 2013; Grande 1995; Pilniok 2011; Sombrowski 2005). Die Entwicklungsgeschichte der FRP zeigt auf, dass im Zeitverlauf die FRP kontinuierlich an Finanzvolumen gewonnen haben. Umfasste das erste FRP (1984-1987) noch 3,3 Milliarden Euro, so verfügt das 8. FRP Horizont 2020 (2014-2020) über ein Fördervolumen von 80 Milliarden Euro und einen Förderzeitraum von sieben Jahren. Dies zeigt auf, welchen Bedeutungs- und Gestaltungszuwachs die FRP mit der Zeit erfahren haben.

In Anbetracht der verhältnismäßig geringen Kompetenzbereiche der EU-KOM und der weiterhin bestehenden starken Rolle der mitgliedstaatlichen forschungspolitischen Maßnahmen, eröffnet insbesondere die Phase der Programmformulierung der FRP der EU-KOM die Möglichkeit, strategische Grundsatzentscheidungen über die Schwerpunktsetzung der EU-Forschungsförderung zu treffen (vgl. Eikenberg 2013: 226–227). Dies wird ersichtlich an Hand der inkrementellen strategischen Neuorientierung der EU-Forschungsförderung mit den jeweiligen Forschungsrahmenprogrammen. Der grundlegende Strategiewechsel von einer zunächst industrieorientierten hin zu einer innovationsorientieren und somit breiter aufgestellten Forschungsförderung vollzog sich bei der Ausformulierung des 6. FRP (2002-2007) (vgl. Sombrowski 2005: 9).

> „Die Konzipierung der FTE-Politik als innovationspolitischer Ansatz verlangte nach einer Ausrichtung als Querschnittspolitik, die sich nicht mehr eindimensional an die Industrie als Hauptadressat wandte, sondern durch die Forcierung von anwendungsorientierten Fördermaßnahmen vermehrt die KMU

---

117 Kritisch hierzu Eikenberg (2013), der eher eine integrationistische Tendenz beobachtet. Er konstatiert, dass auf Grundlage der gemeinsamen Zuständigkeit die EU gleichwertig normierend tätig werden kann. Im Kollisionsfall nationaler und europäischer Regelungen auf Grund des Anwendungsvorranges des EU-Rechts werden die nationalen Regelung verdrängt (vgl. Eikenberg 2013: 226).

> sowie die Anwenderkreise neuer Technologien umwarb“ (Sombrowski 2005: 10).

Das zuletzt verabschiedete 8. FRP Horizont 2020 setzt diese Entwicklung fort, indem es sich durch eine Orientierung an gesellschaftlichen Herausforderungen – und damit weniger an spezifischen bestehenden Wirtschafts- und Industriebereichen – ausrichtet.

Neben der Konzentration auf die Forschung spielt Innovation und deren Förderung eine besondere Rolle. Beabsichtigt ist es, Förderprojekte entlang der gesamten Innovationskette zu fördern: beginnend mit der Grundlagenforschung bis hin zur Unterstützung der Markteinführung neuer Produkte können Universitäten, Hochschulen, Forschungseinrichtungen, Industrieunternehmen und kleine und mittelgroße Unternehmen (KMU) Förderungen erhalten (vgl. Bundesministerium für Bildung und Forschung 2015c).

Inhaltlich ist Horizont 2020 in drei Säulen, d.h. drei Förderschwerpunkte unterteilt. Die erste Säule umfasst die Förderung exzellenter Wissenschaftler und deren Unterstützung in allen Phasen der wissenschaftlichen Karrierelaufbahn. Angestrebt ist eine verbesserte grenzüberschreitende Vernetzung und Kooperation. Im Rahmen der zweiten Säule sind Industrieunternehmen sowie KMU anvisierte Förderempfänger als Triebkräfte für die Innovations- und Wettbewerbsfähigkeit der EU. Im Rahmen der dritten Säule wurden sieben gesellschaftliche Herausforderungen definiert, zu deren Lösung Forschungsprojekte von europäischen und internationalen Wissenschaftlern beitragen sollen. Hierunter wurden u.a. eine nachhaltige Energieversorgung sowie der demografische Wandel identifiziert. Der angestrebte europäische Mehrwert der Fördermaßnahmen soll durch die erforderliche länderübergreifende Komponente der Projekte erwachsen: so müssen Forschungseinrichtungen aus mehreren Ländern länderübergreifend zusammenarbeiten, um Förderanträge stellen zu können (vgl. Bundesministerium für Bildung und Forschung 2015b).

> „Das distributive Politikelement zeigt sich vor allem in der Mittelallokation durch die Forschungsrahmenprogramme. Bei der Förderung wissenschaftlicher Projektkooperationen kommt eine materielle Konfliktebene ins Spiel, auf der sich die Mitgliedsstaaten in der Phase der politischen Entscheidungsvorbereitung über den juste retour, den Mittelrückfluss, auseinandersetzen: je nachdem welche Forschungsfelder im thematischen Fokus stehen, sinken oder steigen die Chancen der Mitteleinwerbung für die nationalen Forschungsstätten und Unternehmen“ (Sombrowski 2005: 1).

Die Kodifizierung des Konzeptes des EFR stellt nichts weniger als einen „Paradigmenwechsel in der europäischen Forschungspolitik“ (Pilniok 2011: 1) dar. Neu ist daran vor allem die Betonung der Integrationsdimension, die den EU-Vorhaben und Maßnahmen zugeschrieben wird. Waren bisherige Bemühungen der EU begrenzt darauf, nationale Maßnahmen zur Forschungsförderung lediglich zu ergänzen, so wird die Veränderung der Ausrichtung der EU-Forschungspolitik erkenntlich an der verstärkten Einbindung der nationalen Forschungseinrichtungen sowie der zuständigen Verwaltungseinheiten der EU-MS.

Neben der konzeptionellen Entwicklungsdynamik ist der Bedeutungszuwachs des Politikfeldes an Hand der zur Verfügung gestellten Mittel zu erkennen. Umfasste das 7. FRP noch 50 Milliarden Euro, so wuchs das Fördervolumen des Nachfolgerprogrammes Horizont 2020 auf ein Budget von 80 Milliarden auf.

Um dem Politikfeld die notwendige Aufmerksamkeit zuteilwerden zu lassen, verweist die EU-KOM auf die Bedeutung der Forschungsförderung insbesondere für weitere gesellschaftliche Teilbereiche, namentlich vor allem die Bedeutung der Forschung für die Erhaltung der Wettbewerbsfähigkeit und der Schaffung neuer Arbeitsplätze (vgl. Pilniok 2011: 2; Schmidt-Aßmann 1995: 1281). Aus der Entwicklungsgeschichte des Politikfeldes heraus bedingt, konzentrierte sich die Forschungsförderung der EU bisher zumeist auf die angewandte und industrienahe Forschung (vgl. Gornitzka 2012; Pilniok 2011). Als ein wichtiger Meilenstein hin zur verstärkten Förderung auch von Vorhaben im Bereich der Grundlagenforschung und einer institutionellen Verstetigung der Forschungsförderung der EU wird die Gründung des Europäischen Forschungsrates gewertet:

> „Mittlerweile kann man jedoch davon sprechen, dass die Union– trotz einer deutlichen Schwerpunktsetzung– alle wissenschaftlichen Disziplinen und alle Formen der wissenschaftlichen Forschung fördert. Deutlicher Ausdruck für die Erweiterung des Förderspektrums war die Schaffung eines Europäischen Forschungsrates, der ausschließlich Projekte der akademischen Grundlagenforschung wissenschaftsgesteuert unterstützen soll. Dies weist zudem auf eine entscheidende Entwicklungslinie der Forschungsförderung der Union hin. Neben eine sachlich-inhaltliche tritt nämlich eine institutionelle Ausdifferenzierung der Forschungsförderung auf europäischer Ebene“ (Pilniok 2011: 2–3).

Die dynamische Entwicklung des Politikfeldes sowie ihr Bedeutungszuwachs spiegeln sich auch in der Entwicklung der primärrechtlichen Kompetenzen der EU wider. Die Kompetenzen der EU-KOM im Rahmen der Forschungsförderung lassen sich verkürzt auf die Gestaltungsfähigkeit der

Rahmenbedingungen umschreiben. Hierbei erstreckt sich die Gestaltungsfähigkeit auf den Aufbau, die Gestaltung sowie die Finanzierung von Forschungseinrichtungen sowie die programmorientierte Forschungsfinanzierung mit öffentlichen Geldern (vgl. Pilniok 2011: 62).

Die Notwendigkeit der Kooperation und Koordinierung der Anstrengungen zur Förderung von Forschung im Rahmen der EU begründet die EU-KOM zunächst mit der zunehmenden Relevanz von wissenschaftlichem Fortschritt und Expertise für die Wirtschaft ebenso wie die gesellschaftliche Entwicklung insgesamt. Zudem verweist sie wiederholt auf das Entwicklungsgefälle der EU als Wissenschafts- und Forschungsraum im Verhältnis zu den Vereinigten Staaten von Amerika (USA). Grund hierfür sei, dass die Forschungsfördermaßnahmen der MS zu wenig aufeinander ausgerichtet und abgestimmt seien und die je nationalen Institutionen und Einrichtungen zu wenig miteinander kooperierten (vgl. Europäische Kommission 2007, KOM (2007) 161 endg.; Europäische Kommission 2000, KOM (2000) 6 endg.; Pilniok 2011: 63–64).

5.2.2. Entwicklung der EU-Kompetenzen in der Forschungspolitik

Ausgehend von dem Konzept des EFR als handlungs- und diskursleitendes normatives Ziel werden nachfolgenden die primärrechtlichen Kompetenzen der EU sowie das Kompetenzverhältnis mit den MS der EU dargestellt.

Um die Schwächen der EU als integrierter Forschungs- und Wissenschaftsraum gegenüber der USA abzumildern, konzentrieren sich die Bemühungen der EU-KOM seit dem Jahr 2000 verstärkt darauf, diese Mängel durch die Koordination und verstärkte Integration der Forschungsanstrengungen im Rahmen des EFR zu beheben:

> „Mit dem Begriff des Europäischen Forschungsraums wird ein Verständnis Europas als zu integrierende Einheit verbunden, das sich durch sachbereichsspezifische Handlungsräume auszeichnet. […]Im Mittelpunkt des Europäischen Forschungsraums steht daher bis heute das Ziel, die weitgehend getrennten Forschungs(förder)systeme der Mitgliedstaaten und der Europäischen Union zu einem kohärenten Gesamtsystem zusammenzufügen“ (Pilniok 2011: 63–64).

Zunächst veröffentlichte die EU-KOM im Jahr 2000 die grundlegenden Leitlinien des Europäischen Forschungsraumes in der Mitteilung „Hin zu einem europäischen Forschungsraum“ (vgl. Europäische Kommission

2000, KOM (2000) 6 endg.). Nachfolgend wurde das Konzept durch eine Vielzahl von Mitteilungen und Aktionsplänen der EU-KOM stetig weiter spezifiziert (vgl. Pilniok 2011: 64–65). Hierzu zählen u.a. Aktionspläne zur internationalen und regionalen Dimension des EFR (vgl. Europäische Kommission 2001a, KOM (2001) 346 endg.; Europäische Kommission 2001b, KOM (2001) 549 endg.) sowie zur Mobilität und Karriereförderung von Wissenschaftlern (vgl. Europäische Kommission 2003b, KOM (2003) 436 endg.; Europäische Kommission 2008, KOM(2008) 317 endg.).

Der Anspruch der EU-KOM nach vielfältiger Reichweite und Eingriffstiefe der EU-Kompetenzen in den Bereich Bildung und Forschung wird ersichtlich bei der Analyse der Mitteilungen zur Rolle der Universitäten[118], die von der EU-KOM verabschiedet worden sind. Diese nehmen in unterschiedlichem Maß Bezug zum strategischen politischen Ziel der Schaffung eines EFR (vgl. Pilniok 2011: 64–65). Im Jahr 2007 erfolgte ein weiterer Integrationsschritt hin zu einem integrierten europäischen Forschungsraum: die EU-KOM legt ihr Grünbuch zur Schaffung des EFR vor (vgl. Europäische Kommission 2007, KOM (2007) 161 endg.). Hier spezifiziert die EU-KOM drei wesentliche Kernbereiche des EFR: Zuoberst steht die Schaffung eines EU-weiten Binnenmarktes für Forschung, der die Mobilität von Wissenschaftlern sowie den Austausch von Wissen ermöglicht und fördert.

> „Dahinter steht die Annahme, dass binnenmarktanaloge Strukturen im Bereich der Forschung entwickelt werden können, in denen größere Märkte und ein diskriminierungsfreier Wettbewerb um Ressourcen zu größerem volkswirtschaftlichen Nutzen führen“ (Pilniok 2011: 65).

Die zweite Säule des EFR bildet die Abstimmung der mitgliedstaatlichen Maßnahmen zur Förderung von Forschungsvorhaben mit den Maßnahmen und Zielen der EU-Forschungsrahmenprogramme. Darüber hinaus jedoch wird das Ziel formuliert, Maßnahmen zu erlassen, die über die reine Förderung von Forschungsprojekten hinaus gehen und sich auf alle Bereich der Forschung beziehen: so werden u.a. der Aufbau von gemeinsamen Infrastrukturen für Forschung sowie Spitzenforschungseinrichtungen aufgeführt (vgl. Pilniok 2011: 66).

---

118 Vgl. Europäische Kommission 2003a, KOM (2003) 58 endg.; Europäische Kommission 2005, KOM (2005) 152 endg.; Europäische Kommission 2006, KOM (2006) 208 endg.; Europäische Kommission 2009, KOM(2009) 158 endg.

> „Mit Aufnahme des EFR in Art. 179 Abs. 1 AEUV hat der Lissabonner Vertrag der tatsächlichen Entwicklung der unionalen FTE-Politik Rechnung getragen, einen forschungspolitischen Programmbegriff in ein vertraglich verankertes Zielkonzept umgewandelt und dessen Verrechtlichung herbeigeführt. Noch nie seit Kodifizierung durch die EEA ist der Auftrag der Union im Bereich der FTE-Politik so weitreichend festgelegt worden wie im AEUV. Mit der Aufforderung, einen EFR zu schaffen, wird ein über Forschungsförderung hinausreichendes übergreifendes Ziel statuiert, das kein FTE-relevantes Thema von vornherein ausschließt. Eine solche Vorgabe lässt sich nicht von heute auf morgen verwirklichen und kann in einer sich ständig ändernden globalen Forschungslandschaft niemals nur ein statisches Konzept sein“ (Eikenberg 2013: 228–229).

Somit wird die Integrationswirkung des Konzeptes des EFR ersichtlich. Zu Beginn des Prozesses stellte der EFR zunächst ein Leitbild dar, wurde aber im weiteren Entwicklungsprozess auch in rechtlicher Hinsicht verstetigt. Im Rahmen des 6. FRP (2002-2007) wurde es bereits sekundärrechtlich verankert und mit Inkrafttreten des Vertrages von Lissabon wurde der EFR im Art. 179 Abs. 1 AEUV auf der Ebene des Primärrechtes fixiert. Hiermit einher ging die Festlegung der damit verbundenen Kompetenzen der EU im Bereich der Forschungspolitik.

Demnach zielt die Schaffung eines EFR auf die Stärkung der technologischen und wissenschaftlichen Grundlagen der EU (vgl. Eikenberg 2013).

> „Wie ernst es der Gesetzgeber mit dem EFR gemeint hat, zeigt der neu hinzugekommene Art. 182 Abs. 5 AEUV, der eine Kompetenz begründende Norm enthält, wonach Europäisches Parlament und Rat ergänzend zum Rahmenprogramm im ordentlichen Gesetzgebungsverfahren Maßnahmen, d.h. Verordnungen, Richtlinien oder Beschlüsse erlassen, die zur Verwirklichung des EFR notwendig sind“ (Eikenberg 2013: 229).

Unterziele des EFR sind die Förderung der Wettbewerbsfähigkeit, die Freizügigkeit von Forschern, Technologien sowie wissenschaftlichen Erkenntnissen. Auch die Unterstützung der forschungspolitischen Maßnahmen, die nach den Vorgaben des AEUV erforderlich sind, gehören dazu (vgl. Pilniok 2011: 69–70).

Im Art. 180 AEUV werden die zur Erreichung dieser Ziele zulässigen Maßnahmen ausgeführt. Diese umfassen die Erstellung und Durchführung von Programmen für Forschung und technologische Innovation. Dies betrifft auch die Förderung der Zusammenarbeit von Unternehmen, Forschungseinrichtungen und Hochschulen. Auch das Ziel der Kohärenz der Maßnahmen der EU-Forschungspolitik mit den Anstrengungen der MS wird primärrechtlich im Vertrag von Lissabon kodifiziert.

Zuvor umfasste der Art. 163 Abs. 1 EGV in der Fassung des Vertrages von Maastricht drei gleichgewichtete Zieldefinition der EU-Forschungspolitik: Die Maßnahmen waren auf eine Stärkung der wissenschaftlichen Grundlagen der Industrie sowie der Förderung deren Wettbewerbsfähigkeit ausgerichtet. Zudem galt es, all jene Aktivitäten zu befördern, die sich aus den Vorgaben anderer Vertragskapitel ergaben (vgl. Pilniok 2011: 70).

> „In dieser Zielbestimmung spiegelt sich eine funktionalistische Verengung der Forschungspolitik wieder, die auf die Entwicklung der europäischen Forschungspolitik aus industriepolitischen Programmen in den 1980er Jahren zurückzuführen ist" (Pilniok 2011: 70).

5.2.3. Kompetenzverteilung zwischen EU und Mitgliedstaaten in der Forschungspolitik

Die Forschungspolitik ist eine geteilte Zuständigkeit, d.h. dass die Kompetenzen der EU-MS parallel neben den Kompetenzen der EU ausgeübt werden können (vgl. Becker 2005; Braams 2008; Eikenberg 2013; Lock 2014: 417; Pilniok 2011: 72).[119] Daraus folgt, dass die MS insoweit eigenständig die Kompetenzen ausüben können, insoweit die EU ihre Zuständigkeiten nicht ausübt. Aus diesem Grund wird die Bezeichnung der „Sperrwirkung" (vgl. Pilniok 2011: 72) des Handelns der EU für die MS verwendet.

> „Es gibt jedoch hinsichtlich der Forschung [...] eine Sonderregelung, der zufolge sich die Zuständigkeit der Union im Bereich der Forschung nur darauf erstreckt, Maßnahmen zu treffen, insbesondere Programme zu erstellen und durchzuführen, ohne dass die Ausübung dieser Zuständigkeit die Mitgliedstaaten hindert, ihre Zuständigkeit auszuüben (Art. 4Abs. 3AEUV)" (Pilniok 2011: 72).

Lock (2014) verweist darauf, dass die Hauptzuständigkeit im Bereich der Forschung weiterhin bei den MS verbleibt und verweist auf die Erklärung Nr. 34 des Vertrages von Lissabon. In dieser wird hervorgehoben, dass die Union angemessen die Schwerpunktsetzungen und Entscheidungen der MS in ihrer Forschungspolitik berücksichtigen muss (vgl. Lock 2014: 418).

---

119 Der AEUV systematisiert die Zuständigkeiten der EU in einem *Kompetenzkatalog:* Art. 2– 6 AEUV unterteilen die Kompetenzen in ausschließliche sowie geteilte Zuständigkeitsbereiche. Zudem werden Koordinierungs-, Ergänzungs- und Unterstützungszuständigkeiten definiert, vgl. Pilniok 2011: 72.

Als Kernkompetenz der EU in der Forschungspolitik wird der EU die Finanzierung von Forschungsaktivitäten im Rahmen von Forschungsrahmenprogrammen zugeschrieben (vgl. Lock 2014: 418; Pilniok 2011: 73).

Die mit der Schaffung des EFR verbundenen Ziele sind im Art. 179 AEUV definiert und die hierfür zur Verfügung stehenden Maßnahmen werden in Art. 180 lit. a– d AEUV aufgeführt. Der Art. 182 AEUV ermächtigt den Rat und das EP Forschungsrahmenprogramme zu erlassen, die über den Zeitraum von mehreren Jahren laufen und definieren, welche Formen von Forschungsprojekten finanziell von der EU gefördert werden. Art. 179 Abs. 2 AEUV nennt als mögliche Adressaten ebenso Unternehmen wie Universitäten und Forschungseinrichtungen.

> „Mit der Ermächtigung zum Erlass eines Forschungsrahmenprogramms ist die Pflicht verbunden, konkretisierende spezifische Programme und Beteiligungs- und Verbreitungsregeln zu verabschieden (Art. 182 Abs. 3, 183 AEUV)“ (Pilniok 2011: 73).

Darüber hinaus wurden in Art. 184-186 AEUV drei fakultative Kompetenznormen im Vertrag von Lissabon fixiert. Demnach können nach Art. 184 AEUV eine Gruppe von MS sich zusammentun und ergänzend zum FRP der EU-KOM Zusatzprogramme durchführen.

Ebenso befähigt Art. 185 AEUV die EU wiederum, sich an Entwicklungs- und Forschungsförderprogrammen einer Gruppe von MS anzuschließen. In Art. 186 AEUV ist die Möglichkeit der Öffnung der FRP für die Teilnahme von Drittstaaten festgehalten (vgl. Pilniok 2011).

Daraus wird ersichtlich, dass die Kompetenzen der EU sich im Wesentlichen auf die finanzielle Förderung von Forschungsprojekten konzentrieren. Hierbei kann sie durch die Programmformulierung inhaltliche Schwerpunkte der Förderung setzen. Auch trotz dieser begrenzten Kompetenzbereiche verfügt die EU über ein stetig wachsendes Kompetenz- und Wirkungsfeld im Bereich der Forschungspolitik (vgl. Lindner 2009: 46).

Hervorzuheben ist jedoch, dass die EU nicht über Rechtsetzungskompetenzen verfügt, die Eingriffe in die Ausgestaltung der mitgliedstaatlichen Forschungsstrukturen und die Form der Forschungsförderung befähigt (vgl. Pilniok 2011: 73–74; Lindner 2009: 47). Demgegenüber steht jedoch die Ermächtigungsnorm des Art. 182 Abs. 5 AEUV, die mit der Herstellung des EFR verknüpft ist. Demnach sind Rat und EP befähigt im Rahmen des ordentlichen Gesetzgebungsverfahrens und in Ergänzung zu den Forschungsrahmenprogrammen Maßnahmen zu ergreifen, die notwendig für die Verwirklichung der Ziele des EFR sind (vgl. Pilniok 2011: 74).

> „Mit dem Begriff „Maßnahmen“ wird regelmäßig das gesamte Spektrum der Handlungsformen der Union gemäß Art. 288 AEUV eröffnet“ (Pilniok 2011: 74, Hervorhebung im Original).

Zusammenfassend lässt sich feststellen, dass das Konzept des EFR ein anspruchsvolles und umfangreiches Integrationskonzept der EU-KOM darstellt, unter dessen Vorzeichen eine dynamische Entwicklung primärrechtlicher Kompetenzbereiche ausgebildet worden sind. Allerdings verbleiben die sich daraus entfaltenden Rechts- und Gestaltungskompetenzen beschränkt auf vereinzelte Tätigkeitsbereiche, wie etwa die Kompetenz der Forschungsfinanzierung, die als Kernkompetenz der EU in der Forschungspolitik gelten kann. Neben diesem Gestaltungsbereich verfügt die EU über die auf die Verwirklichung des EFR bezogenen erweiterten Kompetenzen sowie den Kompetenzbereich zur Schaffung einer europäischen Forschungsinfrastruktur laut Art. 187 AEUV und Art. 185 AEUV. Daneben eröffnet sich auf Grundlage des Art. 181 Abs. 2 AEUV eine Koordinierungskompetenz zur Herstellung und Wahrung der Kohärenz zwischen den forschungspolitischen Maßnahmen der EU sowie der Forschungspolitik der MS (vgl. Pilniok 2011: 74–75).

Die Gestaltungsmacht der EU erstreckt sich jedoch nicht über Eingriffsrechte in die mitgliedstaatlichen Forschungsstrukturen und deren staatlichen Fördermaßnahmen. Im Hinblick auf die Kernkompetenz der EU, also die Förderung von Forschungsprojekten, ist ein grundlegender Unterschied zu Forschungsfördersystemen in den MS der EU erkennbar: die Forschungsförderung der EU ist „umfassend normiert“ (Pilniok 2011: 76).

Ersichtlich wird die umfassende Normierung des Forschungsfördersystems am Verfahren zur Erstellung, Durchführung und Evaluation der mehrjährigen FRP. Diese werden in mehrstufigen Entscheidungs- und Planungsverfahren konzipiert (vgl. Pfeiffer 2003: 83; Pilniok 2011: 76). Die Verfahren bestehen zunächst aus zwei Legislativakten: dem FRP und den sich daraus ableitenden spezifischen Programmen, die die inhaltliche Ausgestaltung der EU-Aktivitäten konkretisieren. Diese werden in einem nachfolgenden dritten Schritt in der Umsetzungsphase spezifiziert. In jährlichen Arbeitsprogrammen werden auf administrativer Ebene die Vorhaben und Durchführungsmaßnahmen konkretisiert (vgl. Pilniok 2011: 76).

5.3. Entstehungsprozess von Horizont 2020

Im Nachfolgenden wird der Fokus auf den Entstehungsprozess des 8. FRP Horizont 2020 gelegt. Hierbei gliedert sich die Darstellung in zwei Teilbereiche. Zunächst werden die formalen, markanten Prozessereignisse des Rechtsetzungsverfahrens auf EU-Ebene aufgeführt. Dabei werden die übergeordneten politischen Strategien, in die die Forschungsförderung der EU-KOM eingefügt ist, aufgezeigt.

In dem sich anschließenden Abschnitt (vgl. Kapitel 5.4) werden die Ereignisse analysiert, die maßgeblichen Einfluss auf die parlamentarische Mitwirkung und Einflussnahme der MdBs bei der Formulierung des 8. FRP Horizont 2020 hatten. Entsprechend der Zuständigkeiten in der Binnenorganisation des BT wird hierbei der Fokus auf die Aktivitäten des Ausschusses für Bildung, Forschung und Technikfolgenabschätzung (AB-FT) gelegt. Dies wird ergänzt durch die Beschreibung der Aktivitäten der am Rechtsetzungsakt beteiligten Akteure auf EU-Ebene. Der eigehenden Analyse der Einflussnahme des ABFT vorangestellt werden in einer Ereignisliste (vgl. Nullmeier 2013) die markantesten Ereignisdaten zusammengefasst (vgl. Tabelle 5). Diese Ereignisliste setzt die formellen Ereignisse auf EU-Ebene und nationaler Ebene den informellen Ereignissen gegenüber.

Das 8. FRP Horizont 2020 besteht insgesamt aus sieben Rechtstexten, darunter die Mitteilung der EU-KOM. Die weiteren sechs Rechtstexte sind Verordnungen, die nach dem ordentlichen Gesetzgebungsverfahren verabschiedet werden sowie Beschlüsse, die das besondere Gesetzgebungsverfahren erfordern (vgl. Bundesministerium für Bildung und Forschung 2015d).[120]

> „Ein europäisches Förderprogramm ist eben ein Legislativ-Akt, was es ja nicht sein muss. Ein nationales Förderprogramm ist ein Exekutivakt, in Europa ein Legislativakt und insofern wird es auch in den entsprechenden Gremien verhandelt. Das gebietet der Lissabon-Vertrag, dass das so ist und dieses Verfahren sichert eben auch die Mitwirkung der Mitgliedstaaten, des Parlaments und eben auch der stakeholder“ (Interview 26, November 2013).

---

120 Vgl. Europäische Kommission 2011c: KOM (2011) 808 endgültig; Europäisches Parlament/Rat 2013c: Verordnung (EU) Nr. 1291/2013; Council 2013b: Council Regulation 1314/2013; Council 2013a: Decision 2013/743/EU; European Parliament/Council 2013: Regulation 1290/2013; Europäisches Parlament/Rat 2013a: Beschluss Nr. 1312/2013/EU; Europäisches Parlament/Rat 2013b: Verordnung (EU) Nr. 1292/2013.

Im Rahmen des ordentlichen Gesetzgebungsverfahren gem. Art. 294 AEUV legt die EU-KOM einen Gesetzesvorschlag an den Rat der EU und die zuständigen Ausschüsse des EP vor. Zu diesem Vorschlag legt der Parlamentsausschuss in erster Lesung einen Standpunkt vor. Möglich ist, dass vor dieser Positionierung des EP ein informeller Trilog stattfindet (vgl. Roederer-Rynning/Greenwood 2015; Reh 2014). Im Falle des 8. FRP Horizont 2020 erfolgte ein solcher informeller Trilog, indem die unterschiedlichen Positionen in einem Kompromisspapier verschmolzen wurden (vgl. Bundesministerium für Bildung und Forschung 2015d).

Nach den Vorgaben des Vertrages von Lissabon kann der Rat die Änderungsvorschläge des EP der ersten Lesung annehmen, womit das Gesetz an sich angenommen ist. Bei weiter bestehenden Positionsabweichungen stehen dem Rat drei Monate Zeit zur Verfügung, um eine gemeinsamen Position der Mitgliedstaaten zu erarbeiten. Im Anschluss hat das EP bis zu drei Monate maximal Zeit für die Annahme dieser Position oder alternativ der Präsentation weiterer Änderungsvorschläge im Rahmen einer zweiten Lesung. Zu diesen nimmt die EU-KOM Stellung. Für den Fall, dass es auch zu diesem Zeitpunkt keinen Kompromiss gibt, kann im Rahmen eines Vermittlungsausschusses für die Dauer von sechs Wochen ein Konsens erarbeitet werden. Im Anschluss sind das EP sowie der Rat gefordert, die Position des Vermittlungsausschusses binnen sechs Wochen an- bzw. abzulehnen (vgl. Bundesministerium für Bildung und Forschung 2015d).

Am 12. November 2010 veröffentlichte eine von der EU-KOM beauftragte Expertengruppe ihren Bericht zur Zwischenevaluierung des 7. FRP – dem Vorgängerprogramm von Horizont 2020 (vgl. Bundesministerium für Bildung und Forschung 2013c; European Commission 2010).

Das Grünbuch der EU-KOM zu Horizont 2020 wurde am 9. Februar 2011 veröffentlicht (vgl. Europäische Kommission 2011a, KOM (2011) 48). Anschließend eröffnete sie die Konsultation zum Grünbuch für Horizont 2020, die von Februar bis Mai 2011 stattfand und mit einer öffentlichen Veranstaltung am 10. Juni 2011 beendet wurde (vgl. Bundesministerium für Bildung und Forschung 2013a). An diesem Konsultationsverfahren haben sich neben vielfältigen Beiträgen von Forschungseinrichtungen Deutschlands auch die Regierungsfraktionen sowie die Oppositionsfraktionen des BT beteiligt (vgl. SPD-Bundestagsfraktion/Bundestagsfraktion Bündnis 90/Die Grünen 2011; Bundesministerium für Bildung und Forschung 2013b).

Der Vorschlag der EU-KOM zum Mehrjährigen Finanzrahmen (MFR 2014-2020) erfolgte am 29. Juni 2011, das für die finanzielle Ausstattung von Horizont 2020 relevante Regelungen enthielt. Den sogenannten Initiativvorschlag für das Rechtsetzungspaket von Horizont 2020 (vgl. Europäische Kommission 2011c: KOM (2011) 808 endg.) veröffentlichte die EU-KOM am 30. November 2011 (vgl. Bundesministerium für Bildung und Forschung 2013a).

Nach der Veröffentlichung des Grünbuches im November 2011 waren der Rat der EU sowie das EP gefordert, ihre Verhandlungspositionen zu formulieren und zu veröffentlichen. Die Position des Rates der EU, sogenannte Teilweise Allgemeine Ausrichtungen, wurden gemeinsam mit den Änderungsvorschlägen des EP in dem informellen Trilog am 25. Juni 2013 nach informellen Aushandlungen in Kompromisspapieren zusammengefügt. An diesen Verhandlungen nahmen die MS der EU, die beauftragten Mitglieder des Ausschusses für Industrie, Forschung und Energie (ITRE) des EP sowie in beratender Funktion die EU-KOM teil. Die verhandelten Kompromissvorschläge wurden dem Plenum des EP vorgelegt, angenommen und anschließend am 3. Dezember 2013 vom Rat der EU verabschiedet (vgl. Bundesministerium für Bildung und Forschung 2015d).[121]

Auf nationaler Ebene hatte sich die BReg in Form von sogenannten nationalen Konsultationen frühzeitig vor der Verabschiedung des Grünbuches der EU-KOM in Form von zwei Leitlinienpapieren positioniert. Das erste Leitlinienpapier stellte Vorschläge für die Gestaltung der Struktur des 8. FRP Horizont 2020 auf, welches am 26. März 2010 veröffentlicht wurde (vgl. Bundesministerium für Bildung und Forschung 2010). Das zweite Leitlinienpapier fokussierte seine Forderungen auf die thematische Ausrichtung von Horizont 2020 und wurde am 17. Juni 2011 veröffentlicht (vgl. Bundesregierung 2011a). Neben diesen Beiträgen beteiligte sich die BReg mit einer Stellungnahme zum Grünbuch der EU-KOM am 19. April 2011 (vgl. Bundesregierung 2011b) sowie mit einem sogenannten Kernthesenpapier am 15. Mai 2012, in dem die Verhandlungspositionen der BReg formuliert wurden (vgl. Bundesministerium für Bildung und Forschung 2015d).

Die politische Diskussion um die Formulierung des 8. FRP Horizont 2020 ist eingebettet in eine darüber liegende, grundsätzliche Debatte über

---

121 Zeitgleich und ergänzend zu diesen Rechtsakten wurde das *Innovation Package* sowie Gemeinsame Technologie-Initiativen (JTI) verabschiedet, die z.T. von Horizont 2020 finanziert werden (vgl. Bundesministerium für Bildung und Forschung 2015d).

die zukunftsfähige und wettbewerbsfähige Gestaltung des Europäischen Forschungsraumes. Dieser Prozess geht auf einen Beschluss des Europäischen Rates in Lissabon im Jahr 2000 zurück:

> „Das EFR-Konzept beruht auf dem Zusammenspiel folgender Elemente: ein europäischer „Binnenmarkt" für Forschung, in dem Forscher, Technologie und Wissen unbehindert Grenzen passieren, eine effektive europaweite Koordinierung einzelstaatlicher und regionaler Forschungstätigkeiten, -programme und -strategien sowie Initiativen, die auf europäischer Ebene umgesetzt und finanziert werden. Seit das Konzept im Jahr 2000 auf dem Europäischen Rat von Lissabon beschlossen wurde, sind Fortschritte erzielt worden. Der Europäische Forschungsraum ist zu einem wichtigen Bezugspunkt für die Forschungspolitik in Europa geworden" (Europäische Kommission 2007: 1).

Bei der turnusmäßigen Überprüfung der Lissabon-Strategie für Wachstum und Beschäftigung evaluierte die EU-KOM im Jahre 2007 die damaligen Fortschritte und Ergebnisse des EFR. Die Ergebnisse dieser Überprüfung stellen erste Weichenstellungen dar für die zukünftige Forschungsförderung in Rahmenprogrammen der EU-KOM (vgl. Europäische Kommission 2007: 1).

> „Da wir uns der Überprüfung des ersten Dreijahreszyklus der erneuerten Lissabon-Strategie für Wachstum und Beschäftigung nähern, ist es an der Zeit, die Fortschritte zu bewerten und künftige Leitgedanken zu einem ihrer Kernelemente – dem Europäischen Forschungsraum (EFR) – zu erörtern" (Europäische Kommission 2007: 1).

Kernbestandteil des Konzeptes des EFR ist ein Abbau von Hemmnissen, EU-weite und damit grenzüberschreitende Kooperation im Bereich der Wissenschaft und Forschung behindern und EU-weite Kooperationsprojekte zu erleichtern und zu fördern. Darüber hinaus zielt die EU-KOM auf eine Koordinierung mitgliedstaatlicher und europäischer Forschungsaktivitäten. Diese Bestrebungen der EU-KOM werden jedoch dem Vernehmen nach aus der Perspektive von Entscheidungsträgern sowohl im parlamentarischen Raum als auch im Bundesministerium eher skeptisch beobachtet (vgl. Interview 14, (Januar 2013), 20 (Februar 2013), 21 (April 2013), 27 (November 2013).

> „Das EFR-Konzept beruht auf dem Zusammenspiel folgender Elemente: ein europäischer „Binnenmarkt" für Forschung, in dem Forscher, Technologie und Wissen unbehindert Grenzen passieren, eine effektive europaweite Koordinierung einzelstaatlicher und regionaler Forschungstätigkeiten, -programme und -strategien sowie Initiativen, die auf europäischer Ebene umgesetzt und finanziert werden. Seit das Konzept im Jahr 2000 auf dem Europäischen Rat von Lissabon beschlossen wurde, sind Fortschritte erzielt worden. Der Euro-

> päische Forschungsraum ist zu einem wichtigen Bezugspunkt für die Forschungspolitik in Europa geworden" (Europäische Kommission 2007: 1).

Nachfolger der Lissabon Strategie war die Europa 2020-Strategie, die am 3. März 2010 von der EU-KOM veröffentlicht worden ist. Hauptanliegen der Strategie ist die Schaffung von Arbeitsplätzen sowie intelligentes, ressourcenschonendes und integratives Wachstum, das sich auf Wissen und Innovation stützen soll. Hierzu wurden fünf Kernziele formuliert.

Hierunter ist das zweite Kernziel die Aufwendung von drei Prozent des BIP für Forschung und Innovation (vgl. Bundesministerium für Bildung und Forschung 2015c).

> „Die EU-Kommission hat im Frühjahr 2010 mit den Vorbereitungen zur Ausgestaltung der zukünftigen Forschungs- und Innovationsförderung begonnen. Das Forschungsrahmenprogramm in Verbindung mit dem Wettbewerbsfähigkeitsprogramm sowie dem Strukturfonds ist das Kernstück zur Umsetzung der Innovationsunion und mithin wichtiger Bestandteil der Europa-2020-Strategie" (Deutscher Bundestag 2011b: 1).

Bericht des Europäischen Rechnungshofes

Im Jahr 2009 veröffentlicht der Europäische Rechnungshof einen Sonderbericht, in dem spezifische Instrumente der EU-Forschungspolitik aus dem 6. FRP (2002-2007) auf ihre nachhaltigen Auswirkungen hin überprüft wurden (vgl. Europäischer Rechnungshof 2009). Hierbei wurde insbesondere der Frage nachgegangen, inwieweit die Ziele von geförderten Forschungsnetzwerken, den Exzellenznetzen und der sogenannten integrierten Projekte erreicht werden konnten. Kritik wurde insbesondere daran geäußert, dass diese „teuren Forschungsnetzwerke" (Euractiv.de 2009) nach dem Auslaufen der Mittelzuwendung aus dem FRP nicht weiter bestehen bleiben und aufgelöst werden. Kritisiert wurde somit die Frage der notwendigen Selbsterhaltung der Forschungsnetzwerke nach dem Auslaufen der EU-Fördergelder, was als Ziel der Förderung im Rahmen des 6. FRP (2002-2007) festgeschrieben worden war (vgl. Euractiv.de 2009).

Die vom Rechnungshof geäußerte Kritik an der Verwendung von Fördergeldern in der EU-Forschungspolitik ist somit u.a. Auslöser und Anstoß für die frühzeitige Positionierung innerhalb der BReg, sich für eine Ausgestaltung des 8. FRP Horizont 2020 (2014-2020) einzusetzen, die der Prüfung des Europäischen Rechnungshofes standhalten kann (vgl. Interview 21 (April 2013),Interview 33 (Juni 2015)).

5.4. Mitwirkung des Ausschusses für Bildung, Forschung und Technikfolgenabschätzung

Im Folgenden rücken die Aktivitäten des federführenden Bundestagsausschusses für Bildung, Forschung und Technikfolgenabschätzung (ABFT) bei der Formulierung des 8. FRP Horizont 2020 (2014-2020) in den Fokus. Hierbei werden vorbereitende Ereignisse und Aktivitäten des ABFT berücksichtigt. Im Hinblick auf die entwickelten Typologien der informellen Handlungsarenen (vgl. Kapitel 3.2.4) und informellen Handlungsstrategien (vgl. Kapitel 3.2.5) zielt diese Analyse auf die Herausstellung der informellen Handlungsarenen und informellen Handlungsstrategien der MdBs. Zu diesem Zweck werden zunächst die Tätigkeiten und Maßnahmen der Mitwirkung des ABFT eingehend beschrieben. In einem folgenden Schritt werden markante Ereignisse sowie Wendepunkte im Mitwirkungsprozess detailliert analysiert im Hinblick auf den Verlauf der Verhandlungen auf EU-Ebene. Als Grundlage für diese Analyse dienen hierfür vornehmlich die Auswertung der im Zeitraum von September 2009 bis November 2013 geführten Interviews (vgl. Tabelle 9). Diese werden mit anderen Datenquellen trianguliert. Dazu gehören u.a. öffentliche Positionspapiere und Stellungnahmen des Bundesministeriums für Bildung und Forschung sowie Drucksachen des Bundestages und Pressemitteilungen von Abgeordneten.

Bei dieser Analyse ist die Analysekategorie der Handlungsarena von besonderer Relevanz. Diese dient dazu herauszustellen, in welchen Handlungszusammenhängen und Interaktionskonstellationen die MdBs informell agiert haben. Hierbei gilt besonderes Augenmerk den Ausprägungsmerkmalen dieser Handlungsarenen (vgl. Kapitel 5.5). In einem nachfolgenden weiteren Schritt werden auf Basis der identifizierten und kategorisierten Handlungsarenen die informellen Handlungsstrategien abgeleitet und bewertet (vgl. Kapitel 5.6).

Tabelle 5: Ereignisliste Horizont 2020

Farbenlehre:
Aktivitäten des Ausschusses
Aktivitäten des Verbindungsbüros in Brüssel
Aktivitäten der EU
Aktivitäten der Regierung
Aktivitäten einzelner Fraktionen/MdB

	Formelle Ereignisse		**Informelle Ereignisse**
2009			
Juni 2009	Video-Konferenz des ABFT mit EU-Kommissar Potočnik zum 7. FRP		
2010			
		Frühjahr 2010	Frühwarnberichte der Fraktionsreferenten des Verbindungsbüros des BT in Brüssel an die forschungspolitischen Sprecher der BT-Fraktionen zum 8. FRP Horizont 2020
		Frühjahr 2010	*Gespräche auf der Ebene der Arbeitsgruppen der BT-Fraktionen mit Entscheidungsträgern auf EU-Ebene*
		Frühjahr 2010	Vorbereitung der EU-KOM zum Grünbuch „Von Herausforderungen zu Chancen: Entwicklung einer gemeinsamen Strategie für die EU-Finanzierung von Forschung und Innovation"
26.03.2010	Veröffentlichung: 1. Leitlinienpapier der BReg für das 8. FRP Horizont 2020		
19.05.2010	**Sitzung des ABFT: Beratung zum 8. FRP Horizont 2020 inkl. Thematisierung des Leitlinienpapiers der BReg**		
12.11.2010	Vorlage des Abschlussbericht der Expertengruppe zur Zwischenbewertung des 7. FRP		
		November 2010	**BT-Sprachendienst übersetzt die Zusammenfassung des Abschlussberichts der Expertengruppe zur Zwischenbewertung des 7. FRP**
20.11.2010	**Sitzung des ABFT: Thematisierung des Abschlussberichtes der Expertengruppe zur Zwischenbewertung des 7. FRP**		
		7.-8.12. 2010	**Delegationsreise des ABFT nach Brüssel**
2011			
		Frühjahr 2011	*Bemühungen der Oppositionsfraktionen zur Erarbeitung einer fraktionsübergreifenden Antrages für das Plenum sowie Stellungnahme des BT gegenüber der EU-KOM*
09.02.2011	Veröffentlichung des Grünbuchs der EU-KOM: „Von Herausforderungen zu Chancen: Entwicklung einer gemeinsamen Strategie für die EU-Finanzierung von Forschung und Innovation", KOM (2011) 48 endg.		
23.02.2011	**Sitzung des ABFT mit Prof. Dr. h.c. Hartmut Raffler, Mitglied der Expertengruppe zur Evaluierung des 7. FRP**		
23.02.2011	Bericht der BReg über Ratsverhandlungen zum 8. FRP Horizont 2020 im ABFT		

		Frühjahr 2011	*Debatte innerhalb der Fraktionen im BT über die Prioritätensetzung im MFR; Auseinandersetzung von Forschungs- & Landwirtschaftspolitikern*
06.04.2011	*Antrag Die Linke: „Europäische Forschungsförderung in den Dienst der sozialen und ökologischen Erneuerung stellen", BT-Drs. 17/5386*		
12.04.2011	*Antrag SPD & Bündnis 90/ Die Grünen: „Stärkung des Europäischen Forschungsraums - Die Vorbereitung für das 8. Forschungsrahmenprogramm in die richtigen Bahnen lenken", BT-Drs. 17/5449*		
13.04.2011	*Antrag CDU/CSU & FDP: „Gestaltung der zukünftigen europäischen Forschungsförderung der EU (2014-2020)" BT-Drs. 17/5492*		
11.05.2011	**Behandlung des 8. FRP Horizont 2020 im ABFT**		
11.05.2011	*Plenardebatte und Annahme der Beschlussempfehlung von CDU/CSU und FDP im ABFT, BT-Drs. 17/5802*		
		Mai 2011	*Persönliche Übergabe des Antrages der Fraktionen CDU/CSU und FDP; BT-Drs. 17/5492 im Rahmen informeller Gespräche mit der EU-KOM*
20.05.2011	Frist für die Stellungnahmen im Rahmen des öffentlichen Konsultationsverfahrens der EU-KOM für das Grünbuch zur EU-Finanzierung von Forschung und Innovation, KOM (2011) 48 endg.		
		06.06.2011	PA 1, Bericht aus Brüssel 11/2011: „Überlegungen der Kommission zur Finanzierung und Ausgestaltung des 8. FRP Horizont 2020"
10.06.2011	Abschlusskonsultation zum Grünbuch der EU-KOM zur EU-Finanzierung von Forschung und Innovation, KOM (2011) 48 endg.		
17.06.2011	Veröffentlichung: 2. Leitlinienpapier der BReg für das kommende Rahmenprogramm Forschung und Innovation – Thematische Positionen		
29.06.2011	Vorschlag der EU-KOM für den Mehrjährigen Finanzrahmen 2014-2020 (MFR)		
13.09.2011	Startpunkt der öffentlichen Konsultation der EU-KOM für den Europäischen Forschungsraum (EFR)		
		19.09.2011	PA 1, Bericht aus Brüssel 14/2011: „Überlegungen der Kommission zur Finanzierung und Ausgestaltung der künftigen EU-Forschungspolitik - Mitteilung der Kommission „Horizont 2020" angekündigt"
22.11.2011	*Antrag 17/7767 von CDU/CSU und FDP zum MFR*		
Herbst 2011	*BT-Fraktionen von SPD und Bündnis 90/Die Grünen: Gemeinsame Beteiligung am Konsultationsverfahren der EU-KOM zum Rahmen für den EFR*		
30.11.2011	Frist für die Einreichung von Beiträgen zur öffentlichen Konsultation zum Rahmen für den EFR		
30.11.2011	Mitteilung der EU-KOM: Horizont 2020 –das Rahmenprogramm für Forschung und Innovation, (KOM(2011) 808 endg.); Vorschlag der EU-KOM für eine gemeinsame Strategie der Finanzierung von Forschung und Innovation (Horizont 2020)		

2012			
30.01.2012	Ergebnispräsentation der öffentlichen Konsultation zum Rahmen für den EFR		
08.02.2011	**Sitzung des ABFT: Diskussion der Vorschläge der EU-KOM zum 8. FRP Horizont 2020**		
20.-21.2. 2012	Tagung des Rates „Forschung" im Rahmen der Tagung des Rates für Wettbewerbsfähigkeit (Binnenmarkt, Industrie und Forschung) der EU		
07.03.2012	**Sitzung des ABFT: Debatte zu den Wortbeiträgen der BReg im Forschungsrat am 20./21.2.2012 zum 8. FRP Horizont 2020, in Anwesenheit von A. Schavan**		
15.05.2012	Veröffentlichung: Kernthesenpapier der BReg zum Vorschlag der EU-KOM für ein neues europäisches Rahmenprogramm für Forschung und Innovation		
		22.10.2012	PA 1, Bericht 15/2012: Diskussionsstand zum Maßnahmenpaket der EU-KOM für das 8. FRP der EU „Horizont 2020"
		Herbst 2012	*Informelle Kontakte und Informationsaustausch zwischen Berichterstatter im EP zu Horizont 2020 (MdEP) aus der EVP-Fraktion und dem forschungspolitischen Sprecher der SPD-Bundestagsfraktion*
24.10.2012	*Kleine Anfrage von René Röspel und der SPD-Bundestagsfraktion, BT-Drs.17/11149*		
		Herbst 2012	*Informelle Gespräche von Berichterstatter im EP zu Horizont 2020 (MdEP) aus der EVP-Fraktion mit MdB der CDU/CSU-Fraktion und Vertretern des BMBF*
30.11.12	**Annahme des Antrages von CDU/CSU und FDP zum MFR, Antrag 17/7767 von CDU/CSU und FDP zum MFR: „Strategischer Rahmen für nachhaltige & verantwortungsvolle Haushaltspolitik mit europäischem Mehrwert"**		
2013			
		25.06.2013	Informeller Trilog: Einigung auf Kompromisspapier durch EP, Rat & EU-KOM; Teilnehmer: die MS, vertreten durch die Ratspräsidentschaft, MdEPs des ITRE-Ausschusses & Vertreter der EU-KOM (beratend)
21.11.2013	Annahme von den Textvorschlägen für das 8. FRP Horizont 2020 im EP		
03.12.2013	Annahme der Textvorschläge vom Rat der EU		

(Quelle: Eigene Darstellung aufbauend auf Deutscher Bundestag 2011b: BT-Drs. 17/5492; Interview 23, Januar 2013 sowie in Erweiterung von Dittmar (2013)).

Im Rahmen der Mitwirkung am Vorgängerprogramm, dem 7. FRP (2007-2013), hatte der ABFT eine Videokonferenz mit dem damaligen EU-Kommissar Potočnik im Frühjahr 2009 organisiert, welches in den Expertengesprächen als wenig nachhaltig und unbefriedigend bewertet worden ist (vgl. Interview 12 (Januar 2013), 14 (Januar 2013), 20 (Februar 2013), 22 (Mai 2013), 23 (Juni 2013)).

> „Die kleine Videokonferenz mit Jan Potočnik, dem vorigen EU-Kommissar für Forschung, die war mir zu oberflächlich" (Interview 22, Mai 2013).

In den Interviews wurde deutlich, dass die Videokonferenz im Nachhinein als nicht geeignetes Format zur Informationsgewinnung und Positionierung eingestuft worden ist. Diese Unzufriedenheit war eine Ursache dafür, bei der Begleitung und Mitwirkung am Nachfolgeprogramm nach weiteren und anderen Formaten zu streben und für andere Maßnahmen offen zu sein (vgl. Interview 12 (Januar 2013), 14 (Januar 2013), 20 (Februar 2013), 22 (Mai 2013), 23 (Juni 2013)).

Am 26. März 2010 präsentierte die BReg ihr erstes Leitlinienpapier für das 8. FRP Horizont 2020 (2014-2020) den EU-Mitgliedstaaten sowie der EU-KOM (vgl. Finnegan 2010). Es gibt Anzeichen, dass auch der ABFT Kenntnis von diesem Leitlinienpapier gehabt hat und zwar bereits zum Zeitpunkt des Entwurfs. Dies geht aus einem Interview hervor (vgl. Interview 23, Juni 2013). In diesem Papier stellt die BReg Forderungen insbesondere zur zukünftigen strukturellen Ausrichtung des 8. FRP Horizont 2020 (2014-2020) auf.

> „Die Kernforderungen basieren auf umfangreichen Konsultationen mit Wissenschaft und Wirtschaft sowie den Ländern. Ganz bewusst haben wir dabei aber nicht nur durch die nationale Brille geschaut, sondern auch aus der Analyse der bisherigen Forschungsrahmenprogramme heraus, machen wir solche Vorschläge von denen wir überzeugt sind, dass Sie von gemeinsamen Nutzen für die Europäische Union sind" (Bundesministerium für Bildung und Forschung 2010: 5).

Hauptforderung der BReg war die Orientierung der Fördermittelvergabe der EU an Hand von gesellschaftlichen Herausforderungen. Hierbei werden Klima, Energie, Mobilität, digitale Gesellschaft und Gesundheit als die zentralen gesellschaftlichen Herausforderungen genannt (vgl. Bundesministerium für Bildung und Forschung 2010: 5). Zudem ist bereits im ersten Leitlinienpapier die Forderung enthalten, dass die Verbundforschung weiterhin einen wichtigen Bestandteil der EU-Forschungsförderung ausfüllen sollte. Diese Positionen werden im weiteren Verlauf der Analyse von Bedeutung sein.

Im Rahmen einer Selbstbefassung des AFBT wurde dieses Leitlinienpapier am 19. Mai 2010 thematisiert (vgl. Interview 23, Juni 2013). An diesem Tag befasste sich der AFBT mit dem 8. FRP Horizont 2020 (2014-2020) und thematisierte in diesem Zusammenhang die Positionierungen der BReg im 1. Leitlinienpapier, welches am 26. März 2010 veröffentlicht wurde (vgl. Deutscher Bundestag 2010b).

Auf Grund der Nicht-Öffentlichkeit der Ausschuss-Sitzungen ist es im Nachhinein nur schwer zu rekonstruieren, was im Rahmen dieser Sitzung besprochen wurde und welche Positionen die Mitglieder des Ausschusses vertreten haben.

> „Alle Ausschuss-Sitzungen sind vertraulich, die Sitzungen nicht zugänglich und auch die Protokolle nicht" (vgl. Interview 12, Januar 2013).

Auch die Interviews haben hierzu keine weiteren Erkenntnisse gebracht, wie im Detail die Positionen der unterschiedlichen MdBs bzw. politischen Fraktionen sich zu diesem frühen Zeitpunkt darstellten.

Bereits bei der Verabschiedung des Vorgängerprogrammes, dem 7. FRP (2007-2013), wurde festgeschrieben, dass dieses durch eine Expertenkommission zur Mitte der Laufzeit zwischenbewertet und evaluiert werde (vgl. Bundesministerium für Bildung und Forschung 2013c). Die Expertenkommission wurde von der EU-KOM beauftragt und bestand aus zehn Personen und wurde von Rolf Annerberg geleitet. Ihren Bericht zur Zwischenevaluation legte die Expertengruppe am 12. November 2010 vor (vgl. European Commission 2010, 2011; Bundesministerium für Bildung und Forschung 2013c).

Dieser Bericht enthielt neben Empfehlungen für die verbleibende Förderdauer des 7. FRP (2007-2013) auch konkrete Anregungen für die Ausgestaltung des 8. FRP Horizont 2020 (2014-2020). Unter diesen Empfehlungen sind bereits die Forderung nach einer Orientierung an gesellschaftlichen Herausforderungen bei der Mittelvergabe sowie die Förderung der Innovationsfähigkeit enthalten. Zudem wird darauf verwiesen, dass die Maßnahmen nach ihrem Beitrag für die Verwirklichung des Europäischen Forschungsraumes (EFR) beurteilt werden sollen. Hierbei hoben die Experten die Bedeutung der europäischen Dimension der Maßnahmen sowie die bessere Verzahnung der nationalen und des europäischen Forschungsförderungsprogrammes hervor. Zudem wurde die Defragmentierung der Forschungslandschaft in der EU als wichtiges Handlungsfeld formuliert, das mit dem Folgeprogramm adressiert werden sollte.

Des Weiteren wurde empfohlen, dass die Finanzausstattung mindestens auf dem Niveau des 7. FRP gehalten werden sollte. Auch die Vereinfachung der Beteiligungs- und Kostenabrechnungsregeln wurde als Empfehlung für die Neugestaltung des FRP aufgeführt (vgl. Bundesministerium für Bildung und Forschung 2013c).

Die in dem Bericht der Zwischenevaluierung geäußerten Kritikpunkte am 7. FRP (2007-2013) und die daraus abgeleiteten Empfehlungen für die Formulierung und Konzeption des 8. FRP Horizont 2020 (2014-2020), stellen relevante Aspekte bei der Entwicklung von Verhandlungspositionen der MdBs und somit dem Prozess der parlamentarischen Einflussnahme auf EU-Ebene dar. Der AFBT beschäftigte sich bereits am 20. November 2010 mit dem Bericht der Expertengruppe zur Zwischenevaluierung des 7. FRP in einer Ausschuss-Sitzung.

Zu diesem Zeitpunkt war die Veröffentlichung des entsprechenden Berichtes der EU-KOM über die Zwischenevaluation gerade erst acht Tage alt (vgl. European Commission 2011). Zudem ist bemerkenswert, dass der Sprachendienst des BT beauftragt worden ist, die Zusammenfassung des Berichtes der Expertenkommission vom englischen Original ins Deutsche zu übersetzen, um eine Behandlung und thematisch zielgerichtete Debatte im Ausschuss zu befördern und mögliche Sprachbarrieren abzubauen (vgl. Interview 23, Juni 2013). [122]

Kritisch äußert sich der Bericht der Expertengruppe in Bezug auf die verhältnismäßig schwache Beteiligung der neuen MS und Problemen bei der Durchführung neu implementierter Instrumente wie den gemeinsamen Technologieinitiativen (Joint Technology Initiatives, JTIs) im 7. FRP. Zudem seien KMUs auf Grund des hohen administrativen Aufwandes nur gering vertreten. Positiv hervorgehoben wird in dem Bericht hingegen die Orientierung der Fördervergabe anhand des Exzellenzprinzips, das insbesondere im Rahmen der Projekte des Europäischen Forschungsrates Auswahlkriterium sei (vgl. Franke 2010).

Im Anschluss an die Präsentation der Ergebnisse der Zwischenevaluierung des 7. FRP und der Veröffentlichung des Grünbuches der EU-KOM im Februar 2011, startete die EU-KOM ein öffentliches Konsultationsverfahren zu ihrem Grünbuch. Bereits im Grünbuch enthalten formulierte sie 27 Fragen an die europäische Forschungslandschaft, zu deren Beantwor-

122 Hierbei handelt es sich um eine nicht offizielle Übersetzung des Sprachendienstes des Deutschen Bundestages, die nicht von der EU-KOM geprüft worden ist, vgl. Interview 23, Juni 2013).

tung Akteure aus Politik, Wissenschaft, Forschung und Industrie aufgerufen wurden (vgl. Bundesministerium für Bildung und Forschung 2013a; Europäische Kommission 2011a). Unter den 775 eingesendeten Positionspapieren befanden sich insgesamt 272 Stellungnahmen deutscher Akteure, was ungefähr 35% der Beiträge insgesamt ausmacht.

Neben Beiträgen von Forschungseinrichtungen, Hochschulen und privatwirtschaftlichen Unternehmen hatten sich auch die Bundestagsfraktionen mit einer Stellungnahme an dem Konsultationsverfahren beteiligt (vgl. Bundesministerium für Bildung und Forschung 2013b). Allerdings hat nicht der ABFT eine gemeinsame, fraktionsübergreifende Position eingereicht, sondern die SPD-Bundestagsfraktion sowie die Bundestagsfraktion von Bündnis 90/Die Grünen hatten sich zusammengeschlossen und als Oppositionsfraktionen ihren Bundestagsantrag im Rahmen des Konsultationsverfahrens eingereicht (vgl. SPD-Bundestagsfraktion/Bundestagsfraktion Bündnis 90/Die Grünen 2011).

Anfang Dezember 2010 reiste eine Delegation des ABFT für zwei Tage, am 7. und 8. Dezember 2010, nach Brüssel und traf dort mit einer Vielzahl von politischen Entscheidungsträgern sowie weiteren Interessenvertretern zusammen.[123] Diese Delegation bestand aus zwei Abgeordneten der CDU/CSU-Fraktion und der SPD-Fraktion sowie je ein Abgeordneter der kleineren Fraktionen, also von FDP, Die Linke und Bündnis 90/Die Grünen des ABFT (vgl. Deutscher Bundestag 2010a: 2).

Auf dieser Reise traf die Delegation auch mit Prof. Hartmut Raffler zusammen, der als Mitglied der Expertengruppe die Zwischenevaluierung des 7. FRP maßgeblich mitgestaltete. Er wird erneut von den Mitgliedern des ABFT eingeladen und kam am 23. Februar 2011 in den Ausschuss nach Berlin und stand somit allen Mitgliedern des Ausschusses als Gesprächspartner zur Verfügung (vgl. Deutscher Bundestag 2011f).

Im April 2011 stellten sowohl die Regierungsfraktionen von CDU/CSU und FDP einen Bundestagsantrag zum 8. FRP Horizont 2020 (vgl. Deutscher Bundestag 2011b, BT-Drs. 17/5492). Auch die Oppositionsfraktionen formulierten diesbezüglich Anträge. Die SPD-Bundestagsfraktion und die Bundestagsfraktion von Bündnis 90/Die Grünen stellten einen gemeinsamen Antrag am 12. April 2011 (vgl. Deutscher Bundestag 2011c, BT-Drs. 17/5449). Die Fraktion Die Linke stellt einen eigenen Antrag (vgl. Deutscher Bundestag 2011a, BT-Drs. 17/5386).

---

123 Auf die Delegationsreise wird detailliert in Kapitel 5.4.1.2 eingegangen.

Die Debatte über die Struktur, Schwerpunktsetzung und inhaltliche Ausrichtung der Forschungsförderung stand fortlaufend in einem engen Verhältnis zur Debatte über den Mehrjährigen Finanzrahmen der EU (MFR). Die Verhandlungen über die Finanzausstattung[124] der EU war maßgeblich entscheidend bei der Frage, wie hoch das Budget des 8. FRP Horizont 2020 an sich ausfällt (vgl. Bundesministerium für Bildung und Forschung 2015a). Diese grundlegende Frage der Höhe der Mittel war eng damit verknüpft, welche inhaltlichen Schwerpunkte bei der Struktur des Programmes gewählt werden sowie nach welchen Kriterien Fördergelder vergeben werden sollten. Insbesondere die bei der Zwischenevaluation bemängelte geringe Beteiligung der neuen MS der EU, ist bei der Verhandlung der Finanzausstattung ein einflussreicher und kontroverser Faktor gewesen (vgl. Interview 31, Januar 2014).

Spannungen entstanden insbesondere bei dem Vorhaben, Exzellenz als das grundlegendes Förderkriterium zu vereinbaren mit dem Ziel, MS aus Mittel- und Osteuropa (MOE) stärker zu beteiligen. Die MS aus MOE hatten bisher verhältnismäßig geringere Forschungsfördermittel erhalten. Zudem standen die Verhandlungen zum MFR 2014-2020 grundsätzlich unter der Vorgabe der MS, dass die EU auf Grund der Wirtschafts- und Finanzkrise, Einsparungen erzielt werden müssten (vgl. Busch 2013; Thiels 2013; Kaczmarek 2012). Somit wird das Spannungsfeld ersichtlich, in dem die Verhandlungen zur Finanzausstattung von Horizont 2020 erfolgten.

Im Hinblick auf die Verhandlungen zum MFR 2014-2020 und deren Bedeutung für die Finanzausstattung des 8. FRP Horizont 2020 (2014-2020) wird auch das Spannungsverhältnis zwischen der EU-Forschungspolitik und der EU-Landwirtschaftspolitik deutlich. So standen sich auf EU-Ebene sowie innerhalb des BT die Befürworter einer Erhöhung der Finanzmittel für die EU-Forschungsförderung strittig gegenüber den Befürwortern einer weiterhin finanziell stark ausgestatten EU-Landwirtschaftspolitik (vgl. Interviews Nr. 14 (Januar 2013), 21 (April 2013), 27 (November 2013)).

> „Das mit Abstand größten Budget im EU-Haushalt sind die Agrarsubventionen. 50 Prozent des EU Budgets geht in Agrarbeihilfen und das zielt auf einen Wirtschaftsbereich der in Europa einen Anteil vom BIP von deutlich unter 10% hat" (Interview 26, November 2013).

124 Zum Ablauf und den Besonderheiten der MFR-Verhandlungen vgl. Becker 2012.

Ein anschauliches Beispiel dieses Spannungsverhältnisses bietet eine im Frühjahr 2011 erfolgte Debatte innerhalb der Fraktion Bündnis 90/Die Grünen über die Positionierung der Fraktion für den neuen Mehrjährigen Finanzrahmen der EU (MFR) für den Zeitraum 2014-2020. Hier standen sich insbesondere die Forschungspolitiker und die Landwirtschaftspolitiker gegenüber, die je Mitteleinsatz entweder in die Forschung als Innovationsmotor oder die Ausweitung der Förderung ökologischer Landwirtschaft forderten. In dieser Debatte gewann Krista Sager als forschungspolitische Sprecherin von Bündnis 90/Die Grünen die Auseinandersetzung und konnte ihre Fraktion davon überzeugen, dass mehr Finanzmittel der EU für die Forschung ausgegeben werden sollten (vgl. Sager 2011).

Am 11. Mai 2011 erfolgte die Plenardebatte des ABFT zum 8. FRP Horizont 2020 (2014-2020). Am 20. Mai 2011 lief die Frist für die Beteiligung an der öffentlichen Konsultation der EU-KOM zu ihrem Grünbuch ab (vgl. Europäische Kommission 2011a). Der Vorschlag der EU-KOM zum MFR 2014-2020 erfolgte am 29. Juni 2011, der damit auch die finanzielle Ausstattung von Horizont 2020 vorgab (vgl. Bundesministerium für Bildung und Forschung 2015a). Den Initiativvorschlag für das Rechtsetzungspaket für das 8. FRP Horizont 2020 (vgl. Europäische Kommission 2011c: KOM (2011) 808 endg.) veröffentlichte die EU-KOM am 30. November 2011 (vgl. Bundesministerium für Bildung und Forschung 2013a).

Bereits dieser erste Einblick zeigt in welchem hohen Maße die Bundestagsfraktionen die einzelnen Etappen der vorbereitenden Schritte des Rechtsetzungsprozesses auf EU-Ebene verfolgten:

1) Sie sind in Kenntnis der Prozessabläufe des formalen Rechtsetzungsprozesses. 2) Die inhaltlichen Positionierungen der Entscheidungsträger in EU-KOM und dem Rat sowie der BReg sind ihnen bekannt. 3) Sie reagieren äußerst zeitnah und aktiv auf die Geschehnisse und Prozessabläufe in den EU-Institutionen.

Im nachfolgenden Kapitel 5.4.1 werden die markanten Prozessereignisse sowie die Wendepunkte der Mitwirkung und Einflussnahme des ABFT eingehend dargestellt und analysiert. Die Grundlagen hierfür sind neben der Dokumentenanalyse vor allem die Analyse der zu diesem Zweck eigens durchgeführten problemzentrierten Interviews (vgl. Interviewliste in Kapitel 7).

5.4.1. Markante Prozessereignisse sowie Wendepunkte

Die nachfolgende Analyse stellt die einzelnen Etappen des Mitwirkungsprozesses dar. Hierbei werden insbesondere die Interaktionskonstellationen untersucht, d.h. dargelegt welche Handlungsarenen sich im Verlauf der Mitwirkung ergeben und welche Ausprägungsmerkmale diese Arenen kennzeichnen. Zudem wird in den Blick genommen, welche Auswirkungen die in informellen und formellen Handlungsformaten erfolgten Mitwirkungsmaßnahmen für die Informationsasymmetrie zwischen BT und BReg entfalten. Ausgewählt für die detaillierte Darstellung und Analyse werden hierbei diejenigen Handlungsarenen und Interaktionskonstellationen, die eine erfolgsversprechende Einflussnahme auf die Ausgestaltung des 8. FRP Horizont 2020 durch die Einwirkung auf EU-Akteure bzw. die BReg und ihre Vertreter eröffnen bzw. bewirken.

5.4.1.1. Informationsgewinnung und Positionierung im Vorfeld

Da das Gesetzespaket für das 8. FRP Horizont 2020 auf EU-Ebene ein Legislativakt ist, sind dort im Rahmen des ordentlichen Gesetzgebungsverfahrens neben EU-KOM und Rat auch das EU-Parlament beteiligt (vgl. hierzu Kapitel 5.2). Die Mitwirkung des BT erfolgt auf Grundlage von Artikel 23 GG sowie damit verbunden dem EUZBBG.

> „Wir können im Ausschuss ja sagen, dass wir uns mit bestimmten Themen beschäftigen wollen […]. Wir stimmen ja auch in jeder Sitzung über EU-Vorlagen ab. In der Regel entscheiden eben die Obleute, dass es keine grundsätzliche Bedeutung hat und deshalb auch nicht diskutiert wird. Wenn jetzt der Obmann sagt, über den und den Vorschlag wollen wir diskutieren, dann müssten wir wahrscheinlich auch im Ausschuss darüber diskutieren“ (Interview 14, Januar 2013).

Die regelmäßige Praxis der Begleitung und Behandlung der europäischen Rechtsetzungsakte im BT ist die sogenannte Kenntnisnahme.

> „EU Vorlagen werden meistens zur Kenntnis genommen und auch ohne Debatte“ (Interview 20, Februar 2013).

Das hat zur Folge, dass die EU-Vorhaben auf der Tagesordnung am Ende der Themen aufgeführt werden, oftmals am Ende der Sitzungen ohne eine Aussprache und damit inhaltliche Positionierung angenommen werden.

> „Formal wären wir ja nur informiert worden, das heißt wir bekommen die Vorlagen, die gehen an den EU-Ausschuss und der gibt sie dann weiter. Aber

die meisten Vorlagen werden zur Kenntnis genommen, weil es einfach unbedeutendere Themen sind. Aber in dem Fall, wann würden wir denn hier informiert werden? Wenn es im Rat zum Abschluss käme“ (Interview 14, Januar 2013).

Im Falle des 8. FRP Horizont 2020 ist jedoch schon frühzeitig eine inhaltliche Auseinandersetzung zwischen den forschungspolitischen Sprechern aller Bundestagsfraktionen erfolgt. Die Befassung des Ausschusses mit einer EU-Vorlage bzw. mit einem EU-Vorhaben aus Eigeninitiative ist in der Geschäftsordnung des BT (GOBT) ausdrücklich erwähnt (vgl. GOBT § 93 Abs. 4). Von dieser Möglichkeit hat der ABFT beim 8. FRP Horizont 2020 Gebrauch gemacht und eben nicht erst abgewartet, bis eine förmliche Zuleitung der EU-Vorlage den ABFT erreicht. Zu diesem Zeitpunkt wäre weder eine Kontrolle der Regierungstätigkeit auf EU-Ebene noch eine Einflussnahme mehr möglich gewesen. Die Mitglieder des ABFT haben sich also sehr frühzeitig mit dem 8. FRP Horizont 2020 beschäftigt. So haben sie u.a. Anträge ausformuliert (vgl. Deutscher Bundestag 2011a, BT-Drs. 17/5386; Deutscher Bundestag 2011b, BT-Drs. 17/5492; Deutscher Bundestag 2011c, BT-Drs. 17/5449) sowie Beschlussempfehlungen für das Plenum erstellt (vgl. Deutscher Bundestag 2011d, BT-Drs. 17/5802). Wie kam es hierzu?

Den zuständigen Abgeordneten im ABFT wurde frühzeitig von Mitarbeitern aus der Fraktion signalisiert, dass die Regelungen zum 8. FRP Horizont 2020 relevante politische Entscheidungen auf EU-Ebene sind. Insbesondere die Notwendigkeit der Mitwirkung und Präsenz in einem frühen Stadium von Vertretern des BT wurde hierbei betont.

„Es hat natürlich schon eine gewisse Befassung mit europäischer Politik sehr sporadisch, sehr unstrukturiert gegeben in vorhergehenden Legislaturperioden. Aber es ist schon so, dass es eine gewisse Systematik gegeben hat, als klar war, jetzt gilt es rechtzeitig ins Auge zu fassen, wie die Vorbereitungen laufen für das 8. Forschungsrahmenprogramm" (Interview 23, Juni 2013).

Signale zur frühzeitigen Befassung mit diesem Thema gingen laut der Interviewpartner hierbei insbesondere vom Verbindungsbüro in Brüssel und hier v.a. von den jeweiligen Fraktionsreferenten aus. Diese signalisierten den zuständigen Berichterstattern und forschungspolitischen Sprechern der Bundestagsfraktionen, dass es angezeigt und lohnenswert sei, frühzeitig die Etappen des EU-Entscheidungsfindungsprozesses in den EU-Institutionen zu verfolgen.

„Man muss sagen, wir haben hier sehr gute Fraktionsreferenten, die immer auf der Höhe der Zeit sind und die haben eben jetzt auch durch Gespräche mit dem Verbindungsbüro[...] signalisiert, dass das ein wichtiges Thema sei, eben für den Ausschuss aber auch für die AG, dass eben da jetzt die Verhandlungen anstehen für das 8. Forschungsrahmenprogramm und letztlich, das war schon im ersten Jahr 2009/2010, als die ersten Signale kamen, sich damit in der AG zu beschäftigen und es auch hieß, sich auch eng mit den Kollegen im EP abzustimmen" (Interview 14, Januar 2013).

Das Bestreben, sich frühzeitig mit dem 8. FRP Horizont 2020 zu befassen erfolgte mit dem Ziel, bereits frühzeitig die Positionen der EU-KOM, aber auch der Parlamentarier aus dem EP in Erfahrung zu bringen. Darüber hinaus zielte die frühzeitige Aktivität fortwährend auf die Herausbildung einer eigenen inhaltlichen Position und bereitete die Behandlung in den Beratungsformaten des Ausschusses vor.

„Zunächst haben wir von AG-Seite aus Gespräche gesucht und mal über die Rahmen diskutiert, worüber es eigentlich gehen soll und ich hab dann gemeinsam mit dem Kollegen [...] in Brüssel Gespräche gesucht mit Vertretern der Allianz der Forschungseinrichtungen und dann eben auch relativ intensiv den Kontakt zu den zuständigen Kollegen im EP gesucht. Da war früh klar, dass wir einen Antrag formulieren, indem wir das Anliegen unterstützen, also auch die deutsche Position von Bundestagsseite aus formulieren" (Interview 14, Januar 2013).

Hinweise für eine frühzeitige Befassung mit dem Vorhaben des 8. FRP Horizont 2020 sind hierbei über die Fraktionsgrenzen hinweg feststellbar.

„Wir haben erst die Gelegenheit genutzt, uns über unsere Fraktion zu informieren, haben dann aber uns auch als Ausschuss gemeinsam versucht, zu schauen, was ist jetzt relevant" (Interview 22, Mai 2013).

„Die anderen Fraktionen im Ausschuss haben sich auch mit dem Thema befasst und auch Anträge geschrieben. Da war klar, dass es auch im Ausschuss thematisiert wird, spätestens wenn ein Antrag vorliegt, wird das auch im Ausschuss debattiert" (Interview 14, Januar 2013).

„Die Exekutive ist in Vorleistung gegangen durch das erste Leitlinienpapier im Frühjahr 2010 [...]. Dann entwickelte sich ein gewissen Systematik, als klar war, jetzt gilt es vorzubereiten, wie die Dinge laufen um das 8. Forschungsrahmenprogramm" (Interview 23, Juni 2013).

Diese Vorabprozesse zur Positionsfindung waren somit durch die Initiativen und Positionierungen der BReg vorstrukturiert, dienten jedoch auch zur Entwicklung einer eigenständigen Position gegenüber den EU-Gremien:

„Die Frühzeitigkeit und die Konstruktivität, also das pro-aktiv Vorstellungen formulieren, Einfordern, Einbringen. Das man beim Drafting weiß, was der

Deutsche Bundestag gerne hätte. Ich glaube, dass das sehr machtvoll sein kann. Und dann natürlich auch in den Verhandlungsprozessen, die die Regierung dann führt, ggf. Sachen pro-aktiv einbringen, das heißt nicht immer nur Wert darauf legen, was muss verhindert werden, sondern auch, wo sind Vorstellungen, die wir haben" (Interview 19, Februar 2013).

5.4.1.2. Delegationsreise des Ausschusses nach Brüssel

Die frühzeitige Befassung des ABFT mit den Vorbereitungen des 8. FRP Horizont 2020 in den EU-Institutionen ermöglichte u.a. auch eine Auseinandersetzung mit grundsätzlichen Fragen der Mitwirkung und der Wahl der angemessenen Methoden und Vorgehensweise.

> „Für mich war ziemlich klar, dass wenn man den Ausschuss dazu kriegen will, dass er sagt, da muss der Bundestag agieren, dann muss es auch einen Vorlauf geben, wo der Ausschuss mal so ein bisschen aus seinen Ritualen heraustritt. […] Aber das war dann immerhin etwas, wofür man dann auch Aufmerksamkeit gekriegt hat, nach dem Motto, wir reisen da ja auch hin und beschäftigen uns damit" (Interview 23, Juni 2013).

Die Auseinandersetzung über die Vorgehensweise bei der Mitwirkung wurde in den Arbeitsgruppen (AG) der Bundestagsfraktionen sowie auf Ebene des Ausschusses behandelt. In den Interviews wurde deutlich, dass es von der Mehrzahl der Fraktionen die Auffassung gab, dass eine Delegationsreise des ABFT sinnvoll und zielführend sei (vgl. Interview 13 (Januar 2013), Interview 14 (Januar 2013), Interview 20 (Februar 2013), Interview 22 (Mai 2013), Interview 23 (Juni 2013).

> „Wir haben das sicherlich hier auch im Ausschuss prominent gemacht. Man muss dazu sagen, es gab auch eine Delegationsreise des Ausschusses nach Brüssel ausschließlich zum Forschungsrahmenprogramm mit Kommissionsvertretern und Ratsvertretern. Und im Nachgang dazu haben dann auch die Oppositionsfraktionen einen Antrag formuliert" (Interview 14, Januar 2013).

Die Delegationsreise fand Anfang Dezember 2010 statt. Teilgenommen an dieser Delegationsreise haben je zwei Abgeordnete der CDU/CSU-Fraktion und der SPD-Fraktion sowie je ein Abgeordneter der kleineren Fraktionen, also von FDP, Die Linke und Bündnis 90/Die Grünen des ABFT (vgl. Deutscher Bundestag 2010a: 2).

> „Gemeinsam reisen, bildet auch gemeinsam. Wenn sie als Gruppe reisen, dann sind sie nicht mehr auf so Regierung und Opposition, sondern sie machen eine gemeinsame Erlebnisreise, wo man was lernt" (Interview 23, Juni 2013).

Mit der Reise waren mehrere Ziele und Absichten verbunden. Die Reise diente der frühzeitigen Informationsgewinnung. In den Gesprächen mit den Entscheidungsträgern wurden die aktuellen Ereignisse und Positionierungen im Entscheidungsprozess erfragt. Die jeweiligen Vertreter der EU-Institutionen konnten ihre Positionen und Schwerpunktsetzungen sowie die dahinter liegenden Beweggründe darlegen.

> „Dagegen die Reise nach Brüssel war schon viel spannender. Man konnte sich über den Stand der Verhandlungen im Parlament und mit Wirtschaftsverbänden vor Ort austauschen. Wir hatten Treffen mit der IHK, mit Parlamentariern und mit Quinn“ (Interview 22, Mai 2013).

Zudem bot sich die Möglichkeit für die MdBs, hierbei nicht nur Nachfragen zu stellen, sondern zudem eigene Positionen und Begründungen im Gespräch zu äußern. Damit geht die Funktion weit über die alleinige Informationsgewinnung hinaus.

> „Wir als forschungspolitische Sprecher reisten nach Brüssel zu den dortigen Akteuren, sprachen dann vor Ort mit der zuständigen Kommissarin und versuchten unseren Forschungsgrundsatz der Exzellenz zu diskutieren“ (Interview 16, Februar 2013).

Bereits zu diesem frühen Zeitpunkt sind somit Handlungsformen u.a. durch die Interviews nachvollziehbar, die als inhaltlichen Positionierungen eingestuft werden können (vgl. Interview 16 (Februar 2013), Interview 24 (Oktober 2013), Interview 25 (November 2013), Deutscher Bundestag 2010a).

In Bezug auf die Ausformulierung der Regelungsvorhaben für das 8. FRP Horizont 2020 zielten die MdBs auf das Vertreten und Bestärken deutscher Interessen vor Ort in Brüssel ab. Wichtigste Forderung war hierbei, der Forschungsförderung bei der Finanzplanung der EU eine Priorität zu geben. Zudem gab es deutliche Anzeichen, dass die zuständige Kommissarin für Forschung, Wissenschaft und Innovation Geoghegan-Quinn (2010-2014) die Verbundforschung nicht mehr in der gleichen Stärke fördern wolle. Dies galt es im deutschen Interesse zu verhindern (vgl. Interview 23, Juni 2013).

> „Also wir wollten im Grunde alle das Gleiche und haben das in Brüssel einheitlich vertreten. Deshalb ging es auch darum, die Sachen zusammenzufassen und zu bündeln und hatte den Vorteil, dass sich dann auch die Deutschen alle weitgehend einig waren und insofern hat das auch seine Wirkung entfaltet bei der Kommission, also die waren sehr interessiert daran auch zu hören, was die Deutschen gerne hätten“ (Interview 14, Januar 2013).

Erstes Treffen der MdBs war laut dem Bericht des ABFT ein Briefing mit der zuständigen Referatsleitung der Ständigen Vertretung der BReg bei der EU in den Räumlichkeiten des EP. Dies macht deutlich, dass die Delegationsreise auch im Hinblick auf die Gewinnung von Informationen aus der deutschen Ministerialbürokratie ausgerichtet war. Gezielt wurden hierfür persönliche, informelle Formate des Informationsaustausches mit zuständigen, leitendend Entscheidungsträgern des Ministeriums gewählt, die vor Ort in Brüssel durch die Arbeit in den RAG aktiv in die aktuellen Geschehnisse und Verhandlungen mit den anderen MS eingebunden ist.

Gespräche im Europäischen Parlament

Im Anschluss erfolgten Gespräche mit drei Ausschüssen des EP: dem Ausschuss für Bildung und Kultur, dem Ausschuss für Industrie, Forschung und Energie (ITRE) sowie dem Haushalts-Ausschuss (vgl. Deutscher Bundestag 2010a: 7–11). In diesen Gesprächen wurde u.a. die Finanzausstattung des 8. FRP Horizont 2020 sowie der Zusammenhang mit den Verhandlungen zum MFR 2014-2020 thematisiert. Aus dem Bericht der Delegationsreise lässt sich schlussfolgern, dass die MdEPs die MdBs in diesen Fragen auf Aspekte hingewiesen haben, bei denen parlamentarische Mitwirkung des BT und die Kontrolle der BReg angezeigt ist.

Explizite Hinweise wurden ausgesprochen im Hinblick auf das zurückhaltende Verhalten von MS bei der Finanzausstattung. Hierbei seien insbesondere die nationalen Parlamente gefordert, Einfluss zu nehmen (vgl. Deutscher Bundestag 2010a: 9). Die allgemeingehaltene Formulierung des Berichtes lässt vermuten, dass es in den Gesprächen mit den MdEPs deutliche Hinweise auf eine zögerliche Positionierung der BReg in den RAG gab. Diese Zurückhaltung der BReg drohte jedoch eines der wichtigsten Ziele nicht nur der EU-Forschungspolitik, sondern der EU insgesamt zu gefährden: die Ziele der Europa 2020 Strategie und damit die Zukunftsfähigkeit und Innovationskraft der EU. Diese Ziele wären gefährdet, wenn nicht die Absichtserklärungen bei der Erhöhung der Finanzmittel für die Forschungsförderung in die Tat umgesetzt würden. Aus diesem Grund sei es die Aufgabe der MdBs, die eigene Regierung an die Zusage, sich für eine Erhöhung der Forschungsförderung im Rahmen der Europa 2020-Strategie einzusetzen, zu erinnern und Handlungsdruck zu erzeugen (vgl. Interview 20 (Februar 2013), Interview 27 (November 2013), Interview 29 (Dezember 2013)).

Über die Frage des Budgets des 8. FRP Horizont 2020 hinaus wurden weitere Aspekte angesprochen, bei denen aktive Mitwirkung der Parlamentarier der nationalen Parlamente gefordert wurde. So erhielten die MdBs Hinweise für relevante Themen, die bei ihrem anschließenden Gespräch mit der Kommissarin Frau Geoghegan-Quinn unterstrichen werden sollten. Hierzu zählte die Frage des Verbleibs der Verbundforschung im 8. FRP Horizont 2020, deren Relevanz von Seite der MdBs angesprochen werden sollte (vgl. Deutscher Bundestag 2010a: 9).

Diese Auswertung der Gespräche mit MdEPs macht deutlich, dass es explizite Hinweise seitens der MdEPs an die Mitglieder der Delegationsreise des ABFT gab. Diese Hinweise umfassten hierbei nicht nur den Versuch einer Sensibilisierung, sondern zielten konkret auf die Übernahme einer informellen und formellen Einflussnahme und gestalterischen Mitwirkung am Entstehungsprozess des 8. FRP Horizont 2020. Somit setzten die MdEPs gezielt ihre Kenntnisse über den Stand der Verhandlungen ein, um bei einzelnen Aspekten mit Hilfe der MdBs, Verhandlungsfortschritte zu erzielen und sich anbahnende bzw. drohende Verhandlungsblockaden, hier v.a. im Bereich des Budgets, abzuwenden.

Gespräch mit der Kommissarin Geoghegan-Quinn

Die von den MdEPs vorgebrachte Frage der Berücksichtigung der Verbundforschung wurde im Gespräch mit der Kommissarin Frau Geoghegan-Quinn angebracht und in einzelnen Aspekten von ihr aufgegriffen (vgl. Deutscher Bundestag 2010a: 10–11). Die Kommissarin betonte darüber hinaus die Relevanz der Vereinfachung und damit Verringerung der Bürokratie, was vor allem für die Erhöhung der Beteiligungsrate von Industriebetrieben verbessert werden müsse. Zudem bezog sie sich auf die von der Expertenkommission vorgetragene Zwischenevaluation des 7. FRP. So ging sie auf Kritikpunkte ein, wie die geringe Präsenz von neuen MS aus MOE und nannte in diesem Zusammenhang auch die Rolle der kohäsionspolitischen Maßnahmen, die zum Aufbau von Forschungsinfrastruktur in dieser Region genutzt werden sollte. Auch kündigte sie ein Positionspapier der EU-KOM zur Zwischenevaluierung des 7. FRP für Februar 2011 an. Explizit verwies die Kommissarin auf die High-Tech-Strategie der BReg, an der sich die EU-KOM z.B. bei der Kombination von top-down und bottom-up Förderinstrumenten orientiere (vgl. Deutscher Bundestag 2010a: 10–11).

> „Es war für mich zwar sehr spannend dort Dinge zu lernen und zu erfahren, aber ich hatte nicht den Eindruck, dass wir da vor Ort die Ausrichtung an Hand der gesellschaftlichen Herausforderungen noch beeinflussen konnten" (Interview 22, Mai 2013).

Treffen mit den Leitern der Brüsseler Verbindungsbüros der Forschungseinrichtungen

Am Abend des ersten Tages trafen die Abgeordneten auf der Delegationsreise mit den Leitern der in Brüssel vertretenen Büros der Forschungs- und Wissenschaftseinrichtungen in den Räumen der KoWi (Kooperationsstelle EU der Wissenschaftsorganisationen) zusammen. Es waren bei diesem Gespräch Vertreter der Brüsseler Verbindungsbüros der DFG, Fraunhofer-Gesellschaft, Helmholtz-Gemeinschaft, Leibniz-Gemeinschaft, KoWi und Max-Planck-Gesellschaft. In diesem Rahmen wurden die jeweiligen Aufgabenbereiche und Tätigkeiten der verschiedenen Büros vorgestellt. Anschließend trugen die Einrichtungen die jeweiligen Grundzüge ihrer Positionen und Forderungen zur Ausformulierung des 8. FRP Horizont 2020 vor.

> „Bei der offiziellen Delegationsreise der Abgeordneten in Räumen der KoWi gab es großes Interesse seitens der Abgeordneten, welche Meinung die Wissenschaftsorganisationen zu dem Kommissions-Vorschlag zu Horizont 2020 haben und was sie noch im weiteren Beratungsprozess brauchen" (Interview 25, November 2013).

Hierbei spielte insbesondere die Frage der Einbindung der bisher unterrepräsentierten MS der EU eine Rolle. Diese Debatte war eng verknüpft mit der Frage, ob bei der Fördermittelvergabe das Vergabekriterium allein die Exzellenz der Forschung herangezogen wird oder ob auch kohäsionspolitische Elemente hierbei berücksichtigt werden sollten. Hierbei kam es im Verlauf der Gespräche vermehrt zu der Position, dass eine Kombination von Fördermaßnahmen im 8. FRP Horizont 2020 mit Kohäsionsmitteln ein guter Kompromiss sei, um einerseits das Exzellenzprinzip nicht zu schwächen und andererseits für die notwendige Verbesserung der Forschungsinfrastruktur in MOE zu sorgen (vgl. Deutscher Bundestag 2010a: 13–14).

> „Die Abgeordneten haben sich sehr interessiert, auch unsere Positionen als Wissenschaftsorganisationen zu hören" (Interview 25, November 2013).

Hier zeigt sich, dass die MdBs insbesondere die Bedürfnisse und Interessen der deutschen Wissenschafts- und Forschungseinrichtungen im Blick haben. Dennoch wird im Gespräch mit den Vertretern der Verbindungsbüros in Brüssel auch eine Kompromissposition austariert. Bei der Kompromissbildung geht es darum, die europäischen Ziele im Hinblick auf die Schaffung eines nachhaltigen und innovativen Forschungsraumes, mit den Zielen der deutschen Forschungslandschaft zu vereinbaren. Zudem weisen die MdBs darauf hin, dass eine bessere Beteiligung der mittel- und osteuropäischen Länder und der damit einhergehenden schrittweisen Angleichung der Forschungsinfrastruktur und der Kompetenzen auch für die deutsche Forschungslandschaft positive Rückwirkungen haben wird.

Gespräch mit dem stellvertretenden Generaldirektor der GD Forschung sowie dem Generalsekretariat des Rates

Die Frage, an Hand welcher Förderungsinstrumente die neuen MS eine höhere Beteiligungsrate erreichen können, bestimmte das Gespräch mit dem stellvertretenden Generaldirektor der GD Forschung der EU-KOM, Herrn Strohmeier. Dieser verwies darauf, dass bei einer reinen Betonung des Exzellenzkriteriums im Rahmen der MFR-Verhandlungen Widerstände entstehen würden, die eine Einigung blockieren könnten. Insbesondere wies er die MdBs darauf hin, dass bei dem Wunsch einer Mitgestaltung sofortige Maßnahmen und Schritte dafür erfolgen müssten und nicht erst, wenn ein Vorschlag der EU-KOM veröffentlicht ist (vgl. Deutscher Bundestag 2010a: 14–15).

In dem anschließenden Gespräch mit dem Generaldirektor des Generalsekretariats des Rates, Klaus Gretschmann sowie dem Abteilungsleiter Juri Burianek, wurden erneut die Beteiligungs- und Förderraten der MOE-Staaten der EU thematisiert. Die Vertreter des Generalsekretariates wiesen darauf hin, dass eine Beibehaltung des derzeitigen Förderniveaus des 7. FRP für das 8. FRP Horizont 2020 bereits ein Verhandlungserfolg darstellen würde. Zudem wiesen sie die MdBs auf den kommenden Frühjahrsgipfel im Februar 2011 hin, bei dem weitreichende Entscheidungen erfolgen werden. Seitens der MdBs wurden in diesen Gesprächen Fragen zu den weiteren Etappen des Entscheidungsprozesses sowie des politischen Kalenders gestellt (vgl. Deutscher Bundestag 2010a: 15–16).

Die Gespräche mit leitenden Entscheidungsträgern aus der GD Forschung und dem Generalsekretariat des Rates zeigen, dass klare Hinweise der Gesprächspartner auf relevante Etappen in dem Entscheidungsprozess erfolgten und diese betonen, dass bei dem Wunsch einer Mitwirkung sofortige Stellungnahmen der MdBs erfolgen sollten. Somit haben diese Gespräche die Funktion, den aktuellen Stand der inhaltlichen Diskussion zu erfahren. Aber darüber hinaus erfüllen die Gespräche auch die Funktion der prozeduralen Abstimmung und Koordinierung. Auffallend ist die Tendenz einer gesamteuropäischen Perspektive. Dies zeigt sich bei dem Verweis auf die notwendige Berücksichtigung der MOE-Staaten und der Diskussion um Verknüpfungsmöglichkeiten kohäsions- bzw. strukturpolitischer Maßnahmen und der Forschungsförderung.

Nachfolgend hatten die Teilnehmer der Delegationsreise ein Gespräch mit Hartmut Raffler, der als Mitglied der Expertengruppe zur Zwischenbewertung des 7. FRP aktiv bei der Analyse der Umsetzung des FRP und der Formulierung von Empfehlungen für das 8. FRP Horizont 2020 beteiligt gewesen ist. Herr Raffler stellte in einem Vortrag den MdBs die zentralen Ergebnisse der Zwischenevaluierung vor. Hierbei verwies er insbesondere auf den Rückgang der Beteiligung von Industriebetrieben. Im 4. FRP konnte noch eine Beteiligung von 40% von Industriebetrieben verzeichnet werden. Beim 7. FRP ging diese Beteiligung auf 25% zurück. Diesem Trend müsse begegnet werden mit der Vereinfachung und Flexibilisierung der Verwaltungsaufgaben, die bei der Abwicklung und Durchführung von Forschungsprojekten entstünden. Auch Herr Raffler als Mitglied der Expertengruppe plädierte für eine zunehmende Verschränkung von Forschungsförderung durch das 8. FRP Horizont 2020 und den Strukturfondsmittel, um die MOE-Staaten bei der Entwicklung exzellenter Forschungsinfrastruktur zu unterstützen (vgl. Deutscher Bundestag 2010a: 16). Herr Raffler wurde vom ABFT nach Berlin in eine Ausschuss-Sitzung eingeladen und stand dort allen Mitgliedern des Ausschusses als ausgewiesener Experte und Gesprächspartner zur Verfügung.

In einem weiteren Gespräch traf die Delegation auf den Direktor des European Research Council (ERC), Jack Metthey. Dieser wertete die bisherige Entwicklung des ERC als Erfolgsgeschichte und setzte sich ein für eine weitere Aufstockung der Finanzausstattung des ERC. Zudem verwies er auf die besondere Bedeutung der institutionellen Unabhängigkeit der Institution. Er machte abschließend die Abgeordneten aufmerksam darauf, dass der ERC in den folgenden Tagen eine Arbeitsgruppe für das 8. FRP Horizont 2020 einsetzen werde (vgl. Deutscher Bundestag 2010a: 17).

Zum Abschluss der Reise trafen die MdBs mit Vertretern der Brüsseler Büros der Deutschen Industrie- und Handelskammer (DIHK) und des Zentralverband des deutschen Handwerks (ZDH) zusammen. Hier wurden relevante Aspekte des 8. FRP Horizont 2020 für KMU besprochen, vor allem die Bestrebungen, die Verwaltung von Forschungsprojekten und die bürokratischen Abläufe bei der Bewerbung um Fördergelder waren Themen des Gespräches (vgl. Deutscher Bundestag 2010a: 17).

Die detaillierte Betrachtung der Gesprächspartner sowie der Gesprächsverläufe zeigt, dass die Delegation des ABFT im Dezember 2010 mit relevanten Entscheidungsträgern aus den verschiedenen EU-Institutionen sowie Interessenvertretern aus Wissenschaft und Wirtschaft zusammen gekommen ist. Hierbei haben die Gesprächspartner je aus der eigenen institutionell geprägten Perspektive die Prozessabläufe und inhaltlichen Debatten beleuchtet.

Die Reise diente sowohl der Informationsgewinnung, dem Aufbau von persönlichen Kontakten, dem Informationsaustausch sowie der inhaltlichen und prozeduralen Koordination. Darüber hinaus wurden die MdBs sowohl von Seiten der MdEPs als auch von führenden Akteuren der EU-KOM sowie von Interessenvertretern auf Bereiche hingewiesen, bei denen die Einflussnahme und Mitwirkung ihrerseits angezeigt und gefordert sei. Dies umfasst vor allem die Höhe der Finanzausstattung des 8. FRP Horizont 2020 und damit die Bereitschaft der nationalen Regierungsvertreter der EU-MS Finanzmittel für die EU-Forschungsförderung bereitzustellen. Die Klärung der Finanzausstattung steht im Zusammenhang mit der Beteiligungsrate der MOE-Staaten.

Ein weiteres herausragendes Thema ist die Innovationsförderung und damit die Beteiligung der Industrie und KMU an Forschungsprojekten, um das beabsichtigte Wirtschaftswachstum zu erzielen und die Schaffung von Arbeitsplätzen zu unterstützen. Dieses Ziel sollte durch die Vereinfachung und Flexibilisierung der Verwaltung der Projekte erreicht werden. Hierbei galt es zu klären, in welchem Verhältnis die Innovationsförderung zur Grundlagenforschung steht.

Die Delegationsreise hat die Teilnehmenden für diese Spannungsfelder sensibilisiert. Den MdBs wurden konkrete Aspekte dargelegt, bei denen ihre Mitwirkung und Einflussnahme gefordert ist. Sie konnten Argumentationen austauschen und Begründungen einfordern. Zudem sind sie in informellen Foren über zeitnahe relevante politische Ereignisse informiert worden. All dies fördert die Aufmerksamkeit und das Verständnis für die Prozessabläufe auf EU-Ebene. Wie diese Erfahrungen sich im weiteren Verlauf der Mitwirkung auswirken, soll nun im Folgenden dargestellt werden.

5.4.1.3. Auswirkungen der Reise auf die parlamentarische Mitwirkung

Wie von den Initiatoren beabsichtigt, hatte die Delegationsreise nicht lediglich die Funktion, Informationen und Argumente auszutauschen oder die Koordination nationaler parlamentarischer Aktivitäten mit den Abläufen der EU-Institutionen zu befördern.

> „Nach der Delegationsreise gab es einhellige Meinungen, dass wir da jetzt als Deutsche aktiv werden müssen und uns positionieren müssen, da es ja auch Positionierungen der deutschen Wissenschaftsorganisationen gab" (Interview 20, Februar 2013).

Darüber hinaus zielte die Reise auf die Beförderung der Gruppendynamik und der Herausbildung einer fraktionsübergreifenden parlamentarischen Position. Eine inhaltliche Forderung, so die Absicht der Initiatoren, sollte vom BT als Gesamtorganisation vertreten werden, um ihr mehr Gewicht und damit Einflussmöglichkeiten zu eröffnen (vgl. Interview 20 (Februar 2013), Interview 23 (Juni 2013)).

> „Die Reise hatte einen doppelten Sinn: Signale zu setzen in Richtung der EU-Ebene, dass der BT das alles genau verfolgt. Das andere war aber auch, die Abgeordneten mussten auf einen gemeinsamen Stand gebracht werden, damit sie hinterher darüber vernünftig reden können" (Interview 23, Juni 2013).

5.4.1.3.1. Steigerung der Kontrollfähigkeit der Regierungstätigkeit

Diejenigen Parlamentarier, die an der Delegationsreise teilgenommen haben, konnten durch die persönlichen Gespräche gezielte Informationen erlangen, Fachkenntnis und persönliche Kontakte aufbauen. Aufgrund ihrer Expertise bzw. ihrer Funktion als forschungspolitische Sprecher haben sie für ihre eigene Fraktion im BT eine herausgehobene und einflussreiche Position. Somit ist davon auszugehen, dass sie dieses Wissen und die erworbenen Kompetenzen auch in ihre Fraktion und damit den anderen Parlamentariern im ABFT zur Verfügung gestellt haben. Deshalb kann angenommen werden, dass die Informationsbasis der Mitglieder des ABFT insgesamt sich durch diese Reise nach Brüssel in einem umfänglichen Maße erhöht hat.

> „Die Reise war trotzdem goldrichtig, denn damit haben wir signalisiert, es gibt in Deutschland ein großes Interesse und eine große Aufmerksamkeit für dieses Thema. Es gibt auch aus dem Parlament Interesse dafür. Das war sicher

> auch unterstützend für die Aktivitäten der Bundesregierung und der Forschungsorganisationen" (Interview 23, Juni 2013).

Auswirkungen hat die Verbesserung der Informationsbasis im Hinblick auf die Ausbildung eigener politischer Positionen und Argumente. Zudem befähigt die Kenntnis über den politischen Kalender, also die relevanten entscheidungsvorbereitenden Beratungen und Gremiensitzungen, die fortlaufende Entscheidungsfindung beeinflussen zu können. Dies ist auch Grundlage für eine verbesserte Ausübung der formalen parlamentarischen Kontrollrechte gegenüber der BReg.

> „Ich habe das selbst erfahren, dass sie wahrnehmen, dass so direkte Kontakte in die Kommission hilfreich sind. [...] Also man merkt, wenn man der Regierungsbank andeutet, man hat mit der EU-Kommission direkt gesprochen, dass das „Sich Erklären" der Regierungsbank, was der Abgeordnete wolle, sich durchaus verändert und gleichzeitig die Kommission auch dankbar ist, mal sozusagen dem Parlament selber zu erklären" (Interview 19, Februar 2013).

5.4.1.3.2. Fraktionsübergreifender Antrag, ja oder nein?

Die Initiative für diese Reise ging von den Forschungspolitikern aus der Opposition aus. Ihre Erwartungen an diese Reise gingen hierbei über reine Informations- und Positionierungsgelegenheit hinaus. Vielmehr beabsichtigten sie das Herausbilden einer gemeinsamen, fraktionsübergreifenden parlamentarischen Position (vgl. Interview 23, Juni 2013).

> „Wenn sie als Gruppe reisen, dann sind sie plötzlich nicht mehr so Opposition und Regierung, sondern dann machen sie eine gemeinsame Erlebnisreise, wo sie gemeinsam was Lernen. Und das war im Grunde meine Hoffnung, dass, wenn man gemeinsam reist und gemeinsam diese Gespräche dazu führt, dass man dann doch auch ein Gespür dafür kriegt, dass man eigentlich in der Einschätzung der Sachen, die man jetzt wichtig findet und der Einschätzung, was man problematisch findet, dann vielleicht sich auch eher annähert" (Interview 23, Juni 2013).

Inhaltliche Gemeinsamkeiten erstreckten sich hierbei insbesondere auf die Forderung, dass die Forschungsförderung bei der Haushaltsplanung der EU prioritär zu behandeln ist. Man wollte sich einsetzen für eine weitere starke Förderung der Verbundforschung im 8. FRP Horizont 2020. Zudem begann die Kommissarin für Forschung und Innovation, Frau Geoghegan-Quinn, neue Förderinstrumente zu entwickeln, bevor die Expertenkommission die im 7. FRP neu eingeführten Instrumente überhaupt evaluiert hatten. Dies wollten einige MdBs abwehren, da es deutliche Anzeichen gab, dass diese verstärkt auf die Innovationsförderung statt auf die Forschungsförderung abzielten. Zudem zielte die EU-KOM auf die Zentrierung von Verwaltungsaufgaben und damit mehr eigener Steuerungskompetenz in der EU-KOM. Dies wäre zu Lasten der nationalstaatlichen Regierungen gegangen, was es zu verhindern galt (vgl. Interview 26, November 2013).

> „Jetzt muss man dazu sagen, dass die Grundfragen und Positionen sich da nicht unterscheiden zwischen Opposition und Koalition. Wir haben da relativ ähnliche Positionen, es gibt da Nuancen, die uns unterscheiden“ (Interview 14, Januar 2013).

Es galt, das deutsche Interesse an einer weiterhin starken finanziellen Förderung des ERC deutlich zu machen. Ein weiteres Thema war die Nachwuchsförderung und die bessere Berücksichtigung der Beteiligung von Frauen, sowohl bei Antragstellung, in den wissenschaftlichen Panels sowie in den Auswahlgremien. Zudem galt es, sich zu positionieren in der Frage, wie und ob man Kohäsionspolitik und Forschungspolitik besser aufeinander abstimmen kann. Bei der praktischen Umsetzung der Forschungsförderung sollten nicht komplizierte neue Instrumente entwickelt werden, sondern bewährte Instrumente verbessert werden und hierbei diejenigen bevorzugt werden, die auch den Hochschulen eine gute Beteiligung ermöglicht, nicht nur großen Industriebetrieben (vgl. Interview 13 (Januar 2013), Interview 14 (Januar 2013), Interview 20 (Februar 2013), Interview 22 (Mai 2013), Interview 23 (Juni 2013)).

> „Also es gab eine Menge Themen, wo man sagen konnte, Leute, da kann man doch eigentlich zusammen kommen. Und dann haben wir im Dezember 2010 diese Reise gemacht. Und das war eigentlich auch so, muss ich sagen, wie ich das erwartet hatte. [...]
> Es gab noch unterschiedliche Gewichtungen bei den Fraktionen bei bestimmten Einzelthemen, ja. Aber im Grunde hätte man sich nach dieser Reise gut nachmittags zusammen setzen können und sagen können, wir machen jetzt mal sieben oder acht Punkte, da sind wir uns doch eigentlich einig“ (vgl. Interview 23, Juni 2013).

Somit wurde das Ziel erreicht, dass durch die Reise die Gemeinsamkeiten der inhaltlichen Positionen verdeutlicht wurden. Auch ein stärkeres Gemeinschaftsgefühl sowie Verbundenheit als Parlamentarier des BT wurde befördert.

> „Es war eben so, dass wir nach der Brüsselreise gesagt haben [...] eigentlich muss sich der Bundestag auch dazu äußern, wenigstens welche Erwartungen es dazu gibt, welche Grundvorstellungen man hat. [...] Lasst uns mal etwas

> Gemeinsames dazu machen und wenigstens ein paar Punkte auf die wir uns konzentrieren, also Beibehaltung und Stärkung Europäischer Forschungsrat, Verbundforschung halten wir für wichtig, Nachwuchsförderung. Also ein paar Punkte die eher unstrittig sind“ (Interview 20, Februar 2013).

Somit wurden Bewusstsein und Sensibilität dafür erzeugt, dass eine überfraktionelle Position des Ausschusses und damit einer Positionierung des BT als Gesamtinstitution eine größere Einflussnahme in der EU entfalten kann. Dem Ziel, parlamentarischen Einfluss auf EU-Ebene geltend zu machen, schien man durch die Reise näher gekommen zu sein.

> „Auf dieser Reise habe ich dann auch vereinzelt Kollegen angesprochen, ob sie nicht meinten, dass man dann sowas machen könnte, dass man im Ausschuss einen gemeinsamen Antrag macht, der dann ja auch Bundestagsantrag hätte werden können. Und da war die Meinung der einzelnen Abgeordneten eigentlich noch positiv. Und die sagten ja, das müssen wir dann erst mal absprechen, wenn wir nach Hause kommen. Aber es war eigentlich eine positive Grundstimmung zu sagen, ja, das müssten wir doch eigentlich hinkriegen können“ (vgl. Interview 23, Juni 2013).

Ein Ausbrechen aus bisherigen Verhaltensmustern und tradierten Routinen, die im Rahmen der nationalen Rechtsetzungsprozesse etabliert und gewachsen sind, darauf zielten diese Versuche der gemeinsamen Positionierungen. Die fraktionsübergreifende Stellungnahme hätte die Oppositionsfraktionen sowie Regierungsfraktionen gleichermaßen eingeschlossen. Beabsichtigt war es, sich stärker als Vertreter einer eigenständigen Institution zu begreifen und sich von Mustern zu lösen, die im nationalen Rahmen der Logik vom Gegenüber von Opposition- und Regierungsfraktion folgen. Diese Muster führen aber auf der EU-Ebene zur Schwächung der eigenen Verhandlungsposition als nationales Parlament.

Im nationalen Gesetzgebungsprozess gilt es, die Loyalitätsbeziehung zu den *eigenen* Ministern der eigenen Partei durch klare Unterstützung der Gesetzesvorhaben deutlich zu machen und somit den Regierungsanspruch zu bestätigen und zu festigen. Die klare Ablehnung der Vorhaben der Regierungskoalitionen durch die Oppositionsfraktionen ist eine sich daraus ergebende Konsequenz des politischen Wettbewerbs.

Bei den Verhandlungen auf EU-Ebene jedoch sind die Vertreter der Regierung nur ein Verhandlungspartner unter vielen und müssen sich neben den Interessen der EU-Institutionen auch in der Auseinandersetzung mit den Positionen und Bedürfnissen der anderen Regierungsvertreter der MS der EU durchsetzen und verorten. Hieraus entsteht die Notwendigkeit für den BT, sich bei der Herausbildung einer eigenständigen, unabhängigen Rolle als Akteur auf der EU-Ebene, verstärkt aus den Automatismen der

Regierungs- und Oppositionsmuster der nationalen Gesetzgebung zu lösen. Es gilt, ein Bewusstsein für die eigenständige institutionelle Rolle als Gesamtorganisation zu entwickeln und diese Rolle gestalterisch auszufüllen und strategisch einzusetzen.

In diesem Spannungsfeld bewegten sich nun die Versuche der Oppositionsfraktionen, nach der Brüsselreise einen gemeinsamen überfraktionellen Antrag zu erarbeiten. Diese dürfte zwar die Verhandlungsposition der BReg nicht schwächen, aber sie dennoch in spezifischen Bereichen zu einer Anpassung ihrer Verhandlungsposition bzw. dem Aktivwerden anstoßen.

> „Und als wir dann nach Hause gekommen sind, wurden wir dann eben ständig vertröstet, man sei noch nicht so weit, man sei noch in der Diskussion und man müsse sich das noch überlegen. Und das Ganze endete dann damit, dass uns gesagt wurde: Nein, wir machen nix Gemeinsames, sondern es läuft nach dem alten Motto, die Koalition kommt mit ihrem eigenen Vorschlag und die Opposition macht ihr eigenes Ding. Und dieses Instrument, dass der Bundestag mal rechtzeitig als Parlament Stellungnahme nimmt und nicht nur Exekutive, das war damit gestorben" (vgl. Interview 23, Juni 2013).

Dies zeigt auf, dass es zwar eine fraktionsinterne Auseinandersetzung innerhalb der Regierungsfraktionen in dieser Frage gegeben haben muss. Vermutlich wurde diese vor allem in der CDU/CSU-Fraktion intensiv geführt. Hierbei wurden die Argumente abgewogen, welchen politischen Mehrwert ein gemeinsamer Antrag hätte und welche Nachteile dies für die eigene BReg bedeuten würde. Hier erfolgt demnach eine Auseinandersetzung mit den bisherigen tradierten Vorgehensweisen und der Frage, ob und zu welchem Risiko diese im Falle des 8. FRP Horizont 2020 aufgebrochen werden könnten.

> „Wir sind da aber nicht weiter gekommen zu einer gemeinsamen Stellungnahme, weil es da Probleme in der Unionsfraktion gab, [...] möglicherweise dazu was Interfraktionelles zu machen. Was dazu geführt hat, das wir dann eine rot-grüne Stellungnahme zum Konsultationsprozess gemacht haben" (Interview 20, Februar 2013).

Über die Beweggründe lässt sich nur mutmaßen, da auch die Interviews mit Vertretern der Regierungsfraktionen sowie der Oppositionsfraktionen hierzu leider keine weitere Aufklärung ermöglichten. Auch die Analyse der Plenardebatte zeigt auf, dass die Positionen der Bundestagsfraktionen, mit Ausnahme der Positionen der Fraktion Die Linke, sehr nah beieinander waren und nur in Nuancen und Gewichtungen Unterschiede bestanden (vgl. Deutscher Bundestag 2011e: 12373–12384). Dies betont selbst der

Obmann der CDU/CSU-Fraktion im ABFT in seinem Redebeitrag in der Plenardebatte:

> „Mit einiger Freude habe ich den Antrag von Rot-Grün zur Kenntnis genommen; auch das darf ich sagen, Frau Kollegin Sager und Herr Kollege Röspel. In der Tat stimmen unsere Forderungen weitgehend überein [...] In der Summe werten wir Ihren Antrag als wichtiges Zeichen der Geschlossenheit in der Sache“ (Deutscher Bundestag 2011e: 12381(B)).

Zudem wäre es auch möglich gewesen, die strittigen Themen auszulassen und diese dann in einzelnen Anträgen aufzugreifen. Dort hätten auch die Unterschiede dargelegt werden können, zum Beispiel bei der Frage, welchen Stellenwert die Marktrelevanz der Forschungsförderung haben solle im Verhältnis zur Grundlagenforschung, die nicht auf die Produktentwicklung ausgerichtet.

> „Es gibt aber eine deutsche Position, wir haben es halt nicht als gemeinsamen Antrag gemacht. Aber man hätte das in dem Fall hinbekommen, einen gemeinsamen Antrag zu machen. Wir sind da nicht weit voneinander entfernt. Insofern gibt es eine große Einmündigkeit auch mit den ganzen Forschungsorganisationen. Also wir wollten im Grunde alle das Gleiche und haben das in Brüssel einheitlich vertreten. Deshalb ging es auch darum, die Sachen zusammenzufassen und zu bündeln und hatte den Vorteil, dass sich dann auch die Deutschen alle weitgehend einig waren und insofern hat das auch seine Wirkung entfaltet bei der Kommission, also die waren sehr interessiert an auch zu hören, was die Deutschen gerne hätten“ (Interview 14, Januar 2013).

Bei der Nennung der Forderungen an die BReg steht bei allen BT-Fraktionen an erster Stelle die Höhe der Finanzausstattung des 8. FRP Horizont 2020. Auffallend ist hierbei jedoch, dass keine Fraktion es wagt, hier eine genaue Summe zu nennen, sondern sie die Formulierung weich ausgestalten und somit im Grunde offen lassen. So fordern die Regierungsfraktionen CDU/CSU und FDP die BReg auf:

> „[...] eine deutliche Erhöhung der Mittel für die zukünftige Forschungs- und Innovationsförderung gegenüber dem 7. Forschungsrahmenprogramm durchzusetzen, um die Ziele der Europa-2020-Strategie glaubwürdig vertreten und im internationalen Vergleich bestehen zu können“ (Deutscher Bundestag 2011b: 2).

Hier wird zwar der konkrete Bezug zum Vorgängerprogramm gewählt, das ja ein Fördervolumen von 54,3 Milliarden Euro umfasst und somit ein Referenzpunkt ist. Aber eine konkrete Forderung auf eine monetäre Größe wird nicht vorgenommen. Anders hat es ja das EP in seiner Stellungnahme zum Grünbuch der EU-KOM zur Forschungsfinanzierung am 27. September 2011 getan. Hier forderte das EP eine Verdopplung des Etats des 7.

FRP und somit ein Volumen von 100 Milliarden Euro für Horizont 2020 (vgl. Europäisches Parlament 2011).

Die Oppositionsfraktionen von SPD und Bündnis 90/Die Grünen verfassen ihre Forderung zur Finanzausstattung sogar noch weicher, indem sie von der BReg fordern:

> „...sich im Rahmen der Verhandlungen zum mehrjährigen Finanzrahmen für eine deutliche Prioritätenverschiebung zugunsten von Forschung und Innovation einzusetzen“ (Deutscher Bundestag 2011c: 4).

In dieser Formulierung ist gar kein finanzieller Referenzrahmen mehr genannt. Die geringsten Ambitionen scheint die Fraktion Die Linke in ihrer Forderung zum Ausdruck zu bringen, in dem sie bereits eine Minimalforderung formuliert:

> „Der finanzielle Gesamtumfang der Förderung sollte mindestens erhalten bleiben“ (Deutscher Bundestag 2011a: 3).

Somit lässt sich insgesamt feststellen, dass zum Zeitpunkt der Plenardebatte, die Bundestagsfraktionen zwar für eine Erhöhung des Fördervolumens von Horizont 2020 votierten. Zu diesem Zeitpunkt lief auf EU-Ebene noch das Konsultationsverfahren der EU-KOM zum Grünbuch. In den Beschlussempfehlungen, die der ABFT dem Plenum vorgelegt hatte, bezogen sich jedoch die Forderungen der MdBs nicht auf konkrete Kennzahlen.

> „Letztlich ging es immer wieder um die Finanzausstattung, das war eine der zentralen Fragen, die uns hier beschäftigt hat, die wir dann auch offen gelassen haben. Klar war aber, dass wir für die Erhöhung im Forschungsbereich sind, zwar zu Lasten anderer Bereiche. Was auch hier eine kleine Auseinandersetzung mit den Agrarlern gegeben hat, dann haben wir es dann auch offen gelassen“ (Interview 14, Januar 2013).

Diese Vorgehensweise der BT-Fraktionen führt dazu, dass die BReg über eine komfortable Handlungs- und Bewegungsfreiheit verfügt. Da die BReg seitens des BT keine konkrete Zahl für eine Fördersumme vorgegeben bekommen hat, an der es nun Verhandlungserfolge zu messen gilt, eröffnet sich eine Manövrierfähigkeit. Zudem wird so kein Rechtfertigungsdruck erzeugt. Weder die Bundestagsfraktionen müssten bei einem möglichen Unterschreiten von angemahnten konkreten Fördersummen Stellung beziehen, noch die BReg müsste ein deutliches Unterschreiten einer geforderten Kennzahl begründen.

Hier ist ein starker Widerspruch erkennbar. Die Detailliertheit und Eindeutigkeit der Forderungen zwischen formellen Positionierungsverfahren

– in diesem Falle der Erarbeitung und Diskussion einer Beschlussempfehlung des ABFT – und informellen Positionierungsverfahren variiert erheblich. Dies ist umso erstaunlicher, da im Rahmen der Gespräche mit den Entscheidungsträgern und Interessenvertretern immer wieder die Bedeutung der Finanzausstattung seitens der MdBs betont und hervorgehoben worden ist.

Folglich gab es einen Antrag der Regierungsfraktionen CDU/CSU-Fraktion und der FDP-Fraktion. Die Fraktionen von Bündnis 90/Die Grünen und der SPD haben einen gemeinsamen Antrag formuliert, ebenso die Fraktion Die Linke. In der Plenardebatte wurde somit lediglich nur über die mehrheitliche Beschlussempfehlung des Ausschusses befunden (vgl. Deutscher Bundestag 2011d). Für diesen Antrag stimmten dann die Regierungsfraktionen der CDU/CSU sowie der FDP-Fraktion im BT. Gegenstimmen kamen von der Fraktion Bündnis 90/Die Grünen sowie der Linksfraktion. Interessanterweise enthielt sich die SPD-Bundestagsfraktion (vgl. Deutscher Bundestag 2011e: 12348(A)).

> „Der wurde dann nach Brüssel geschickt und war eine Stellungnahme von uns. Das war ganz interessant, denn es gab bis dato eine Stellungnahme vom Bundesministerium, die allerdings aus Sicht auch unserer Leute oberflächig war und insofern war das dann eine sehr interessiert aufgenommene Positionierung zu den Fragen Programmstruktur, Ausstattung und wurde in Brüssel sehr intensiv wahrgenommen. Wir waren auch das einzige Parlament, das im Rahmen der Konsultation, wo sich auch die ganzen Gruppierungen, also auch DFG usw. beteiligt haben, und die einzige Stellungnahme eines Parlamentes war die des Deutschen Bundestages. Daher hat sie auch Beachtung gefunden und ihre Wirkung entfaltet bei der Kommission und das ist eigentlich immer noch der Sachstand" (Interview 14, Januar 2013).

Auch wenn es nicht gelungen ist, aus den tradierten Ritualen des Gegenübers von Regierungsfraktion und Opposition herauszutreten in Form eines gemeinsamen Antrages, so wurde anscheinend die Positionierung des BT auf EU-Ebene stark wahrgenommen (vgl. Interview 28 (Dezember 2013), Interview 31 (Januar 2014)).

> „Dann hatten wir vorher auch eine politische Diskussion über die Höhe des Budgets. Da war dann die deutsche Position auch hilfreich am Anfang zu mindestens. Weil der Bundestags-Ausschuss ja auch zu einem frühen Zeitpunkt in einer Stellungnahme für ein 100 Milliarden-Programm sich stark gemacht hat" (Interview 31, Januar 2014).

Dieses Zitat aus dem Interview mit dem Kabinettschef in der EU-KOM (vgl. Tabelle 9: Liste der ausgewerteten und verwendeten Interviews) zeigt auf, das die Entscheidungsträger in der EU-KOM zwar über die Verabschiedung der Stellungnahme in Kenntnis waren. Aber der unmittelbare Bezug, der hier zwischen der Summe von 100 Milliarden Euro und dem Bundestagsantrag gezogen wird, erscheint nach der Analyse der Originaldokumente zunächst widersprüchlich.

Aufgeklärt wird dieser Widerspruch durch die Berücksichtigung der folgenden Ereignisse, die sich nach der Plenardebatte und der Annahme der Beschlussempfehlung ereigneten. Denn die MdBs ließen nichts unversucht, um ihrer Position in den Institutionen der EU Nachdruck zu verleihen.

> „Und die eben auch signalisiert haben, dass sie das sehr gut finden, dass es diese Position gibt. Und dann kam diese Überlegung, dass man dem ganzen eben noch einen besonderen symbolischen Wert geben, indem man das eben nicht darüber schickt, sondern eben persönlich übergibt und dem noch mehr Gewicht zu verleihen" (Interview 14, Januar 2013).

Der vom BT angenommene Antrag der CDU/CSU-Fraktion wurde im Rahmen des Konsultationsverfahrens als Position des BT zum Grünbuch der EU-KOM eingebracht. Diese wurde jedoch nicht nur elektronisch an die EU-KOM verschickt, sondern persönlich im Rahmen eines informellen Besuches überreicht.

> „Und wir haben den Antrag in Brüssel dann auch persönlich überreicht. Aber das sind alles keine vorgesehenen Verfahren. Das ist eher ungewöhnlich, aber es war aus unserer Sicht der Bedeutung des Themas angemessen. Also wir haben dem hier schon eine große Priorität eingeräumt" (Interview 14, Januar 2013).

Die Vermutung liegt daher nahe, dass MdBs der Regierungsfraktion/-en, die an dem Gespräch beteiligt gewesen sind, sich konkreter als im Text des Bundestagsantrages positionierten. So kann angenommen werden, dass im Rahmen des persönlichen Austausches die MdBs unscharfe Formulierung des Antrages mit konkreten Summen gefüllt haben. Die Bekenntnis, die nicht im formalen, öffentlich zugänglichen Dokument erfolgte, konnte somit im persönlichen, informellen Rahmen ausgesprochen werden. In diesem Forum kann diese Position geäußert und vertreten werden, ohne dass ein Verfehlen dieses Zieles in den Verhandlungen mit den anderen EU-MS als Niederlage gedeutet werden kann. Dies könnte u.U. von politischen Konkurrenten ausgenutzt werden. Informelle Foren bieten somit auch einen gewissen Schutzraum, in dem eine deutliche Positionierung möglich ist. Zudem nützt die nicht-öffentliche Positionierung auch der BReg, da so die Manövrierfähigkeit als Verhandlungspartner in den RAG erhalten bleibt. Ebenso wird die drohende Gefahr eines Gesichtsverlustes bei einem Scheitern der Verhandlungen umgangen. Auch wird die Loyalitätsbeziehung zwischen den MdBs der Regierungsfraktion und den Bundesregierungsmitgliedern nicht verletzt.

Auch die Oppositionsfraktionen waren sehr engagiert, ihren Positionierungen im weiteren Entscheidungsprozess auf EU-Ebene Geltung und Aufmerksamkeit zu verschaffen. Sie beteiligten sich ebenso an dem Konsultationsverfahren der EU-KOM, allerdings nicht durch eine persönliche Überreichung von Positionspapieren.

> „Es gab eine rot-grüne Stellungnahme zum Konsultationsprozess. Die Union hat dann eben auch eine solche Stellungnahme gemacht und es in der Kommission platziert, wo die wesentlichen Fragen sehr ähnlich waren" (Interview 20, Februar 2013).

Die Regierungsfraktionen haben sich somit selbst eine Handlungsfreiheit und größere Flexibilität gewahrt, dadurch, dass sie nicht den Weg eines gemeinsamen Antrages gewählt haben. Sie konnten in einem persönlichen Gespräch ohne die Rücksichtnahme auf Unterschiede in den Positionen mit den anderen Fraktionen sich für ihre eigenen Schwerpunktsetzungen Aufmerksamkeit verschaffen. Auch konnten persönliche Netzwerke weiter verstärkt werden. Andererseits konnte aus der Sicht der EU-Institutionen die Abgabe fraktionsspezifischer Stellungnahmen im Konsultationsprozess als Uneinigkeit innerhalb des BT gewertet werden. Das wiederum führt insgesamt zu einer Schwächung der Stellungnahmen.

Kein gemeinsamer Antrag und seine Auswirkungen

Insgesamt betrachtet, gab es eine sehr aktive und zudem sehr frühzeitige Beteiligung deutscher Akteure, sowohl aus der Wissenschafts- und Forschungslandschaft, der Wirtschaft sowie dem parlamentarischen Raum. Hierzu zählt die sehr frühzeitige Formulierung einer Position der BReg. Zudem wurden parallel zum Fortgang des Prozesses auf EU-Ebene fortlaufend Positionspapiere der BReg veröffentlicht, die sich je auf die Struktur, sowie inhaltliche Ausgestaltung des Programmes bezogen haben. Darüber hinaus gaben die Forschungseinrichtungen, die DFG, die Allianz der Wissenschaftsorganisationen und Wirtschafsverbände Stellungnahmen ab. Damit zielten diese Akteure auf eine Einflussnahme bei der Ausformulierung des 8. FRP Horizont 2020 ab. Unter all diese Positionen reiht sich der BT als ein Akteur von vielen Interessenvertretern ein.

> „Neben den Leitlinienpapieren der BReg ist es ja schon schwierig zu sagen und dann hat da auch noch das Parlament was gesagt. Aber wenn das Parlament das noch nicht mal hinkriegt, da was zusammen zu machen. Und dann ist da aber eine gemeinsame Position der Opposition, das interessiert dann glaube ich kaum noch jemanden“ (vgl. Interview 23, Juni 2013).

Die Bestrebungen aus der Opposition heraus, eine gemeinsame interfraktionelle Stellungnahme zu erarbeiten, blieb erfolglos. Konsequenzen dieser Entscheidung hatte dies nicht nur für die Wahrnehmung der Stellungnahmen der BT-Fraktionen im Konsultationsverfahren der EU-KOM. Auch im Hinblick auf die nationalstaatliche Mitwirkung und Kontrolle der BReg schwächte dies die Mitwirkungsfähigkeit aus Sicht der Parlamentarier. Die Plenardebatte fand statt im Mai 2011. Kurz darauf, am 17. Juni 2011, veröffentlichte die BReg ihr zweites Leitlinienpapier zum 8. FRP Horizont 2020. Hier formulierte sie konkrete Anforderungen an die *inhaltliche Ausrichtung* des Förderprogrammes.

> „Und dieses Instrument, dass der Bundestag mal als Bundestag rechtzeitig auch als Parlament Stellung nimmt und nicht nur die Exekutive, das war damit gestorben. Und es war dann auch so, das sich die Regierungsfraktionen dann viel viel mehr als Anhängsel der Stellungnahme der Bundesregierung gemacht haben“ (vgl. Interview 23, Juni 2013).

Daraus wird ersichtlich, dass die Regierungsfraktionen es vermeiden wollten, öffentlich eine Position einzunehmen, die u.U. der Position der BReg zuwider lief. Die Interviews mit Entscheidungsträgern der EU-KOM zeigen auf, dass innerhalb der BReg Meinungsverschiedenheiten zwischen dem Bundesfinanzminister und der damaligen Ministerin für Bildung und Forschung Anette Schavan bestanden (vgl. Interview 31, Januar 2014).

Aufgrund der Wirtschafts- und Finanzkrise strebte auch die BReg Kürzungen im EU-Haushalt an. Daher war es für die Forschungspolitiker des BT schwierig, sich erfolgreich gegenüber der BReg für Erhöhungen der Haushaltstitel einzusetzen. Dies beförderte auch die Spannungen zwischen den Forschungspolitikern und den Landwirtschaftspolitikern im BT (vgl. Interview 14 (Januar 2013), 23 (Juni 2013)).

> „Und dann kam noch etwas Anderes dazu, das hat den Wissenschaftspolitikern in allen Fraktionen das Leben nicht leicht gemacht. […] Es gab dann nämlich, nachdem man eigentlich die Chance hatte zu sagen, wir sind relativ weit vorne in der Vorbereitung auf dieser Debatte und zwar auch als Ausschuss durch diese Reise und dann kriegte man aber nichts zustande und dann kam plötzlich 2011 sehr massiv die Auseinandersetzung zwischen der Landwirtschaftspolitik und der Wissenschaftspolitik in allen Fraktionen. Das war klar. Weil wir hatten ja die Position, Wissenschaft soll im neuen Finanzrah-

men Priorität haben und die Landwirtschaftsleute haben dann nur gesagt, ne, ne, das geht dann nur auf unsere Kosten und das geht nicht. Und als dann klar war, der Bundestag kriegt da nichts gemeinsam zustande habe ich mich dann eine Zeit lang darauf konzentriert, diese Auseinandersetzung in der Fraktion zu gewinnen" (vgl. Interview 23, Juni 2013).

Die Chance versäumt zu haben, eine starke gemeinsame Position des ABFT und damit des BT als Ganzes zu entwickeln, schwächte die Verhandlungsposition somit nicht nur im Hinblick auf die EU-Ebene. In den jeweiligen Anträgen der Fraktionen wurde zwar dem Budget die oberste Priorität eingeräumt. Die Positionierungen wurden aber nicht mit einer eindeutig formulierten politischen Forderung nach einer spezifischen Summe für das Fördervolumen des 8. FRP Horizont 2020 verknüpft.

> „Letztlich ging es immer wieder um die Finanzausstattung, das war eine der zentralen Fragen, die uns hier beschäftigt hat, die wir dann auch offen gelassen haben. Klar war aber, dass wir für die Erhöhung im Forschungsbereich sind, zwar zu Lasten anderer Bereiche. Was auch hier eine kleine Auseinandersetzung mit den Agrarlern gegeben hat" (Interview 14, Januar 2013).

Das *Offenlassen* der Frage des Budgets ermöglichte eine Stärkung der Position der Landwirtschaftspolitiker im Hinblick auf die Aufteilung der Finanzmittel in den MFR-Verhandlungen. In der Konsequenz mussten MdBs des ABFT somit zeitliche Ressourcen in die Auseinandersetzung mit den Landwirtschaftspolitikern innerhalb ihrer eigenen Fraktion investieren.

> „Wir hatten ja die Position, Wissenschaft soll im neuen MFR Priorität haben und die Landwirtschaftsleute haben gesagt, ne, das geht nur auf unsere Kosten und das geht nicht. Und als klar war, wir haben es nicht geschafft, da eine gemeinsame Position im Ausschuss hinzubekommen, da habe ich mich auf die Auseinandersetzung in der Fraktion konzentriert" (vgl. Interview 23, Juni 2013).

Das Verharren in den tradierten Mustern der Unterstützung der BReg und dem Vermeiden öffentlicher Konflikte zwischen Regierungsfraktion und BReg führte auch zu einer Schwächung der Kontrollfähigkeit der BReg durch die Oppositionsfraktionen. Zwar versuchten sie den weiteren Fortgang des Entscheidungsprozesses auf EU-Ebene weiter zu verfolgen und durch Befragungen der BReg im ABFT Kontrolle auszuüben. Nach der Debatte über die Beschlussempfehlungen im ABFT flachte das Engagement und die Berichtsfreude der BReg jedoch erkennbar ab.

> „Nachdem die Anträge im Ausschuss waren, da war auf parlamentarischer Ebene die Luft raus [...] Dann haben wir immer wieder gesagt, wir wollen den Bericht haben und trallala, aber...
> Klar haben wir die Informationen dann gekriegt, aber die waren dann nicht mehr erhellend. Weil ich glaube, dass dann auch die Regierung ein gutes Gespür dafür kriegt, dass da im Parlament die Luft raus ist. Dann wird noch pflichtgemäß berichtet" (vgl. Interview 23, Juni 2013).

Konsequenz dieser Entwicklung war es, dass die Gestaltungs- und Einwirkungsmöglichkeiten der Parlamentarier im Rahmen nationaler Kontrollmaßnahmen gegenüber der BReg weitestgehend wirkungslos blieben. Die Ausweichstrategie, die die MdBs dann wählten, um den Prozessverlauf noch beeinflussen zu können, verlief über die Zusammenarbeit mit den MdEPs. Somit verblieb nur die über die Ebenen verschränkte informelle Einflussnahme zwischen den Parlamenten als Gestaltungsraum und Handlungsarena (vgl. Interview 20 (Februar 2013), Interview 22 (Mai 2013), Interview 23 (Juni 2013)).

> „Und weil jeder dann gesagt hat, das was ich da jetzt noch beeinflussen kann, das muss ich über die Einflussnahme im Europäischen Parlament machen und über die Parteischiene" (vgl. Interview 23, Juni 2013).

> „Da muss man sich mit den Kollegen des EP und KOM Mitgliedern treffen, wenn das nicht klappt über den Ausschuss oder nicht interfraktionell läuft, Positionen zu organisieren" (vgl. Interview 20, Februar 2013).

Die einzigen zur Verfügung stehenden Handlungsformen waren nun nur noch die informellen Handlungsebenen. Hier vor allem die Einflussnahme durch die enge Zusammenarbeit mit den MdEPs.

> „Die Reise war trotzdem goldrichtig, denn damit haben wir signalisiert, es gibt in Deutschland ein großes Interesse und eine große Aufmerksamkeit für dieses Thema. Es gibt auch aus dem Parlament Interesse dafür. Das war sicher auch unterstützend für die Aktivitäten der Bundesregierung und der Forschungsorganisationen. Aber die Chance auch dem Parlament in dem Konsultationsprozess ein eigenes Gewicht zu geben, das ist verspielt worden und zwar ohne Not" (vgl. Interview 23, Juni 2013).

Deutlich wird auch, dass die Oppositionsfraktionen kaum Anreize hatten, sich nachfolgend formal oder informal weiter dem Fortgang des Entscheidungsprozesses zum 8. FRP Horizont 2020 zu widmen und Zeit zu investieren.

Die Delegationsreise hatte die MdBs für die Bedeutung des Vorhabens und die Prozessabläufe auf EU-Ebene sensibilisiert. Auch das Bewusstsein für die Vorzüge einer interfraktionellen Positionierung für die Wahrnehmung auf EU-Ebene wurde befördert.

> „Das ist zwar gelungen, aber das hatte keinen Output. Das muss man einfach feststellen. Deshalb wäre meine Bilanz, zu sagen, das Bewusstsein darüber, dass die neuen Möglichkeiten des Bundestages auch erforderlich machen, dass man sowas wie ein gemeinsames Bundestagsbewusstsein entwickelt. Und dass das etwas Anderes ist als das alltägliche Kleinklein zwischen Regierung und Opposition. Da sind wir noch ziemlich weit von entfernt. Da ist es eher noch so, die Opposition zwiebelt die Regierung, dass sie in Brüssel was machen soll, aber nicht der Bundestag verlangt irgendwas von der Bundesregierung" (vgl. Interview 23, Juni 2013).

5.4.2. Interessens- und Positionsunterschiede zwischen Bundestag und Bundesregierung

Grundsätzlich kann zwar von einer großen Übereinstimmung im Bereich der EU-Forschungsförderung zwischen der BReg und den MdBs ausgegangen werden. Im deutschen Interesse liegt zunächst eine Ausgestaltung des Programmes, die eine hohe Erfolgs- und Beteiligungsquote von deutschen Bewerbern aus Wissenschaft und Wirtschaft begünstigt. Die Durchführung der Interviews legt jedoch offen, dass es Differenzen zwischen der BReg und Mitgliedern des ABFT in einigen thematischen Schwerpunktbereichen der Forschungsförderung des 8. FRP Horizont 2020 bestanden. Diese Meinungsverschiedenheiten wurden geäußert in den Bereichen der Verbundforschung sowie der Frage, wie stark das Exzellenzkriterium gewichtet werden sollte bei der Fördermittelvergabe. Damit im Zusammenhang wurden ebenso Unterschiede erkennbar bei der Frage, wie eine verbesserte Beteiligung der MS aus MOE ermöglicht werden sollte. Die Maßnahmen zur Verbesserung der Beteiligungsrate von MS aus MOE werden unter dem Begriff der sogenannten *widening participation* gefasst. [125] Die Differenzen in diesen thematischen Bereichen sind jedoch zumeist nur gradueller Natur, d.h. es bestehen keine wesentlichen Positi-

125 Der Vollständigkeit halber sei darauf verwiesen, dass die Debatte über die Finanzierung von ITER eine stark polarisierte und eng mit der Begleitung des 8. FRP verknüpfte Debatte war. Diese Debatte soll aber nicht in dieser Arbeit rekonstruiert und analysiert werden, da sie den Rahmen dieser Arbeit sprengen würde und da dies keine weiterführenden Erkenntnisse zu den hier angesetzten Erkenntnisinteressen beitragen würde.

onsunterschiede. Im Folgenden wird der Fokus daher auf *einen spezifischen thematischen Regelungsbereich* gerichtet. Dieser Regelungsbereich hat sich bei der Analyse als der zentrale Streitpunkt zwischen dem Parlament und der Regierung herausgestellt. Die Darlegung der Auseinandersetzung in dieser Frage liefert einen Erkenntnisgewinn für das hier verfolgte Erkenntnisinteresse.

Bei der Analyse der Delegationsreise und deren Auswirkungen auf die weitere parlamentarische Mitwirkung an dem 8. FRP Horizont 2020 tritt deutlich hervor, dass die Finanzausstattung die zentrale Streitfrage ist. Wiederholt wird die Frage der Höhe des Volumens des Förderprogrammes als das zentrale Thema herausgestellt. Sowohl in formellen Verfahren, wie den Beschlussempfehlungen des ABFT, der Plenardebatte, in den Gesprächen auf der Delegationsreise sowie in den Interviews wird dieser Aspekt als die entscheidendste und konfliktreichste Frage wiederholt genannt.

Bei der detaillierten Analyse der Debatte um die Finanzausstattung müssen die Verhandlungen zum MFR der EU 2014-2020 mit einbezogen werden. Die Entscheidung über die Mittelausstattung des 8. FRP Horizont 2020 steht im direkten Zusammenhang mit den Verhandlungen zum MFR 2014-2020.

> „Er beschränkt die Ausgaben für einen festgelegten Zeitraum und definiert die für jede Hauptausgabenkategorie verfügbaren Höchstbeträge. Damit schafft der Mehrjährige Finanzrahmen nicht nur die politische Grundlage, sondern bestimmt auch den Haushaltsrahmen, um Ressourcen und Investitionen gezielt und bedarfsorientiert einzusetzen. Der […] EU-Finanzrahmen 2007-2013 umfasst ein Volumen von knapp 1.000 Milliarden Euro. Deutschland trägt davon rund 20 Prozent“ (Die Bundeskanzlerin 2012: 2).

Die Verhandlungen für den MFR 2014-2020 erfolgten in einer grundsätzlich konfliktreichen Ausgangslage, da die mitgliedstaatlichen Regierungen auf Grund der Wirtschafts- und Finanzkrise unter besonderem Erklärungsdruck standen (vgl. Becker 2012; Kaczmarek 2012; Busch 2013).

Eingefasst ist das 8. FRP Horizont 2020 in die Europa 2020-Strategie, die am 3. März 2010 von der EU-KOM veröffentlicht worden ist (vgl. Europäische Kommission 2010). Die Europa 2020-Strategie zielt auf die Schaffung von Arbeitsplätzen sowie intelligentes, ressourcenschonendes und integratives Wachstum, das sich auf Wissen und Innovation stützen soll. Um dies zu erreichen, wurden fünf Kernziele vereinbart. Als „Kernstück“ für die Umsetzung der Innovationsunion wird das 8. FRP Horizont 2020 gewertet (vgl. Deutscher Bundestag 2011b: 1). Zu diesen Zielen zählt die Erhöhung der Ausgaben für Forschung und Innovation auf drei

Prozent des BIP, wozu sich u.a. die BReg ausgesprochen hat (vgl. Bundesministerium für Bildung und Forschung 2015c).

In der Plenardebatte am 12. Mai 2011 zu Horizont 2020 bezieht sich Heinz Riesenhuber (CDU/CSU) auf dieses Ziel der Erhöhung des Etats für Forschung und verweist darauf, dass auf Grund des Wohlstandsgefälles in der EU seitens der BReg hierfür sogar ein größeres Engagement gefordert ist, als von anderen MS der EU:

> „Ich stimme denjenigen zu, die darauf hinweisen, dass wir für eine Erhöhung der Forschungsetats kämpfen müssen. Auf europäischer Ebene wollten wir bis 2010 bei den Forschungsausgaben einen Anteil von 3 Prozent des Bruttoinlandsprodukts erreichen. [...] Derzeit liegen wir bei einem Anteil von 2 Prozent. [...] In Deutschland betragen die Forschungsausgaben inzwischen 2,8 Prozent des Bruttoinlandsprodukts. Wenn in Europa durchschnittlich 3 Prozent erreicht werden sollen, dann muss Deutschland auf einen Anteil von 4 Prozent hinarbeiten. Nicht alle Länder werden sich gleich entwickeln können. Wir werden kämpfen müssen, um dieses Ziel zu erreichen" (Deutscher Bundestag 2011e: 12383(D)).

Unter den Einflüssen der Finanz- und Wirtschaftskrise jedoch gerieten die Vorhaben der Europa 2020-Strategie unter eine Bewährungsprobe. Dies gilt sowohl auf Ebene der EU sowie auf nationaler Ebene. Traditionelle Konfliktlinien zwischen spezifischen Politikbereichen brachen insbesondere bei den Verhandlungen zum MFR 2014-2020 in den Jahren 2011 und 2012 auf (vgl. Becker 2012: 10). Dies betraf v.a. Verteilungskämpfe zwischen den Vertretern der Forschungspolitik und Befürwortern der Politikbereiche der Agrar-und Kohäsionspolitik.

> „Das Volumen des 7. Forschungsrahmenprogramms ist im Vergleich zu seinem Vorgängerprogramm verdreifacht worden. Das ist auf den ersten Blick beachtlich; aber in der Relation zu den Agrarausgaben der EU entspricht das Finanzvolumen für Wissen, Forschung und Innovation keinesfalls unseren Vorstellungen" (Deutscher Bundestag 2011e: 12381(D)).

Dies macht deutlich, dass der Kampf und die Bemühungen um die verbesserte Stellung der Forschungspolitik im Rahmen der Haushaltsplanungen ein bereits länger zurückliegender Prozess ist.

Ein wichtiger Referenzpunkt für die Debatte um den MFR 2010-2014 ist der Vorschlag der EU-KOM für die Ausgestaltung des MFR 2014-2020, den sie am 29. Juni 2011 vorlegte (vgl. Europäische Kommission 2011b). Dieser enthält bereits entscheidungsvorbereitende Positionierungen im Hinblick auf die Finanzausstattung des 8. FRP Horizont 2020. So fordert die EU-KOM ein Volumen in Höhe von 80 Milliarden Euro für das 8. FRP Horizont 2020:

> „Die Kommission schlägt vor, für den gemeinsamen strategischen Rahmen für Forschung und Innovation im Zeitraum 2014-2020 80 Mrd. EUR bereitzustellen. Diese Finanzierung wird durch erhebliche Strukturfondsmittel für Forschung und Innovation ergänzt. So wurden beispielsweise im Zeitraum 2007-2013 rund 60 Mrd. EUR für Forschung und Innovation in den Regionen Europas aufgebracht, und für die Zukunft ist mit einem ähnlich hohen Mitteleinsatz zu rechnen“ (Europäische Kommission 2011b: 12).

In der Stellungnahme zum Grünbuch der EU-KOM zur Forschungsfinanzierung fordert das EP am 27. September 2011 eine Verdopplung des Etats des 7. FRP und somit ein Volumen von 100 Milliarden Euro für das 8. FRP Horizont 2020 (vgl. Europäisches Parlament 2011). Gerade die Herausforderungen der Wirtschafts- und Finanzkrise machen gezielte Investitionen im Bereich von Forschung und Innovation erforderlich, damit die Schaffung von Arbeitsplätzen gemäß der Europa 2020-Strategie voran getrieben werde und die Krise überwunden werden könne (vgl. Ehler 2011).

> „Wir müssen ein Signal setzen: Mehr für Forschung! Wir hätten intern gern noch mehr gehabt, aber der Proposal der Kommission war ja so, dass der Anteil für Agrar- und Strukturfonds runter gegangen ist. Und das Proposal mit 80 Milliarden war ja eine Riesenerhöhung, denn wir hatten vorher ja 55 Milliarden, nicht der Faktor 2, wie wir das beim letzten Mal direkt am Anfang vorgeschlagen hatten. Nicht das, was das Parlament vorgeschlagen hatte, die 100 Milliarden waren“ (vgl. Interview 31, Januar 2014).

Parallel zur Debatte auf EU-Ebene lässt sich ein Spannungsverhältnis auf nationaler Ebene abbilden. Das BMBF plädierte weiterhin für die Aufrechterhaltung des Ziels der Erhöhung der Mittel für Forschung und Innovation, ebenso die Mitglieder des ABFT in ihren Beschlussempfehlungen (vgl. Kapitel 5.4.1.3.2).

> „Dann hatten wir vorher auch eine politische Diskussion über die Höhe des Budgets. Da war dann die deutsche Position auch hilfreich am Anfang zu mindestens. Weil der Bundestags-Ausschuss ja auch zu einem frühen Zeitpunkt in einer Stellungnahme für ein 100 Milliarden-Programm sich stark gemacht hat. Im Gleichmarsch mit dem EP, was ja die gleiche Forderung aufgestellt hat.
> Wir haben dann den Vorschlag gemacht von 80 Milliarden. Diese Diskussionen waren natürlich intern, erst die MFF, da waren die Budgets festgelegt, das war die erste Diskussion und da die ersten Einflussnahmen von verschiedenen Seiten: Wir müssen insgesamt weniger ausgeben. Das war von Anfang an klar. Wir würden den Agrarlern und den Strukturfonds gerne mehr wegnehmen, aber das hat seine Limits“ (vgl. Interview 31, Januar 2014).

Das Ringen um eine Erhöhung der Finanzausstattung des 8. FRP Horizont 2020 wurde verschärft durch die die Bildung von (geo-) politischen Lagern, deren Forderungen kollidierten:

> „Bei den Verhandlungen im Kreis der Mitgliedstaaten standen sich die bekannten Gruppen gegenüber – auf der einen Seite die Nettozahler und auf der anderen Seite die Nettoempfänger. Insbesondere die Verhandlungen über die künftige europäische Kohäsionspolitik und deren Finanzausstattung waren geprägt von diesem Gegensatz“ (Becker 2014: 220).

Die BReg stoß die Initiative des „better spending“ an, für das sie andere Nettozahler-Mitgliedstaaten gewinnen wollte (vgl. Becker 2014: 220). Diese Initiative zielte auf eine Suche nach Verbündeten, die sich für eine Revision und Neuausrichtung der Ausgaben im Bereich der Kohäsions- und Strukturpolitik einsetzen sollten:

> „Gerade dieses Anliegen hat die "Better-Spending-Initiative" der Bundesregierung zum Inhalt. Ziel ist es, öffentliche Gelder besser zu verwenden, anstatt den Steuerzahlern zusätzliche Opfer abzuverlangen. Dadurch ist eine weitaus stärkere investive Verwendung der in den Struktur- und Kohäsionsfonds sowie im Europäischen Sozialfonds veranschlagten Mittel möglich“ (Die Bundeskanzlerin 2012: 2, Hervorhebung im Original).

Begründet wurde diese Initiative mit der notwendigen Konsolidierung der nationalen Haushalte. Daher wurde vor allem die Verwendung der EU-Finanzmittel bei der Strukturförderung und der Kohäsionspolitik unter dem Gesichtspunkt der effizienten Verwendung überprüft.

> „Diese Initiative der Nettozahler wurde von den „Freunden der Kohäsionspolitik“, die mit eigenen Positionspapieren ihre Verhandlungsstrategie abstimmten, als Initiative zur Mittelkürzung bei den Strukturfonds verstanden und abgelehnt. Die Kohäsionspolitik müsse ein starkes Instrument der europäischen Solidarität bleiben, mit dem die Infrastruktur in rückständigen Regionen mit europäischer Hilfe verbessert werde“ (Becker 2014: 220, Hervorhebung im Original).

Die Aufspaltung der EU-MS in zwei unterschiedliche Lager im Verlauf der MFR-Verhandlungen 2014-2020 drohte auch die Erhöhung der Fördermittel für die Forschungsförderung zu gefährden.

> „15 Regierungschefs haben am 5.10.2012 in Bratislava eine gemeinsame Erklärung verabschiedet. Sprecher der Freunde der Kohäsionspolitik, die Slowakei, kündigt Widerstand gegen die Kürzung der Strukturfondsmittel und des landwirtschaftlichen Entwicklungsfonds an. Auch sollten Kohäsionsfonds nur für die ärmsten Regionen offen sein. Dazu gehören: Bulgarien, Estland, Griechenland, Lettland, Litauen, Malta, Polen, Rumänien, Slowenien, Slowakei,

> Spanien, Tschechien, Ungarn, Zypern und Kroatien“ (Interview 31, Januar 2014).

Der Initiative der Bundeskanzlerin, sich für eine bessere Verwendung der EU-Ausgaben einzusetzen, schloss sich nur die britische Regierung an. Die französische Position sei relativ unklar gewesen, auf jeden Fall jedoch war sie gegen Kürzungen im Agrarbereich (vgl. Interview 31, Januar 2014). In einer offiziellen Stellungnahme des Auswärtigen Amtes zum Grünbuch, das für die BReg Verhandlungsführer in den Verhandlungen für den MFR 2014-2020 gewesen ist, wird die Begrenzung der EU-Ausgaben auf 1% des BIP gefordert:

> „Die Bundesregierung tritt daher für eine Begrenzung der EU-Ausgaben im kommenden Finanzrahmen auf höchstens 1% des Bruttonationaleinkommens der EU (in Verpflichtungsermächtigungen) ein“ (Auswärtiges Amt 2010: 1).

Diese Forderung der Begrenzung der Verpflichtungsermächtigung wurde begleitet mit dem Hinweis darauf, dass „alle Ausgaben auf die Ziele des Vertrages von Lissabon und die strategischen Ziele von Europa 2020 ausgerichtet werden“ (Auswärtiges Amt 2010: 2) müssen. Weiter betonte das Auswärtige Amt die besondere Bedeutung der zukunftsorientierten Politikbereiche für die Wettbewerbsfähigkeit der EU:

> „Die Bundesregierung setzt sich ein für eine schrittweise Neustrukturierung zugunsten gemeinsamer europäischer Zukunftsprojekte, insbesondere in den Bereichen Forschung, Innovation, Bildung, Umwelt, Klima, Energie und transeuropäische Verkehrsinfrastruktur“ (Auswärtiges Amt 2010: 2).

Offen bleibt hierbei, was die BReg in diesem Fall mit einer *schrittweisen Neustrukturierung* meint. Diese Formulierung erscheint weit interpretierbar und wenig konkret. Weder einzelne Etappen noch ein Endziel dieser Umstrukturierung wurden weiter ausgeführt. Daraus ergibt sich die Frage, wie stark und zielgerichtet sich die BReg tatsächlich in den Gremien, wie z.B. den RAG, für eine Aufstockung des Budgets für die Förderung von Forschung und Innovation engagiert hat.

> „Wir hatten auch mal ein Meeting mit Schäuble, also die Kommissarin und ich. Weil wir wussten, die Wissenschaftsminister sind nicht das Problem, aber die Finanzminister sind das Problem. Also im Gespräch haben wir ihm erklärt, was wir machen wollen und er hat das auch unterstützt, aber in Realiter muss auch er und Frau Merkel einen Kompromiss finden. Im Endeffekt hat Deutschland die Position unterstützt, wir können nicht runter gehen“ (vgl. Interview 31, Januar 2014).

Dieses Zitat verweist auf eine Spannung innerhalb der Ressorts der BReg in der Frage, ob und inwieweit ein Abweichen von der generellen Forderung der Begrenzung der Verpflichtungsermächtigungen für die Forschungsförderung zu befürworten ist. Auf Grund der Spannungen, die zwischen dem BMBF und dem Bundesfinanzminister hieraus erwachsen sind, lässt sich eine grundsätzlich zurückhaltende Position der Vertreter der BReg in den zuständigen RAG vermuten.

> „Meine direkten Kontakte waren mit dem Obmann für Forschung der CDU im Forschungsausschuss, den ich zwei, drei Mal getroffen habe und eben einmal in Berlin. Das war aber auch sehr wichtig, denn er hat die 100 Milliarden Figure unterstützt. Es war wichtig für uns zu wissen, dass das deutsche Parlament auf unserer Seite war.
> Nachher in den Verhandlungen zum Budget, also den MFR, da war es auch so, dass wir über diese Schiene einiges gemacht haben. Wir gesagt haben, wir hoffen, dass Sie über Ihre Kanäle so weit wie möglich nach oben kommen, sprich Frau Merkel, um der klar zu machen, dass das eine wichtige Position ist. Dass wir es uns nicht erlauben können, einen Finanzrahmen zu haben, der nur alte Politiken unterstützt, nämlich Agrar- und Strukturfonds“ (vgl. Interview 31, Januar 2014).

Die Entscheidungsträger in der EU-KOM beauftragten somit den forschungspolitischen Sprecher, sich in informellen Gesprächen mit der BReg, vorzugsweise der Bundeskanzlerin Angela Merkel, für die Erhöhung der Ausgaben im EU-Haushalt für Forschung und Innovation einzusetzen. Ob dies tatsächlich erfolgte und mit welchem Erfolg dies geschah, darüber lassen sich nur Vermutungen anstellen. Interessant ist in jedem Fall der Umstand, dass der Obmann im ABFT der CDU/CSU-Fraktion im BT in persönlichen, informellen Gesprächen mit Entscheidungsträgern der EU-KOM sich so deutlich für das Volumen von 100 Milliarden Euro positioniert haben muss, dass diese ihn gebeten haben, sich auf informelle Weise hierfür auf nationaler Ebene in Gesprächen mit der Bundeskanzlerin einzusetzen.

> „In der ganzen Diskussion haben wir oft gehört, dass die Diskussion zwischen den Parteien nun bei 60 Milliarden liegt und wir wussten, dass das Parlament uns unterstützt. Also die Diskussionen im Ministerrat, da haben wir oft gedacht, das geht daneben. Weil es letztlich keinen gab, der Forschung unterstützt hat. Es gab die Freunde des allgemeinen Kürzens, England und so weiter, es gab die Freunde für Agrar: Frankreich. Und es gab die Freunde für Strukturfonds. Diejenigen, die Forschung unterstützt hätten, waren dann schon in einem der anderen Lager“ (vgl. Interview 31, Januar 2014).

Diese Ausgangslage führte dazu, dass die Zielsetzung, den Forschungsetat zu erhöhen, zu scheitern drohte. Die Akteure auf EU-Ebene versuchten in vielfältiger Weise ein Bewusstsein auf höchster politischer Ebene in Deutschland für die Forschungspolitik zu gewinnen, auch mit Hilfe der Interessenvertreter aus der Wirtschaft:

> „Wir haben die Nobelpreisträger mobilisiert, wir haben die Industrie mobilisiert. Also einmal hat einer gesagt, ja, morgen ist unser CEO bei Merkel und der wird genau sowas sagen. Wir haben versucht, da was zu machen, aber es war nicht sehr einfach.
> Wir kamen dann mit 70 Milliarden durch und in realen Zahlen, also inflationsbereinigt sind das 80 Milliarden. Ich glaube es hat damals geholfen, dass die Deutschen die Position unterstützt haben, ok ihr habt im letzten Jahr des 7. Forschungsrahmenprogramm 10 Milliarden ausgegeben, darunter dürfen wir nicht gehen. Und sieben Mal zehn ergibt 70. Das war die einfache Milchmädchenrechnung" (vgl. Interview 31, Januar 2014).

Somit wird deutlich, dass die MdBs wichtiger Partner für die EU-KOM gewesen sind bei der Forderung nach der Erhöhung der Finanzmittel und damit die Verhandlungsposition der EU-KOM gegenüber der BReg stärkte. Bemerkenswert hieran ist, dass MdBs der Regierungsfraktionen vor allem in informellen Foren diese Position vertraten. In persönlichen Gesprächen müssen sie die Erhöhung des Fördervolumens im 8. FRP Horizont 2020 auf ein Volumen von 100 Milliarden Euro befürwortet haben.

Die Interviews lassen den Schluss zu, dass der Obmann im ABFT der CDU/CSU-Fraktion, sich im Rahmen einer informellen Handlungsstrategie für die Aufstockung des Budgets eingesetzt hat. Handlungsformen waren hierbei wiederholte informelle, persönliche Gespräche mit Entscheidungsträgern in der EU-KOM, der Generaldirektion für Forschung sowie auf nationaler Ebene. Bestandteil dieser informellen Strategie scheint ebenso das Unterlassen bzw. Offenlassen einer klar bezifferten Forderung für eine Fördersumme in den formellen Verfahren der parlamentarischen Mitwirkung, also der Beschlussempfehlung für den BT, zu sein.

In den öffentlich zugänglichen und formalen Handlungsformen wählte die CDU/CSU-Fraktion und die FDP-Fraktion eine unspezifische Formulierung. Eine eindeutige Nennung einer Kennzahl für das Forschungsbudget wurde dort nicht genannt. Hierdurch wurde ein Spannungsverhältnis mit der BReg vermieden. Im Umkehrschluss wurde aber auch kein Handlungsdruck und Rechtfertigungsdruck erzeugt. Auswirkung dieser Strategie war die *Abwesenheit öffentlicher Konflikte* über die unterschiedlichen Prioritäten einerseits der Ressorts in der BReg und zwischen der Regierungsfraktion im BT und der BReg andererseits. Das BMBF vertrat öffentlich weiter die Position, dass die Erhöhung des Forschungsbudgets unterstützt und anvisiert werde. Ob dies jedoch in den RAG in Brüssel tatsächlich vertreten wurde, blieb zunächst unklar.

Nicht nur die CDU/CSU-Fraktion bemühte sich um eine Erhöhung der Finanzausstattung. Während deren Forschungspolitiker eher im Rahmen informeller Gespräche tätig waren und durch Handlungsformen wie bilaterale Gespräche versuchten Einfluss zu nehmen, ging die Oppositionsfraktion einen öffentlich wirksamen Weg im Rahmen der parlamentarischen Interpellationsrechte.

Gemäß Art. 312 Abs. 2 AEUV ist die Zustimmung des EP zu der Verordnung für die Festlegung des MFR mit qualifizierter Mehrheit erforderlich. Dies sichert den MdEPs bei den Verhandlungen bereits im Vorfeld – auch in informellen Gremien – beteiligt zu werden.

> „Parallel zu den Verhandlungen im Rat für Allgemeine Angelegenheiten informierte der jeweilige Vorsitz des Rates in Trilog-Treffen die Vertreter des Europäischen Parlaments über den Fortgang der Verhandlungen und nahm umgekehrt die Wünsche und Forderungen der Parlamentarier für die Beratungen im Rat auf" (Becker 2014: 219).

Dies ermöglicht den MdEPs nicht nur einen Einfluss auf den Verlauf der Verhandlungen und somit das Endergebnis in den EU-Gremien zu nehmen. Dieses Wissen kann und wird auch interfraktionell eingesetzt, um den BT besser zu befähigen, die eigene BReg zu kontrollieren. Wenn es im Interesse eines MdEP ist, dieses Wissen mit einem MdB zu teilen über ein spezifisches Verhalten der BReg in den EU-Verhandlungen, kann dies wiederum in formellen Kontrollverfahren eingesetzt werden.

> „Auch manche parlamentarische Anfrage ist inzwischen ein gemeinsames Kontrollinstrument der beiden Parlamente. Das EP verhandelt mit der Bundesregierung im Rat als eigenständige Institution und es kommt durchaus vor, dass wir auch über die Parteigrenzen hinweg auch im Bundestag Kontrollinstrumente für die Position der Bundesregierung im Rat benutzen" (vgl. Interview 29, Dezember 2013).

Über die Parteigrenzen hinweg bedeutet gleichermaßen, dass MdEPs, die einer Partei mit Regierungsbeteiligung auf nationaler Ebene angehören, Informationen an MdBs aus den Oppositionsfraktionen weitergeben. Dies mit dem Ziel, dass diese Informationen nicht etwa in informellen Handlungsarenen geäußert werden. Vielmehr geht es darum, die BReg durch Rückgriff auf diese Informationen in öffentlich nachvollziehbaren Kontrollverfahren mit diesen Informationen zu konfrontieren.

> „Also zum Beispiel wenn die Bundesregierung begeistert die Aussage fuhr, man stünde zu den 3% des Bruttosozialproduktes für die Forschung und gleichzeitig die gleiche Bundesregierung im Rat in den Ratsarbeitsgruppen aber keinen einzigen Finger hebt für ein entsprechend auskömmliches Budget, weil auch da ein Stück weit bei den Verhandlungen ein Primat des Bundesfinanzministeriums sich durchsetzte, auf jeden Fall die 1% einhalten zu müssen. Das führte lange dazu, dass man nicht bereit war, sich inhaltlich stark zu exponieren. Weil, wenn man sich stark exponiert, dann muss man auch zahlen. Also positionieren wir uns mal inhaltlich nicht so stark, weil das das Metathema Finanzausstattung sozusagen relativiert“ (vgl. Interview 29, Dezember 2013).

In den Bundestagsfraktionen war einstimmig die Position vertreten worden, dass das Budget für Forschung sich erhöhen müsste. Auch die MdEPs des ITRE-Ausschusses setzten ein starkes Signal für mehr Mittel für Forschung, indem sie 100 Milliarden Euro forderten. Auf Basis dieser gemeinsamen Grundhaltung und im Hinblick auf das Erwirken dieses Zieles, gab es eine Kooperation von einem MdEP der CDU/CSU-Fraktion im EP und MdB der SPD-Bundestagsfraktion, die in Form einer kleinen Anfrage zum Ausdruck kam. Diese Kleine Anfrage wurde angeführt von dem forschungspolitischen Sprecher der Fraktion, René Röspel, den Forschungspolitikern sowie den restlichen Abgeordneten der SPD-Bundestagsfraktion am 24.10.2012 an die Bundesregierung gestellt (vgl. Deutscher Bundestag 2012a). Sie enthält zehn Fragen, die sich vor allem auf die Finanzausstattung von Horizont 2020 und die damit verknüpften Fragen bei den MFR-Verhandlungen beziehen. Insbesondere im Blickfeld stehen hierbei das Verhalten und die Positionierung der BReg in den EU-Gremien. Die ersten drei Fragen lauten wie folgt:

> „1. Strebt die Bundesregierung weiterhin an, das Volumen der Förderung im Rahmen des nächsten Forschungsrahmenprogramms „Horizont 2020“ auf 80 Mrd. Euro anzuheben, und falls nein, welche Förderhöhe strebt die Bundesregierung an?
> 2. Teilt die Bundesregierung die Einschätzung des Europaparlamentsabgeordneten Dr. Christian Ehler (vgl. Süddeutsche Zeitung vom 19. September 2012), dass allein schon für die Fortführung der bestehenden Programme 78 Mrd. Euro notwendig wären, und falls nein, welches Förderniveau wäre für die nächste Förderperiode erforderlich?
> 3. Ist es zutreffend, dass sich die Bundesregierung weiterhin dafür einsetzt, das EU-Budget auf 1 Prozent des BNE (Bruttonationaleinkommen) zu begrenzen, und mit welchen Auswirkungen auf die Forschungsförderung der EU rechnet die Bundesregierung angesichts dieser Festlegung?“ (Deutscher Bundestag 2012a: 1).“

Die Kooperation zwischen MdEP und MdB zielte darauf ab, die BReg in einem öffentlichen Rahmen mit diesen Fragen zu konfrontieren. Sie musste also Position beziehen und die Vernetzungen und Zusammenhänge der beiden Positionierungen im Bereich der Beschränkung der EU-Ausgaben insgesamt und der Forderung für mehr Mittel für die Bereiche Forschung und Innovation erläutern.

Darüber hinaus senden die MdBs ein deutliches Signal an die BReg, dass sie den weiteren Prozessablauf auf EU-Ebene sehr wohl verfolgten. Zudem wurden Kooperationen über Fraktionen hinweg ersichtlich, die MdBs der Oppositionsfraktion befähigten, Kenntnis über das tatsächliche Verhalten der Regierungsvertreter in den RAG zu haben.

> „Die Räte sind zusehends eine Reservemacht des Beamtenapparats und insofern haben wir als Parlamentarier ein ganz erhebliches Kontrollinteresse der Beamtenhierarchien in den Räten. Das haben wir unseren Bundestagskollegen immer wieder gesagt: Folgt dem genauer! Und das hat zum Anfang immer wieder zu erheblichem Erstaunen geführt, was so auf Beamtenebene eigentlich passiert“ (vgl. Interview 29, Dezember 2013).

Die Kleine Anfrage zwang die BReg, sich zu den Konsequenzen zweier konträrer Politikziele zu äußern und eine klare Priorität zu formulieren für das ein oder andere Politikziel. Über die Beantwortung der Kleinen Anfrage hinaus, zwang es die BReg, die bisherige zurückhaltende Verhandlungsposition in den RAG aufzugeben.

> „Das war ein Mechanismus ein bisschen Druck auszuüben auf die Bundesregierung, damit das dann nicht still im Rat in einer Duldungsstarre der Forschungspolitiker stirbt, sondern, dass wir eine etwas aktivere Haltung der Bundesregierung sehen in der Frage des Haushaltes für das Horizon 2020“ (vgl. Interview 29, Dezember 2013).

Die Kooperation über institutionelle Ebenen und Parteigrenzen hinweg führte dazu, dass ein Doppelspiel der BReg aufgebrochen worden ist. Die BReg vermochte es auf Grund der nicht-öffentlichen Verhandlungsformate in den vorbereitenden Sitzungen, wie z.B. den RAG, sich im nationalen Rahmen öffentlich für ein Politikziel zu bekennen. Diesem Bekenntnis folgten dann in den Gremien nicht die entsprechenden Äußerungen. Grund hierfür kann u.a. sein, dass die Weisungen wegen der anhaltenden Konflikte zwischen den Ressorts entsprechend zurückhaltend formuliert waren, um der BReg in den MFR-Verhandlungen weitestgehende Manövrierfähigkeit zu gewähren. Genau diese Manövrierfähigkeit und Flexibilität sollte mit der Kooperation von MdEP und MdB, die ihren Ausdruck in der Kleinen Anfrage hatte, aufgebrochen werden:

> „Ja klar, weil die Bundesregierung dann was dazu sagen musste, was dazu sagen müssen hat auch dazu geführt, dass damit diese Dialektik, zu der man sich bis dahin still und leise in der Lage sah, nicht mehr so ganz funktionierte, zu sagen, oben ein Prozent und unten sind wir aber für mehr Forschung. Also es schärfte sich sozusagen das Thema und in der Folge hat ja dann der Bund etwas deutlicher sich in den Ratsarbeitsgruppen für eine geringere Kürzung ausgesprochen“ (vgl. Interview 29, Dezember 2013).

Diese Initiative hat laut dem Interview dazu geführt, dass die BReg die Verhandlungspositionen in den RAG konkreter ausformuliert haben als bisher. Somit kann dies als eine erfolgreiche informelle Kooperation zwischen Vertretern der beiden parlamentarischen Ebenen und über die Parteigrenzen hinweg gewertet werden.

Neben dieser Kooperation über Parteigrenzen hinweg gab es aber noch weitere informelle Handlungsformen, in denen Parlamentarier des EP mit Parlamentariern des BT Handlungsdruck auf die BReg ausübten. Dadurch, dass die MdEPs zustimmen müssen, werden sie in den informellen Gremien beteiligt bzw. in informellen Trilogen informiert über den Gang der Verhandlungen. Somit verfügen sie über relevante Informationen und einen Informationsvorsprung vor den MdBs.

> „So gleichzeitig habe ich noch andere MdB der CDU/CSU-Fraktion im Bundestag angerufen. [...] Wir haben den parlamentarischen Staatssekretär, und andere eingeladen. [...] Wir haben die eingeladen und haben die eingeladen und dann haben wir ein gemeinsames Gespräch gehabt im Bundestag mit Vertretern des Bundesforschungsministeriums und dann haben die mich dazu eingeladen. Das BMBF hat immer gesagt, das ist gar nicht so schlimm. Und dann haben die mich gefragt, na, ist denn das schlimm. Naja, schlimm ist relativ im Leben, aber funktionieren tut es so nicht. Es heißt sogar der Bundestag hat in Aussprachen mit der Bundesregierung dann Bundestagsabgeordnete und Europaabgeordnete eingeladen sozusagen auch als Referenz für Gespräche mit der Bundesregierung zu dem Thema“ (vgl. Interview 29, Dezember 2013).

Der Informationsvorsprung und die Insiderkenntnisse der MdEPs wurden genutzt, um Vertreter des BMBF in informellen, kleinen Gesprächsrunden in Berlin im BT mit dem zurückhaltenden Verhalten in den RAG zu konfrontieren. Die MdEPs fungierten hierbei sozusagen als Referenz, um zu überprüfen, ob die bisherigen Berichterstattungen im Ausschuss auch den tatsächlichen Aktivitäten der Regierungsvertreter in Brüssel entsprechen.

5.5. Handlungsarenen der Bundestagsabgeordneten

Im Hinblick auf die Handlungsarenen wurde angenommen (vgl. Kapitel 3.2.4), dass MdBs auf Grund der nicht vorhandenen rechtlich fixierten Kompetenz der pro-aktiven Mitgestaltung von EU-Rechtsetzungsvorhaben, eine Mitwirkung und Beeinflussung von EU-Rechtsetzungsvorhaben nur in informellen Handlungsarenen möglich ist.

Im Folgenden soll diese Annahme überprüft und an Hand von empirischen Beispielen illustriert werden. Dies geschieht exemplarisch am Fall der Mitwirkung des ABFT an der Formulierung des 8. FRP Horizont 2020. Hierbei werden die Handlungsarenen, in denen die beteiligten MdBs aktiv gewesen sind, mittels spezifischer Kennzeichnungsmerkmale kategorisiert. Eine analytische Trennung erfolgt durch die Gliederung der Handlungsarenen an Hand der institutionellen Zugehörigkeit der Interaktionspartner auf EU-Ebene. Gleiches gilt für die Interaktionsbeziehungen auf nationaler Ebene. Auch diese werden kategorisiert nach der institutionellen Zugehörigkeit der Interaktionspartner.

Die Unterscheidung von Handlungsform und Handlungsarena stellt eine analytische Differenzierung dar. In den Abläufen der politischen Alltagspraxis sind diese Bereiche nur schwer voneinander zu trennen. Der angestrebte Erkenntnisgewinn dieser theoretischen, analytischen Trennung zielt vor allem auf die Aufdeckung hierarchischer Strukturen innerhalb der Handlungsarenen. Ziel ist es, das hierarchische Gefüge der Akteurs- und Interaktionskonstellation sowie dessen Auswirkungen auf die Etablierung von Einflusssphären der MdBs abzubilden.

Grundsätzlich gilt zu berücksichtigen, dass die hier herangezogenen Beispiele sich aus der Analyse der eigens durchgeführten empirischen Erhebung speisen. Diese Beispiele stellen nur einen Ausschnitt aus der tatsächlichen politischen Kooperationspraxis dar und können somit nur einen begrenzten Einblick in die Vielfalt der Handlungsarenen und Kooperationsformen bieten. Über die Handlungsarenen, die sich aus den Interviews heraus rekonstruierten lassen, wird es vermutlich weiterführende und andere Formen der Kooperation sowie weitere Handlungsarenen geben.[126]

---

126 Die hier angestellte Analyse sowie Typologie von Handlungsarenen bietet jedoch für weiterführende Untersuchungen, die sich der Praxis von Handlungsarenen widmen, Erkenntnisgewinne in der Hinsicht, dass eine Analysestruktur und Heuristik vorgestellt und angewandt wird, auf die in fortführenden Untersuchungen aufgebaut werden kann.

5.5.1. Handlungsarenen mit dem Europäischen Parlament

Im Folgenden werden nun die Handlungsarenen vorgestellt und analysiert, in denen MdBs des ABFT mit MdEPs agiert haben. Die im Rahmen der Rekonstruktion des Prozessverlaufes identifizierten Handlungsarenen werden hierbei gegliedert in (1) *punktuelle, situative Handlungsarenen* sowie (2) *etablierte, wiederkehrende* und (3) *institutionell gefestigte Handlungsarenen* (vgl. Schwarzmeier 2001: 227). Eine weitere Kategorie bilden die interfraktionellen Handlungsformate.

Vor der Analyse der Handlungsarenen von MdBs mit MdEPs, soll zunächst auf die Rolle des EP im Rechtsetzungsverfahren der EU in kompakter Form eingegangen werden. Hierbei werden nur diejenigen Aspekte berücksichtigt, die für den hier angestellten Analyseschritt relevant sind.

In Rechtsetzungsverfahren, für die der Vertrag von Lissabon das Mitentscheidungsverfahren vorsieht, ist das EP neben dem Rat und der EU-KOM an der Ausgestaltung des Rechtsetzungstextes beteiligt. Da die Zustimmung des EP erforderlich ist, verfügen die MdEPs über Vetomacht, an Hand derer sie politische Einigungs- und Entscheidungsprozesse blockieren können. Daraus erwächst die Bereitschaft der EU-KOM, bereits bei Erstellung von vorbereitenden Papieren, wie Grün- und Weißbüchern sowie Mitteilungen der EU-KOM, das EP vorab auf informellem Weg zu beteiligen. Dies ermöglicht der EU-KOM bereits in einem frühen Stadium bei der Erarbeitung von Initiativen auf die Positionen der MdEPs Rücksicht nehmen zu können. In wissenschaftlichen Studien werden die Auswirkungen dieser Tendenzen bereits anschaulich nachgewiesen. Sie belegen, dass die Mehrzahl der Verfahren der Mitentscheidung bereits bei der ersten Lesung im EP verabschiedet wird:

> „Codecision has de facto become a single-reading legislative procedure. Whereas in the fifth (1999–2004) legislature, every other codecision file was agreed in the second reading, in the seventh (2009–14) European Parliament (EP) term almost 90 per cent of all legislative files under codecision were adopted as first-reading agreements (FRA) “ (vgl. Roederer-Rynning/Greenwood 2015: 1148).

Um ein legislatives Verfahren bereits in der ersten Lesung abschließen zu können, müssen vorab Aushandlungsprozesse erfolgen. Da die Aushandlungsprozesse in ausgelagerten, informellen Gremien erfolgen, in denen die Kompromisslinien vorab abgesteckt werden, verkürzen sich die parlamentarischen Beratungsprozesse in einem erheblichen Umfang. Konsequenzen der frühzeitigen Einbindung des EP hat dies neben Auswirkungen auf die Arbeitsweise und die parlamentarische Kultur des EP selbst, auch auf die Bedeutung der Beziehungsstruktur von MdEPs und MdBs. Darüber hinaus hat diese Entwicklung weitreichende Folgen für die demokratische Legitimation und die Transparenz der Entscheidungsfindungsprozesse auf EU-Ebene.[127]

> „The critical element behind this phenomenon is the development of inter-institutional trilogue negotiations. Trilogues have no reference in the EU treaties, but have developed in practice from the need of the two branches of the legislature, the Council of the European Union (Council of Ministers – CoM) and European Parliament, to manage their interdependence“ (Roederer-Rynning/Greenwood 2015: 1148).

Die Beteiligung des EP in den informellen Trilogen, an denen Vertreter des Rates und der EU-KOM teilnehmen, macht das EP zu einem strategischen Partner für den BT. Das EP erhält hierdurch zu einem sehr frühen Zeitpunkt Kenntnis von den Vorhaben der EU-KOM und deren Ausgestaltung im Detail. Auch die Positionierungen der Regierungsvertreter im Rat und die möglichen Kompromisslinien sind dem EP dadurch bekannt. Somit ist auch das Verhalten der Regierungsvertreter der BReg für die MdEPs, die an dem Trilog teilnehmen, für sie zugänglich. Dieser Informationszugang ist von besonderer Bedeutung für die MdBs. Auswirkung der informellen Praktik der Trilogverhandlungen ist, dass der zunächst diskretionäre Handlungsspielraum der BReg partiell und mittelbar einsehbar wird für die MdBs. Falls die MdEPs den MdBs Einblicke in den Verhandlungsverlauf in den informellen Trilogen geben, haben die MdBs partielle Kenntnisse von den Positionierungen und Verhandlungsstrategien der Regierungsvertreter im Rat. Allerdings nur dann, wenn die MdEPs ein strategisches Interesse daran haben, dass die MdBs über ein spezifisches Verhalten der BReg informiert werden. Die MdBs können von diesem Informationsgewinn der MdEPs in informellen Trilogen nur insoweit profitieren, wie die MdEPs bereit sind, dieses Wissen und die Expertise mit ihnen zu teilen und die Informationen an sie weiterzugeben.

Wie in Kapitel 3.2.4 erläutert, werden nachfolgend die Handlungsarenen kategorisiert an Hand der Dimensionen der *Stabilität der Kommunikationsbeziehung* sowie der *funktionellen Bedeutung* der Handlungsarenen.

---

127 Diese Problematik kann aber an dieser Stelle nicht weiter erörtert werden, da es den Rahmen dieser Arbeit sprengen würde. Der interessierte Leser sei auf die Lektüre von Roederer-Rynning/Greenwood 2015; Reh 2014 verwiesen.

5.5.1.1. Punktuelle, situative Handlungsarenen mit dem EP

Im Rahmen der Mitwirkung des ABFT an der Gestaltung und Formulierung von Horizont 2020 ist eine punktuelle, situative Handlungsarena zwischen MdB und MdEP identifizierbar: die Kleine Anfrage von René Röspel sowie der SPD-Bundestagsfraktion an die BReg mit Bezug zur Finanzausstattung des 8. FRP Horizont 2020. Diese Handlungsarena kennzeichnet sich durch die über Parteigrenzen hinweg erfolgte Zusammenarbeit zwischen Herrn Röspel (SPD) und einem MdEP der CDU/CSU-Gruppe im EP aus. Daher wird diese situative Handlungsarena unter Kapitel 5.5.1.5 näher beleuchtet.

Auf Grundlage der Auswertung der Interviews kann festgehalten werden, dass es zwischen dem EP und dem BT vielfältige und wiederkehrende kommunikative Austauschprozesse gegeben hat. Die Aussagen der Experten lassen schlussfolgern, dass diese Kommunikation zwar einzelne Handlungen betreffen, jedoch von einem wiederkehrenden Charakter sind. Daher werden sie den etablierten und wiederkehrenden Handlungsarenen zugeordnet und im folgenden Kapitel 5.5.1.2 ausgewertet.

Gleichwohl sei an dieser Stelle erneut darauf verwiesen, dass die Abgrenzung zwischen den Kategorien äußerst schwierig ist, da die Übergänge zwischen ihnen fließend sind. Die Zuweisung der nachfolgend aufgezeigten Handlungsarenen zur Kategorie der *etablierten, wiederkehrenden Handlungsarenen* erfolgt im Wesentlichen aus zwei Gründen. Erstens weisen sie einen wiederkehrenden Charakter auf. Zweitens ist ihnen einer klare Funktion im Hinblick auf Entfaltung von Mitwirkungspotenzial im Rechtsetzungsprozess zuzuordnen. Daher gehen sie über die Flüchtigkeit einer reinen situativen, einmaligen Handlungsarena hinaus, da sie *strategischer Vorplanung* bedürfen.

5.5.1.2. Etablierte, wiederkehrende Handlungsarenen mit dem EP

Informationsgewinnung

Eine Vielzahl von Handlungsarenen, die in der Analyse der Interviews deutlich wurden, dient der Informationsgewinnung. Einige gehen über den Aspekt der Informationsgewinnung hinaus, indem sie bereits Elemente der Abstimmung der parlamentarischen Ebenen enthalten im Hinblick auf die informelle Einflussnahme bei der Formulierung des 8. FRP Horizont

2020. Im Folgenden sollen zunächst die Handlungsarenen vorgestellt werden, die vornehmlich der Informationsgewinnung dienten. Nachfolgend werden Handlungsarenen analysiert, die weitere Elemente der inhaltlichen Koordination und bereits der inhaltlichen Positionierung von MdBs gegenüber relevanten Entscheidungsträgern des EP aufweisen.

Es lässt sich konstatieren, dass es eine Vielzahl kommunikativer Kontakte zwischen einzelnen MdBs und MdEPs gegeben hat. Wiederholt genannt werden hierbei der Obmann der CDU/CSU-Fraktion im ABFT, sowie Berichterstatter im EP.

> „Es gab viel Kommunikation zwischen Europäischem Parlament und dem Bundestag“ (Interview 24, Oktober 2013).

Diese Aussage macht zunächst deutlich, dass es beiderseits ein stetes und wiederholtes Bemühen um einen regelmäßigen Kontakt und Austausch gab. Seitens des BT, so lässt sich festhalten, gab es eine große Sensibilität für das Thema sowie die Bereitschaft, sich auch außerhalb der formellen Handlungsarenen, aktiv und eigeninitiativ um Vorabinformationen zu bemühen. Diese regelmäßige Kommunikation erfolgte u.a. in Form von Telefongesprächen:

> Die Mitwirkung erfolgte zum Beispiel in Form von regelmäßigen Telefongesprächen zwischen entsprechenden Fachpolitikern der Bundes- und EU-Ebene (Interview 24, Oktober 2013).

Meinungs- und Willensbildung

Verstetigte Handlungsarenen, die der Meinungs- und Willensbildung dienten, waren Reisen nach Brüssel von Einzelpersonen, auf denen diese mit Vertretern verschiedener EU-Institutionen zusammen trafen. Hierbei sind auch Konsultationen mit Vertretern des EP erfolgt. Hierbei tritt ebenfalls der Obmann der CDU/CSU-Fraktion im ABFT des BT hervor. Er trat wiederholt zu politischen Gesprächen in Brüssel mit Entscheidungsträgern zusammen (vgl. Interview 24 (Oktober 2013), Interview 31 (Januar 2014)). Deutlich wird, dass der Obmann der CDU/CSU-Fraktion im ABFT des BT sowie die jeweiligen weiteren MdBs ein verstetigtes Interesse an den aktuellen Entwicklungen auf EU-Ebene haben sowie ein Bewusstsein für die Bedeutung, die Netzwerke für eine politische Gestaltungsmöglichkeit haben. Vor allem zu Akteuren im EP sind diese notwendig, um frühzeitige Information über aktuelle Entwicklungen zu erhalten.

Handlungsarena zur Positionierung

Nach dem Abschluss der Erarbeitung einer Stellungnahme des BT in Form eines Parlamentsbeschlusses, so zeigt die Prozessanalyse der Interviews, wurde die Dynamik der parlamentarischen Begleitung in formellen Handlungsarenen im BT deutlich vermindert (vgl. hierzu Kapitel 5.4.1.3.2).

> „Und weil jeder dann gesagt hat, das was ich da jetzt noch beeinflussen kann, das muss ich über die Einflussnahme im Europäischen Parlament machen und über die Parteischiene“ (Interview 20, Februar 2013).

Nach dem Scheitern einer gemeinsamen Stellungnahme des BT als Ganzes blieb den Forschungspolitikern des BT nun lediglich die Aktivierung von informellen Handlungsarenen, die vor allem mit dem EP und in Bezug zur Parteizugehörigkeit gesehen worden sind.

Es gibt jedoch Hinweise darauf, dass die MdBs sich bei ihren Aktivitäten und Reisen vor Ort in Brüssel darüber hinaus über die Parteigrenzen hinweg wiederkehrend auch mit dem Berichterstatter für die Beteiligungsregeln des 8. FRP Horizont 2020, getroffen haben (vgl. Interview 25, November 2013). Auch aus Seiten der EU-KOM werden die Regelmäßigkeit der Kontakte sowie die Relevanz des EP als strategischer Partner bei der Mitwirkung auf EU-Ebene für den BT hervorgehoben:

> „Die deutsche Frage wurde aber wesentlich über das EP gespielt. [...] Dass dann Dinge über die deutschen MdEP gespielt werden, vermute es mal stark, nicht von Seiten des Bundestages, sondern von einzelnen MdB, über den Berichterstatter gespielt werden oder vom BMBF gespielt werden über das EP als zweite Spielebene. Das sind Spielfelder die man hat, die auch genutzt werden“ (Interview 28, Dezember 2013).

Diese Annahme aus der GD Forschung heraus lässt sich durch die Analyse weiterer Interviews bestätigen (vgl. Interview 23, Juni 2013). Somit lässt sich schlussfolgern, dass es Kooperationen und verstetigte Handlungsarenen innerhalb der Schwesterparteien gab, also zwischen MdBs und MdEPs der gleichen Parteizugehörigkeit. Darüber hinaus gibt es auch deutliche Anzeichen dafür, dass es regelmäßige Kontakte zwischen MdBs und MdEPs über Parteigrenzen hinweg gegeben hat.

> „Wir haben oft mit dem Staatssekretär, den MdBs und MdEP gesprochen. Also das war nicht das einzige Gespräch“ (Interview 29, Dezember 2013).

Somit sind die verstetigten Handlungsarenen zwischen BT und EP nicht nur auf Akteurskonstellationen beider Institutionen begrenzt, sondern sie werden teilweise noch erweitert durch Entscheidungsträger der Leitungsebene des BMBF. Aufgabe und Funktion dieser verstetigten und stabilen Handlungsarenen waren neben dem Informationsaustausch darüber hinaus die Abstimmung und Koordinierung von politischen Handlungen sowie die Meinungs- und Willensbildung durch den Austausch von Argumenten und Perspektiven auf den zu regelnden Sachverhalt.

Die Zugänglichkeit zu diesen verstetigten Handlungsarenen erscheinen relativ einfach. Die Schwelle, die hierbei im Wesentlichen übersprungen werden muss seitens der MdBs, ist die Anerkennung der einflussreicheren Position des EP. Hiermit verbunden ist die Akzeptanz der Abschwächung der eigenen institutionellen Position und Einflussmöglichkeit als MdB. Die MdEPs zeigen sich offen für eine Zusammenarbeit und Informationsweitergabe insoweit die MdBs auf Grundlage ihrer Funktion als Abgeordneter Einfluss auf die BReg im Rahmen ihrer Kontrollfunktion nehmen können.

Bei der Analyse dieser verstetigten Handlungsarenen gilt es zu berücksichtigen, dass auch in diesen Interaktionsmodi eine deutliche Informationsasymmetrie kennzeichnend ist und die Akteurskonstellationen und Kooperationsbereitschaft prägen. Zudem wird die Verhandlungsposition des BT auf Grund der verringerten Vetomacht grundsätzlich geschwächt, was sich auch auf die Attraktivität des BT bzw. einzelner MdB als strategischer Partner aus Sicht der MdEPs auswirkt.

Neben den Handlungsarenen, die vor allem mit MdEPs aus Deutschland als Kooperationspartner zusammensetzen, gab es Handlungsarenen, die über Sprachgrenzen hinweg mit MdEPs anderer MS Einflussbereiche der MdBs gewesen sind:

> „I have received a delegation of German Members Parlamentarians and they came to present a position paper and priorities to discuss with us as rapporteurs. In those meetings they wanted to get information from us but they also already had a clear position on several topics. They came with a certain message. They were defending certain areas. I remember the Social Sciences and Humanities, the international cooperation, cultural heritage, SME. [...] They came very early and that was good, the earlier you come, the better“(Interview 32, Januar 2014).

Dies belegt, dass die MdBs sehr bewusst und pro-aktiv die Entscheidungsträger des EP als Gesprächspartner ausgewählt haben. Auf der Grundlage von kommunikativen Austauschprozessen wurden Handlungsarenen erschlossen. In diesen Handlungsarenen konnten die MdBs unabhängig von der BReg, Kenntnisse über die aktuellen Ereignisse und Mehrheitsverhältnisse des Rechtsetzungsprozesses erlangen. In diesen Handlungsarenen haben sie Vorabinformationen abgefragt, im Rahmen von geschützten Kommunikationsräumen Argumente und Positionen erprobt, und sich inhaltlich und prozedural abgestimmt. Darüber hinaus hatten sie Positionen derart konkretisiert, dass sie daraus greifbare politische Forderungen ableiteten und diese an Berichterstatter aus anderen MS richteten, um den Fortgang in ihrem Sinne zu beeinflussen.

Diese Handlungsarenen sind zwar vornehmlich von Einzelpersonen gezielt etabliert und verstetigt worden. Jedoch gibt es auch klare Anzeichen für eine Verstetigung von parteiübergreifenden Handlungsarenen. Darüber hinaus wurde auch deutlich, dass eine Gruppe von Forschungspolitikern sogar mit einflussreichen Entscheidungsträgern des EP aus anderen MS agierte, die wegen ihrer Funktion als Berichterstatter besonderen Einfluss auf die Ausformulierung des Rechtsetzungsvorschlages hatten.

5.5.1.3. Parainstitutionalisierte Handlungsarena mit dem EP

Bei den parainstitutionalisierten, d.h. institutionell gefestigten Handlungsarenen handelt es sich um gezielt geplante und entscheidungsvorbereitende Handlungsformate. Bei der Prozessanalyse ist es gelungen, eine institutionell gefestigte, d.h. parainstitutionalisierte Handlungsarena, zwischen Einzelakteuren des BT und des EP zu rekonstruieren.

Im Folgenden soll zunächst diese eine *parainstitutionalisierte Handlungsarena von einer MdB-Gruppe mit einer MdEP-Gruppe* dargestellt und analysiert werden. Anschließend daran werden Handlungsformate anderer Fraktionen vorgestellt, die bisher keine vergleichbare institutionalisierte Verfestigung und Verstetigung erfahren haben. Diese Gegenüberstellung soll dazu dienen, unterschiedliche Entwicklungsprozesse und deren Bedingungs- und Einflussfaktoren herauszustellen. Auf dieser Grundlage, so die Absicht, sollen Unterschiede in den Kooperationskulturen der Oppositions- und Regierungsfraktion herausgearbeitet werden.

Die identifizierte *parainstitutionalisierte Handlungsarena* setzt sich zusammen aus Abgeordneten mit einer Fachexpertise im Bereich Forschungs- und Innovationspolitik der Bundestagsfraktion von CDU/CSU und MdEPs der Partei der CDU/CSU mit vergleichbarer Fachexpertise. Diese Handlungsarena wird von den Experten selbst als *Arbeitsgruppe* bezeichnet. Sie findet in einem regelmäßigen Turnus von sechs Wochen in Berlin statt und zielt auf eine frühzeitige Informationsvermittlung, politische Koordination und inhaltliche Abstimmung beider Parlamentariergruppen in dem Politikfeld der Forschungs- und Innovationspolitik der EU (vgl. Interview 29, Dezember 2013).

> „Wir haben innerhalb der CDU/CSU permanente Arbeitskreise zu verschiedenen Themen [...] und eben auch zu Forschungs- und Innovationspolitik. [...] In der SPD, da ist es nicht so formalisiert wie in der CDU-Partei. Diese beiden Parlamentariergruppen haben einen regelmäßigen Arbeitskreis, das ist keine Parteiveranstaltung" (Interview 29, Dezember 2013).

Ausgerichtet ist diese Arbeitsgruppe auf eine parlamentarische Einflussnahme der EU-Rechtsetzungsverfahren im Bereich Forschung- und Innovationspolitik sowie der Kontrolle bzw. Einflussnahme auf die Positionierung der Regierungsvertreter in den entsprechenden Verhandlungen auf EU-Ebene. Hierbei verfügen die jeweiligen Parlamentariergruppen auf Grund ihrer Zugehörigkeit zur nationalen bzw. zur europäischen parlamentarischen Ebene über spezifische prozedurale und politisch-inhaltliche Informationen, die in diesem Format ausgetauscht werden können. Es kann auf Grundlage der *parainstitutionalisierten Kooperation* die parlamentarische Gestaltungsmacht und Einflussmöglichkeit in einem relevanten Maß befördert werden. Dies jedoch nur insofern, wie die MdBs und MdEPs in diesem Rahmen bereit sind, Kenntnisse preiszugeben und zu teilen.

Beachtenswert ist, dass im Rahmen der Interviews keine Bestätigungen erfolgten, dass es in anderen Parteien bzw. Fraktionen vergleichbar institutionell gefestigte Kooperationen von Parlamentariergruppen im Bereich der Forschungs- und Innovationspolitik bestehen (vgl. Interview 16 (Februar 2013), Interview 20 (Februar 2013), Interview 22 (Mai 2013), Interview 23 (Juni 2013)).

> „Und das bildet sich aber nicht so stark bei den anderen Parteien ab. Die SPD ist da sehr viel zurückhaltender, was die Zusammenarbeit zwischen den Europaabgeordneten und der Bundestagsfraktion betrifft. Ich will es gar nicht werten, es ist nur faktisch so.
> Wenn Sie ein MdB der SPD fragen würden, wie oft er sich mit dem SPD-Shadow getroffen hat, dann würde ich mal sagen, kein Mal. Das heißt zumindest auf der CDU/CSU-Seite [...], dass wir einfach stärker auch aus der Vergangenheit heraus an dem Regierungshandeln interessiert sind" (Interview 29, Dezember 2013).

Gleichwohl wird durch die Analyse der Interviews deutlich, dass es im Aufbau befindliche Kooperationsstrukturen in der SPD-Bundestagsfraktion gibt. Diese zielen auf eine vergleichbare Form der institutionalisierten

Kooperation von Fachpolitikern mit der gleichen Parteizugehörigkeit des BT und des EP. Diese Entwicklungen wurden vor allem auf Grundlage eines erhöhten Problembewusstseins angestoßen:

> „Die organisatorische Struktur hat sich unglaublich verbessert. Auch auf der anderen Seite, also der Bundesregierung, d.h. wie schnell die was rüber schicken. Bei den Fraktionen hat sich noch nicht so viel getan, aber zumindest gibt es langsam Problembewusstsein dazu“ (Interview 13, Januar 2013).

Im Rahmen der Interviewanalyse wurde ersichtlich, dass innerhalb der SPD-Bundestagsfraktion die Parlamentariergruppen von BT und EP in anderer Form als die CDU/CSU-Fraktion kooperieren. Diese Handlungsarenen sind im Unterschied zur *Arbeitsgruppe* der CDU/CSU-Forschungspolitiker aus EP und BT nicht an Hand von Politikfeldern organisiert. Vielmehr werden sie über die Europapolitischen Sprecher der Fraktion organisiert und geleitet.

Diese Handlungsarena wird von den Akteuren *Arbeitskreis Europa* genannt. Er dient dem Zweck, in wiederkehrender Form ein Beratungsgremium zu bieten, in dem europapolitische Koordination und Meinungsaustausch stattfindet. Hier werden diejenigen EU-Rechtsetzungsvorhaben thematisiert, die umstritten sind und bei denen Klärungsbedarf innerhalb der SPD-Fraktion im BT herrscht (vgl. Interview 13, Januar 2013).

Neben dem *Arbeitskreis Europa* verfügt die SPD über zwei weitere Handlungsarenen in der Europapolitik, die das EP und den BT miteinander verbinden. Hierbei wurden Hinweise auf zwei Koordinierungsgremien gegeben. Einmal die sogenannte *SIMA-Gruppe* und die *Europapolitische Kommission* (vgl. Interview 13, Januar 2013).

Der *Arbeitskreis Europa* weist die meisten Parallelen zu der Handlungsarena der CDU/CSU-Fraktion auf. Der größte Unterschied ist jedoch, dass es kein auf die Forschungs- und Innovationspolitik fokussiertes Beratungs- und Koordinierungsgremium darstellt. Dennoch dient er der verstetigten Vernetzung der SPD-Gruppe im EP und der SPD-Fraktion im BT und bietet somit die Grundlage auch für eine verbesserte fachspezifische Zusammenarbeit.

> „Wir haben den Arbeitskreis Europa […]. Der tagt eigentlich sitzungswöchentlich und da haben wir immer alle strittigen Themen drauf. Also ganz zuletzt gerade Wasser, kommunale Daseinsvorsorge, Eisenbahnpaket. All diese Themen, die beide betreffen. Und das ist ganz gut in diesem Arbeitskreis. In dem sind Mitglieder aus allen Facharbeitsgruppen der SPD, da gibt es jeweils einen Europabeauftragten. Der lief am Anfang gar nicht gut, aber ich finde den toll […]. Letztlich ist das das Gremium, wo man sich auseinandersetzt.

> [...]Also das ist ein Kreis wo ergebnisorientiert gearbeitet wird" (Interview 13, Januar 2013).

Am *Arbeitskreis Europa*, der planmäßig in jeder Sitzungswoche stattfindet, nehmen der stellvertretende Fraktionsvorsitzende der Fraktion für den Bereich der Europapolitik sowie Fachpolitiker der entsprechenden Themenbereiche der SPD-Fraktion teil. Diese haben innerhalb ihres Fachbereiches die Aufgabe, die fachspezifischen Rechtsetzungsprozesse auf EU-Ebene zu beobachten und ggf. Signale in die Fraktion bzw. ihre Fachkollegen zu senden. Ihre Aufgabe ist es, eine Vorwarnfunktion für ihr Fachgebiet zu übernehmen und für alle stellvertretend die Prozesse in den EU-Institutionen zu verfolgen. Sie werden *Europabeauftragte* genannt.

Diese Fachpolitiker treffen in dem *Arbeitskreis Europa* nun mit den führenden Europapolitikern der Fraktion sowie planmäßig auch mit Vertretern der deutschen SPD-Gruppe im EP zusammen. Beabsichtigt ist, dass jeweils ein MdEP der SPD-Gruppe im EP, der zuständig für den betreffenden Fachbereich ist, an den Beratungen teilnimmt (vgl. Interview 7 (November 2012), Interview 13 (Januar 2013)).

> „Da wird in ein bis zwei Stunden die Gemengelage besprochen. Gut ist es, an Hand konkreter Politikvorhaben zu arbeiten. Die Resonanz in der Fraktion ist unterschiedlich je nach Thema. Eingeladen sind die jeweiligen zuständigen Berichterstatter aus den Arbeitskreisen und MdEP und deren Mitarbeiter, etwa 20 Leute. Es ist gut, um Themen intern ins Laufen zu bringen. Es kommen auch MdEP mit Themen initiativ. Es ist kein geheimes, enges Gremium und die Zusammensetzung schwankt nach Thema" (Interview 7, November 2012).

Der *Arbeitskreis Europa* ist eine Veranstaltung, die zu einem bestimmten Thema bzw. Regelungsvorhaben stattfindet im Büro des Stellvertretenden Fraktionsvorsitzenden der SPD-Bundestagsfraktion für den Bereich Europa, Axel Schäfer. Eingeladen werden die entsprechenden Berichterstatter aus dem federführenden Ausschuss und dem mitberatenden Ausschuss. Auch der MdEP der SPD-Gruppe im EP, der für das jeweilige Themengebiet zuständig ist, wird hierzu eingeladen:

> „Wo die MdEP mal eine Gemengelage aus dem EP darlegen, die so aus den Dokumenten und Papieren nicht hervorgeht. Und der Federführer hier aus der Fraktion sagt: hier und hier und da Vorsicht oder eben nicht und sagt, das ist alles super, das können wir so mitgehen und laufen lassen. Aber das an konkreten Politikvorhaben zu arbeiten ist das, was spannend und sinnvoll ist. Da ist die Resonanz je nach Thema auch unterschiedlich. Also es gibt auch so Tage, an denen man denkt, Mensch, das ist eigentlich ein wichtiges Thema, warum sind nur so wenige Leute da" (Interview 7, November 2012).

Dieser Arbeitskreis hat vor allem die Funktion, innerhalb der SPD-Fraktion die Aufmerksamkeit für die kritischen Themen auf EU-Ebene zu generieren und eine Fachexpertise bei den MdBs aufzubauen. Hiermit können Prozesse angestoßen werden, die der Positionsbildung dienen.

> „Wenn der MEP da ist, dann ist das schon richtig gut, aber auch sonst, um ein Thema bei uns ins Rollen zu kriegen ist das ein ganz wichtiges Instrument" (vgl. Interview 7, November 2012).

Dieser Arbeitskreis dient jedoch ebenso dazu, die MdBs der Fraktion im BT über die Zielsetzungen und Regelungsinhalte der EU-Rechtsetzungsvorhaben aufzuklären und im Rahmen von argumentativen Auseinandersetzungen Missverständnisse und Widerstände auflösen.

> „Ich bin immer wieder erstaunt, wo man unsere eigenen Leute abholen muss. Aber letztlich habe ich immer den Eindruck, dass wir zu guten Kompromissen gekommen sind. Und so ne Gremien gibt es sonst nicht so häufig und da kommt eigentlich immer auch jemand aus dem EP dazu" (Interview 13, Januar 2013).

Insgesamt betrachtet streben diese Handlungsarenen mit Vertretern der SPD-Gruppe im EP die Verbesserung der Europafähigkeit der SPD-Bundestagsfraktion an. Die Fachpolitiken sollen europäisiert werden und europapolitische Kompetenzen sollen schrittweise befördert werden.

Neben diesem *Arbeitskreis Europa*, der auch auf eine Kooperation und Auseinandersetzung mit MdEPs ausgerichtet ist, wurde in den Interviews ein weiteres Beratungsgremium als wichtig eingestuft. In diesem Gremium steht vordergründig die europapolitische Information von Parteiangehörigen und somit auch die Entwicklung und Etablierung europapolitischer Positionen der SPD, u.a. in Fachpolitiken aber auch übergeordneten Themenfeldern.

> „Dann gibt es noch eine europapolitische Kommission im Parteivorstand [...]. Da wird die Landesebene eingeladen und da werden die Themen, die wir hier eigentlich auch haben, behandelt und aber nochmal für ein anderes Publikum aufbereitet, also für europapolitisch Interessierte aus den Landesverbänden. Also nicht direkt ein Gremium, das die SPD-Bundestagsfraktion mit der SPD im EP verbindet, aber ich finde, das ist auch ein wichtiges Gremium" (Interview 13, Januar 2013).

Verbindendes Element zur SPD-Gruppe im EP ist hierbei, dass die *Europapolitische Kommission* gemeinsam geleitet wird von Axel Schäfer, dem stellvertretenden Fraktionsvorsitzendem der SPD-Fraktion im BT für Europa sowie Udo Bullmann, dem Vorsitzendem der SPD-Abgeordneten im EP. Somit bildet diese Handlungsarena ein wiederkehrendes Forum, bei dem sozialdemokratische Positionen zu spezifischen EU-Vorhaben und Initiativen ausgeformt und diskutiert werden können. Sie ist in ihrem Wesen aber nicht vergleichbar mit der Kooperationsform der *Arbeitsgruppe* der CDU/CSU-Fraktion. Diese ist spezifisch auf den Austausch in forschungspolitischen Themen ausgerichtet und orientiert sich somit konkret an Hand von spezifischen Rechtsetzungsvorhaben. Somit gilt es in diesem Rahmen klare Positionen zu entwickeln und Strategien auszubilden und diese im Prozess geltend zu machen.

> „Aber insgesamt um da eine Einschätzung zu geben, läuft da viel zu wenig an Abstimmung, viel zu wenig“ (vgl. Interview 13, Januar 2013).

Die *Europapolitische Kommission* der SPD scheint im Vergleich zur *Arbeitsgruppe* der CDU/CSU-Fraktion viel stärker auf konzeptionelle Themen angelegt zu sein und die EU als eine Idee im Blick zu haben, die es mit programmatischen Ideen zu gestalten gilt. Die CDU/CSU-Arbeitsgruppe hingegen ist zielstrebig gerichtet auf eine strategische Einflussnahme spezifischer Vorhaben und hat weniger die große, umfassende Europa-Idee im Fokus.

Versuche innerhalb der SPD-Bundestagsfraktion, eine strategische Kooperation von MdBs und MdEPs in spezifische Themengebiete und Rechtsetzungsvorhaben zu etablieren, gab es zur Hochphase der Wirtschafts- und Finanzkrise. Diese Anstöße waren vor allem darauf gerichtet, europapolitisches Bewusstsein bei den Fachpolitikern aus den Bereichen Haushalt, Finanzen und Wirtschaft zu bestärken. Hierfür wurde die sogenannte *SIMA-Gruppe* ins Leben gerufen:

> „Aber bei der SPD-Fraktion im Bundestag und der deutschen Gruppe in der S&D im EP könnte man an einigen Punkten tatsächlich mehr machen, einfach strategischer. Wir haben das versucht, als das mit der Krise so richtig losging. Wir haben eine Gruppe in der Fraktion, die heißt SIMA-Gruppe“ (Interview 13, Januar 2013).

Diese Gruppe besteht aus den vier Sprechern der Bundestagsfraktion für die Bereiche Haushalt, Wirtschaft, Finanzen und Europa sowie den drei Stellvertretenden Fraktionsvorsitzenden, die mit den entsprechenden Themenbereichen beauftragt sind.

> „Also wenn wir jetzt rausgehen mit einem Antrag zu Zypern oder dem MFR, dann ist das was, was wir vorher in dem Gremium absprechen. Das ist praktisch ein Vorprüfgremium, bevor wir in die Fraktion gehen. Weil die Themen sind halt nicht mehr nur rein europäisch oder nur rein haushalterisch oder rein finanziell, sondern das ist ein Konglomerat“ (Interview 13, Januar 2013).

Die Koordination und Absprache zwischen den Europaexperten und den Fachpolitikern zielt darauf ab, fachbezogene fiskalpolitische Aspekte durch eine europäische Perspektive zu erweitern. Bei der Entwicklung von Positionierungen und politischen Forderungen sollen nicht nur die fachspezifischen Fragen im Fokus stehen. Vielmehr ist es angezeigt, auch das europapolitische Gesamtinteresse zu berücksichtigen.

> „Dieses Format, die SIMA-Gruppe hat den einzigen Nutzen, dass es sie gibt, weil funktionieren tut sie nicht. Einerseits sind es Personen, die irgendwie nicht miteinander können. [...] Alleine, dass es das Ding gibt und die sich regelmäßig sprechen, das ist gut. Aber eine richtige Abstimmung ist das noch nicht" (vgl. Interview 13, Januar 2013).

Deutlich wird in den Interviews, dass es zwar Bemühungen gibt, sich zu koordinieren, um überzeugende Positionen zu entwickeln. Ein Hindernis für die sachbezogene Kooperation zwischen Europaexperten und Fachpolitikern scheinen persönliche Befindlichkeiten und die Angst um den Verlust der Deutungshoheit zu sein. Diese persönlichen Verlustängste behindern einen Austausch von Expertise in EU-Fragen und der lösungsorientierten Arbeit an alternativen, argumentativ stichhaltigen politischen Positionen (vgl. Interview 13, Januar 2013).

Es ist nicht auszuschließen, sondern eher zu vermuten, dass es vergleichbare übergeordnete Handlungsarenen in der CDU/CSU-Bundestagsfraktion mit MdEPs der CDU-Gruppe gibt. Dennoch sind die erkennbaren Unterschiede der Ausprägungsmerkmale der Handlungsarenen der SPD-Bundestagsfraktion und der CDU/CSU-Bundestagsfraktion bemerkenswert. Die Ursachenanalyse für diese augenscheinlichen Unterschiede in der Kooperationskultur zwischen SPD und CDU/CSU sollen nun auf Grundlage der Erkenntnisse aus den Interviews erfolgen. Diese Auswertung wird jedoch auf die für die mit der hier angestellten Analyse verfolgten Erkenntnisziele beschränkt. [128]

---

128 Diese Ausführungen sind jedoch nicht abschließend und um den Rahmen dieser Arbeit zu sprengen, können die Ursachen einer vermuteten unterschiedlichen Kooperationskultur hier auch nicht allumfänglich erörtert und analysiert werden. Zudem steht diese Frage auch nicht im Fokus der Analyse dieser Arbeit. Dennoch soll dieser Aspekt der Vollständigkeit halber ausgeführt werden auf Basis der Erkenntnisse, die die eigens durchgeführten Interviews eröffnen. Dies steht im Bezug zur Erarbeitung der Schlussfolgerungen zu den Handlungsarenen zwischen BT und EP.

Insbesondere die Analyse der unterschiedlichen Zielsetzungen der Handlungsarenen macht Unterschiede in der Kooperationskultur ersichtlich. Die Zielsetzung der Verstetigung und Verfestigung der Handlungsarenen *Arbeitskreis Europa*, *Europapolitische Kommission* und *SIMA-Gruppe*, wurde von den Interviewpartner wie folgt beschrieben. So geht es darum:

> „Schlagkräftiger zu sein, gemeinsame Argumente zu haben, wirklich gemeinsam als Sozialdemokratie zu argumentieren" (Interview 13, Januar 2013).

Sie zielen demnach auf die Erarbeitung gemeinsamer Argumente und Positionen, die durch öffentlich kommunizierte und wahrgenommene Positionierungen eine politische Alternative darstellen sollen (vgl. Interview 13, Januar 2013). Demgegenüber formulieren Gesprächspartner aus der CDU/CSU-Gruppe im EP andere Absichten, die sie zur Kooperation mit MdBs der eigenen Partei motivieren. Die Handlungsarenen zielen auf eine politik- und vorhabenspezifische Einflussnahme und konkrete Mitgestaltung an Rechtsetzungsvorhaben. Zudem gilt es, die BReg und vor allem das Verhalten der Regierungsvertreter in den RAG zu kontrollieren:

> „Also wir wollen schon genauer wissen, also wir gehen ja nicht die parlamentarischen Wege, sondern wir wollen schon genauer wissen als Abgeordnete, was die Bundesregierung so macht in den Räten. Zumal wir auch ein wachsendes Misstrauen haben aus der Vergangenheit, dass die Räte über ein ganz starkes Regime der Beamten in der Vergangenheit auch politische Entscheidungen durchaus entweder unterlaufen hat oder im Grunde genommen, Dinge, die sie auf Ebene der immer nicht ganz einfachen Koalitionsregierungen, nicht geschafft haben, zu etablieren, über Umwege in den Räten etabliert haben, ohne dass es eigentlich dafür substantielle Entscheidungen der Koalitionen gab" (Interview 29, Dezember 2013).

Somit ist ein explizit formuliertes Problembewusstsein feststellbar. Es wird als notwendig erachtet, den parlamentarischen Kontrollprozess der eigenen Regierungsvertreter aktiv an konkreten Rechtsetzungsvorhaben zu betreiben und auszuführen. Durch die jahrelange Erfahrung der eigenen Regierungsbeteiligung, haben die CDU/CSU-Parlamentarier Einblicke erhalten und Kompetenzen erlangt, die ihnen einerseits aufzeigen, warum eine genaue Kontrolle der eigenen Regierung und deren Vertreter, d.h. der Ministerialbeamten, notwendig ist. Darüber hinaus haben sie die Fachkenntnis über die legislativen Prozessabläufe sowie die dringend erforderlichen persönlichen Netzwerke, um an frühzeitige Informationen zu gelangen.

> „Während vielleicht dadurch, dass wir schon länger in der Regierung sind und das Europathema ja eine sehr viel größere Relevanz bekommen hat, ist bei der CDU/CSU der […] parlamentarische Kontrollprozess der Abgeordneten der eigenen Leute stärker ausgeprägt“ (Interview 29, Dezember 2013).

Diese Fachkenntnis wird ersichtlich durch den höheren Bezugsgrad der informellen Handlungsarenen und informellen Handlungsformen zu formellen Entscheidungsprozessen. Diese Fachkenntnisse drücken sich zudem darin aus, dass nicht nur die parlamentarischen Kontrollinstrumente ausgeübt werden, sondern ein Bewusstsein dafür besteht, durch informelle Kooperations- und Informationsaustauschformate informelle Einfluss- und Kontrollmöglichkeiten zu befördern.

> „Also wir wollen schon genauer wissen, also wir gehen ja nicht die parlamentarischen Wege, sondern wir wollen schon genauer wissen als Abgeordnete, was die Bundesregierung so macht in den Räten“ (Interview 29, Dezember 2013).

Dies wird verstärkt durch die rein numerische Dominanz im EP, die der CDU/CSU-Gruppe im EP im Rechtsetzungsprozess auch eine erhebliche informelle Einfluss- und Gestaltungsmacht zukommen lässt:

> „Schon weil die CDU/CSU Gruppe so viele Abgeordnete hat, wie Schweden insgesamt in Brüssel, ist ja eine viel größere Bereitschaft, gerade was Forschung und Innovation betrifft, Deutschland sozusagen als Leitstruktur anzusehen“ (Interview 29, Dezember 2013).

Diese Praxis der informellen Kooperation zwischen MdBs und MdEPs sowie die informelle Kontrolle und Einflussnahme auf EU-Verhandlungsgremien steht im Kontrast zu den erkennbaren Schwierigkeiten und Hindernissen bei den Kooperationsformen der SPD-Fraktion. Diese Unterschiede können mitunter begründet sein in der lange andauernden Oppositionsrolle der SPD-Bundestagsfraktion.

> „Im Moment ist es so, dadurch, dass die SPD relativ lange in der Opposition war, bewegt sie sich stärker in einem ritualisierten Oppositions-Regierungsverhältnis. Sie prägt das ganz stark über die Mittel und Strukturen des Parlamentarismus, über Anfragen und solche Dinge“ (Interview 29, Dezember 2013).

5.5.1.4. Zwischenfazit parainstitutionalisierte Handlungsarenen mit dem EP

Die soeben ausgeführte Gegenüberstellung der gefestigten bzw. parainstitutionalisierten Handlungsarenen zeigt deutliche Unterschiede zwischen der CDU/CSU-Fraktion und der SPD-Fraktion im BT auf. In dem hier herangezogenen Untersuchungszeitraum ist die CDU/CSU-Fraktion regierungstragende Fraktion. Die SPD-Bundestagsfraktion stellt die größte Oppositionsfraktion im BT dar. Hieraus ergeben sich spezifische Zugangsmöglichkeiten zu Informationen sowie unterschiedliche Rollen und Aufgaben im parlamentarischen Kontrollprozess (vgl. hierzu ausführlich Kapitel 2.1.3).

Ausgerichtet ist die *Arbeitsgruppe* der CDU/CSU-Parlamentarier auf eine parlamentarische Einflussnahme der EU-Rechtsetzungsverfahren im Bereich Forschung- und Innovationspolitik sowie der Kontrolle bzw. Einflussnahme auf die Positionierung der Regierungsvertreter in den entsprechenden Verhandlungen auf EU-Ebene. Hierbei verfügen die jeweiligen Parlamentariergruppen auf Grund ihrer Zugehörigkeit zur nationalen bzw. zur europäischen parlamentarischen Ebene über spezifische prozedurale und politisch-inhaltliche Informationen, die in diesem Format ausgetauscht werden können.

Auf Grund der Aktionseinheit die Regierung und regierungstragende Fraktion bilden, hat die CDU/CSU-Fraktion einen erleichterten Zugang zu Vorabinformationen. Zudem sind – wie an Hand der Aussagen der Interviews nachvollziehbar – die Mitglieder der Fraktion auch in informellen Handlungsarenen in Brüssel einflussreiche Akteure. So werden Ihre Positionierungen von EU-Entscheidungsträgern berücksichtigt bei der Ausgestaltung von Rechtsetzungsvorschlägen. Sogar die Unterstützung eines MdB der CDU/CSU-Fraktion, wird für die Umsetzung von Zielen für die Finanzausstattung von EU-Entscheidungsträgern angefragt (vgl. Kapitel 5.4.2).

Neben den Vorteilen, die sich auf Grund der Ressortbruderschaften und der gemeinsamen Parteizugehörigkeit ergeben, scheinen jedoch noch weitere Kriterien für diese Unterschiede bedeutend zu sein. Nicht nur der verbesserte Zugang zu Informationen ist ausschlaggebend für eine *Kooperationsbereitschaft*, die so weit reicht, dass *parainstitutionalisierte Handlungsarenen* etabliert werden. Insbesondere die eigene Regierungserfahrung hat zur Herausbildung eines spezifischen Problembewusstseins geführt. Die eigene Erfahrung dessen, in welchen informellen und vorgeschalteten Gremien Entscheidungen vorbereitet werden, befähigt die MdBs dazu, gezielt mit adäquaten Handlungsformen sowie zum exakten Zeitpunkt eine informelle Einflussnahme zu lancieren. Die Kenntnis über die Funktionsweise informeller, vorgelagerte Entscheidungsgremien erzeugt zudem ein Bewusstsein für diskretionäre Handlungsspielräume der BReg und ihrer Regierungsvertreter in den RAG. Eine Erkenntnis der eigenen Regierungsbeteiligung ist, dass diese Handlungsspielräume ausgenutzt werden und deshalb von parlamentarischer Seite aus kontrolliert werden müssen - und dies vorzugsweise auf informellem Weg.

Auf dieser Grundlage entwickelt sich ein Bewusstsein für die Notwendigkeit der informellen Kontrolle und Einflussnahme des Regierungshandelns. Zudem fördert dieses Problembewusstsein die Kooperationsbereitschaft über die Grenzen des eigenen politischen Systems hinweg. Sie befähigt die Parlamentarier dazu, die Spielräume, die sich in einem vertikal überlagerten Mehrebenensystem ergeben, zu füllen durch Kooperationsmechanismen in parainstitutionalisierten Handlungsarenen. Die bestehende Informationsasymmetrie zwischen den Parlamentariern auf EU-Ebene und nationaler Ebene wird durch Informationsaustausch vermindert. Hierdurch kann die parlamentarische Einfluss- und Gestaltungsmacht sowie Kontrollfähigkeit befördert werden. Auf Grundlage der parainstitutionalisierten Kooperation werden Handlungsroutinen gefestigt, die MdBs und MdEPs darin befördern, Informationen und Kenntnisse preiszugeben und zu teilen.

Der *Arbeitskreis Europa* der SPD-Bundestagsfraktion weist die meisten Parallelen zu der Handlungsarena der CDU/CSU-Fraktion auf. Der größte Unterschied ist jedoch, dass es kein auf die Forschungs- und Innovationspolitik fokussiertes Beratungs- und Koordinierungsgremium darstellt. Dennoch dient er der verstetigten Vernetzung der SPD-Gruppe im EP und der SPD-Fraktion im BT und bietet somit die Grundlage auch für eine verbesserte fachspezifische Zusammenarbeit. Aus diesem Grund wird er hier für eine vergleichende Analyse herangezogen.

Im Unterschied zu der feststellbaren verfestigten Kooperation zwischen CDU/CSU-Fachpolitikern und deren Kollegen im EP, lassen die Interviews keine Anzeichen für eine vergleichbar institutionalisierte, verfestigte Kooperationsbereitschaft bei Fachpolitikern der SPD-Bundestagsfraktion erkennen. Die aufgezeigten Beispiele der Kooperationsbestrebungen zielen zudem eher auf eine Verbesserung der Europafähigkeit und der Herausbildung eines Problembewusstseins insgesamt. Im Vordergrund scheinen übergreifende, programmatische Ideen zu stehen, die mit dem Projekt der europäischen Einigung verfolgt werden. Die vorhabenbezogene, verstetigte Kooperation in Fachpolitiken ist bisher nicht institutionell gefestigt. Daher sind die Handlungsarenen durch einen höheren Fragilitätsgrad gekennzeichnet. Diese Fragilität ergibt sich aus den Einflüssen, die sich auf Grund von persönlichen Befindlichkeiten und Konkurrenzverhältnissen unter MdBs der SPD-Bundestagsfraktion ergeben.

Kooperationshemmnisse, die sich aus den Interviews ableiten lassen, sind mangelnde Kenntnisse und Erfahrungen von europäischen Prozessen und formalen Verfahrensregeln, ein verringertes Problembewusstsein sowie Verlustängste. Befürchtet wird, dass durch eine Kooperation, sei sie interfraktionell oder mit der SPD-Gruppe im EP, die eigene Deutungshoheit schrittweise aufgeweicht wird. Hiermit einher ginge der Bedeutungsverlust als Parlamentarier insgesamt, so die Befürchtungen.

Festgehalten werden kann somit, dass wenn es gelingt, eine parainstitutionalisierte Handlungsarena zwischen MdBs und MdEPs zu etablieren auf fachpolitischer Ebene, dann erhöht die institutionelle Verstetigung deren Schlagkraft und Überlebensfähigkeit. Parainstitutionalisierte Kooperationsformen sind nicht in gleicher Weise destabilisierenden Einflussfaktoren wie persönlichen Befindlichkeiten ausgesetzt. Somit kann eine Korrelation angenommen werden zwischen der Funktion einer Handlungsarena und der Stabilität der sich daraus erwachsenden Kommunikationsbeziehung. Dies bestätigt die Annahmen von Schwarzmeier (2001) auch für den Bereich der informellen Mitwirkung des BT in AdEU.

Tabelle 6: Fraktionsspezifische Erscheinungsformen informaler Handlungsarenen

<table>
<tr><th rowspan="2">Stabilität der Akteurskonstellation</th><th colspan="4">Funktion der informalen Handlungsarena</th></tr>
<tr><th>Informationsgewinnung</th><th>Prozedurale Abstimmung</th><th>Meinungs- und Willensbildung</th><th>Positionierung</th></tr>
<tr><td>Punktuell, situativ</td><td></td><td></td><td colspan="2">Gespräche von MdB mit einzelnen MdEP, u.a. Berichterstatterin Carvalho (MdEP)</td></tr>
<tr><td rowspan="3">Etabliert, wiederkehrend</td><td colspan="4">Kommunikation zwischen MdB und MdEP, v.a. mit Berichterstattern im EP</td></tr>
<tr><td>Arbeitskreis Europa der SPD-Bundestagsfraktion</td><td colspan="3">Treffen von MdB der CDU/CSU-Fraktion, BMBF und Berichterstatter (MdEP)</td></tr>
<tr><td colspan="4">Fortlaufende Gespräche mit Entscheidungsträgern auf EU-Ebene von einzelnen MdB</td></tr>
<tr><td>Parainstitutionalisiert, gefestigt</td><td></td><td colspan="3">Arbeitsgruppe der CDU/CSU-Fraktion mit MdEP des ITRE zu Forschungs- und Innovationspolitik</td></tr>
</table>

(Quelle: eigene Darstellung in Erweiterung von Schwarzmeier 2001: 90).

5.5.1.5. Interfraktionelle Handlungsarenen

In diesem Abschnitt sollen die interfraktionellen Handlungsarenen analysiert werden. Hierzu zählt die fraktionsübergreifende Delegationsreise nach Brüssel des ABFT. Darüber hinaus wird eine herausstechende, parteiübergreifende Einzelaktion, d.h. eine situative, punktuelle Handlungsarena zwischen einem MdB der SPD-Bundestagsfraktion und einem MdEP der CDU/CSU-Gruppe im EP nachfolgend im Hinblick auf ihre hierarchischen Strukturen, die Kooperationsformen sowie ihre Durchlässigkeit untersucht.

5.5.1.5.1. Punktuelle Handlungsarena fraktionsübergreifend

Eine herausgehobene Bedeutung hat eine Handlungsform, die über Parteigrenzen hinweg erfolgte und die nachfolgend beleuchtet wird. Sie kennzeichnet sich dadurch aus, dass sie eine Handlungsarena zwischen einem MdB aus der Oppositionsfraktion sowie einem MdEP der CDU/CSU-Gruppe besteht. Diese Handlungsarena stellt eine situative, einmalige Handlungsarena dar.

Die CDU-Gruppe im EP ist zwar nicht eine klassische regierungstragende Fraktion, da das EP keine vergleichbare Kreationsfunktion wie der BT besitzt. Dennoch sind die MdEPs auf Grund der Parteizugehörigkeit mit der BReg eng verwoben sowie auf Grund der Mehrheitsverhältnisse des EP mit dem Rollenset einer Regierungsfraktion vergleichbar. Aufgrund der Beteiligung einzelner MdEPs an dem informellen Trilog, bei dem das 8. FRP Horizont 2020 behandelt wurde, haben diese MdEPs zu einem sehr frühen Zeitpunkt Kenntnis von den Positionierungen der Regierungsvertreter im Rat.

Studien belegen den Trend im Rahmen des Mitentscheidungsverfahrens hin zur Verlagerung von Aushandlungsprozessen in ausgelagerte, informelle Gremien (vgl. Roederer-Rynning/Greenwood 2015). In diesen Arenen werden die Kompromisslinien vorab abgesteckt (vgl. hierzu Kapitel 5.5.1). Ein Vorteil ist, dass sich hierdurch die parlamentarischen Beratungsprozesse in einem erheblichen Umfang verkürzen. Konsequenzen hat dies neben Auswirkungen auf das EP selbst, auch auf die Bedeutung der Beziehungsstruktur von MdEPs und MdBs. Die MdEPs gewinnen dadurch zunehmend an Bedeutung als strategischer Partner für die MdBs, um Entscheidungsprozesse zu beeinflussen.

Diejenigen MdEPs, die an informellen Trilogen teilnehmen, haben Einblick in das Verhalten der Regierungsvertreter der BReg. Dieser Informationszugang ist von besonderer Bedeutung für die MdBs. Bei dem hier untersuchten Beispiel der *situativen, einmaligen Handlungsarena* wurde dieser Informationsvorsprung gezielt genutzt, um parlamentarische Forderungen aus dem BT sowie aus dem EP mit Nachdruck zu vertreten.

> „Auch manche parlamentarische Anfrage ist inzwischen ein gemeinsames Kontrollinstrument der beiden Parlamente. Das EP verhandelt mit der Bundesregierung im Rat als eigenständige Institution und es kommt durchaus vor, dass wir auch über die Parteigrenzen hinweg auch im Bundestag Kontrollinstrumente für die Position der Bundesregierung im Rat benutzen“ (Interview 29, Dezember 2013).

Bei der zentralen Frage der Höhe der Finanzausstattung des 8. FRP Horizont 2020 vertrat das EP die Position, dass das Volumen des Vorgängerprogrammes, dem 7. FRP, verdoppelt werden sollte. Diese Forderung stellt das EP am 27. September 2011 in der Stellungnahme zum Grünbuch der EU-KOM zur Forschungsfinanzierung auf (vgl. Europäisches Parlament 2011). Ebenso forderten alle Fraktionen im BT eine Aufstockung des Budgets von Horizont 2020 (vgl. Deutscher Bundestag 2011d).[129] Somit unterstützten beide Parlamente eine Erhöhung des Budgets. Diese gemeinsame Position bildete die Grundlage für eine *situative, parteiübergreifende Handlungsarena*. Diese setzte die BReg unter Rechtfertigungs- und Handlungsdruck.

> „Also zum Beispiel wenn die Bundesregierung begeistert die Aussage fuhr, man stünde zu den 3% des Bruttosozialproduktes für die Forschung und gleichzeitig die gleiche Bundesregierung im Rat in den Ratsarbeitsgruppen aber keinen einzigen Finger hebt für ein entsprechend auskömmliches Budget, weil auch da in Stück weit bei den Verhandlungen ein Primat des Bundesfinanzministeriums sich durchsetzte, auf jeden Fall die 1% einhalten zu müssen. Das führte lange dazu, dass man nicht bereit war, sich inhaltlich stark zu exponieren. Weil, wenn man sich stark exponiert, dann muss man auch zahlen. Also positionieren wir uns mal inhaltlich nicht so stark, weil das das Metathema Finanzausstattung sozusagen relativiert“ (Interview 29, Dezember 2013).

Einstimmig waren die Fraktionen im BT der Auffassung, dass das Budget für Forschung sich erhöhen müsste. Auch die MdEPs des ITRE-Ausschus-

129 Vgl. zur Frage, wie sich die Fraktionen im Detail in diesem Punkt positioniert haben Kapitel 5.4.2.

ses setzten ein starkes Signal für mehr Mittel für Forschung, indem sie 100 Milliarden forderten. Auf Basis dieser gemeinsamen Grundhaltung und im Hinblick auf das Erwirken dieses Zieles, gab es eine Kooperation von MdEPs der CDU/CSU-Fraktion im EP und MdBs der SPD-Bundestagsfraktion, die in Form einer Kleinen Anfrage zum Ausdruck kam.

Gestellt wurde diese Kleine Anfrage von dem forschungspolitischen Sprecher der SPD-Fraktion, René Röspel, den weiteren Forschungspolitikern sowie den restlichen Abgeordneten der SPD-Bundestagsfraktion am 24.10.2012 an die BReg (vgl. Deutscher Bundestag 2012a).

In dieser Kleinen Anfrage sind zehn Fragen enthalten, die auf die Finanzausstattung von Horizont 2020 und die damit verknüpften Fragen bei den MFR-Verhandlungen fokussiert sind. Im besonderen Interesse ist hierbei das Verhalten und die Positionierung der BReg in den EU-Gremien. Die ersten drei Fragen lauten wie folgt:

> „1. Strebt die Bundesregierung weiterhin an, das Volumen der Förderung im Rahmen des nächsten Forschungsrahmenprogramms „Horizont 2020" auf 80 Mrd. Euro anzuheben, und falls nein, welche Förderhöhe strebt die Bundesregierung an?
> 2. Teilt die Bundesregierung die Einschätzung des Europaparlamentsabgeordneten Dr. Christian Ehler (vgl. Süddeutsche Zeitung vom 19. September 2012), dass allein schon für die Fortführung der bestehenden Programme 78 Mrd. Euro notwendig wären, und falls nein, welches Förderniveau wäre für die nächste Förderperiode erforderlich?
> 3. Ist es zutreffend, dass sich die Bundesregierung weiterhin dafür einsetzt, das EU-Budget auf 1 Prozent des BNE (Bruttonationaleinkommen) zu begrenzen, und mit welchen Auswirkungen auf die Forschungsförderung der EU rechnet die Bundesregierung angesichts dieser Festlegung?" (Deutscher Bundestag 2012a: 1).

Mit dieser kooperativ erarbeiteten Kleinen Anfrage wurde beabsichtigt, die BReg in einem öffentlichen Rahmen mit diesen Fragen zu konfrontieren. Die BReg wurde somit durch Rückgriff auf formale Interpellationsrechte aufgefordert, sich zu positionieren. Auch die Zusammenhänge der Verhandlungen zum MFR 2014-2020 und der hier vertretenen Position der Beschränkung der EU-Ausgaben insgesamt mussten dargelegt und erläutert werden (vgl. Deutscher Bundestag 2012b).

Vorgeschaltet dieser formalen Kontrollhandlung durch René Röspel war eine informelle Kontaktaufnahme zwischen ihm und einem führenden MdEP der CDU/CSU-Gruppe im EP (vgl. Interview 29, Dezember 2013). Die Weitergabe von Informationen über das zurückhaltende Verhalten der Regierungsvertreter in den RAG sollte verhindern, dass die Verhandlungen zur Finanzausstattung ins Stocken geraten oder gar scheiterten. Da die BReg bei der Thematisierung der Finanzausstattung in diesen Gremien sich nicht eindeutig und explizit positionierte für eine Erhöhung des Budgets, wählte der MdEP diesen Weg, um öffentlichen Druck und eine Verhaltensänderung zu erzeugen.

Somit zwang die Kleine Anfrage die BReg, sich zu den Konsequenzen zweier konträrer Politikziele zu äußern und eine klare Priorität zu formulieren für das ein oder andere Politikziel. Zudem zwang es die BReg, die bisherige zurückhaltende Verhandlungsposition in den RAG aufzugeben.

> „Das war ein Mechanismus ein bisschen Druck auszuüben auf die Bundesregierung, damit das dann nicht still im Rat in einer Duldungsstarre der Forschungspolitiker stirbt, sondern, dass wir eine etwas aktivere Haltung der Bundesregierung sehen in der Frage des Haushaltes für das Horizon 2020" (Interview 29, Dezember 2013).

Zudem signalisierte diese kooperativ erarbeitete Kleine Anfrage den Vertretern der BReg, v.a. den Entscheidungsträgern im BMBF, das parteiübergreifende Einigkeit und Kooperationen zwischen BT und EP in dieser Position bestand. Dies verlieh der Forderung umso mehr Nachdruck. Zudem musste den Regierungsvertretern nun klar geworden sein, dass die als diskretionär eingeschätzten Handlungsspielräume zumindest partiell zugänglich sind für die MdBs, sogar seitens der Oppositionsfraktionen. Die Kooperation über Fraktions- und Systemebenen hinweg machte offenkundig, dass die MdBs der Oppositionsfraktion befähigt wurden, das tatsächliche Verhalten der Regierungsvertreter in den RAG zu verfolgen.

> „Die Räte sind zusehends eine Reservemacht des Beamtenapparats und insofern haben wir als Parlamentarier ein ganz erhebliches Kontrollinteresse der Beamtenhierarchien in den Räten. Das haben wir unseren Bundestagskollegen immer wieder gesagt: Folgt dem genauer! Und das hat zum Anfang immer wieder zu erheblichem Erstaunen geführt, was so auf Beamtenebene eigentlich passiert" (Interview 29, Dezember 2013).

Die BReg vermochte es auf Grund der nicht-öffentlichen Verhandlungsformate in den vorbereitenden Sitzungen, wie u.a. den RAG, sich im nationalen Rahmen öffentlich für ein Politikziel zu bekennen. Diesem Bekenntnis folgten dann in den Gremien nicht die entsprechenden Äußerungen und Handlungen. Die Kooperation der Parlamentarier über institutionelle Ebenen und Parteigrenzen hinweg führte dazu, dass dieses Doppelspiel der BReg aufgebrochen worden ist.

Genau diese Manövrierfähigkeit und Flexibilität sollte mit der Kooperation von MdEP und MdB, die ihren Ausdruck in der Kleinen Anfrage hatte, aufgebrochen werden:

> „Ja klar, weil die Bundesregierung dann was dazu sagen musste, was dazu sagen müssen hat auch dazu geführt, dass damit diese Dialektik, zu der man sich bis dahin still und leise in der Lage sah, nicht mehr so ganz funktionierte, zu sagen, oben ein Prozent und unten sind wir aber für mehr Forschung. Also es schärfte sich sozusagen das Thema und in der Folge hat ja dann der Bund etwas deutlicher sich in den Ratsarbeitsgruppen für eine geringere Kürzung ausgesprochen“ (Interview 29, Dezember 2013).

Diese Initiative hat laut dem Interview dazu geführt, dass die BReg die Verhandlungspositionen in den RAG konkreter ausformuliert haben als bisher. Somit kann dies als eine erfolgreiche und effektive informelle Kooperation zwischen Vertretern der beiden parlamentarischen Ebenen und über die Parteigrenzen hinweg gewertet werden.

Anschaulich wird an diesem Beispiel, dass das Mehrebenensystem den Parlamentariern Handlungsspielräume eröffnet durch die Überschreitung und Überlappung von territorial begrenzten Regelsystemen. Zudem belegt die Kooperation über Parteigrenzen hinweg, dass der Parteienwettbewerb nicht die gleiche Bedeutung hat wie auf nationaler Ebene.

> „Tatsächlich stellt die EU ein lose gekoppeltes Mehrebenensystem dar [...], in dem der Parteienwettbewerb kaum eine Rolle spielt. Die verbundenen Entscheidungsarenen der Mitgliedstaaten und der EU bieten den Regierungen und Parlamenten erhebliche Spielräume zu strategischem Handeln, womit sie drohende Blockaden vermeiden können“ (Benz 2009: 122).

Auswirkung der informellen Praktik der Trilogverhandlungen ist, dass der zunächst diskretionäre Handlungsspielraum der BReg partiell und mittelbar einsehbar wird für die MdBs. Durch die Gewährung von Einblicken in den Verhandlungsverlauf in den informellen Trilogen haben die MdEPs partielle Kenntnisse von den Positionierungen und Verhandlungsstrategien der Regierungsvertreter im Rat. Allerdings nur dann, wenn die MdEPs ein strategisches Interesse daran haben, dass die MdBs über ein spezifisches Verhalten der BReg informiert werden. Die MdBs können von diesem Informationsgewinn des EP in informellen Trilogen nur insoweit profitieren, wie die MdEPs bereit sind, dieses Wissen und die Expertise mit ihnen zu teilen und die Informationen an sie weiterzugeben. Aufgrund der tendenziellen Aufweichung des Parteienwettbewerbs kann jedoch angenommen werden, dass bei gleichen politischen Zielen diese Kooperation durchaus erfolgt.

5.5.1.5.2. Etablierte Handlungsarena fraktionsübergreifend

Die folgende Analyse der Delegationsreise als Handlungsarena nimmt zunächst die Teilnehmerkonstellation in den Blick und betrachtet die Gesprächspartner, mit denen die MdBs auf dieser Reise in Kontakt gekommen sind. Dies soll Aufschlüsse darüber geben, inwieweit die Delegationsreise Impulsgeber für Lerneffekte bei den MdBs ist sowie Ausgangspunkt zur Etablierung informeller Gestaltungsfähigkeit darstellt.

Die Delegationsreise wird der Kategorie der *gefestigten, wiederkehrenden Handlungsarenen* zugeordnet. Auch in diesem Fall sind erneut die Übergänge der analytischen Kategorien fließend. Die Zuordnung zur gefestigten, wiederkehrenden Handlungsarena erfolgt im Wesentlichen aus zwei Gründen. Die Delegationsreise wurde bewusst von MdBs der Oppositionsfraktionen initiiert und mit strategischen Motiven verknüpft. Sie weist somit keinen spontanen, flüchtigen oder zufälligen Charakter auf. Die Handlungsarenen sind nicht etwa am Rande von Sitzungen entstanden. Zudem baut die Delegationsreise auf bereits durchgeführte Delegationsreisen des Ausschusses auf. Daher stellt sich kein einmaliges Ereignis dar und wird der Kategorie der gefestigten, wiederkehrenden Handlungsarenen zugeordnet.

Die Durchführung der Delegationsreise, so lässt sich aus den Interviews schließen, erfolgte auf Initiative von Parlamentariern aus den Oppositionsfraktionen der Fraktion Bündnis 90/Die Grünen sowie der SPD-Bundestagsfraktion. Beabsichtigt ist gewesen, neben den Lernprozessen, auch eine identitätsstiftende Funktion auszulösen, die zu einer gemeinsamen parlamentarischen Positionierung führen sollte (vgl. Interview 20 (Februar 2013), Interview 23 (Juni 2013)). Zwar konnte, wie aufgezeigt wurde, dieses Ziel zumindest partiell erreicht werden. Zur Verabschiedung eines gemeinsamen Antrages als Beschlussempfehlung für das Plenum des BT ist es letztlich doch nicht gekommen (vgl. Kapitel 5.4.1.3.2). Dies verdeutlicht, dass die Durchführung der Reise bereits zu Beginn bewusst darauf angelegt gewesen ist, im Rahmen dieser Handlungsarena Akteurskonstellationen herbeizuführen, die neue Erkenntnisse und ein Bewusstseins- bzw. Identitätswandel befördern.

Der besondere Mehrwert dieser Reise ist für die Teilnehmenden des ABFT der partei- bzw. fraktionsübergreifende Lerneffekt. Diejenigen MdBs, die bereits vertiefte Erfahrungen mit den Besonderheiten der formalen wie informalen Entscheidungsprozessen haben, eröffnen weniger erfahrenen MdBs im Rahmen dieser Reise Zugang zu ihrer Expertise. Insbesondere Mitglieder kleinerer Fraktionen können so z.B. von persönlichen Netzwerken von Fachexperten anderer Fraktionen profitieren. Das bietet ihnen zumindest die Möglichkeit, auf diesen Netzwerken aufbauend, eigene Kontakte zu knüpfen und Netzwerke zu initiieren.

Die Delegationsreise ist allen Fraktionen offen gewesen. Die großen Fraktionen von CDU/CSU und SPD haben je zwei Vertreter, die kleineren Fraktionen, also Bündnis 90/Die Grünen, die FDP sowie die Linksfraktion, je einen Vertreter benannt. Da die Leitung und somit die Organisation dem Obmann der CDU/CSU-Fraktion oblag, konnte er durch die Programmgestaltung auch inhaltliche Schwerpunkte und Prioritäten setzen.

Die Analyse der Gesprächspartner aus den EU-Institutionen verdeutlicht, dass die Delegation die Gelegenheit hatte, sehr umfassend mit allen relevanten Institutionen und Entscheidungsträgern zu sprechen. Im EP trafen die Delegationsteilnehmer u.a. mit Vertretern des ITRE-Ausschusses und Haushalts-Ausschusses zusammen. Seitens der EU-KOM trafen sie u.a. die zuständige Kommissarin, Frau Geoghegan-Quinn, sowie den Stellvertretenden Generaldirektor für Forschung, Herrn Strohmeier. Im Rat der EU waren Prof. Gretschmann, Generaldirektor für Wettbewerbsfähigkeit sowie Herr Burianek, Direktor für Wettbewerbsfähigkeit, Gesprächspartner der Delegation (vgl. Deutscher Bundestag 2010a: 2–3). Fraglich ist, ob Vertreter von Oppositionsfraktionen des BT alleinreisend diese Personen als Gesprächspartner hätten gewinnen können. Dies verdeutlicht, dass die gemeinsam unternommene Reise für die Delegationsteilnehmer erhebliche Einblicke und Erfahrungen ermöglichte, die außerhalb dieser Gruppe vermutlich einigen von ihnen verwehrt geblieben worden wären.

Eine unmittelbar nachvollziehbare Auswirkung dieser Reise ist die Einladung von Herrn Raffler in eine Sitzung des ABFT in Berlin. Herr Raffler hatte als Mitglied der Expertengruppe die Zwischenevaluierung des 7. FRP maßgeblich mitgestaltet. Auf Einladung des Ausschusses stand er somit allen Mitgliedern des ABFT am 23. Februar 2011 als Gesprächspartner zur Verfügung (vgl. Deutscher Bundestag 2011f). Dieses Gespräch ist für die Ausgestaltung und Formulierung der Anträge der Bundestagsfraktionen von erheblicher Bedeutung gewesen:

> „Man hat nach der Ausschuss-Sitzung mit dem Experten noch Gespräche geführt. Man hat die Expertenmeinung in die Stellungnahme einfließen lassen oder reflektiert im Rahmen des Konsultationsverfahrens“ (Interview 12, Januar 2013).

Auch mit einer Vielzahl von Vertretern der Forschungs- und Wissenschaftseinrichtungen Deutschlands trafen die Delegationsteilnehmer in Brüssel zusammen. Hierzu zählen u.a. die Leitung der Verbindungsbüros in Brüssel der Hochschulrektorenkonferenz, der Max-Planck-Gesellschaft, der Helmholtz-Gemeinschaft, der Leibniz-Gemeinschaft (vgl. Deutscher Bundestag 2010a: 3).

> „Wir hatten anlässlich dieser Reisen auch Treffen in großer Runde, d.h. mit anderen Vertretern von Forschungs- und Wissenschaftsorganisationen und da ging es ganz spezifisch um den Austausch zum Entstehungsprozess von Horizon, zu den Schwierigkeiten, die wir in diesem Zusammenhang sehen mit dem Kommissionsvorschlag von 2011. Und wir hatten auch bilaterale Gespräche, d.h. Einzelbesuche von Abgeordneten in Brüssel, die uns dann mit den Vertretern der Ständigen Vertretung hier in Brüssel besucht haben“ (Interview 25, November 2013).

Im Rahmen der Interviews wurde aufgezeigt, dass auch das Interesse an der Position der Forschungseinrichtungen entsprechend groß gewesen ist, dass deren Vertreter ebenso als Gesprächspartner in den Ausschuss nach Berlin geladen worden sind und hier allen Mitgliedern des ABFT als Experten Rede und Antwort standen:

> „Es hat eine Art Anhörung im Forschungsausschuss gegeben in Berlin zu dem Vertreter der Wissenschaftsorganisationen eingeladen worden sind. Das muss irgendwann im letzten Winter oder diesem Frühjahr gewesen sein. Und da wollten die Abgeordneten eben auch nochmal wissen, wie die Einschätzung ist, wie die Forschungsorganisationen mit dem Vorschlag der EU-Kommission umgehen. Was ihre Wünsche sind, wie ihre Erfahrungen aus dem 7. Forschungsrahmenprogramm sind, ganz explizite Nachfragen nach konkreten Empfehlungen und Erfahrungswerten“ (Interview 25, November 2013).

Somit bestehen deutliche Anzeichen dafür, dass es auf Grundlage der Erfahrungen und Einblicke der Delegationsreise zum Aufbau bzw. der Verfestigung von Netzwerken und der Sensibilität für die Positionen der beteiligten Interessenvertreter und Entscheidungsträger gekommen ist. Diese Lerneffekte und Auswirkungen beschränken sich dabei nicht nur auf die Delegationsteilnehmer, sondern wirken auch auf die übrigen Mitglieder des Ausschusses ein. Dies zeigen die Beispiele der Gespräche mit Herrn Raffler sowie den Vertretern der Wissenschaftsorganisationen.

Bei der Durchführung der Interviews wurde über die Ausführungen des Berichtes über die Delegationsreise hinaus deutlich, dass die MdBs noch zusätzliche Gespräche geführt haben mit weiteren Akteuren des EP. Beachtenswert hierunter ist vor allem das Gespräch mit der Berichterstatterin aus Portugal. Sie ist Berichterstatterin für die Implementierung des 8. FRP

Horizont 2020 gewesen. Sie hat bestätigt, dass die Bundestagsabgeordneten zu Gesprächen in kleineren Gruppen gekommen sind.

> „I have received a delegation of German Parlamentarians and they came to present a position paper and priorities to discuss with us as rapporteurs. In those meetings they wanted to get information from us but they also already had a clear position on several topics. They came with a certain message. They were defending certain areas. I remember the Social Sciences and Humanities, the international cooperation, cultural heritage and SME. [...] They came very early and that was good, the earlier you come, the better"(Interview 32, Januar 2014).

Dieses Zitat belegt, dass die MdBs in informellen Handlungsarenen mit MdEPs gezielt Handlungsformen ausgeübt haben, die über eine reine Kontrolle der Regierungstätigkeit und der Informationsgewinnung hinausgehen. Diese Handlungsformen kennzeichnen sich dadurch aus, dass sie über die im GG sowie im EUZBBG formulierten Formen der Mitwirkungs- und Informationsrechte des BT hinaus reichen. Im Rahmen dieser Handlungsarena haben die MdBs nicht nur Vorabinformationen erfragt oder einen Meinungsaustausch betrieben. Vielmehr haben sie eine klare politische Forderung bzw. Position vertreten und Berichterstatter im EP um deren Berücksichtigung im Rechtsetzungsprozess gebeten.

Tabelle 7: Erscheinungsformen interfraktioneller Handlungsarenen auf Ausschuss-Ebene

<table>
<tr><th rowspan="2">Stabilität der Akteurskonstellation</th><th colspan="4">Funktion der informalen Handlungsarena</th></tr>
<tr><th>Informationsgewinnung</th><th>Prozedurale Abstimmung</th><th>Meinungs- und Willensbildung</th><th>Positionierung</th></tr>
<tr><td rowspan="2">Punktuell, situativ</td><td colspan="3"></td><td>Kleine Anfrage forschungspolitischer Sprecher der SPD zum Budget</td></tr>
<tr><td colspan="3">Delegationsreise des ABFT nach Brüssel im Dezember 2010</td><td>Gespräch einer Gruppe von MdB mit Berichterstatter im EP</td></tr>
<tr><td rowspan="3">Etabliert, wiederkehrend</td><td colspan="3">Gespräche mit Interessenvertretern, u.a. der Wissenschaftsorganisationen</td><td></td></tr>
<tr><td colspan="3">Gespräch der Delegation bzw. des Ausschusses mit Experten, v.a. Herrn Raffler</td><td></td></tr>
<tr><td colspan="3">Anfrage der MdB nach Unterstützung an das Verbindungsbüro des Bundestages in Brüssel</td><td>Gespräche von MdB, MdEP und Vertretern des BMBF</td></tr>
<tr><td>Parainstitutionalisiert, gefestigt</td><td></td><td></td><td></td><td></td></tr>
</table>

(Quelle: eigene Darstellung in Erweiterung von Schwarzmeier 2001: 90).

5.5.1.6. Zwischenfazit Handlungsarenen mit dem EP

Insgesamt ist festzuhalten, dass vielfältige Formen der Handlungsarenen zwischen MdBs und MdEPs im Rahmen der Mitwirkung und Einflussnahme auf die Formulierung des 8. FRP Horizont 2020 feststellbar sind. Der Schwerpunkt der Kooperationsformen ist dabei der Kategorie der *wiederkehrenden, gefestigten Handlungsarenen* zuzuordnen. Darüber hinaus sind jedoch auch einflussreiche und überraschende Handlungsarenen nachweisbar etabliert worden, die *parteiübergreifend* die parlamentarische Kontrollfähigkeit befördern konnten und Handlungsmacht erzeugten.

Das Beispiel der Kleinen Anfrage von Herrn Röspel in Bezug auf die Finanzausstattung des 8. FRP Horizont 2020 zeigt, dass hier Wissen aus den informellen Trilogverhandlungen von MdEPs an einen MdB weiter gegeben worden ist. Dies mit der strategischen Absicht, dass dieses Wissen in Form von öffentlich wirksamen Interpellationsrechten die BReg unter Handlungsdruck versetzt und einen Rechtfertigungsdruck für unterlassene Handlungen erzeugt. Dieses Spiel über Bande und Parteigrenzen hinweg, funktioniert vermutlich nur, wenn eine Fraktion einen Berichterstatter hat, der direkt an den Trilogverhandlungen beteiligt ist. Diese Annahme wird jedoch im Rahmen eines Interviews relativiert:

> „Sie müssen sehen, die anderen Fraktionen, wenn die das nicht haben, das ist nur Faulheit. Wenn ich nicht in den Trilogverhandlungen bin, aber Interesse habe an einem Ding, dann haben Sie Zugang zu den Informationen. Denn die großen Fraktionen haben ihre Berichterstatter, die man ansprechen kann oder die Koordinatoren. Auch wenn ich da keine Funktion habe, aber ein Interesse und auf die Kommission zugehen will und denen sage, die Fraktion hat die und die Meinung, dann werden die uns auf jeden Fall mal anhören" (Interview 29, Dezember 2013).

Diese Expertenaussage legt nahe, dass alleine auf Grund der tatsächlichen Existenz des Verhandlungsformates informeller Triloge unter Beteiligung der MdEPs, das EP als Gesamtinstitution über eine verbesserte Informationslage verfügt. Und diese steht über die Verbundenheit auf Grund der Zugehörigkeit zur selben Partei, auch den jeweiligen MdBs zur Verfügung. Alleinig das Interesse und die aktive Einforderung dieses Wissens sind erforderlich, um an diese Kenntnisse zu gelangen.

Aus der Perspektive des BT verbesserst sich die Zugänglichkeit zu diesen Informationen insbesondere dann, wenn es etablierte, wiederkehrende Beratungsformate gibt, in denen Forschungspolitiker einer Partei im BT mit Forschungspolitikern des EP der gleichen Partei teilnehmen. In diesen

Beratungsgremien werden Informationen über den aktuellen Stand und die Geschehnisse u.a. im Rahmen der informellen Trilogverhandlungen ausgetauscht. Ein solches etabliertes und wiederkehrendes Beratungsformat hat sich in der CDU/CSU-Fraktion im BT in einem sechswöchigen Rhythmus etabliert. Hier werden die neuesten Entwicklungen im Bereich der Forschungspolitik ausgetauscht und das Vorgehen auf EU-Ebene und nationaler Ebene koordiniert.

Die Auswertung der Interviews lässt den Schluss zu, dass dieses Beratungsgremium bei den anderen Parteien bzw. Fraktionen nicht in der Form im Bereich der Forschungspolitik etabliert ist. Im Hinblick auf die übrigen Parteien scheinen die Kooperationsmodi bzw. die Interaktionsformen vielmehr punktuell zu sein sowie von den jeweiligen Akteuren und deren Befindlichkeiten abhängig zu sein. Diese Beratungsformate weisen nicht den gleichen Grad an Institutionalisierung auf, sondern unterliegen in einem höheren Maße Schwankungen und Einflüssen vom Willen und der Kooperationsbereitschaft von Einzelpersonen (vgl. Interview 13 (Januar 2013), Interview 16 (Februar 2013), Interview 20 (Februar 2013), Interview 22 (Mai 2013), Interview 29 (Dezember 2013)).

Um die Kontrollfähigkeit des BT als nationales Parlament insgesamt zu stärken, scheint es notwendig zu sein, dass vor allem die parlamentarischen Fraktionen der Oppositionsparteien hier verstärkte, institutionalisierte Beratungsgremien auf fachpolitischer Ebene zwischen dem EP und dem BT weiter etablieren und verstetigen. Dies ist insbesondere wichtig, um diese Beratungsformate vor einer zu starken Einflussnahme von persönlichen Befindlichkeiten zu bewahren.

Für die Ausbildung der Kontrollfähigkeit von parlamentarischen Fraktionen des BT ist jedoch nicht nur der verbesserte Informationszugang ausschlaggebend, der u.a. auf Grund von Ressortbruderschaften oder Parteizusammenhalt entsteht. Insbesondere die eigene Regierungserfahrung stellt die Grundlage für die Entstehung von spezifischem Problembewusstsein dar. Dieses stellt die notwendige Voraussetzung für die Etablierung parainstitutionalisierter Handlungsarenen dar. Erst die Kenntnis der diskretionären Handlungsspielräume der BReg befähigt zur Etablierung parainstitutionalisierter Handlungsarenen, innerhalb derer die Akteure des EP bereit sind, Informationsvorsprünge mit Vertretern des BT zu teilen. Das Problembewusstsein fördert die Kooperationsbereitschaft über die Grenzen des eigenen politischen Systems hinweg. Sie befähigt die Parlamentarier dazu, die Spielräume, die sich in einem vertikal überlagerten

Mehrebenensystem ergeben, zu füllen durch Kooperationsmechanismen in parainstitutionalisierten Handlungsarenen.

Die bestehende Informationsasymmetrie zwischen den Parlamentariern auf EU-Ebene und nationaler Ebene wird durch Informationsaustausch vermindert. Hierdurch kann die parlamentarische Einfluss- und Gestaltungsmacht sowie Kontrollfähigkeit befördert werden. Auf Grundlage der parainstitutionalisierten Kooperation werden Handlungsroutinen gefestigt, die MdBs und MdEPs darin befördern, Informationen und Kenntnisse preiszugeben und zu teilen.

Wenn es gelingt, eine parainstitutionalisierte Handlungsarena zwischen MdBs und MdEPs zu etablieren auf fachpolitischer Ebene, dann erhöht die institutionelle Verstetigung deren Schlagkraft und Überlebensfähigkeit. Parainstitutionalisierte Kooperationsformen sind nicht in gleicher Weise destabilisierenden Einflussfaktoren wie persönlichen Befindlichkeiten ausgesetzt.

Zudem lässt sich konstatieren, dass es vielfältige kommunikative Kontakte zwischen einzelnen MdBs und MdEPs gegeben hat. Wiederholt genannt werden hierbei der Obmann der CDU/CSU-Fraktion im BT sowie einem Berichterstatter der EVP-Fraktion im EP. Ihnen wird von Akteuren u.a. in der EU-KOM, dem EP, von Wissenschafts- und Forschungsorganisationen sowie dem BMBF ein großes Engagement sowie eine einflussreiche Funktion zugeschrieben (vgl. Interview 24 (Oktober 2013), Interview 25 (November 2013), Interview 26 (November 2013), Interview 27 (November 2013), Interview 28 (Dezember 2013), Interview 31 (Januar 2014), Interview 33 (Juni 2015)).

Die Handlungsarenen erfüllten die Funktionen der Meinungs- und Willensbildung, der Informationsgewinnung sowie der Positionierung. Sie erfolgten unter Beteiligung von MdEPs aus Deutschland sowie mit Berichterstattern des EP aus anderen MS der EU.

Nach dem Scheitern einer gemeinsamen Stellungnahme des BT als Ganzes, blieb den Forschungspolitikern des BT vornehmlich der Weg über das EP, um den Fortgang des EU-Rechtsetzungsverfahrens zu beeinflussen. Dies ist ersichtlich an der Aktivierung von informellen Handlungsarenen mit Entscheidungsträgern des EP, die u.a. durch Entscheidungsträger aus der Leitungsebene des BMBF ergänzt worden sind.

Beachtenswert ist zudem, dass neben den Gesprächen, die im Rahmen der Delegationsreise im Dezember 2010, eine Gruppe von MdBs mit Berichterstattern des EP zusätzliche Gespräche geführt haben. Diese Gespräche zielten nicht auf eine Informationsgewinnung ab, sondern:

> „they came to present a position paper and priorities to discuss with us as rapporteurs. In those meetings they wanted to get information from us but they also already had a clear position on several topics. They came with a certain message“ (Interview 32, Januar 2014).

Dieses Zitat belegt, dass die MdBs in informellen Handlungsarenen mit MdEPs gezielt Handlungsformen ausgeübt haben, die über eine reine Kontrolle der Regierungstätigkeit und der Informationsgewinnung hinausgehen. Diese Handlungsformen kennzeichnen sich dadurch aus, dass sie über die im GG sowie im EUZBBG formulierten Formen der Mitwirkungs- und Informationsrechte des BT hinaus reichen. Im Rahmen dieser Handlungsarena haben die MdBs nicht nur Vorabinformationen erfragt oder einen Meinungsaustausch betrieben. Vielmehr haben sie eine klare politische Forderung bzw. Position vertreten und Berichterstatter um dessen Berücksichtigung im Rechtsetzungsprozess gebeten.

Bei der Analyse dieser verstetigten Handlungsarenen gilt es zu berücksichtigen, dass auch in diesen Interaktionsmodi eine deutliche Informationsasymmetrie kennzeichnend ist und die Akteurskonstellationen und Kooperationsbereitschaft prägen. Zudem wird die Verhandlungsposition des BT auf Grund der verringerten Vetomacht grundsätzlich geschwächt, was sich auch auf die Attraktivität des BT bzw. einzelner MdBs als strategischer Partner aus Sicht der MdEPs auswirkt.

Insgesamt betrachtet kann festgehalten werden, dass die Positionen der deutschen MdBs tatsächlich im Wesentlichen über das EP gespielt worden sind. Auf Grund der Einbindung von MdEPs in informelle Triloge werden bisherige diskretionäre Handlungsspielräume der BReg mittelbar über die MdEPs partiell einsehbar und nachvollziehbar für die MdBs. Insofern eine Kooperationsbereitschaft seitens der MdEPs mit den MdBs besteht, kann die parlamentarische Mitwirkungs- und Handlungsmacht erheblich gestärkt werden. Vor allem die Etablierung parainstitutionalisierter Handlungsarenen mit dem EP auf fachpolitischer Ebene bieten hierfür die besten Voraussetzungen.

5.5.2. Handlungsarenen mit dem BMBF

Innerhalb der BReg ist das BMBF federführend für das 8. FRP Horizont 2020 zuständig. Daraus ergibt sich die Aufgabe des Ministeriums, die deutsche Position zu formulieren für die Verhandlungen zu den Legislativakten (vgl. Interview 26, November 2013).

> „Wir haben die deutsche Position formuliert in den Verhandlungen zu den Legislativakten“ (Interview 26, November 2013).

Diese Verhandlungspositionen werden innerhalb der BReg abgestimmt und dann in den Verhandlungen der entsprechenden RAG vorgetragen.

> „Ja, dafür gibt es nochmal speziell beauftragte Personen. Wir haben eine Ständige Vertretung in Brüssel, die müssen Sie wahrscheinlich kennen. Und die gehen dann in die entsprechenden Gremien, teilweise gehen wir auch selber in die Gremien“ (Interview 26, November 2013).

Die Verhandlungsposition wird in Form eines Mandates an diejenigen Regierungsvertreter übermittelt, die in den RAG teilnehmen und dort zu den je behandelten Teilaspekten die deutsche Position an Hand des Mandates erläutern und vertreten.

> „Das BMBF ist federführend für dieses Dossier in der Bundesregierung und wenn die Bundesregierung in Brüssel spricht für Deutschland, dann erfordert es eben ein entsprechendes Mandat, wer immer das auch vorbringt. Und dieses Mandat zu generieren, das war unsere Aufgabe“ (Interview 26, November 2013).

> „An das Referat Bildung und Forschung in der Ständigen Vertretung, da senden wir sogenannte Weisungen hin seitens der Bundesregierung. Diese Weisungen bzw. Positionen werden von dem jeweiligen Verhandler in den Ratsarbeitsgruppen vorgetragen, vom Botschafter im Ausschuss der Ständigen Vertreter und vom Minister im Ministerrat“ (Interview 26, November 2013).

Inwieweit die MdBs des ABFT bereits frühzeitig in die Entwicklung und Erarbeitung der Position und Forderungen des BMBF für die Ausgestaltung des 8. FRP Horizont 2020 informell eingebunden waren, bleibt leider auch nach der Analyse der Interviews unklar.

> „Wir als Forschungsministerium beanspruchen für uns zu wissen, was relevante Themen sind und was relevante Instrumente sind. Das glauben wir zu wissen und ich glaube, das wissen wir auch. Und aus dieser Perspektive heraus bilden wir uns also eine Meinung, was ist gut für Europa, natürlich einschließlich des Bundesinteresses. Also wir versuchen uns einzubringen“ (Interview 26, November 2013).

Auch die Frage, wie stark andere Interessenvertreter, z.B. seitens der Wissenschafts- und Forschungsorganisationen bei der Entwicklung des ersten und zweiten Leitlinienpapiers der BReg Einfluss ausübten, erschließt sich nicht durch die Analyse der Interviews.

Deutlich in den Interviews, u.a. mit den Entscheidungsträgern des BMBF, wird jedoch, dass die sehr frühzeitige Positionierung der BReg in Form des ersten Leitlinienpapieres in Brüssel sehr einflussreich gewesen ist und die Forderungen Deutschlands fast voll umfänglich in das 8. FRP Horizont 2020 aufgenommen wurden (vgl. Interview 26 (November 2013), Interview 27 (November 2013), Interview 28 (Dezember 2013)).

> „Wir haben entsprechend relevante Themen übermittelt und relevante Instrumente übermittelt und haben bei anderen Mitgliedstaaten dafür geworben. Daraus hat dann die Kommission ein Legislativ-Vorschlag gemacht, der am 30.11.2011 erschien und seitdem wird er dann im Rat und später im Parlament verhandelt" (Interview 26, November 2013).

Ob überhaupt bzw. inwieweit die MdBs des ABFT bereits in sehr frühzeitigen Prozessen, d.h. während der Entwicklung der Leitlinienpapiere, Einflussversuche unternommen haben bei den Entscheidungsträgern im BMBF, lässt sich aus den Interviews leider nicht erschließen.

Was jedoch feststellbar und rekonstruierbar ist, sind vermehrte Formen der Handlungsarenen, die die Funktion der frühzeitigen Informationsweitergabe sowie der informellen Mitsteuerung, v.a. seitens der MdBs der Regierungsfraktion der CDU/CSU, aufweisen. Im Hinblick auf die institutionelle Verfestigung decken diese Handlungsarenen alle Ausprägungsvarianten ab, d.h. es sind sowohl *situative, punktuelle Handlungsarenen* als auch *wiederkehrende und parainstitutionalisierte Handlungsarenen* rekonstruierbar. Diese werden in den folgenden Kapiteln je nach ihrer institutionellen Etablierung vorgestellt und an Hand ihrer Funktionen für den politischen Entscheidungsfindungsprozess analysiert.

5.5.2.1. Punktuelle, situative Handlungsarenen mit dem BMBF

Zwar sind aus den Interviews kaum konkrete Äußerungen und Anzeichen für eine intensive Einbindung des ABFT und deren Mitglieder bei der Ausformulierung der Leitlinienpapiere der BReg entnehmbar. Hinweise für punktuelle, situative Handlungsarenen lassen sich jedoch entnehmen.

Grundsätzlich wird darauf hingewiesen, dass MdBs der regierungstragenden Fraktionen einen vereinfachten Zugang zur Fachexpertise der Mitarbeiter des BMBF haben. Dies ergibt sich auf Grund des gemeinsamen Interesses der Kontinuität der Regierungskonstellation und dem daraus erwachsenden grundlegenden Loyalitätsverhältnisses.

> „In aller Regel spielt man miteinander. Natürlich hat die Administration Interessen, natürlich wissen die regierungstragenden Fraktionen, dass sie letztendlich die Regierung in den Interessen auch unterstützen will. Und allein daraus ergibt sich eine Gesprächsgrundlage, wo man Argumente austauschen kann

und man sich durchaus gegenseitig beeinflussen kann“ (Interview 15, Februar 2013).

Konkrete Ansprechpartner sind hier jedoch in der Regel nicht die Arbeitsebene, d.h. die Referentinnen oder Referenten, sondern Entscheidungsträger aus der Leitungsebene des Hauses, d.h. die Referatsleiter, Abteilungs- und Unterabteilungsleiter. Hierbei jedoch werden die Informationen auch nur nach erfolgter Abwägung sowie in entschärfter Form an Parlamentarier weitergegeben:

> „Das ist dann aber in der Regel nicht die Arbeitsebene, die Regierungsrätin zur Anstellung, nein, ab Referatsleiter aufwärts, Abteilungsleiter. Dass man zusammen mal ein Kaffee trinkt und auch das ist für uns immer ein Stück weit Grauzone, wo man sehr überlegen muss, dass man seine Loyalitäten richtig sortiert hat. Dem Beamten immanent ist auch eine gewisse Vorsicht, denn er weiß, dass er noch da ist, wenn es auch einen Regierungswechsel gibt. Und auch da muss man in der Lage bleiben jeweils sprechfähig zu bleiben mit der jeweils dann aktuellen Couleur“ (Interview 15, Februar 2013).

Als Kontakthof für den Aufbau informeller Beziehungen, die zur Entstehung von individuellen, situativen Handlungsarenen Voraussetzung sind, werden Abendveranstaltungen genannt, bei denen eine erste informelle Kontaktaufnahme und somit Kennenlernen möglich ist:

> „Abendveranstaltungen von externen, politiknahen Organisationen - das ist der Kontakthof, informale Mitwirkung findet da nicht statt. Also wenn man sich vorher nicht kennt, fragt man da an, ob man mal über ein bestimmtes Thema reden kann. Dann ist da der erste Zugang“ (Interview 15, Februar 2013).

Die Anfragen der MdBs werden über die Leitungsebene des Hauses gespielt, damit auf dieser Ebene darüber befunden werden kann, in welcher Tiefe und Ausführlichkeit erbetene Informationen in dem jeweiligen Sachverhalt und der jeweiligen Person weiter gegeben werden kann. Insbesondere seitens der Ministerin bzw. des Ministers soll über derartige Anfragen befunden werden.

> „Inwieweit die Abgeordneten der Mehrheitsfraktionen informelle Anfragen, die nicht den formalen Dienstweg nehmen, an die Ministerialbürokratie stellen dürfen, hängt vom Führungsstil des bzw. der Ministerin ab sowie von deren Vertrauen, dass die Abgeordneten der Mehrheitsfraktionen die gewonnenen Informationen auch im Sinne der "Politik des Hauses" verwenden“ (Kropp 2013b: 193, Hervorhebung im Original).

Im Falle von Horizont 2020 sollen schriftliche, informelle Anfragen, u.a. in Form von Briefen an das BMBF, nur in einem normalen Maß und im

Rahmen des „ganz normalen parlamentarischen Prozesses“ erfolgt sein (vgl. Interview 26, November 2013):

> „Wir sind ein Bundesministerium, dass sich da immer wieder Parlamentarier an uns wenden, das ist der ganz normale parlamentarische Prozess und das ist auch so denke ich mal, die Regel. Was Horizont 2020 betrifft, war das, kann ich schon sagen, sehr gering. Also es gab keine großen Nachfragen, Mitwirkungsabsichten, in dem Sinne, also nicht über das normale Maß hinaus“ (Interview 26, November 2013).

Die Hinweise zu situativen und punktuellen Handlungsarenen lassen darauf schließen, dass diese nicht in einem auffällig hohen Maße erfolgten. Zudem sind insbesondere für MdBs der Oppositionsfraktionen die Möglichkeiten, Informationen zu erhalten gering und informelle Mitwirkungsmöglichkeiten nahezu ausgeschlossen. Auch für Mitglieder der regierungstragenden Fraktionen scheinen die Möglichkeiten der Informationsbeschaffung auf individuellem Wege eingeschränkt bzw. zumindest mit Hürden versehen zu sein. Nachweise über tatsächlich erfolgte informelle Mitsteuerung bzw. deren Versuche seitens einzelner MdBs lassen sich nicht aus den Interviews ableiten.

5.5.2.2. Etablierte, wiederkehrende Handlungsarenen mit dem BMBF

Demgegenüber stehen jedoch Befunde, die die Existenz von Handlungsarenen mit dem BMBF belegen, die sehr wohl effektive Formen der Mitsteuerung darstellen. Bei der Frage der Finanzausstattung wurde durch eine informelle Kooperation zwischen einem MdEP und Herrn Röspel ein öffentlich nachvollziehbarer Handlungsdruck und Rechtfertigungsdruck auf die BReg ausgeübt (vgl. Kapitel 5.4.2).

Eine Auswirkung dieser Kleinen Anfrage war, dass sich die BReg gezwungen sah, sich in der Frage der Finanzausstattung von Horizont 2020 deutlicher zu positionieren und in den RAG Stellung zu beziehen:

> „Also es schärfte sich sozusagen das Thema und in der Folge hat ja dann der Bund etwas deutlicher sich in den Ratsarbeitsgruppen für eine geringere Kürzung ausgesprochen“ (Interview 29, November 2013).

Die informelle Kooperation von einem MdEP und Herrn Röspel (MdB) blieb aber nicht die einzige Handlungsarena, die das EP und den BT in dieser Frage vernetzte. Ebenso wurden Gesprächsformate initiiert, an denen Berichterstatter des EP, MdB der CDU/CSU-Bundestagsfraktion und Vertreter des BMBF teilnahmen:

> „So gleichzeitig habe ich noch andere MdB der CDU/CSU-Fraktion im Bundestag angerufen. Und dann haben wir ein gemeinsames Gespräch gehabt. [...] Wir haben den parlamentarischen Staatssekretär, und andere eingeladen. [...] Wir haben die eingeladen und haben die eingeladen und dann haben wir ein gemeinsames Gespräch gehabt im Bundestag mit Vertretern des Bundesforschungsministeriums und dann haben die mich dazu eingeladen“ (Interview 29, Dezember 2013).

Das Gesprächsformat konnte aber erst durch die Teilnahme und schlichte Präsenz eines deutschen MdEP ein Forum für eine informelle Mitsteuerung der MdBs der Regierungsfraktion werden.

> „Es heißt sogar der Bundestag hat in Aussprachen mit der Bundesregierung dann Europaabgeordnete eingeladen sozusagen auch als Referenz für Gespräche mit der Bundesregierung zu dem Thema“ (Interview 29, Dezember 2013).

Die Präsenz des MdEP war notwendig, da er als Informationsquelle diente. Die Beteiligung und Präsenz des MdEP führte dazu, dass die BReg sich nicht hinter unkonkreten und verklausulierenden Antworten verstecken konnte. Da Berichterstatter des EP auf Grund der Beteiligung in informellen Gremien auf EU-Ebene, u.a. im informellen Trilog, Kenntnis von den Abläufen innerhalb der RAG haben, ermöglichte der Kontakt zu diesen Personen Einblick in diskretionäre Handlungsspielräume der BReg.

Dieses Format war jedoch kein einmaliges Ereignis. Vielmehr kam es zu wiederholten Handlungsarenen, bei denen Europaabgeordnete als Referenz für Gespräche mit Vertretern des BMBF eingeladen worden sind, um parlamentarische Mitsteuerung der Regierungsfraktion zu ermöglichen (vgl. Interview 14 (Januar 2013), Interview 27 (November 2013), Interview 29 (November 2013)):

> „Wir haben oft mit dem Staatssekretär, den MdBs und MdEP gesprochen. Also das war nicht das einzige Gespräch. Das war kein permanentes Format aber bestimmt vier, fünf Mal in solchen Konstellationen haben wir uns getroffen“ (Interview 29, Dezember 2013).

5.5.2.3. Parainstitutionalisierte Handlungsarenen mit dem BMBF

Von besonderer Bedeutung für die Verwobenheit von BMBF und dem BT ist die Rolle der parlamentarischen Staatssekretäre. Ihre formelle Verbindungs- und Vernetzungsfunktion kommt u.a. darin zum Ausdruck, dass sie regelmäßig im ABFT über den Fortgang der Verhandlungen in den EU-Gremien berichtet haben und im Nachgang für Fragen der MdBs in den Ausschuss-Sitzungen zur Verfügung standen.

> „Unsere parlamentarischen Staatssekretäre haben ja regelmäßig die entsprechenden Ausschüsse unterrichtet, also den Bildungs- und Forschungs-Ausschuss und den Europa-Ausschuss unterrichtet und den Haushalts-Ausschuss. Es gab auch punktuell Kleine Anfragen aus dem parlamentarischen Raum, zu KMU, humane embryonale Stammzellen. Aber das im ganz normalen parlamentarischen Prozess“ (Interview 26, November 2013).

Seitens der Interviewpartner aus dem BT wurden jedoch zurückhaltende bis skeptische Äußerungen bezüglich der Berichterstattung aus den RAG formuliert (vgl. Interview 20 (Februar 2013), Interview 22 (Mai 2013), Interview 23 (Juni 2013)). Hierbei wurde darauf hingewiesen, dass die BReg ein gutes Gespür dafür hat, ob es mit Widerständen seitens der Parlamentsmehrheit zu rechnen hat oder nicht. Insbesondere nach dem Scheitern eines fraktionsübergreifenden Antrages des ABFT habe die Berichterstattung deutlich an Detailgenauigkeit und Umfang nachgelassen. Es ist gar erforderlich gewesen, dass die Oppositionsfraktionen wiederholt die Berichterstattung seitens der BReg einfordern mussten (vgl. Interview 23, Juni 2013).

> „Jedoch werden von Parlamentsseite mitunter kritische Einwände gegen die Praxis vorgebracht, dass der Staatssekretär im Fachausschuss im Rahmen der Vor- und Nachberichterstattung "stundenlang" aus den Brüsseler Ratssitzungen berichtet, was aber letztlich folgenlos bleibt“ (Kropp 2013b: 192, Hervorhebung im Original).

Demgegenüber steht die Auffassung, dass die parlamentarischen Staatssekretäre von besonderer Bedeutung für die Vernetzung von BT und BMBF gewesen sei:

> „Die Rolle der parlamentarischen Staatssekretäre kann man gar nicht überschätzen im Verfahren der Mitbestimmung. Auf der einen Seite der Vermischung der Gewaltenteilung, sind sie doch eine institutionalisierte Form der Gewaltenteilung“ (Interview 27, November 2013).

Dies steht im Zusammenhang mit anderen regelmäßigen Aufgaben, die von den parlamentarischen Staatssekretären koordiniert werden. Die Aufgaben und Funktionen sind für die Analyse der informellen Handlungsarenen zwischen ABFT und BMBF aufschlussreich. Dies betrifft die Berichterstattung der Bundestagsfraktionen in Gremien, die den Ausschuss-Sitzungen vorgeschaltet werden. Diese Berichterstattung erfolgt in der Regel nicht persönlich durch den Parlamentarischen Staatssekretär, wird von ihm jedoch gesteuert und koordiniert.

Die Berichterstattung im Ausschuss wird flankiert durch eine Berichterstattung im Rahmen der Arbeitsgruppen, die jede Bundestagsfraktion vor einer Ausschuss-Sitzung organisiert und abhält. Diese Berichterstattung wird durchgeführt von einem Angehörigen des Ministeriums, oftmals auf Arbeitsebene, d.h. von einem Referenten oder einem Referatsleiter. Diese Person berichtet über die aktuelle Verhandlungssituation und die Positionen des Ministeriums in den Verhandlungsprozessen.

> „Bei allen Fraktionen gibt es die sogenannten Arbeitsgruppen, was sich mit der Zeit auch entwickelt hat ist, dass praktisch in jeder Arbeitsgruppe nach meiner Kenntnis, also je nach Couleur zumindest es bei den Arbeitsgruppen der Regierungsfraktionen mehr oder weniger einen, dann ein Kollege aus dem Ressort dabei sitzt bzw. dazu eingeladen wird und einen Transponder spielt an der Stelle zwischen den Abgeordneten und den fachlich Zuständigen" (Interview 15, Februar 2013).

Von großer Relevanz ist hierbei die entsprechende Parteizugehörigkeit, um seitens der Mitglieder der AG der Bundestagsfraktionen als Vertrauensperson und angemessener Gesprächspartner akzeptiert zu werden:

> „Diese Person ist in der Regel dann politisch gefärbt, aber bei dem normal zu unterstellendem halbwegs professionellem Verhalten. Das gibt es auch parteiübergreifend, da haben auch die Regierungsfraktionen eigentlich kein Problem jemanden einzuladen, der fachlich zuständig ist, bei dem bekannt ist, dass er in der SPD ist, das funktioniert schon, aber ansonsten möchte man denjenigen nicht sehen. Die bekannte Parteifarbe ist ein ganz wichtiges Sortierkriterium, das kann schon mal von der Sache übertrumpft werden" (Interview 15, Februar 2013).

Auf Grund der institutionellen Verstetigung kann diese Handlungsarena als eine *parainstitutionalisierte Handlungsarena* eingeordnet werden.

Oftmals werden den Gesprächen im Rahmen der Arbeitsgruppen weitere, kleinere und informelle Gespräche vorgeschaltet, bei denen nur die Obleute, die stellvertretenden Fraktionsvorsitzenden und die Sprecher für das Politikfeld sowie deren Mitarbeiter teilnehmen. Diese Beratungsformate sind klar darauf ausgerichtet, Wortmeldungen und Positionierungen in den Ausschuss-Sitzungen vorzubereiten.

Für die MdBs erfüllen diese Gesprächsformate die Funktion, die politische Strategie des eigenen Ministers bzw. der eigenen Ministerin und mögliche Uneinigkeiten innerhalb des Ministeriums bzw. mit anderen Ressorts zu erfahren. Frühzeitige und politisch bewerte und eingeordnete Informationen sind für sie in diesen Gesprächen von besonderem Interesse. Darüber hinaus verfügen die fachlich zuständigen Ministerialbeamten über ein verstetigtes Detail- und Expertenwissen im Hinblick auf technische und rechtliche Fragestellungen. Die Mitarbeiter der MdBs können nicht über eine vergleichbare Expertise verfügen, da sie in einem breiteren thematischen Feld die MdBs beraten müssen. Somit dienen die Gespräche der Gewinnung politisch bewerteter sowie technischer Informationen.[130]

Um der Funktion dieser Handlungsarenen auf den Grund zu gehen, gilt es neben der Perspektive der MdBs auch die Sichtweise und Interessenlage der Ministerialbeamten bzw. Vertreter des Ministeriums in den Blick zu nehmen.

> „Ich bespiele die MdEP und die MdB, um die mit Infos zu speisen, die für ein breites Portfolio zuständig sind" (Interview 27, November 2013).

Aus dieser Perspektive dient die Berichterstattung an die MdBs nicht nur deren frühzeitigen Information, um diese zu einer pro-aktiven bzw. informellen Mitsteuerung zu befähigen. Vielmehr geht es darum, Unterstützung für die vom eigenen Haus vertretenen Positionen zu erhalten.

> „Die Kooperationsbereitschaft der Beamten erklärt sich nicht zuletzt dadurch, dass sie nicht nur mit Billigung der Hausleitung die Abgeordneten informieren, sondern dass dies teilweise auf expliziten Wunsch der Hausleitung erfolgt, die für ihre Vorhaben der Rückendeckung der Parlamentsmehrheit bedarf. Eine solche Unterstützung stärkt ggf. auch die Position der Bundesregierung im Rat. Manche Minister nutzen die Arbeitsgruppe gezielt als Plattform, um die Kommunikation mit den Fachpolitikern gleicher parteipolitischer Couleur zu intensivieren" (Kropp 2013b: 193).

Insgesamt wurde dies seitens leitender Beamter des BMBF beim Fall des 8. FRP Horizont 2020 als sehr erfolgreich gewertet.

> „Es ist ein großartiges Beispiel für die Zusammenarbeit von Exekutive und Bundestag. Es war eine gute Zusammenarbeit, das Parlament hat den Gestaltungsspielraum der Exekutive respektiert" (Interview 27, November 2013).

5.5.2.4. Zwischenfazit Handlungsarenen mit dem BMBF

Die oben erfolgte Darstellung und Analyse der Befunde zu den Handlungsarenen zwischen BT und BMBF lässt die Schlussfolgerung zu, dass die Informationsasymmetrie durch Kooperationsformen zwar graduell eingeebnet werden kann, Informationsasymmetrien jedoch bestehen bleiben.

Darüber hinaus lässt sich feststellen, dass die Informationsweitergabe seitens des BMBF an die MdBs, u.a. im Rahmen der Berichterstattung der

---

130 Vgl. zur Differenzierung von „policy information" und „political information" Buzogány/Kropp 2013a.

Ministerialbeamten in den AGs der BT-Fraktionen, vor allem den Interessen des BMBF dienen soll. In diesen Handlungsarenen geht es darum, Unterstützung für die Position des Ministeriums zu gewinnen und gewissermaßen die Gefolgschaft und Zustimmung sicherzustellen. Somit besteht hier sogar die Gefahr, dass das Delegationsverhältnis umgekehrt werden kann und der BT als eigentlicher Prinzipal der BReg zu dessen Agenten mutieren könne. Zum Verhältnis von Bundesministerien und Fachpolitikern des BT konnte auch Kropp (2013b) in einer empirischen Studie feststellen, dass durch vergleichbare Versuche der Gewinnung von Vorabinformationen die Informationsasymmetrie und die damit verbundenen Problemlagen für die Kontrollfähigkeit des BT nicht aufgelöst werden konnten:

> „Nahezu alle befragten Abgeordneten und ihre Mitarbeiter, ebenso die Ministerialbeamten, heben jedoch gleichzeitig hervor, dass die Informationsasymmetrie zwischen Regierung und Parlament in Fragen der Europäischen Union und in europäisierten Fachpolitiken auch unter verbesserten Rahmenbedingungen nur ansatzweise eingeebnet werden könne. Ein einziger Mitarbeiter, der einen Abgeordneten unterstützt, könne kein komplettes Referat mit seiner über Jahre angesammelten Fachkompetenz ersetzen; insofern herrsche nun mal keine "Waffengleichheit"“ (Kropp 2013b: 192, Hervorhebung im Original).

Die politische Leitungsebene der Exekutive sowie deren Administration haben wegen der Rolle als Verhandlungsführer in den EU-Gremien einen klaren und mächtigen Informationsvorsprung. Die Schwierigkeit, diese Informationsasymmetrie aufzulösen bzw. abzuschwächen, hat darüber hinaus weitere Gründe.

> „Als ein wesentlicher Grund für diese Unterlegenheit werden nicht nur die geringeren personellen Ressourcen betrachtet, vielmehr reduziere auch die "personelle Diskontinuität", welche die Legislativen generell charakterisiere, die Möglichkeiten eines Parlamentes, auf europäische Entscheidungen frühzeitig und wirksam Einfluss zu nehmen. Gerade die Ausarbeitung von Richtlinien setzt in Europa eine lange Verhandlungsdauer voraus. Europa lebe insofern von der "Stabilität und Langlebigkeit der Prozesse"; parlamentarisches Handeln ist demgegenüber deutlich kurzatmiger angelegt“ (Kropp 2013b: 192, Hervorhebung im Original).

Insbesondere im Hinblick auf die Oppositionsfraktionen bestehen erhebliche Hürden, die den Zugang zu Vertretern des BMBF als Informationsquelle oder gar als Adressaten für Formen der informellen Einflussnahme behindern. Selbst die MdBs der regierungstragenden Fraktionen verbleiben angewiesen auf die Kooperationsbereitschaft der Leitungsebene des

BMBF. Zwar ist feststellbar, dass seitens des BMBF die Bereitschaft und das Interesse nach einem fachlichen Austausch sowie grundsätzliches Gesprächsinteresse bestehen. Anzeichen in den Interviews lassen jedoch die Annahme zu, dass dies vornehmlich der Umsetzung eigener politischer Ziele dient sowie die Stärkung des politischen Kontrahenten zu vermeiden ist. Zudem ist fraglich, ob und inwieweit die MdBs nur mit denjenigen Informationen ausgestattet werden, bei denen eine Unterstützung notwendig und erforderlich ist und andere relevante Teilaspekte weggelassen werden, bei denen ein Widerstand zu erwarten wäre selbst in den Reihen der regierungstragenden Fraktionen.

Vergleichbare empirische Befunde von Kropp (2013b) verfestigen diese Anzeichen:

> „Insgesamt belegen die Interviews die grundsätzliche Bereitschaft der Ministerialbürokratie, gegenüber dem Parlament in EU-Fragen eine umfassende Informationspolitik zu betreiben und Netzwerke in den Fachausschuss hinein aufzubauen - dabei werden auch die Abgeordneten der Opposition einbezogen. Einige Beamte weisen in diesem Zusammenhang aber darauf hin, dass sie im Rahmen der Informationsweitergabe die politischen Implikationen zu berücksichtigen hätten, mit anderen Worten: Sie müssten darauf achten, dass die Fraktion des /der Ministerin und nicht der politische Gegner gestärkt werde" (Kropp 2013b: 192–193).

> „Diese Aussagen sprechen für die Wirksamkeit der bürokratischen Hierarchie, die Agenturprobleme innerhalb der Regierungsmehrheit einzudämmen vermag, dabei jedoch für die Oppositionsfraktionen die Hürden der Informationsgewinnung deutlich höher aufrichtet" (Kropp 2013b: 193).

5.5.3. Handlungsarenen mit der EU-Kommission

Zunächst soll die Bedeutung der EU-KOM als strategischer Partner von MdBs sowie als Akteur im Rechtsetzungsprozess der EU in kompakter Form dargestellt werden. Daran anschließend werden die Handlungsarenen zwischen EU-KOM und MdBs analysiert, die im Rahmen der Auswertung der Interviews augenscheinlich wurden.

Anders als im nationalen Regierungssystem ist im Mehrebenensystem der EU die Gewaltenteilung nicht in vergleichbarer Form durch ein Gegenüber von Regierung und Parlament gekennzeichnet. Durch die Entsendung von Regierungsvertretern in die RAG des Ministerrates erfüllen die Regierungen legislative wie exekutive Funktionen auf EU-Ebene. Das alleinige Initiativrecht obliegt im EU-Mehrebenensystem der EU-KOM. Daher ist in erheblichem Ausmaß die politische Agenda in den meisten Politikfeldern durch die EU-KOM bestimmt (vgl. Benz 2009: 135).

> „Im parlamentarischen Regierungssystem werden Gesetze durch Akteure initiiert, die unmittelbar im Parteienwettbewerb stehen. In der EU verfügt dagegen allein die Kommission über das Recht der Initiative. Dies bedeutet, dass die Agenda der europäischen Politik von einer Exekutive definiert wird, die unabhängig von parteipolitischen Einflüssen agieren kann. Die Kommission ist auch nicht an Einzelinteressen von Gebietskörperschaften gebunden. Dies schließt nicht aus, dass sie auf Vorschläge oder Politikmodelle einzelner Mitgliedstaaten zurückgreift" (Benz 2009: 140).

Da die EU-KOM nicht abhängig von Parteiinteressen ist, wie eine vom Parlament getragene Regierung im parlamentarischen Regierungssystem, kann sie bei der Politikformulierung unabhängiger von parteipolitischen Interessen agieren. Diese relative Unabhängigkeit macht sie nicht nur offen für die Konsultation von Interessenvertretern. Dies kann auch strategisch genutzt werden von MdBs, um Zugang zur EU-KOM zu erhalten. Einflussreich werden die MdBs jedoch erst dann sein können, wenn sie von der EU-KOM als Experte in ihrem Politikfeld wahrgenommen werden.

Auf Grund des Initiativmonopols verfügt die EU-KOM zwar über eine beträchtliche Macht (vgl. Benz 2009: 140). Dennoch ist sie darauf angewiesen, Mehrheiten für die von ihr vorgeschlagenen Regelungsinhalte sowie die Unterstützung der Regierungsvertreter der MS zu gewinnen.

> „Ähnlich wie eine Regierung muss sie sich bemühen, Zustimmung zu ihren Entscheidungsvorschlägen zu gewinnen. Sie kann sich aber nicht darauf verlassen, dass sich im Ministerrat oder im Europäischen Parlament Mehrheiten von Vertretern finden, die sie generell unterstützen. Vielmehr muss sie mit den beiden anderen Institutionen, die über die Entscheidungsmacht verfügen, zu einer einvernehmlichen Lösung kommen" (Benz 2009: 135).

Dieser Notwendigkeit, Zustimmung zu erhalten, begegnet die EU-KOM durch frühzeitige Einbindung potentieller Vetospieler, die in EP oder Ministerrat Widerstände mobilisieren könnten.

> „Zudem bezieht sie bei der Ausarbeitung ihrer Entscheidungsvorschläge potentielle Gegner in Verhandlungsprozesse ein, insbesondere solche, die über ihre Vertreter im Ministerrat oder im Europäischen Parlament Blockadepotential mobilisieren können" (Benz 2009: 140).

Diese bereits etablierte Konsultationskultur wird u.a. ersichtlich durch die gezielte Verbreitung inoffizieller Vorhabenentwürfe, sogenannter *non-paper*. Ebenso kann die etappenweise Veröffentlichung von Entscheidungsvorschlägen als Weiß- oder Grünbücher dieser Konsultationskultur zugerechnet werden. Abhängig von ihrem Formalisierungs- und Abstimmungsgrad durchlaufen die Vorhaben der EU-KOM diesen Konsultationsprozess, um in einem späteren Stadium als Mitteilung der EU-KOM den formalen Rechtsetzungsprozess mit dem Ministerrat sowie ggf. dem EP zu initiieren.

Auf Grund der bereits etablierten Konsultationskultur der EU-KOM, potentielle Vetospieler sowie Interessenvertreter vorab anzuhören, besteht eine grundsätzliche Offenheit auch für MdBs im Rahmen dieser Vorab-Konsultationen, Einfluss zu nehmen.

Wie in Studien gezeigt werden konnte, werden jedoch vor der Konsultation und der Verhandlung der Entscheidungsvorschläge mit Regierungsvertretern im Ministerrat, zunächst mit Experten verhandelt (vgl. Dreger 2014; Benz 2009: 140; Héritier 1997).

> „[...] die Agenda des europäischen Entscheidungsprozesses, die aus dem Politikwettbewerb der Mitgliedstaaten hervorgehen kann, [wird] zunächst zwischen Experten verhandelt, bevor Entscheidungsvorschläge dem „bargaining" der Regierungsvertreter im Ministerrat unterzogen werden" (Benz 2009: 140, Hervorhebung im Original).

Aus diesen Gegebenheiten heraus ist die EU-KOM ein bedeutender strategischer Partner für MdBs, wenn diese die EU-Politik zu einem frühen Zeitpunkt pro-aktiv mitgestalten wollen. Hierfür ist die Grundvoraussetzung, als Experte wahrgenommen zu werden von den Entscheidungsträgern der EU-KOM. Die relative Unabhängigkeit der EU-KOM zum Parteienwettbewerb ermöglicht eine Offenheit und Zugänglichkeit grundsätzlich für MdBs aller Fraktionen. Zudem ist auf Grund der Vorgehensweise der EU-KOM, vorab die Mehrheitsfähigkeit von Vorschlägen und die Stimmungslage zu testen, ein Einfallstor, das nicht nur von Interessenvertretern, sondern eben auch von Parlamentariern genutzt werden kann, um gestaltenden Einfluss zu nehmen.

> „Die Frühzeitigkeit und die Konstruktivität, also das pro-aktiv Vorstellungen formulieren, einfordern, einbringen. Das beim Drafting man weiß, was der Deutsche Bundestag gerne hätte. Ich glaube, dass das sehr machtvoll sein kann und dann natürlich auch in den Verhandlungsprozessen, die die Regierung dann führt, gegebenenfalls Sachen pro-aktiv einbringen, das heißt , nicht immer nur Wert darauf legen, was muss verhindert werden, sondern auch zeigen, was sind Vorstellungen, die wir haben" (Interview 19, Februar 2013).

Zudem ist die Pflege eines Netzwerkes zu Entscheidungsträgern der EU-KOM ein bedeutender Schritt, um der Informationsasymmetrie im Verhältnis zur BReg zu begegnen. Dies kann dazu führen, sehr frühzeitig Kenntnis zu erlangen von geplanten Vorhaben. Zudem ermöglicht es, sich von der vorgefilterten und möglicherweise interpretierten Informationsweitergabe durch die BReg unabhängig zu machen.

> „Ansonsten ist es natürlich so, dass der Bundestag sich immer an Kommissare wenden kann, Kommissare einladen kann und ich habe das selbst gemerkt, dass sie wahrnehmen, dass so direkte Kontakte in die Kommission hilfreich sind, weil die Kommission auch gerne, also man merkt, wenn man der Regierungsbank andeutet, man hat mit Kommission direkt gesprochen hat, dass das „Sich Erklären" der Regierungsbank, was der Abgeordnete wolle, sich durchaus verändert und gleichzeitig die Kommission auch dankbar ist, mal sozusagen dem Parlament selber zu erklären" (vgl. Interview 19, Februar 2013).

Dies zeigt zudem auf, dass die Bereitschaft und Einsicht in die Notwendigkeit der Weitergabe von Informationen seitens der BReg so erhöht werden kann.

5.5.3.1. Punktuelle, situative, nicht fraktionsübergreifende Handlungsarenen mit der EU-Kommission

Ein geeigneter Zeitpunkt der Einflussnahme auf die Ausformulierung von Rechtsetzungsvorschlägen der EU-KOM ist die Beteiligung an einem öffentlichen Konsultationsverfahren der EU-KOM (vgl. Bundesministerium für Bildung und Forschung 2013b). Hierbei haben auch der BT sowie die Bundestagsfraktionen die Möglichkeit, Stellung zu einem Grünbuch zu beziehen.

> „Also beispielsweise, wenn der Bundestag Konsultationsbeitritte beschließen würde, zu Grünbüchern, hätte das glaube ich einen großen Einfluss auf die spätere Entwicklung in diesem Politikfeld auf europäischer Ebene. Hat der Bundestag glaube ich noch nie gemacht. Zum Teil haben das Fraktionen gemacht. Aber das ist so ein klassisches Beispiel. Das ist ja nicht informell, das wäre ja schon ein Parlamentsbeschluss" (Interview 19, Februar 2013).

Eine solche Beteiligung in Form eines Parlamentsbeschlusses war von den MdBs der Oppositionsfraktionen der Bündnis 90/Die Grünen sowie der SPD-Bundestagsfraktion anvisiert und favorisiert worden. Nach Auswertung der Interviews ist dies jedoch an Widerständen innerhalb der CDU/CSU-Bundestagsfraktion gescheitert (vgl. Kapitel 5.4.1.3.2).

Daher haben die Bundestagsfraktionen eigene Anträge ausformuliert. Über den Antrag der Regierungsfraktionen, also von der CDU/CSU-Fraktion und der FDP-Fraktion, wurde in der Plenardebatte als mehrheitliche

Beschlussempfehlung des Ausschusses befunden (vgl. Deutscher Bundestag 2011d). Die Fraktionen von Bündnis 90/Die Grünen und der SPD haben einen gemeinsamen Antrag formuliert (vgl. Deutscher Bundestag 2011c), ebenso die Fraktion Die Linke (vgl. Deutscher Bundestag 2011a). Der mehrheitlichen Beschlussempfehlung von CDU/CSU und FDP-Fraktion stimmten dann die Regierungsfraktionen der CDU/CSU sowie der FDP-Fraktion im BT zu. Gegenstimmen kamen von der Fraktion Bündnis 90/Die Grünen sowie der Linksfraktion. Die Mitglieder der SPD-Bundestagsfraktion enthielten sich (vgl. Deutscher Bundestag 2011e: 12348(A)).

Dieser Beschluss wurde dann im Rahmen des Konsultationsverfahrens der EU-KOM zum Grünbuch über die Forschungsfinanzierung eingebracht (vgl. Bundesministerium für Bildung und Forschung 2013b).

> „Der wurde dann nach Brüssel geschickt und war eine Stellungnahme von uns. Das war ganz interessant, denn es gab bis dato eine Stellungnahme vom Bundesministerium, die allerdings aus Sicht auch unserer Leute oberflächig war und insofern war das dann eine sehr interessiert aufgenommene Positionierung zu den Fragen Programmstruktur, Ausstattung und wurde in Brüssel sehr intensiv wahrgenommen. Wir waren auch das einzige Parlament, das im Rahmen der Konsultation, wo sich auch die ganzen Gruppierungen, also auch DFG usw. beteiligt haben, und die einzige Stellungnahme eines Parlamentes war die des Deutschen Bundestages. Daher hat sie auch Beachtung gefunden und ihre Wirkung entfaltet bei der Kommission" (Interview 14, Januar 2013).

Auch wenn es nicht gelungen ist, einen gemeinsamen Bundestagsantrag zu verabschieden, so wurde anscheinend die Positionierung des BT auf EU-Ebene stark wahrgenommen (vgl. Interview 28 (Dezember 2013), Interview 31 (Januar 2014)).

Auch die Oppositionsfraktionen von SPD und Bündnis 90/Die Grünen haben ihren Antrag im Rahmen des Konsultationsverfahrens als Positionierung eingebracht (vgl. SPD-Bundestagsfraktion/Bundestagsfraktion Bündnis 90/Die Grünen 2011).

> „Wir haben dafür gesorgt, dass unser Antrag ins Konsultationsverfahren eingespeist worden ist" (Interview 23, Juni 2013).

> „Es gab eine Stellungnahme im Konsultationsverfahren zu Horizont 2020" (Interview 20, Februar 2013).

Ob und inwieweit diese Stellungnahme jedoch bei der EU-KOM überhaupt wahrgenommen und berücksichtigt worden ist, bleibt unklar. Bezweifelt wird dies allerdings sogar von den Akteuren selbst:

> „Neben den Leitlinienpapieren der Bundesregierung ist es ja schon schwierig zu sagen und dann hat da auch noch das Parlament was gesagt. Aber wenn das Parlament das noch nicht mal hinkriegt, da was zusammen zu machen. Und dann ist da aber eine gemeinsame Position der Opposition, das interessiert dann glaube ich kaum noch jemanden" (Interview 23, Juni 2013).

Das zeigt, dass die informale Ebene als die einzige einflussreiche Handlungsarena eingeschätzt wird von den Akteuren. Nach misslungenen Versuchen eine gemeinsame parlamentarische Position zu erarbeiten und mit dieser einen formellen Beteiligungsweg zu verfolgen, stehen nun nur noch informelle Handlungsarenen und Handlungsformen zur Option. Die Oppositionsfraktionen haben nur sehr geringe Anreize sich weiter für eine proaktive Ausgestaltung zu engagieren. Was bleibt, ist die Kontrolle der Regierungstätigkeiten, z.B. durch interpellative Verfahren und Befragungen der Regierungsvertreter im Ausschuss, wenn diese von den RAG berichten. Diese können jedoch nur noch ansatzweise an der Ausgestaltung und inhaltlichen Schwerpunktsetzung des Programmes etwas ändern. Selbst informell Einfluss zu nehmen auf die EU-KOM erscheint keine großen Erfolgsaussichten mehr zu bieten. Daher engagieren sich die Mitglieder der Oppositionsfraktionen folglich nur noch sehr gering (vgl. Interview 16 (Februar 2013), Interview 22 (Mai 2013), Interview 23 (Juni 2013)). Selbst für die Regierungsfraktionen scheint ab diesem Zeitpunkt vor allem die Wahl informeller Handlungsarenen und Handlungsformen gegenüber der EU-KOM die geeignete Form der Einflussnahme zu sein.

> „Und wir haben den Antrag in Brüssel dann auch persönlich überreicht. Aber das sind alles keine vorgesehenen Verfahren. Das ist eher ungewöhnlich, aber es war aus unserer Sicht der Bedeutung des Themas angemessen. Also wir haben dem hier schon eine große Priorität eingeräumt" (Interview 14, Januar 2013).

Zwar zeigt die persönliche Übergabe des Antrages das besondere Engagement und die Bedeutung, die dem Thema beigemessen worden ist. Darüber hinaus deutet sie jedoch darauf hin, dass bewusst nicht öffentliche, formelle Verfahren als Ergänzung gewählt worden sind. Hintergrund dafür ist, dass es vermieden werden sollte, in öffentlich nachvollziehbarer Form Positionen zu formulieren, die einen Handlungsdruck auf die eigene BReg erzeugen würde (vgl. Kapitel 5.4.1.3.2).

Im Rahmen der persönlichen Übermittlung des Konsultationsbeitrages eröffnete sich die Möglichkeit, Positionen einzunehmen, die nicht konträr der Positionen der BReg gegenüber standen. Hierdurch wurde ein öffentlicher Konflikt vermieden. Dass die Mitglieder der Regierungsfraktion/-en, die an dem Gespräch beteiligt gewesen sind, sich konkreter als im Antragstext positionierten, lässt sich aus den Aussagen der Experten der EU-KOM schlussfolgern. Diese haben insbesondere auf die Bedeutung der Unterstützung in der Frage der Finanzausstattung des BT hingewiesen. Zudem wurde die Hilfe des Obmanns der CDU/CSU-Fraktion im ABFT des BT bei den Verhandlungen des MFR 2014-2020 explizit von der EU-KOM angefragt (vgl. Interview 31, Januar 2014).

So kann angenommen werden, dass im Rahmen des persönlichen Kontaktes, die MdBs die im Antrag unscharfe Formulierung mit konkreten Summen gefüllt haben. Die Bekenntnis, die nicht im formalen, öffentlich zugänglichen Dokument erfolgte, konnte somit im persönlichen, informellen Rahmen ausgesprochen werden. In diesem Forum kann diese Position geäußert und vertreten werden, ohne dass bei einem Versagen in den Verhandlungen mit den anderen EU-Mitgliedstaaten als Niederlage gedeutet werden kann. Dies könnte u.U. von politischen Konkurrenten ausgenutzt werden. Informelle Foren bieten somit auch einen gewissen Schutzraum, in dem eine deutliche Positionierung möglich ist.

Zudem nützt die nicht-öffentliche Positionierung auch der BReg, da so die Manövrierfähigkeit als Verhandlungspartner in den RAG erhalten bleibt. Ebenso wird die drohende Gefahr eines Gesichtsverlustes bei einem Scheitern der Verhandlungen umgangen. Auch wird die Loyalitätsbeziehung zwischen den MdBs der Regierungsfraktion und den Bundesregierungsmitgliedern nicht verletzt. Diese Handlungsarena stellt eine exklusive Handlungsarena der Mitglieder der Regierungsfraktion dar. Die im Rahmen dieser Handlungsarena vorgetragenen Positionen sind für nicht beteiligte Dritte nicht nachvollziehbar. Die darin geäußerten politischen Forderungen können weder den Personen zugeordnet werden. Zudem ist es nicht möglich für Mitglieder von Oppositionsparteien auf Basis des Meinungsunterschiedes von Regierungsfraktion und Regierungsvertretern, Vorteile durch parteipolitischen Wettbewerb zu erlangen.

5.5.3.2. Etablierte, wiederkehrende Handlungsarenen mit der EU-Kommission

In Anlehnung an die Zuordnung der Handlungsarenen mit dem EP, die im Rahmen der Delegationsreise des ABFT entstanden, werden ebenso die Handlungsarenen mit der EU-KOM während der Delegationsreise den etablierten, wiederkehrenden Handlungsarenen zugeordnet (vgl. Kapitel 5.5.1.5.2).

Hier gab es das Gespräch mit der Kommissarin für Forschung und Innovation, Frau Geoghegan-Quinn, und dem stellv. Generaldirektor Herrn Strohmeier (GD Forschung). Im Gespräch mit der Kommissarin Geoghegan-Quinn war ein dominantes Thema die Verbundforschung (vgl. Deutscher Bundestag 2010a: 9). Hier hatten die MdBs Hinweise darüber, dass die Kommissarin bei der Fördervolumen der Verbundforschung Abstriche machen wolle (vgl. Interview 23, Juni 2013). In den Gesprächen der MdBs mit den MdEPs, die unmittelbar vor dem Gespräch mit Geoghegan-Quinn stattfanden, wurde diese Problematik erneut betont (vgl. Kapitel 5.4.1.2). Darüber hinaus war beabsichtigt, das deutsche Interesse, das bei der Finanzplanung der EU die Forschungsförderung eine Priorität sein soll, gemeinsam vor Ort in Brüssel zu vertreten.

Die von den MdEPs vorgebrachte Frage der Berücksichtigung der Verbundforschung wurde im Gespräch mit der Kommissarin Frau Geoghegan-Quinn angebracht und in einzelnen Aspekten von ihr aufgegriffen. Eine klare Positionierung oder gar Zusagen sind aus dem Bericht der Reise allerdings nicht abzuleiten (vgl. Deutscher Bundestag 2010a: 10–11). Die Kommissarin betonte darüber hinaus die Relevanz der Vereinfachung der Vergabeverfahren. Die damit einhergehende Verringerung der Bürokratie sei vor allem wichtig für eine bessere Beteiligung der Industrie an dem Förderprogramm. Somit habe die Frage der Vereinfachung auch eine wichtige Bedeutung für die Erhöhung der Beteiligungsrate kleiner und mittlerer Unternehmen.

Weiter bezog sich Frau Geoghegan-Quinn auf die Zwischenevaluation des 7. FRP, wie sie im Bericht der Expertenkommission veröffentlicht wurde. Hierbei ging sie auf den Kritikpunkt der geringen Beteiligung von EU-Mitgliedstaaten aus MOE ein. In diesem Zusammenhang verwies sie auf die Rolle der kohäsionspolitischen Maßnahmen, die zum Aufbau von Forschungsinfrastruktur in dieser Region genutzt werden sollten. Eine offizielle Stellungnahme der EU-KOM zu den Evaluationsergebnissen der Expertengruppe kündigte sie für Februar 2011 an.

Die High-Tech-Strategie der BReg wurde von der Kommissarin für Forschung und Innovation explizit erwähnt. Hierbei legte sie dar, dass sich die EU-KOM bei der Konzeption von Horizont 2020 u.a. an der darin präferierten Kombination von top-down und bottom-up Förderinstrumenten orientiere (vgl. Deutscher Bundestag 2010a: 10–11).

> „Es war für mich zwar sehr spannend dort Dinge zu lernen und zu erfahren, aber ich hatte nicht den Eindruck, dass wir da vor Ort die Ausrichtung an Hand der gesellschaftlichen Herausforderungen noch beeinflussen konnten" (Interview 22, Mai 2013).

Das Gespräch mit der Kommissarin erfüllte im Sinne einer Handlungsarena die Funktion, direkte, ungefilterte Informationen zu erhalten. Ziel war es, einen Eindruck zu gewinnen, was die EU-KOM vor hat und welche Begründungen sie hierfür darlegt. Diese Erläuterungen zu den Inhalten der Papiere im persönlichen Gespräch gaben den MdBs Aufschluss über die politischen Zielsetzungen und strategischen Schwerpunkte der Kommissarin.

Zudem zielte es auch ab auf Informationsgewinnung in Bezug zur thematischen Ausrichtung des 8. FRP Horizont 2020, insbesondere im Bereich der Verbundforschung. Ebenso die Erlangung von Informationen über den weiteren prozeduralen Ablauf im Entscheidungsprozess war beabsichtigt (vgl. Deutscher Bundestag 2010a). Wie der Blick auf die unmittelbar vorherigen Gespräche mit MdEPs zeigt, ging es darüber hinaus auch bereits um die Positionierung, d.h. es wurden konkrete politische Forderungen aufgestellt.

Die MdBs wollten der Forderung nach einem Verbleib der Verbundforschung im Rahmenprogramm Nachdruck verleihen. Deutlich machten sie die Bedeutung der Verbundforschung für Deutschland und den notwendigen Erhalt eines entsprechenden Fördervolumens für die Verbundforschung. Damit unterstützten sie Forderungen anderer deutscher Akteure in Brüssel und gaben somit den deutschen MdEPs sowie der BReg in dieser Frage Rückendeckung. Der Zugang zur Handlungsarena mit der Kommissarin Geoghegan-Quinn war den Teilnehmern der Delegationsreise auf Grund ihrer herausragenden Funktion in ihrer Fraktion möglich bzw. auf Grund der Ernennung durch ihre Fraktion als Delegationsteilnehmer. Die übrigen Mitglieder des ABFT konnten nur mittelbar durch eine Berichterstattung im Nachgang Kenntnisse von den dortigen Gesprächsinhalten erfahren.

Mit welchen Fördermaßnahmen die Beteiligungsrate die MS aus MOE erhöht werden kann, war ebenso eine dominierende Frage im Gespräch mit dem stellvertretenden Generaldirektor der GD Forschung der EU-KOM, Herrn Strohmeier. Er zeigte auf, dass bei einer ausschließlichen Förderung nach dem Exzellenzkriterium bei den Verhandlungen zur Finanzausstattung erhebliche Widerstände aus diesen MS zu erwarten sei (vgl. Deutscher Bundestag 2010a: 14–15).

Ebenfalls im Gespräch mit dem Generaldirektor des Generalsekretariats des Rates, Klaus Gretschmann sowie dem Abteilungsleiter Juri Burianek, wurde die Beteiligungsrate thematisiert. Im Hinblick auf die Finanzausstattung betonten die Vertreter des Generalsekretariates, dass eine Beibehaltung des derzeitigen Förderniveaus des 7. FRP für das 8. FRP Horizont 2020 bereits ein Verhandlungserfolg darstellen würde. Des Weiteren informierten sie die MdBs über den folgenden Frühjahrsgipfel im Februar 2011, bei dem weitreichende Entscheidungen erfolgten. Seitens der MdBs wurden in diesen Gesprächen Fragen zu den weiteren Etappen des Entscheidungsprozesses sowie des politischen Kalenders gestellt (vgl. Deutscher Bundestag 2010a: 15–16).

Die Gespräche mit leitenden Entscheidungsträgern aus der GD Forschung der EU-KOM und dem Generalsekretariat des Rates dienten der prozeduralen Abstimmung und der Informationsgewinnung. Seitens der Gesprächspartner wurden klare Hinweise auf entscheidungsvorbereitende Treffen und Gremien erteilt. Wenn eine Absicht der Einflussnahme bestehe, sollte eine Einflussnahme vor diesen Ereignissen erfolgen. Erkenntlich ist, dass diese Gespräche somit die Funktion der Informationsgewinnung haben. Sie zielen darauf, den aktuellen Stand der inhaltlichen Diskussion zu erfahren. Darüber hinaus erfüllen sie die Funktion der prozeduralen Abstimmung und Koordinierung.

Im Gegensatz zu den anderen Gesprächen der Delegationsreise ist die Tendenz einer gesamteuropäischen Perspektive auffallend. Dies zeigt sich bei dem Verweis auf die notwendige Berücksichtigung der MOE-Staaten sowie der Diskussion um Verknüpfungsmöglichkeiten kohäsions- bzw. strukturpolitischer Maßnahmen und der Forschungsförderung. Eine weitere etablierte und wiederkehrende Handlungsarena, die zwischen der EU-KOM und dem BT augenscheinlich wurde, ist eine enge und stetige Kooperation und Kommunikation mit dem Obmann der CDU/CSU-Fraktion im ABFT des BT.

> „Ich habe sehr viel Kontakt mit dem Abgeordneten der CDU für den Forschungs-Ausschuss gehabt“ (Interview 31, Januar 2014).

> „Meine direkten Kontakte waren mit dem Obmann für Forschung der CDU im Forschungsausschuss, den ich 2,3 Mal getroffen habe und eben ein Mal in Berlin. Das war aber auch sehr wichtig, denn er hat die 100 Milliarden Figure unterstützt. Es war wichtig für uns zu wissen, dass das deutsche Parlament auf unserer Seite war“ (Interview 31, Januar 2014).

Wie zuvor dargestellt, hatte der Obmann der CDU-CSU-Fraktion im ABFT eine besondere Rolle bei der parlamentarischen Mitwirkung an der Ausgestaltung von Horizont 2020. Zwar wurde seinerseits nicht in öffentlichen Foren die Forderung eines Volumens von 100 Milliarden formuliert. Die Interviews zeigen jedoch eindringlich auf, dass er diese politische Forderung in informellen, persönlichen Gesprächsformaten mit leitenden Entscheidungsträgern der EU-KOM und der GD für Forschung vertreten hat.

> „Der war öfter hier und der hat auch mit dem Generaldirektor gesprochen, das ist sozusagen der Chef unserer Behörde, der großen Forschungsbehörde als auch mit mir. Ich war auch in Berlin einmal, da gab es ein Meeting auch mit Leuten vom Bundeskanzleramt, wo wir mal diskutiert haben, wo liegen die Probleme und ich habe dargelegt, wie wir die Sachen sehen und habe um Verständnis geworben" (Interview 31, Januar 2014).

Diese Handlungsarena ist eine personenspezifische Handlungsarena, die weder für andere MdBs zugänglich, noch für unbeteiligte Dritte nachvollziehbar ist. Augenscheinlich ist, dass sie der Positionierung und inhaltlichen wie prozeduralen Kooperation zwischen dem Obmann der CDU/CSU-Fraktion im ABFT und Vertretern der EU-KOM dienten. Inwieweit der Obmann der CDU/CSU-Fraktion das hier erworbene Wissen und die Informationen an weitere MdBs der CDU/CSU-Fraktion oder sogar anderer Fraktionen weiter gegeben hat, ist aus den Interviews und Recherchen leider nicht feststellbar. Die Bedeutung als Gesprächspartner aus Perspektive der EU-KOM begründet sich aus der formalen Rolle als Obmann der Regierungsfraktion, seiner fachlichen Expertise in der Forschungspolitik sowie seinem deutlichen Engagement für das Vorhaben.

Bei der Gegenüberstellung der Handlungsarenen, die bei der Auswertung der Interviews ersichtlich wurden, sind deutliche Unterschiede zu erkennen. Die Gespräche im Rahmen der Delegationsreise sind offen für Vertreter aller Bundestagsfraktionen. Sie dienen vornehmlich der Informationsgewinnung im Hinblick auf die inhaltliche Schwerpunktsetzung und die Erlangung von relevanten Informationen zum Fortgang der weiteren Entscheidungsetappen.

Die Gespräche des Obmanns für Forschung im ABFT der CDU/CSU-Fraktion mit leitenden Entscheidungsträgern weisen darüber hinaus einen wesentlich expliziteren Charakter auf. Die dort verhandelten und thematisierten Themen stehen im Bezug zu einer zentralen Frage, der Finanzausstattung des Programms insgesamt. Zudem sind die anderen Mitglieder des ABFT ausgeschlossen von diesen Gesprächen. Darüber hinaus wurden gezielt Handlungsformate etabliert, bei denen MdBs der CDU/CSU-Fraktion mit der EU-KOM und Mitglieder des BMBF teilnahmen.

Die persönliche Übergabe des Konsultationsbeitrages der Regierungsfraktionen bei der EU-KOM legt den Schluss nahe, dass es dem Obmann der CDU/CSU-Fraktion im ABFT auch darum ging, die Exklusivität seiner Kontakte zu sichern. Ein Beispiel, das die Besonderheit der Kontakte mit der EU-KOM aufzeigt, ist die an ihn gerichtete Anfrage, bei der Frage der Finanzausstattung Kontakt mit der Bundeskanzlerin Frau Merkel aufzunehmen.

> „Nachher in den Verhandlungen zum Budget, also den MFF Verhandlungen. MFR, da war es auch so, dass wir über diese Schiene einiges gemacht haben. Auch über Forschungspolitiker der CDU, wir gesagt haben, wir hoffen, dass Sie über Ihre Kanäle so weit wie möglich nach oben kommen, sprich Frau Merkel um der klar zu machen, dass das eine wichtige Position ist. Dass wir es uns nicht erlauben können, einen Finanzrahmen zu haben, der nur alte Politiken unterstützt, nämlich Agrar- und Strukturfonds“ (Interview 31, Januar 2014).

Welche Auswirkungen die Maßnahmen der Einwirkung des Obmanns der CDU/CSU-Fraktion im ABFT und anderen Mitgliedern des ABFT bei der EU-KOM hatten, lässt sich hieraus erahnen. Sie unterstützten eine zentrale politische Forderung der EU-KOM. Alle Bundestagsfraktionen forderten öffentlich im Rahmen der Plenardebatte die Erhöhung des Budgets. Der Obmann der CDU/CSU-Fraktion im ABFT als führender Forschungspolitiker der Regierungsfraktionen unterstützte in informellen Foren gar explizit die Erhöhung auf 100 Milliarden Euro (vgl. Interview 31, Januar 2014).

5.5.3.3. Gefestigte, parainstitutionalisierte Handlungsarenen mit der EU-Kommission

Im Rahmen der Durchführung und Analyse der Interviews sowie der Dokumente sind keine Anzeichen erkennbar gewesen, die auf das Bestehen von gefestigten und parainstitutionalisierten Handlungsarenen mit der EU-KOM oder der GD Forschung schließen lassen. Es bestehen keine derart institutionalisierten, regelmäßigen Beratungsformate auf forschungspolitischer Ebene. Im Vergleich zum EP scheint die EU-KOM auf Grund ihrer institutionellen Rolle als europäische Exekutive nicht über ein vergleichbar institutionalisierbaren Zugang zu verfügen für MdBs. Vielmehr sind

Handlungsarenen und Konsultationsformate spezifisch auf die Entscheidungsvorlagen und Personen individuell ausgerichtet.

5.6. Informelle Handlungsstrategien der Bundestagsabgeordneten

Im nachfolgenden Abschnitt werden die beobachteten Handlungsformen den Typen der informellen Handlungsstrategien zugeordnet. In einem ersten Schritt erfolgt dies durch die tabellarische Zuordnung (vgl. Tabelle 8: Informelle Handlungsstrategien der Regierungs- und Oppositionsfraktionen) zu den unterschiedlichen Strategietypen (vgl. Kapitel 3.2.5).

Anschließend werden vereinzelte, markante Strategietypen nähergehend analysiert und dargestellt. Hierbei werden die Besonderheiten der strategischen Vorgehensweisen von Oppositions- und Regierungsfraktionen herausgestellt. Dargelegt wird hierbei, auf Grund welcher Ausprägungsmerkmale der Handlungen hinter ihnen eine zusammenhängende und von den Akteuren intendierte Strategie vermutet wird. Des Weiteren werden die Entstehungsbedingungen, die erforderlichen Mittel zur Durchführung der Strategien sowie die mit ihnen verfolgten und erlangten Ziele berücksichtigt.

Tabelle 8: Informelle Handlungsstrategien der Regierungs- und Oppositionsfraktionen

INTERESSENKONGRUENZ zwischen Regierung und Regierungsfraktion (-en)	INFORMATIONSASYMMETRIE: JA		INFORMATIONSASYMMETRIE: NEIN	
	Aktive Informationsbeschaffung		**Umgehung direkter Konfrontation: Einflussnahme auf EU-Akteure**	**Informelle Mitsteuerung: Einflussnahme auf BReg und Vertreter**
	EU (Strategietyp 1a)	**National (Strategietyp 1b)**	**EU (Strategietyp 3a)**	**National (Strategietyp 3b)**
NEIN	• BXL-Reise • Einladung von Experten in den EU-Ausschuss (Bsp. Raffler) • Handlungsarenen mit MdEPs: Informationen über Verhalten von BReg in RAG, u.a. aus informellen Trilogen → Kleine Anfrage erzeugt Handlungsdruck auf BReg • Kontakt zu Akteuren der EU-KOM • Arbeitskreise CDU/CSU mit MdEPs • Sitzungswöchentliche AG Europa der SPD-Bundestagsfraktion • BT-Ressourcen: VBB BXL, Bericht aus BXL	• Keine Hinweise auf ausgeprägte Ressortbruderschaften	• Einflussnahme auf MdEP: Gespräch mit portugiesischer Berichterstatterin: Positionierung • Einflussnahme auf EU-KOM: persönliche Übergabe der Position der CDU/CSU-MdBs als Konsultationsbeitrag • MdBs CDU/CSU-Fraktion: informelle Unterstützung der Finanzausstattung in Höhe von 100 Milliarden Euro • MdBs CDU/CSU-Fraktion: informelle Mitsteuerung bei Vereinfachung im Hinblick auf Abrechnungsmodalitäten	• Finanzausstattung: Einwirken auf Handeln der BReg in RAG ex-ante durch informelle Gespräche von MdB der CDU/CSU-Fraktion mit EU-KOM, Bundeskanzleramt, BMBF • Informelle Mitsteuerung auf Basis verringerter Informationsasymmetrie, u.a. durch Delegationsreise verbessert worden, Anzeichen u.a.: frühzeitig erfolgte Selbstbefassung im ABFT • ABER: kein fraktionsübergreifender Antrag und damit kein gemeinsames Positionspapier mit einer offiziellen Parlamentsposition - diese hätte aber die informelle Verhandlungsstärke des BT erhöht
	Passive Informationsbeschaffung		**BACK-UP der Regierung**	**Abwesenheit öffentlicher Konflikte**
	EU (Strategietyp 2a)	**National (Strategietyp 2b)**	**EU (Strategietyp 4a)**	**National (Strategietyp 4b)**
JA	• Handlungsarenen mit MdEPs: Bieten Einblick in diskretionäre Handlungsspielräume der BReg • Handlungsarenen mit EU-KOM: Bieten Kenntnisse über die Verhandlungssituation mit den weiteren EU-MS	• Kaum Hinweise auf ausgeprägte Kooperationsformen	Einwirken auf relevante Entscheidungsträger auf EU-Ebene, um Position der BReg zu stärken • Einflussnahme auf EU-KOM: Mehrzahl der Positionierungen sind unterstützend für die BReg: u.a. Exzellenzprinzip, Struktur, gesellschaftlichen Herausforderungen, Bedeutung der Verbundforschung • Einflussnahme auf MdEPs • Einflussnahme auf Stakeholder	• Keine öffentliche Auseinandersetzung um Budgetfragen, die seitens der CDU/CSU-Fraktion initiiert wird • Informelle Einflussnahme/Konsultation der Regierungsfraktionen mit Vertretern der BReg

(Quelle: Eigene Zusammenstellung in Erweiterung von Kropp 2008: 62).

Die Zuordnung der beobachtbaren und rekonstruierbaren Handlungsformen bestätigt die Annahme, dass die MdBs des ABFT informelle Handlungsstrategien ausgebildet haben. Diese Handlungsstrategien ergänzen und erweitern formelle Maßnahmen und Formen der parlamentarischen Mitwirkung und Kontrolle.

Grundsätzlich ist bemerkenswert, dass sowohl die Regierungs- als auch die Oppositionsfraktionen vielfältige Formen der Strategien zur Informationsbeschaffung ausgebildet haben. Diese dienen sowohl der Kontrolle der Regierungstätigkeit im Sinne der passiven *Informationsbeschaffungsstrategie* (Strategietyp 2a) als auch im Sinne der Gewinnung von Informationen, die für die aktive Einflussnahme und Mitwirkung verwendet werden im Sinne der *aktiven Informationsbeschaffungsstrategie* (Strategietyp 1a und 1b).

Augenscheinlich ist zudem, dass in einem wesentlich höheren Maß Akteure auf der EU-Ebene Adressaten von informellen Handlungsstrategien der MdBs sind. Es erfolgt kaum die Nennung von Angehörigen des BMBF als Adressaten informeller Handlungsstrategien zur Gewinnung von Informationen bzw. für die informelle Einflussnahme.

Daraus lässt sich schließen, dass MdBs den Entscheidungsträgern auf EU-Ebene eine wesentlich größere Bedeutung zuweisen, zumindest im Hinblick auf die Erfolgsaussichten von Versuchen, informell Einfluss zu nehmen und Informationen zu gewinnen. Da im Rahmen der Fallrekonstruktion kaum Befunde für eine starke Kooperation und Informationsbeschaffungsbemühungen gegenüber den Entscheidungsträgern im BMBF vorliegen, ist davon auszugehen, dass die MdBs die Ausbildung von informellen Handlungsstrategien auf EU-Ebene als erfolgsversprechender bewerten.

Die Adressaten auf EU-Ebene scheinen bereitwilliger zu sein, Informationen an die MdBs weiter zu geben. Darüber hinaus können z.B. MdEPs den MdBs Informationen bereitstellen, die bereits politisch gewertet und gewichtet sind. Anders als technische und verfahrensbezogene Informationen, wie sie oft von Angehörigen von Ministerien zur Verfügung gestellt werden (vgl. Buzogány/Kropp 2013a). Politische Informationen enthalten bereits konkrete Bewertungen, aus denen sich Handlungsempfehlungen ableiten lassen. Dies erleichtert den Arbeitsaufwand für die MdBs. Zudem werden die MdBs von Seiten der MdEPs eher als strategische Partner für die Durchsetzung politischer Ziele wahrgenommen.

Grundsätzlich festzuhalten ist zudem, dass es vor allem die Mitglieder der regierungstragenden Fraktionen sind, die parainstitutionalisierte Handlungsarenen etablieren, um informelle Informationsbeschaffungsstrategien in deren Rahmen auszubilden. Vor allem der Grad der Verfestigung und Institutionalisierung dieser Handlungsarenen ist bei den Regierungsfraktionen stärker ausgebildet. Hieraus resultiert zwar ein qualitativ verbesserter Informationsstand, vor allem im Hinblick auf den Umfang der Informationen und den Zeitpunkt der Informationsweitergabe. Diese Informationen und hinzugewonnenen Erkenntnisse werden jedoch vornehmlich im Rahmen von informellen Handlungsstrategien eingesetzt und nicht für öffentlich nachvollziehbare Kontroll- und Einflussnahmen verwendet.

Demgegenüber sind die Mitglieder der Oppositionsfraktionen tendenziell eher in institutionell flexibleren und variableren Handlungsarenen aktiv. Daraus ergeben sich dennoch Kenntnisstände, die gezielt und effektiv für die Erzeugung von öffentlichem Handlungsdruck auf die BReg verwendet werden. Dies ist vor allem ersichtlich am Beispiel der Kleinen Anfrage von MdB René Röspel. Diese hat nachweislich zu einer veränderten Haltung der Vertreter der BReg in den Ratsverhandlungen geführt (vgl. Kapitel 5.5.1.5.1).

5.6.1. Informationsbeschaffungsstrategien

(1a und 1b) Aktive Informationsbeschaffung

Im Falle der Mitwirkung am 8. FRP Horizont 2020 haben sowohl die MdBs der Regierungsfraktionen als auch der Oppositionsfraktionen frühzeitige Handlungsformen ausgebildet, um Informationen einzuholen. Bestreben war es, unabhängig von den Informationen der BReg weiterführende Kenntnisse über den Fortgang des Rechtsetzungsprozesses und dessen Folgenabschätzung zu erhalten.

Hierfür wurden sehr frühzeitig Kontakte geknüpft zu hochrangigen Entscheidungsträgern der legislativen wie exekutiven Institutionen der EU, d.h. der EU-KOM sowie Berichterstattern des EP. Darüber hinaus wurden frühzeitig sowie fortlaufend die Vertreter der Forschungs- und Wissenschaftseinrichtungen konsultiert und Berichte von der Expertenkommission zur Evaluation des Vorgängerprogrammes herangezogen, um die Informationen der BReg zu erweitern und ein vollständigeres Bild über die Planungen und deren voraussichtlichen Auswirkungen zu erhalten.

Es kann somit bestätigt werden, dass bei bestehender Informationsasymmetrie zwischen MdBs und der BReg bei gleichzeitig vorhandenen unterschiedlichen Interessen, informelle Strategien der Informationsgewinnung herausgebildet werden. Diese weisen je nach Zugehörigkeit zur Opposition bzw. Regierungsfaktion unterschiedliche Ausprägungsmerkmale vor allem im Hinblick auf ihre institutionelle Verfestigung und Verstetigung auf.

Diese Informationen waren vor allem bei der Frage der Finanzausstattung des 8. FRP Horizont 2020 von Relevanz sowie bei der Frage, wie die Beteiligung der MOE-MS der EU verbessert werden kann, ohne dabei das Exzellenzprinzip der Forschungsförderung aufzuweichen. Darüber hinaus spielten die Informationen im Rahmen der Vereinfachung der Abrechnungsmodalitäten der Projektkosten eine Rolle. Bei diesen Regelungsaspekten wurden die auf informellem Wege erlangten Informationen gezielt für die Einflussnahme auf die Ausgestaltung der Regelungsformulierung eingesetzt.

Zwar konnten Anzeichen und Befunde für vielfältige Formen der Informationsbeschaffung auf EU-Ebene herausgestellt werden, obgleich dies nicht für die Informationsbeschaffung auf nationaler Ebene möglich gewesen ist. Hieraus kann jedoch nicht automatisch der Schluss gezogen werden, dass es keine nationalen Beschaffungsprozesse gegeben hat. Wohl aber, dass diese nicht die vergleichbare Bedeutung und Relevanz für die Gewinnung weiterführender Informationen hat.

Demgegenüber sind Informationsgeber auf EU-Ebene (Strategietyp 1b) vor allem die MdEPs. Die Zugehörigkeit zur gleichen Partei führt zu einer Verringerung der Zugangsbarrieren. Jedoch auch über Parteigrenzen hinweg können MdEPs anderer Parteien wichtige Kontaktpersonen sein, v.a. wenn diese als Berichterstatter über Gestaltungsmacht und Einfluss verfügen.

Neben dem EP sind relevante Entscheidungsträger der Leitungsebenen in der EU-KOM Adressaten von Informationsbemühungen. Ebenso die Konsultationen mit Interessenvertretern aus Wissenschaft und Forschung, die in Brüssel mit eigenen Büros ansässig sind, geben durch Folgenabschätzung des 8. FRP Horizont 2020 für ihren Tätigkeitsbereich wichtige Impulse für die Einflussnahme der MdBs.

Darüber hinaus ist nachweislich das Verbindungsbüro des BT in Brüssel neben anderen Akteuren Initiator für die sehr frühzeitige und gezielte Informationsbeschaffungsstrategie der MdBs. Seitens der MdBs wurde hierbei vor allem auf die bedeutende Rolle der Fraktionsmitarbeiter und deren Hinweise auf die Notwendigkeit der Befassung des Ausschusses mit dem 8. FRP Horizont 2020 hingewiesen. Zudem haben die persönlichen

Kontakte der Fraktionsmitarbeiter die Informationsbeschaffungsbemühungen der MdBs wesentlich vorbereitet und ermöglicht.

Die Fallrekonstruktion belegt, welche weitreichende Bedeutung die Arbeit des Verbindungsbüros für das Entfalten von Einflussfähigkeit hat. Durch die frühzeitigen Hinweise sowie die persönlichen Kontakte konnte eine frühzeitige Informationsbeschaffungsstrategie ausgebildet werden, auf dessen Basis eine frühzeitige Einflussnahme und Mitwirkung zumindest in Teilbereichen des 8. FRP Horizont 2020 möglich gewesen ist.

Informationsasymmetrien zwischen den MdBs und der BReg konnten somit eingedämmt werden. In den Fällen, in denen MdEPs bereit waren, Informationen über den Fortgang der Informellen Triloge an MdBs weiter zu geben, gelang es den MdBs sogar in die zuvor diskretionären Handlungsräume der BReg zumindest partielle Einblicke zu erhalten. Auf dieser Basis war eine Einflussnahme auf Einzelaspekte der Regelungsinhalte möglich und in Teilen auch erfolgreich.

(2a und 2b) Passive Informationsbeschaffung

Angenommen wurde, dass bei bestehender Informationsasymmetrie zwischen MdBs und der BReg sowie gleichgerichteter Interessenlage, die Bestrebungen für eine unabhängige Informationsbeschaffung in einem geringeren Umfang erfolgen (Strategietyp 2a und 2b). Die Informationsbeschaffung richtet sich in diesem Falle darauf zu klären, ob die BReg sich tatsächlich für die postulierten Ziele und Interessen in den Gremien auf EU-Ebene einsetzt. Mit in dieser Annahme eingeschlossen war die Vermutung, dass daraus keine weiteren konkreten Formen der informellen Einflussnahme erfolgen, sondern dass sich die Tätigkeit der MdBs erschöpft bei einer Form der Kontrolle im Sinne des Gegenregisters (vgl. Kapitel 2.1.3), d.h. des Überprüfens und Abgleichens, nicht aber der aktiven Beeinflussung von Verhandlungspositionen.

Erwartungsgemäß sind im Rahmen der Expertengespräche diese Art der Informationsbeschaffungen, bei denen inhaltliche Einigkeit bestand, nicht häufig explizit erwähnt werden. Die Aussagen lassen aber den Schluss zu, dass insbesondere die Handlungsarenen mit den MdEPs Informationen zugänglich machten, die im Sinne der passiven Informationsstrategie der Kontrolle der Regierungstätigkeit der BReg dienten. Insbesondere das Beispiel der Finanzausstattung macht deutlich, dass die Kooperationspartner im EP dazu dienten u.a. auch die Deckungsgleichheit der inhaltlichen

Positionierungen und der tatsächlichen Verhandlungsführung der BReg in den RAG zu überprüfen.

Zudem waren es die Gesprächspartner in der EU-KOM, die MdBs auf die Verhandlungssituation mit den weiteren MS verwiesen und die MdBs somit über die zumindest eingeschränkte Manövrierfähigkeit der eigenen BReg informierten. Darüber hinaus zeigten diese Gesprächspartner jedoch auch auf, inwieweit eine klare Positionierung der BReg erforderlich ist für einen erfolgreichen Abschluss der Verhandlungen.

Im Gegensatz zu den Informationsbeschaffungsstrategien kennzeichnen sich die nachfolgend vorgestellten Strategien durch unterschiedliche Interessen sowie einer verringerten Informationsasymmetrie aus. Sie bauen somit auf die Erfolge der Informationsbemühungen auf und können erst nach erfolgreicher Informationsgewinnung ausgeführt werden.

Die Strategie der *Umgehung direkter Konfrontation* (3a) zielt auf das Herausbilden von Handlungsformen und verdichteten Routinen zur Einflussnahme auf Entscheidungsträger der EU-Ebene. Die Strategie der *informellen Mitsteuerung* (3b), die vornehmlich den Regierungsfraktionen vorbehalten ist, spielt sich hingegen vor allem auf nationaler Ebene ab.

5.6.2. Umgehung direkter Konfrontation

Es wurde angenommen, dass MdBs der Regierungsfraktionen im Falle von Interessendivergenzen zur BReg eine Handlungsstrategie ausbilden, bei der eine direkte und öffentlich nachvollziehbare Konfrontation vermieden wird: *Umgehung direkter Konfrontation* (Strategietyp 3a). Diese Annahme kann nach der Fallanalyse bestätigt werden. In mehreren Einzeletappen wurde deutlich, dass die MdBs der Regierungsfraktionen direkte Konfrontationen vermieden, selbst wenn dadurch die eigene Handlungsposition geschwächt wurde.

Dies ist ersichtlich an dem Beispiel, dass trotz erheblicher inhaltlicher Übereinstimmungen kein fraktionsübergreifender Beschluss des BT erfolgte. Zudem wurde in der Berichtsempfehlung des CDU/CSU-Fraktionen eine klare Bezifferung der Erhöhung der Finanzausstattung vermieden. Jegliche weiteren Maßnahmen der Einflussnahme auf die Finanzausstattung des 8. FRP Horizont 2020 erfolgten auf informellem Wege. Zum Teil im Rahmen der informellen Mitsteuerung und zum Teil durch die Einflussnahme auf Entscheidungsträger in der EU-KOM.

Augenscheinlich ist, dass keine Erwähnung von direkter persönlicher Einflussnahme seitens der Oppositionsfraktionen auf Entscheidungsträger der EU-KOM erfolgte. Einzelne Personen der Regierungsfraktion wurden von verschiedenen Akteuren jedoch wiederholt als einflussreiche und aktive MdBs beschrieben, die direkten Zugang in die EU-KOM erhielten. Hierbei ging es insbesondere darum, an der BReg vorbei in spezifischen Einzelaspekten Einflussnahme auf die Ausgestaltung der Regelungsinhalte auszuüben. Voraussetzung hierfür ist, dass Fachkenntnisse über Detailfragen ausgebildet worden sind und die relevanten Entscheidungsträger in den EU-Institutionen die jeweiligen MdBs als Fachexperten wahrgenommen haben und somit deren Äußerungen als relevant berücksichtigen. Die Umgehung der direkten Auseinandersetzung mit Akteuren der BReg gründet sich hierbei auf unterschiedliche Motivlagen, je nachdem ob die MdBs Teil der regierungstragenden Fraktionen oder der Opposition sind.

MdBs der Regierungsfraktionen sind mit der BReg in einer Art „Schicksalsgemeinschaft“ (Kropp 2003a: 335) verwoben. Der Erfolg und das Image der BReg sind unmittelbar mit dem eigenen politischen Erfolg verknüpft. Aus diesem Grund spielt bei der Wahl der politischen Handlungsstrategie eine wichtige Rolle, dass die BReg nicht in öffentlicher Form bloßgestellt wird. Aus diesem Grund werden politische Forderungen an die BReg so formuliert, dass die BReg noch weitest möglichen Spielraum hat, um ihre Position als Verhandlungspartnerin in den RAG nicht zu schwächen. Die informelle Einflussnahme auf Entscheidungsträger der EU-KOM und des EP ermöglichen daher eine Konkretisierung der politischen Forderung und der Verdeutlichung der eigenen Position der MdBs. Dies kann Ausgangspunkt von Kooperationen der EU-KOM und Fachexperten im BT sein, um Druck auf die BReg auszuüben.

Demgegenüber stehen die Beweggründe der MdBs der Opposition, informelle Einflussnahme auf MdEPs und die EU-KOM auszuüben. Insofern keine gemeinsame bundestagsübergreifende Position und damit politische Forderung formuliert wurde, verbleibt den MdBs der Opposition keine andere Mitgestaltungsmöglichkeit als die informelle Einflussnahme auf EP und EU-KOM. Aufgrund des geringeren parteipolitischen Wettbewerbs und der unterschiedlich ausgeprägten Dynamik der Mehrheitsfindung im EP, ist es auch MdBs der Oppositionsfraktionen möglich, auf diesem Wege gestalterisch einwirken zu können. Vorteil dieser Strategie ist mitunter, dass mögliche Misserfolge nicht öffentlich werden und damit sich nicht negativ auf die eigene politische Reputation auswirken können. Eine öffentlich nachvollziehbare ineffektive politische Forderung birgt die

Gefahr negativer Auswirkungen für den weiteren Verlauf der politisch-aktiven Karriere. Aus einer informellen Einflussnahme von MdBs der Opposition kann eine öffentlich nachvollziehbare Kontrollmaßnahme erwachsen, d.h. die Anwendung formaler Kontrollrechte erfolgen, die die BReg unter Rechtfertigungsdruck versetzt.

5.6.3. Informelle Mitsteuerung

Es wurde angenommen, dass eine Handlungsstrategie der *Informellen Mitsteuerung* (Strategietyp 3b) verfolgt wird bei verringerter Informationsasymmetrie und unterschiedlicher Interessenlage zwischen Parlament und BReg. Kennzeichen der informellen Mitsteuerung ist, dass es den jeweiligen MdBs der Regierungsfraktionen bzw. der Oppositionsfraktionen gelingt, auf die Ausbildung und Formulierung einer Verhandlungsposition der BReg in den EU-Entscheidungsgremien vorab Einfluss geltend zu machen und auf diese modifizierend einzuwirken. Somit bezieht sich diese Form der Einflussnahme nicht auf eine nachgelagerte Form der Kontrolle bzw. des Nachprüfens, sondern auf eine pro-aktive Mitgestaltung ex-ante.

Adressaten der Handlungen, die der Strategie der informellen Mitsteuerung zugeordnet werden, sind somit die Mitglieder der BReg bzw. die zuständigen Ministerialbeamten, die als Regierungsvertreter in den RAG agieren. Bestätigt werden kann, dass die Regierungsfraktionen und die Oppositionsfraktionen über unterschiedliche Motive sowie verschiedene Rahmenbedingungen für die Ausübung informeller Mitsteuerung verfügen.

> „Die Oppositionsfraktionen beabsichtigen […] in erster Linie, Steuerungsdefizite von Regierung und Regierungsmehrheit publik zu machen, deren Irrationalität aufzuzeigen und Alternativen anzubieten“ (Schwarzmeier 2001: 93).

Bestätigt werden kann, dass die Bestrebungen der Oppositionsfraktionen darauf ausgerichtet sind, durch die Herstellung von Öffentlichkeit einen Rechtfertigungs- bzw. Handlungsdruck auf die BReg auszuüben. Demgegenüber ist es von den Mitgliedern der Regierungsfraktionen beabsichtigt, ihre Aktivitäten nicht öffentlich kund zu tun. Vielmehr erwächst die Gestaltungs- und Einflussfähigkeit auf Grund der nicht öffentlichen Handlungsformen. Im Rahmen der Kleinen Anfrage von MdB Röspel ist es gelungen, die Verhandlungsposition der BReg in den RAG zu schärfen und ein Starre bei der Verhandlung der Finanzausstattung so zu verhindern.

> „Der Schwerpunkt der Mitsteuerung der Mehrheitsfraktionen liegt auf internen, auf weitestgehend bewusste Nichtherstellung von Öffentlichkeit abzielenden Aktionsformen" (Schwarzmeier 2001: 107).

Dies kann auch an Hand der Finanzausstattung bestätigt werden für die MdBs der CDU/CSU-Fraktion. Diese wählten nicht einen öffentlich nachvollziehbaren Weg, um die BReg anzuhalten, politische Positionierungen und Forderungen auch im Rahmen der RAG-Verhandlungen mit Leben zu füllen. Vielmehr wurden informelle Beratungs- und Konsultationsformate gewählt. Bei diesen kamen Mitglieder des BMBF und des Kanzleramtes mit den MdBs in informellen Formaten zusammen. Themen, die in diesen Formaten besprochen wurden, waren neben dem Budget auch die Abrechnungsmodalitäten im Rahmen der Vereinfachung der Verfahrensregeln.

5.6.4. Back-up der Regierung und Abwesenheit öffentlicher Konflikte

Da die Strategien des *Back-up der Regierung* (Strategietyp 4a) und der *Abwesenheit öffentlicher Konflikte* (Strategietyp 4b) eng miteinander verwoben sind, werden sie nachfolgend gemeinsam behandelt. Es wurde angenommen, dass bei Vorhandensein gemeinsamer Interessen im Hinblick auf die Ausgestaltung des Regelungsinhaltes sowie verringerter Informationsasymmetrie keine öffentlich nachvollziehbaren Auseinandersetzungen zwischen BReg und Regierungsfraktionen erfolgen. Eine Folge ist die *Abwesenheit öffentlicher Konflikte* (4b).

Im Verhältnis zu den oben aufgeführten Strategietypen stellt sich eine Bestätigung der Annahmen zur Strategie der *Abwesenheit öffentlicher Konflikte* schwieriger dar. Im Rahmen der Fallrekonstruktion ist eine eindeutige Zuordnung der empirischen Phänomene als Bestandteil einer Strategie der *Abwesenheit öffentlicher Konflikte* im Prozessverlauf lediglich mittelbar möglich. Vielmehr ist diese Strategie an Hand ihres Ergebnisses bzw. dessen Konsequenz ablesbar. Wählen die MdBs der Regierungsfraktionen im Falle keine öffentlichen, sondern informelle Strategien, z.B. die informelle Mitsteuerung, so sind öffentlich keine Konflikte nachvollziehbar und erkennbar. Somit ist diese Strategie zwar ein wichtiges analytisches Element, stellt aber eher ein Ergebnis von vorherigen strategischen Entscheidungen und Handlungen dar.

Dennoch kann bestätigt werden, dass die MdBs der Regierungsfraktionen grundsätzlich darauf bedacht gewesen sind, öffentliche Konflikte und Auseinandersetzungen zu vermeiden, um die eigene Regierung nicht zu beschädigen und als Verhandlungspartner in den EU-Gremien nicht zu schwächen. So waren die Forderungen im Plenumsbeschluss der CDU/CSU-Fraktion darauf gerichtet, die Positionsbekundungen der BReg zu wiederholen und somit zu bestärken. Diese Formen der Unterstützung der BReg sind auch der Strategie (4a) des *Back-up der Regierung* zuzuordnen, wobei sich hierunter vor allem die Unterstützung informeller Art auf EU-Ebene beziehen.

Es kann zudem bestätigt werden, dass Maßnahmen zur Einwirkung auf relevante Entscheidungsträger in der EU-KOM sowie auf Berichterstatter im EP erfolgten *(Strategietyp 4a: Back-up der Regierung)*. Bei diesen Aktivitäten wurden Forderungen der BReg wiederholt vorgetragen und damit verstärkt. Insgesamt betrachtet wird die Mehrzahl der Positionsbekundungen, die auf EU-Ebene getätigt worden sind, dieser Form der Rückendeckung und Unterstützung der Regierung zuzuordnen sein. Auch wenn es in vereinzelten Regelungsaspekten Meinungsverschiedenheiten zwischen der Regierungsebene und der Parlamentsseite bestanden, so ist doch grundsätzlich eine hohe Deckungsgleichheit der Positionen feststellbar.

5.6.5. Zwischenfazit Handlungsstrategien

Im Hinblick auf die Annahmen der Prinzipal-Agenten-Theorie kann bestätigt werden, dass die Informationsasymmetrie, der Opportunismus der Akteure und die diskretionären Handlungsspielräume der BReg zur Ausbildung von Lösungsstrategien der MdBs führen. Diese sind sehr vielfältig und mitunter effektiv. Sie kennzeichnen sich durch fraktionsübergreifende Strategien, fraktionsspezifische sowie individuelle Varianten einzelner MdBs aus. Bemerkenswert und über die zuvor angestellten Annahmen hinaus gehend, konnte eine sehr effektive, individuelle Handlungsstrategie zwischen einem MdEP der EVP-Fraktion und einem MdB der SPD-Bundestagsfraktion nachgewiesen werden.

MdBs der Regierungsfraktionen sowie MdBs der Oppositionsfraktionen entwickeln informelle Handlungsstrategien, die hierbei nicht begrenzt sind auf das eigene politische System bzw. die eigene Parteifamilie, sondern übergreifend über Grenzen von politischen Systemen hinweg und mitunter parteiübergreifend sind. Effektiv im Hinblick auf die Erzeugung von Positions- und Verhaltensänderung sind hierbei sowohl institutionell verankerte und zirkuläre angelegte Strategien. Ebenso können jedoch auch gezielte, situative und einmalige Kooperationen zwischen dem EP und dem BT Grundlage für sehr effektive Handlungsstrategien sein.

Deutlich wird ein strategisches Vorgehen, um die eigene Informationsbasis zu verbessern. Es gab erhebliche Bemühungen und Anstrengungen der MdBs des Ausschusses sowie einzelner MdBs, frühzeitig Informationen zu erhalten und auch in persönlichen Gesprächen mit Akteuren unterschiedlicher Institutionen der EU direkte und unmittelbare Informationen zu erhalten. Dennoch ist festzuhalten, dass auch trotz dieser Bemühungen die Informationsasymmetrie zwischen dem BT und der BReg weiterhin bestehen bleibt, auch wenn diese in Einzelfällen durch Mithilfe von EU-Akteuren durchbrochen und gemildert werden konnte.

Hierbei zu beachten gilt es, dass diese Weitergabe von Informationen auf freiwilliger Basis der Kooperationspartner erfolgt und nicht ohne eigene strategische Interessen und Ziele von diesen erfolgt. Wenn die Akteure, die über einen Informationsvorsprung verfügen und diese Informationen an die MdBs weiter geben, dann nur in begrenzter Form und nur in begrenzten Teilbereichen. Die Weitergabe von Informationen und die Gewährung von Einblicken in diskretionäre Handlungsräume der BReg erfolgt nur begrenzt und partiell. Sie ist begrenzt auf die Bereiche, bei denen sich die Akteure durch die Weitergabe von Informationen eine Förderung ihrer eigenen Politikziele versprechen. Folglich werden Informationen nur dann weitergegeben, wenn es dem Informationsgeber selber nutzt, d.h. die daraus sich ergebenden politischen Handlungen den eigenen Politikzielen dienen. Aus diesem Grund lösen sich durch die Weitergabe von Informationen die grundsätzlichen Probleme und Herausforderungen der Informationsasymmetrie aus Sicht der MdBs nicht auf. Die identifizierte und problematisierte Informationsasymmetrie wird lediglich verringert.

5.7. Zusammenfassung und kritische Würdigung der Ergebnisse

Die Ergebnisse der vorliegenden Untersuchung wurden bislang am Ende des jeweiligen thematischen Unterkapitels zusammengefasst und in Bezug zu den Annahmen gesetzt. Im Nachfolgenden sollen nun die wesentlichen empirischen Befunde in prägnanter Form zusammengefasst werden, ohne die oben vorgenommenen Zusammenfassungen zu wiederholen. Vielmehr soll zunächst ein Überblick über die Ausprägungsmerkmale der Handlungsarenen und Interaktionskonstellationen dargelegt und daran anschließend die Implikationen für die Handlungsstrategien herausgestellt werden (Kapitel 5.7.1). Anschließend werden die Ergebnisse im Hinblick auf die unterschiedlichen Interaktionsmuster sowie Akteurskonstellationen informeller Handlungsarenen von Oppositions- und Regierungsfraktionen zusammengefasst. Zudem werden die Ergebnisse im Hinblick auf die Unterschiede der Ausprägungsformen der informellen Handlungsstrategien von MdBs der Regierungs- und Oppositionsfraktionen dargelegt (Kapitel 5.7.4).

5.7.1. Verminderung der Asymmetrien in der Informations- und Kompetenzverteilung

Auf Basis der Übertragung der Annahmen der PAT auf die Delegationsbeziehung zwischen BT und BReg wurde angenommen, dass sich die Asymmetrien in der Informations- und Kompetenzverteilung in AdEU verstärken. Aus diesem Grund sind MdBs der Regierungs- sowie der Oppositionsfraktionen darauf angewiesen, informelle Formen der Kontrolle und Einflussnahme zu entwickeln und zu etablieren, um gestalterisch auf EU-Rechtsetzungsprozesse einzuwirken. Bei der Überprüfung dieser Annahme an Hand des Falles der Einflussnahme auf das 8. FRP Horizont 2020 konnten Erfolge bei der informellen Einflussnahme der MdBs in mehrfachen thematischen Regelungsbereichen festgestellt werden. Eine inhaltliche Einflussnahme ist den MdBs insbesondere gelungen bei der Höhe der Finanzausstattung des 8. FRP Horizont 2020, der Beibehaltung der Förderung von KMU im Rahmen der Verbundforschung sowie bei der Auswahl der zu fördernden Projekte an Hand des Exzellenzprinzips. Die in diesen Themenfeldern von MdBs vorgetragenen politischen Forderungen deckten sich zumeist mit den inhaltlichen Forderungen der BReg und sind somit dem Strategietyp (4a) *Back-up der Regierung* zuzuordnen. Eine Ausnahme stellt die Höhe der Finanzausstattung des 8. FRP 2020 dar. Bei diesem Regelungsaspekt haben sich insbesondere MdBs der CDU/CSU-Fraktion in informellen Handlungsarenen auf EU-Ebene gegen die eigene BReg positioniert und dadurch Handlungsdruck auf die eigenen Regierungsmitglieder ausgeübt.

Um effektiv Einflusspotentiale aufzubauen, z.B. gegenüber der EU-KOM, ist die Etablierung gefestigter, parainstitutionalisierter Handlungsarenen mit dem EP notwendige Voraussetzung. In gefestigten Formaten werden relevante, fachspezifische Vorabinformationen ausgetauscht und Einblicke in diskretionäre Handlungsräume der BReg gewährt. Es kann somit festgehalten werden, dass bei der Etablierung informeller Handlungsarenen und Handlungsstrategien das EP der wichtigste Kooperationspartner für die MdBs ist. Die Kooperation mit dem EP bzw. mit Parlamentariergruppen aus dem EP, befähigt die MdBs, informell effektiv Einfluss zu nehmen auf die eigene BReg sowie weitere EU-Akteure. Es gelingt den MdBs dadurch, die Informationsasymmetrie in einem relevanten Maße zu verringern. Zu beachten gilt es jedoch, dass die Informationsasymmetrie nur in einem graduellen Maß beeinflusst werden kann. Die MdBs bleiben auf die Kooperationsbereitschaft der MdEPs angewiesen. Diese werden die MdBs nur in der Form und Reichweite informieren, wie sie sich davon die Verwirklichung eigener politischer Ziele versprechen.

5.7.2. Ausprägungsmerkmale der Handlungsarenen und Interaktionskonstellationen

Im Hinblick auf die Handlungsarenen wurde angenommen, dass MdBs wegen der fehlenden rechtlich fixierten Kompetenz für eine pro-aktive Mitgestaltung von EU-Rechtsetzungsvorhaben, eine Mitwirkung und Beeinflussung nur in informellen Handlungsarenen möglich ist (vgl. Kapitel 3.2.4). Im Rahmen der Rekonstruktion der Mitwirkung des ABFT an der Ausgestaltung des 8. FRP Horizont 2020 wurde diese Annahme überprüft. Hierbei wurde die Analyse strukturiert durch die eigens konzipierte Typologie der informellen Handlungsarenen (vgl. Kapitel 3.2.4). Folglich wurden Handlungsarenen, in denen die beteiligten MdBs aktiv gewesen sind, kategorisiert an Hand der institutionellen Zugehörigkeit der Interaktionspartner auf EU-Ebene sowie der Funktion der Handlungsarena. Dadurch konnte u.a. das hierarchische Gefüge der Akteurs- und Interaktionskonstellation sowie dessen Auswirkungen abgebildet werden.

Die Untersuchung hat gezeigt, dass die MdBs in vielfältigen informellen Handlungsarenen mit unterschiedlichen Akteuren auf EU-Ebene in veränderlichen und flexibel zusammengesetzten Handlungsarenen agieren, um Informationen einzuholen. Sie betreiben dort einen Meinungs- und Positionsaustausch, um eigene Einflussnahme durch Positionsbekundungen auszuüben.

Bei der Gegenüberstellung der Handlungsarenen, die bei der Auswertung der Interviews augenscheinlich wurden, sind deutliche Unterschiede im Hinblick auf das hierarchische Gefüge sowie die Funktion zu erkennen. Die Gespräche während der Delegationsreise waren offen für Vertreter aller Bundestagsfraktionen. Sie dienten vornehmlich der Informationsgewinnung im Hinblick auf die inhaltliche Schwerpunktsetzung und die Erlangung von relevanten Informationen zum Fortgang der weiteren Entscheidungsetappen. Demgegenüber sind die informellen Gespräche des Obmanns der CDU/CSU-Fraktion mit der EU-KOM sowie die Beratungsformate mit Vertretern des Kanzleramtes nur einem sehr kleinen, begrenzten Kreis von Abgeordneten zugänglich. Diese Gespräche dienten vor allem der Positionsbekundung im Hinblick auf die Finanzausstattung sowie den Bereich der Simplifizierung des Verwaltungsaufwandes. Die Gesprächsinhalte und dortigen Vereinbarungen sind für nicht beteiligte Dritte nicht einsehbar und somit nicht nachvollziehbar.

An Hand des Beispiels der Verhandlungen über die Finanzausstattung von Horizont 2020 konnte nachgewiesen werden, dass Mitglieder der Regierungsfraktionen es vermeiden, in EU-Angelegenheiten in öffentlicher Form der BReg kritisch fordernd gegenüber aufzutreten. In der Mehrzahl waren die öffentlichen Kontroll- und Mitwirkungsmaßnahmen auf Basis formeller Mitwirkungsrechte darauf ausgerichtet, die Positionen und Handlungen der BReg zu stützen. Auch in Regelungsbereichen, in denen es unterschiedliche Auffassungen gab, wurde kein Handlungsdruck auf die BReg durch Rückgriff auf formal rechtliche Mitwirkungsmaßnahmen ausgeübt, wie z.B. im Rahmen einer Plenardebatte oder einer Stellungnahme nach Art. 23 GG möglich wäre.

Eine kritische Auseinandersetzung mit den Verhandlungspositionen sowie dem taktischen Verhalten der Vertreter der BReg in den RAG erfolgt augenscheinlich nur im Rahmen informeller Handlungsformate. So wurden durch informelle Befürwortung einer Ausweitung des Fördervolumens auf 100 Milliarden Euro in Gesprächen mit der EU-KOM Druck auf die BReg ausgeübt, ebenso in den von der EU-KOM initiierten informellen Gesprächen mit Vertretern des Bundeskanzleramtes, der EU-KOM sowie den MdBs. Zudem wurden MdEPs gezielt zu diesen informellen Gesprächsformaten geladen, damit sie die Aussagen der Regierungsvertreter gegenprüfen konnten und so die BReg zu einer ausführlichen und wahrheitsgemäßen Auskunft und Informationsweitergabe angehalten wurden.

Die Annahme dieser Untersuchung, dass die MdBs lediglich im Rahmen informeller Handlungsarenen auf den Ausgestaltungsprozess von Horizont 2020 einwirken können, kann weitestgehend bestätigt werden. Die Interviewpartner verwiesen explizit darauf, dass nach dem Scheitern einer interfraktionellen Stellungnahme lediglich die Aktivierung von informellen Handlungsarenen eine Mitwirkungsmöglichkeit eröffnete. Dies trifft sowohl auf die Regierungsfraktionen als auch auf die Oppositionsfraktionen zu, wenn auch aus unterschiedlichen Gründen. Für beide gilt, dass die Forschungspolitiker des ABFT vor allem mit MdEPs aus der gleichen Parteifamilie Kooperationsformate etablierten. Die CDU/CSU-Fraktion verfügte darüber hinaus auch über direkten Zugang in die Entscheidungsebene der EU-KOM.

Es hat sich zudem gezeigt, dass MdBs informelle Handlungsarenen etablieren und nutzen, an denen Berichterstatter des EP aus anderen EU-MS beteiligt sind. In diesen Handlungsarenen setzten sich die MdBs gezielt für spezifische Politikziele ein. Dies belegt, dass die MdBs in informellen Handlungsarenen mit dem EP gezielt Handlungsformen ausgeübt haben, die über eine reine Kontrolle der Regierungstätigkeit und der Informationsgewinnung hinausgehen. Diese Handlungsformen kennzeichnen sich dadurch aus, dass sie über die im GG sowie im EUZBBG formulierten Formen der Mitwirkungs- und Informationsrechte des BT hinaus reichen. Im Rahmen dieser Handlungsarena haben die MdBs nicht nur Vorabinformationen erfragt oder einen Meinungsaustausch betrieben. Vielmehr haben sie eine klare politische Forderung bzw. Position vertreten und Berichterstatter im EP um deren Berücksichtigung im Rechtsetzungsprozess gebeten.

Insgesamt kann festgehalten werden, dass die Positionen der MdBs im Wesentlichen über das EP gespielt worden sind. Auf Grund der Einbindung von MdEPs in informelle Triloge werden bisherige diskretionäre Handlungsspielräume der BReg mittelbar über die MdEPs partiell einsehbar und nachvollziehbar für die MdBs. Insofern eine Kooperationsbereitschaft seitens der MdEPs mit den MdBs besteht, kann die parlamentarische Mitwirkungs- und Handlungsmacht erheblich gestärkt werden. Vor allem die Etablierung parainstitutionalisierter Handlungsarenen auf fachpolitischer Ebene bieten hierfür die besten Voraussetzungen.

Verstetigung informeller Handlungsarenen

Belegt werden konnte, dass die Handlungsarenen mit Entscheidungsträgern auf EU-Ebene in unterschiedlichem Maß institutionell verfestigt sind und dies Auswirkung auf die Belastbarkeit der Kooperationsformen aufweist. Zusammenfassend ist festzuhalten, dass vor allem parainstitutionalisierte Handlungsarenen mit MdEPs die MdBs befähigt, die Spielräume, die sich in einem vertikal überlagerten Mehrebenensystem ergeben, durch Kooperationsmechanismen zu füllen und parlamentarische Gestaltungsfähigkeit auszubilden.

So zeigte sich, dass der permanente *Arbeitskreis* der CDU/CSU-Fraktion im Bereich der Forschungs- und Innovationspolitik auf eine parlamentarische Einflussnahme auf die EU-Rechtsetzungsverfahren im Bereich Forschung- und Innovationspolitik sowie der Kontrolle bzw. Einflussnahme auf die Positionierung der Regierungsvertreter in den entsprechenden Verhandlungen auf EU-Ebene ausgerichtet ist. Hierbei verfügen die jeweiligen Parlamentariergruppen auf Grund ihrer Zugehörigkeit zur nationalen bzw. zur europäischen parlamentarischen Ebene über spezifische prozedurale und politisch-inhaltliche Informationen, die in diesem Format ausgetauscht werden. Insofern die MdEPs in diesem Rahmen bereit sind, Kenntnisse preiszugeben und zu teilen, kann die parainstitutionalisierte Kooperation Grundlage für die Beförderung der parlamentarische Gestaltungsmacht und Einflussmöglichkeit der MdBs sein.

Diesem Kooperationsformat der CDU/CSU kann weder die SPD-Fraktion im BT noch eine weitere Fraktion im BT eine gleichwertige Handlungsarena gegenüberstellen. Der *Arbeitskreis Europa* der SPD-Fraktion im BT weist dabei die meisten Parallelen zu der Handlungsarena der CDU/CSU-Fraktion auf. Der größte Unterschied ist jedoch, dass es kein auf die Forschungs- und Innovationspolitik fokussiertes Beratungs- und Koordinierungsgremium darstellt. Dennoch dient er der verstetigten Vernetzung der SPD-Gruppe im EP und der SPD-Fraktion im BT. Er bietet somit auch die Grundlage für eine verbesserte fachspezifische Zusammenarbeit. Festzuhalten ist zudem, dass es innerhalb der SPD-Fraktion im BT zwar Bemühungen gibt, sich zu koordinieren, um überzeugende Positionen im Sinne einer politischen Alternative zu entwickeln. Ein Hindernis für die sachbezogene Kooperation zwischen Europaexperten und Fachpolitikern scheinen persönliche Befindlichkeiten und die Angst um den Verlust der Deutungshoheit zu sein. Diese persönlichen Verlustängste hemmen einen Austausch von Expertise in EU-Fragen und der lösungsorientierten Arbeit an alternativen, argumentativ stichhaltigen politischen Positionen.

Festgehalten werden kann, dass die Etablierung parainstitutionalisierter Handlungsarenen zwischen MdBs und MdEPs auf fachpolitischer Ebene, dank institutioneller Verstetigung deren Schlagkraft und Überlebensfähigkeit gewährt. Parainstitutionalisierte Kooperationsformen sind demnach nicht in gleicher Weise destabilisierenden Einflussfaktoren wie persönlichen Befindlichkeiten ausgesetzt.

Im Rahmen der Analyse der Interviews sowie deren Triangulation ist nichts erkennbar gewesen, was auf das Bestehen von gefestigten und parainstitutionalisierten Handlungsarenen der MdBs mit der EU-KOM oder der GD Forschung schließen lässt. Es bestehen keine derart institutionalisierten, regelmäßigen Beratungsformate auf forschungspolitischer Ebene. Im Vergleich zum EP scheint die EU-KOM auf Grund ihrer institutionellen Rolle als europäische Exekutive nicht über einen vergleichbar institutionalisierbaren Zugang für MdBs zu verfügen. Vielmehr sind Handlungsarenen und Konsultationsformate spezifisch auf die Entscheidungsvorlagen und individuelle persönliche Kontakte ausgerichtet.

5.7.3. Ausprägungsformen informeller Handlungsstrategien

Im Hinblick auf die Forschungsfrage ob und inwieweit die MdBs informelle Handlungsstrategien ausbilden, kann konstatiert werden, dass die MdBs der Regierungs- sowie der Oppositionsfraktionen vielfältige und variierende informelle Handlungsstrategien etabliert haben. Es konnten vielfältige Handlungsmuster und Routinen aufgedeckt werden, die als Strategien kategorisiert werden.

In Bezug zu den Annahmen der PAT kann bestätigt werden, dass die Informationsasymmetrie, der Opportunismus der Akteure sowie die diskretionären Handlungsspielräume der BReg zur Ausbildung von Lösungsstrategien der MdBs führen. Diese sind sehr vielfältig und mitunter effektiv. Sie kennzeichnen sich durch fraktionsübergreifende Strategien, fraktionsspezifische sowie individuelle Varianten einzelner MdBs aus.

Sowohl die Angehörigen der regierungstragenden Fraktionen als auch der Oppositionsfraktionen haben umfassende Strategien der Informationsbeschaffung ausgebildet. Adressaten der Informationsbemühungen der MdBs sind MdEPs, Entscheidungsträger in der EU-KOM in leitender Funktion, Ministerialbeamte ebenso wie Vertreter von Wissenschaftsorganisationen und der Industrie. Somit ist ersichtlich, dass die MdBs sich mit Nachdruck engagiert haben, Informationen von einer Vielzahl von Akteuren zu erhalten. Sowohl Akteure auf EU-Ebene (*Strategietyp 1a: Aktive Informationsbeschaffung auf EU-Ebene*) als auch auf nationaler Ebene (*Strategietyp 1b: Aktive Informationsbeschaffung auf nationaler Ebene*) sind Adressaten der Informationsbemühungen der MdBs. Die Informationsbeschaffungsstrategien dienten hierbei vor allem dem Zweck, frühzeitige und direkte Informationen zu erhalten. Zudem sind die Informationsbeschaffungsstrategien vor allem darauf gerichtet, sich von der Berichterstattung der BReg unabhängig zu machen bzw. diese kompetenter hinterfragen zu können.

Initiative für die frühzeitige Etablierung informeller Handlungsstrategien kam aus dem Verbindungsbüro in Brüssel, vor allem den Referenten der BT-Fraktionen. Im Rahmen von Handlungsstrategien auf Ausschuss-Ebene war es den MdBs kleinerer Fraktionen möglich, von der Expertise und dem Netzwerk von MdBs der CDU/CSU-Fraktion im BT zu profitieren.

Vor allem MdBs der Oppositionsfraktionen sind bemüht gewesen, eine *fraktionsübergreifende* Strategie der informellen Einflussnahme auf EU-Akteure auszubilden (*Strategietyp 3a: Umgehung direkter Konfrontation*). Die Bestrebungen zur Verabschiedung eines gemeinsamen Antrages als Beschlussempfehlung für das Plenum stellen ein Teil dieser Strategie dar. Ziel der MdBs war es, eine Stellungnahme des BT als Ganzes gegenüber den Entscheidungsträgern auf EU-Ebene zu positionieren. Diese Bemühungen sind jedoch nicht erfolgreich gewesen. Der Obmann im ABFT der Fraktion der CDU/CSU im BT favorisierte demgegenüber eigene informelle Strategien der Einflussnahme auf EU-Akteure auszubilden. Diese richteten sich zwar in der Mehrzahl auf eine Unterstützung der BReg (*Strategietyp 4a: Back-up der Regierung*). Darüber hinaus war jedoch der Obmann im ABFT der CDU/CSU-Fraktion im BT strategischer Partner von Entscheidungsträgern in der EU-KOM bei der Einflussnahme auf die Position der BReg in der Frage der Finanzausstattung des 8. FRP Horizont 2020 (*Strategietyp 3b: Informelle Mitsteuerung: Einflussnahme auf BReg*).

Somit kann die Annahme bestätigt werden, dass bei bestehender Interessendivergenz und verminderter Informationsasymmetrie die MdBs der regierungstragenden Fraktionen informelle Strategien ausbilden, um die Verhandlungsposition der BReg in den RAG zu beeinflussen. Damit umgehen die Mitglieder der Regierungsfraktion eine mögliche öffentliche

Konfrontation mit der *eigenen* BReg (*Strategietyp 3a: Umgehung direkter Konfrontation*).

Demgegenüber stellen sich die Handlungsstrategien der MdBs von Oppositionsfraktionen anders dar. Die in informellen Arenen erlangten Informationen befähigen die MdBs dazu, in öffentlich nachvollziehbaren Handlungsformen die BReg zu einer Rechtfertigung und Positionsbekundung anzuhalten. Diese Vorgehensweise ermöglicht die Erzeugung öffentlichen Rechtfertigungsdruckes. Dadurch ist es MdBs von Oppositionsfraktionen gelungen, auf Basis informeller Informationsbeschaffungsstrategien effektive formelle Kontrollmaßnahmen auszuführen. Bemerkenswert und über die zuvor angestellten Annahmen hinaus gehend, konnte eine sehr effektive, individuelle Handlungsstrategie zwischen einem MdEP der EVP-Fraktion und einem MdB der SPD-Bundestagsfraktion aufgezeigt werden.

Demnach entwickeln MdBs der Regierungsfraktionen sowie MdBs der Oppositionsfraktionen informelle Handlungsstrategien, die nicht begrenzt sind auf das eigene politische System bzw. die eigene Parteifamilie. Vielmehr zeichnen sich effektive Strategien dadurch aus, dass sie Grenzen des nationalen politischen Systems sowie der Parteizugehörigkeit überschreiten. Effektiv im Hinblick auf die Erzeugung von Positions- und Verhaltensänderung sind hierbei sowohl institutionell verankerte und zirkulär angelegte Strategien. Ebenso können jedoch auch gezielte, situative und einmalige Kooperationen zwischen dem EP und dem BT Grundlage für sehr effektive Handlungsstrategien sein.

Hierbei zu beachten gilt es, dass diese Weitergabe von Informationen auf freiwilliger Basis der Kooperationspartner erfolgt und nicht ohne eigene strategische Interessen und Ziele von diesen erfolgt. Wenn die Akteure, die über einen Informationsvorsprung verfügen und diese Informationen an die MdBs weiter geben, dann nur in begrenzter Form und nur in begrenzten Teilbereichen. Die Weitergabe von Informationen und die Gewährung von Einblicken in diskretionäre Handlungsräume der BReg erfolgt nur begrenzt und partiell. Sie ist begrenzt auf die Bereiche, bei denen sich die Akteure durch die Weitergabe von Informationen eine Förderung ihrer eigenen Politikziele versprechen. Folglich werden Informationen nur dann weitergegeben, wenn es dem Informationsgeber selber nutzt, d.h. die daraus sich ergebenden politischen Handlungen den eigenen Politikzielen dienen. Aus diesem Grund lösen sich durch die Weitergabe von Informationen die grundsätzlichen Probleme und Herausforderungen der Informationsasymmetrie aus Sicht der MdBs nicht auf. Die identifizierte und problematisierte Informationsasymmetrie wird lediglich verringert.

5.7.4. Rolle von Regierungsfraktionen und Oppositionsfraktionen

Die Rolle der Oppositionsfraktionen und der Regierungsfraktionen ist stärker miteinander verwoben als allgemeinhin angenommen. Zwar bestätigt sich die Annahme, dass die MdBs der Regierungsfraktionen informelle Handlungsarenen und informelle Handlungsstrategien für die Einflussnahme und Mitsteuerung bevorzugen. Deutlich wurde jedoch, dass auch die Oppositionsfraktionen sehr wohl aktiv daran beteiligt gewesen sind, informelle Handlungsarenen zu initiieren und informelle Handlungsstrategien zu verfolgen, um die BReg zu kontrollieren. Die in informellen Arenen erlangten Informationen dienen nicht nur für eine spätere Verwendung im Rahmen formaler Mitwirkungsverfahren, bei denen die BReg zur Rechtfertigung bzw. Verhaltensmodifikation angehalten werden kann. Vielmehr sind die informellen Arenen und Strategien Ausgangspunkt für die informelle Einflussnahme auf Entscheidungsträger auf der EU-Ebene. Dies gilt sowohl für MdBs der Regierungs- als auch der Oppositionsfraktionen.

Insoweit die Entscheidungsträger hierbei der gleichen Partei angehören und über eine formal herausgehobene Stellung verfügen, z.B. als Berichterstatter bzw. Schattenberichterstatter, ist es durchaus möglich auch für MdBs der Oppositionsfraktionen Einfluss auf EU-Ebene geltend zu machen im Rahmen informeller Handlungsarenen und informeller Handlungsstrategien.

Gleichwohl war es insbesondere die Funktion der MdBs von Oppositionsfraktionen, die informell gewonnenen Informationen über das Verhalten der BReg in den Verhandlungen im Rat öffentlich zu machen und hierdurch eine Modifikation der Regierungstätigkeit zu erzielen. Dies war im untersuchten Fall maßgeblich für eine erfolgreiche Erhöhung des Fördervolumens des 8. FRP Horizont 2020. Hierzu hat die Kleine Anfrage von René Röspel (SPD) nachweislich einen wichtigen Beitrag geleistet.

Unterschiede der Vorgehensweise und Ausgangsbedingungen von Oppositionsfraktionen und Regierungsfraktionen konnten dennoch herausgestellt werden. So ist es vor allem die Fraktion der CDU/CSU im BT, die auf Basis von parainstitutionalisierten Handlungsarenen Informationsasymmetrien mildert und Einfluss- und Gestaltungsmacht auf dieser Grundlage entfaltet. Notwendige Voraussetzung hierfür ist die langjährige eigene Regierungserfahrung. Diese hat den MdBs eindrücklich vor Augen geführt, dass entstehende diskretionäre Handlungsräume sowohl bewusst von Regierungsmitgliedern als auch deren Vertretern in Form von Ministerialbeamten ausgefüllt und mitunter weit interpretiert werden.

Die institutionelle Verfestigung der parainstitutionalisierten Handlungsarena, die spezifisch für den Bereich der Innovations- und Forschungspolitik besteht, verfügt über eine Vielzahl von Vorteilen gegenüber dem weniger institutionell gefestigten *Arbeitskreis Europa* der SPD-Bundestagsfraktion. Einerseits sind hier die Fachpolitiker vertreten, die sich regelmäßig treffen und austauschen und damit persönliche Netzwerke belastbarer und vertrauter sind. Andererseits unterstützt die institutionelle Verstetigung dabei, diese Arena der Kooperation und des Informationsaustausches vor Einflüssen zu schützen, die sich auf Grund von persönlichen und individuellen Befindlichkeiten negativ auf die Kooperationsbereitschaft auswirken können.

Dank der Funktion der parlamentarischen Staatssekretäre als Scharnierfunktion in der AG der CDU/CSU, die jeder Ausschuss-Sitzung vorgeschaltet wird, verfügt die CDU/CSU-Fraktion im BT über einen erheblich erleichterten Zugang zu Expertenwissen aus dem BMBF im Verhältnis zu den Oppositionsfraktionen.

Folglich haben die Oppositionsfraktionen grundsätzlich größere Zugangsschwierigkeiten zu Expertenwissen aus dem BMBF. Dies wird jedoch relativiert durch die grundsätzlich geringer zugeschriebene Bedeutung des BMBF als strategischer Partner im Wege informeller Beeinflussung des 8. FRP Horizont 2020. Das BMBF bietet einerseits technisches Detailwissen. Andererseits ist es nicht erkennbar im Rahmen der Analyse der Interviews, dass die informelle Kooperation mit dem BMBF seitens der MdBs eine herausgehobene Bedeutung hatte. Adressaten informeller Einflussnahme sind demgegenüber vielmehr die Entscheidungsträger auf EU-Ebene. Diese bieten den MdBs bereits politisch bewertete Informationen. Dies bedeutet ein Zeit- und Ressourcenersparnis für die MdBs. Den Kooperationspartnern in den EU-Institutionen wird seitens der MdBs eine größere strategische Bedeutung zugeschrieben. Dies gilt erstaunlicherweise gleichermaßen für MdBs der Oppositions- und Regierungsfraktionen.

6. Fazit und Ausblick

6.1. *Beitrag zum wissenschaftlichen Erkenntnisfortschritt*

Die Ziele dieser Arbeit waren (a) die Ausprägungsmerkmale sowie Interaktionsmechanismen informeller Handlungsarenen sowie informeller Handlungsstrategien von Bundestagsabgeordneten bei der Mitwirkung in AdEU systematisch auf Basis eigens entwickelter Typologien zu erfassen und auszuwerten. Zudem war es das Ziel dieser Arbeit (b) die Erweiterung der Anpassungsmechanismen der Prinzipal-Agenten-Theorie durch theoretisch wie empirisch fundierte Konzeptionalisierungen der informellen Anpassungsstrategien zur Überwindung der Agenturprobleme am Beispiel der Agenturbeziehung zwischen BT (Prinzipal) und BReg (Agent) vorzunehmen.

Den Ausgangspunkt der Arbeit bildete die Annahme, dass auf Grund der begrenzten formalen Mitwirkungsrechte der MdBs in AdEU sowie der Loyalitätsbeziehung zwischen regierungstragenden Fraktionen und der BReg keine formale, effektive und proaktive Mitwirkung und Kontrolle im Rahmen von EU-Rechtsetzungsvorhaben gegenüber der BReg sowie den EU-Organen erfolgt. Die Agenturprobleme der Informationsasymmetrie, den diskretionären Handlungsräumen sowie dem Opportunismus der Akteure, werden im Rahmen der Mehrebenenverflechtung der europäischen Entscheidungsfindung in erheblichem Maße verstärkt.

Die Arbeit zeigt auf, dass die MdBs aktiv und aus Eigeninitiative informelle Kooperationsformen etablieren und nutzen sowie informelle Strategien der Informationsbeschaffung, der prozeduralen Abstimmung sowie der Positionierung verfolgen, um bestehende Informationsasymmetrien abzumildern und Kontrolle sowie Einflussnahme auszuüben. Zudem konnte belegt werden, dass die MdEPs strategisch bedeutende Partner sind, um in die diskretionären Handlungsspielräume der BReg im Rahmen der RAG Einblick zu erhalten und somit Kenntnis über die Verhandlungsstrategie der BReg zu erhalten (*Informationsbeschaffung – Strategietyp 1a und 1b*).

Diese Kooperationen wurden als Basis für die Entfaltung parlamentarischer Einfluss- und Gestaltungsfähigkeit verwendet. In parteiübergreifenden Kooperationsformaten war es Oppositionsmitgliedern möglich, informell Informationen zu erlangen (*aktive Informationsbeschaffung – Strategietyp 1a*). Diese wurden im Rahmen der parlamentarischen Interpellationsrechte eingesetzt, um Handlungs- und Rechtfertigungsdruck zu erzeugen und die Verhandlungstaktik der BReg zu modifizieren. Im Rahmen der *Umgehung direkter Konfrontation* mit der BReg nutzten Regierungsmitglieder die in informellen Handlungsarenen erlangten Informationen für die gezielte Einflussnahme auf Entscheidungsträger in der EU-KOM (*Strategietyp 3a*). Konsequenz dieser Vorgehensweise war die *Abwesenheit öffentlicher Konflikte mit der BReg* (*Strategietyp 4b*).

Allerdings bleiben die MdBs von der Bereitschaft zur Auskunft und Kooperation seitens der MdEPs abhängig. Konsequenz ist, dass zwar die Informationsasymmetrie abgemildert, aber nicht aufgehoben werden kann. Daher kann die Informationsasymmetrie lediglich in gradueller Weise verändert werden und auch durch die Handlungsarenen und die informellen Strategien nicht gänzlich aufgehoben werden. Die Kooperationspartner auf EU-Ebene in EU-KOM und EP geben nur insoweit Informationen an die MdBs weiter, wie diese Weitergabe eigenen politischen Zielen dient bzw. dann, wenn die Informationen von den MdBs in der Form eingesetzt werden können, dass daraus Handlungen folgern, die eigene Politikziele befördern. Daraus wird ersichtlich, dass es sich bei diesen Handlungsarenen um hierarchische, asymmetrische Formen der Zusammenarbeit handelt und die MdBs weiterhin in einem Abhängigkeitsverhältnis verbleiben.

Im Hinblick auf bisherige Studien zur informellen und direkten Mitwirkung des BT auf EU-Ebene (vgl. Calliess/Beichelt 2013; Kropp 2013b; Buzogány/Kropp 2013a, 2013b; Schulz 2011) belegt die Untersuchung einen fortwährenden Fortschritt im Anpassungsprozess des BT. Obgleich wurde aufgezeigt, dass der Bewusstseinswandel vor allem innerhalb der Regierungsfraktion im Sinne einer gesamtparlamentarischen Kontroll- und Mitwirkungsaufgabe gegenüber der BReg noch nicht in der Form etabliert ist, dass auch in öffentlicher Form Kritik und Handlungsdruck ausgeübt wird. Dennoch kann festgehalten werden, dass es deutliche Anzeichen gibt für eine Europäisierung der parlamentarischen Handlungsformen und Routinen an die *„Organisations- Denk- und Handlungsrationalität"* (Zier 2005: 348) der Strukturen des EU-Entscheidungsfindungsprozesses in der Forschungspolitik.

Der wissenschaftliche Beitrag der Untersuchung erstreckt sich nicht zuletzt auf die Darlegung und Auswertung empirischer Befunde über die Ausprägungsmerkmale informeller Kooperationsformen sowie die Ausformung informeller Handlungsstrategien zwischen MdBs und den EU-Gremien, mit MdEPs und mit der EU-KOM. Damit bearbeitet diese Untersuchung eine Forschungslücke, deren Bedeutung in jüngster Zeit nicht zuletzt durch die Rechtsprechung des BVerfG[131] sowie im Rahmen der wissenschaftlichen Debatte[132] immer vehementer betont worden ist.

Im Hinblick auf die in Kapitel 2.2.1 definierten idealtypischen Funktionen von Informalität konnte belegt werden, dass die informellen Informationsbeschaffungsstrategien etabliert und ausgeübt werden, da die bestehenden formalen Institutionen und Verfahren nicht wirkmächtig sind. Sie sind nicht wirkmächtig in dem Sinne, dass bei deren Rückgriff die MdBs weder Möglichkeiten der aktiven Mitgestaltung noch der effektiven Kontrolle über die Regierungstätigkeit hätten ausüben können. Die Ursache hierfür sind die Informationsasymmetrien zwischen BReg und BT, die sich vor allem auf Grund der Verhandlungsführerschaft der BReg ergibt. Erschwerend hinzu kommt die durch den Opportunismus der Akteure bedingte fehlende Bereitschaft zur detaillierten und unmittelbaren Auskunft über den Verlauf der Verhandlungen in den RAG durch die BReg und ihre Vertreter gegenüber den MdBs.

Die Beurteilung, wie stark der Mitwirkungsprozess durch informelle Handlungsformen und Kooperationen geprägt ist, muss an Hand der unterschiedlichen Strategietypen unterschieden werden. Die Informationsbeschaffung erfolgt im Wesentlichen auf informellem Wege, ist also sehr stark von Informalität, Intransparenz und mangelnder Nachvollziehbarkeit geprägt. Dies gilt gleichermaßen für die Regierungs- als auch die Oppositionsfraktionen. Wegen der grundlegenden Problematiken der Agenturbeziehung zwischen BT und BReg ist es unerlässlich für die MdBs, informelle Strategien zur Informationsbeschaffung, der prozeduralen Abstimmung und zum Meinungsaustausch zu betreiben. Zugespitzt kann festgehalten werden, dass die Erarbeitung einer verlässlichen und vielfältigen Informationsbasis nur im Rahmen informeller Beschaffungsstrategien gelingt.

---

131 Vgl. Urteil zum Vertrag von Lissabon (BVerfG, 2 BvE 2/08 vom 30.6.2009), Urteil zur Griechenland-Hilfe und zu Euro-Rettungsschirm (BVerfG, 2 BvR 1099/10 vom 07. September 2011), Urteil zum EFSF-Sondergremium (BVerfG, 2 BvE 8/11 vom 28. Februar 2012), Urteil zur Unterrichtung des Bundestages in Angelegenheiten der Europäischen Union (BVerfG, 2 BvE 4/11 vom 19. Juni 2012) sowie Urteil zum ESM- und Fiskalvertrag (BVerfG, 2 BvR 1390/12 vom 12. September 2012).

132 Vgl. hierzu vor allem Kapitel 2.3.3 und 2.4.

Die Verwertung dieser auf informellem Wege erlangten Information variiert hingegen. Im Hinblick auf die Regierungsfraktionen kann festgehalten werden, dass diese Informationen nicht im Rahmen von formalen Mitwirkungs- und Kontrollmaßnahmen auf Grundlage des EUZBBG eingesetzt werden, sondern im Rahmen informeller Handlungsarenen vor allem mit der EU-KOM zum Einsatz kommen, um Einfluss geltend zu machen. Für die Oppositionsfraktionen konnte jedoch gezeigt werden, dass die auf informellem Wege erlangten Informationen Einsatz im Rahmen formaler Mitwirkungsrechte finden, wie z.B. den Interpellationsverfahren.

Informelle Handlungsstrategien der MdBs von Regierungsfraktionen zielten vor allem auf die Umgehung direkter Konfrontation und öffentlicher Auseinandersetzung ab. Beabsichtigt war es, der BReg Manövrierfähigkeit zu belassen. Diese wurde jedoch von der BReg in der Form ausgenutzt, dass sie untätig blieb in den RAG, wenn das Thema der Finanzausstattung besprochen worden ist. Diese Untätigkeit spielte sich in einem eigentlich diskretionären Handlungsraum ab, d.h. zu dem MdBs keinen Zugang haben. Auf Grund der Weitergabe der Informationen und der informellen Kooperation von MdEPs und MdBs über Parteigrenzen hinweg, wurde diese Manövrierfähigkeit beendet.

Erst durch die Kombination von unterschiedlichen Informationsbeschaffungsstrategien und der Etablierung vielfältiger Handlungsarenen mit Entscheidungsträgern auf EU-Ebene und im nationalen politischen System kann ein Informationsgewinn erzielt werden, der zu einer verbesserten Einflussfähigkeit und Gestaltungsmacht befähigt. Diese bleibt jedoch auf Teilaspekte des Regelungsbereiches begrenzt. Damit wird ersichtlich, dass der erforderliche Aufwand und die möglichen politischen Erfolge in keinem günstigen Verhältnis zueinander stehen.

Die Ausprägungsformen der parainstitutionalisierten Handlungsarenen belegen, das Regierungserfahrung elementar für die Motivation zur Etablierung und Nutzung von verfestigten informellen Kooperationsformen ist. Ein Verbleib in der Regierungsrolle führt nicht nur zu einer Ausbildung von Kenntnissen und Fertigkeiten auf Grund des verbesserten Informationszugangs zu Experten in den Bundesministerien. Vielmehr sind die Kenntnisse über Routinen und Rituale der Entscheidungsfindungsprozesse ausschlaggebend dafür, um informelle Handlungskompetenz zu entwickeln. Diese Einblicke vermögen den MdBs zu verdeutlichen, inwieweit die BReg diskretionäre Handlungsspielräume durch das *Spielen auf zwei Ebenen* eröffnet bekommt. Hieraus entwickeln sich nicht nur Problembewusstsein, sondern auch die Fachkenntnis über den richtigen Zeitpunkt und die richtige Handlungsform der informellen Einflussnahme. Sie bildet auch die Basis für die Ausbildung und Verstetigung einer Kooperationsbereitschaft, die zur Etablierung von parainstitutionalisierten Handlungsarenen führt. Diese sind die Voraussetzung für die Ausbildung von informeller parlamentarischer Kontroll- und Gestaltungsmacht bei der Entstehung von Rechtsetzungsvorhaben.

Somit kann konstatiert werden, dass ohne Etablierung informeller Handlungsstrategien zur Informationsgewinnung sowie verstetigter Handlungsarenen mit MdEPs, die formellen Mitwirkungsrechte wirkungslos sind. Erst durch ein Gegenprüfen der Unterrichtungsinhalte der BReg mit den Informationen und dem Kenntnisstand der MdEPs kann Kontrollfähigkeit ausgebildet werden. Somit bedingt die formelle Mitwirkung die Ausbildung informeller Handlungsroutinen auf Grund der Exekutivlastigkeit der EU-Entscheidungsfindungsprozesse.

Zusammenfassend ist somit festzuhalten, dass die informellen Handlungsstrategien den MdBs neue Einflusssphären erschließen. Insofern die dort gewonnenen Informationen im Rahmen öffentlicher Kontroll- und Mitwirkungsmaßnahmen Verwendung finden, kann durchaus von einer Steigerung der Legitimität des Regierungshandelns in AdEU ausgegangen werden. Durch die Verwendung der Informationen z.B. im Rahmen der Interpellationsverfahren wird die BReg zur Rechtfertigung und Begründung ihres Handelns aufgefordert. Wie gezeigt wurde, führte dies zu einer Modifikation der Regierungstätigkeit in den RAG.

Demgegenüber ist die Bewertung der informellen Mitsteuerung sowie die Umgehung direkter Konfrontation der MdBs der Regierungsfraktionen nicht zweifelsfrei als legitimationsbefördernd einzustufen. Insoweit die informellen Bemühungen im Widerspruch zu offiziellen Positionierungen der MdBs stehen, behindert und schadet ein derartiges informelles Handeln eher der Legitimation. Eine solche Form der informellen Aktivität konnte jedoch im untersuchten Fall nicht rekonstruiert werden.

Im Hinblick auf die Erweiterung der PAT um informelle Anpassungsmechanismen im Rahmen der Begrenzung der Agenturprobleme (vgl. Kapitel 3.2.1.4) kann somit bestätigt werden, dass die MdBs sich den systembedingten Notwendigkeiten angepasst haben durch die Etablierung informeller Maßnahmen zur Überwachung des Agenten (hier der BReg). Hierbei spielt vor allem der Bereich des *Monitoring and Reporting* bzw. der Überwachungs- und Berichtspflichten eine herausgehobene Rolle. Bereits konzeptionalisiert als Teil der PAT ist die Methode der *Befragung betroffener Dritter* im Rahmen der Überwachung des Agenten. Hierbei dient die

Befragung z.B. von Kunden der Erlangung zusätzlicher Informationen über die tatsächlichen Leistungen und Handlungen des Agenten. Im Falle der Anwendung dieser Methode für die Überwachung der BReg als Agenten des BT (Prinzipal) in einem verflochtenen Mehrebenensystem muss diese Konzeptionalisierung erweitert werden. Die MdBs erzielen in dem hier untersuchten Fall eine vergleichbare Wirkung, indem sie *am EU-Rechtsetzungsprozess beteiligungs- und entscheidungsbefugte Dritte* befragen. Hierdurch werden ihnen partiell diskretionäre Handlungsräume der BReg einsehbar.

6.2. Determinanten der Untersuchung und zukünftige Forschungsvorhaben

Einzelne erforderliche Beschränkungen der Untersuchung führen dazu, dass nicht alle Ausprägungsformen der informellen Mitwirkung und Einflussnahme der MdBs erhoben und ausgewertet werden konnten. Nachfolgend soll vereinzelt auf Einschränkungen der empirischen Erhebung eingegangen werden. Anschließend werden Bereiche und Fragestellungen beleuchtet, in denen anschließende Forschungsarbeiten als dienlich erscheinen.

Aus forschungspragmatischen Gründen sowie auf Grund der Charakteristika des Untersuchungsgegenstandes konnte für die hier angestrebten Erkenntnisgewinne nur eine Fallauswahl zur Analyse herangezogen werden. Daraus erwächst die fallbezogene Spezifik der Ergebnisse, die zwar in einem sehr detaillierten Ausmaße möglich waren, jedoch nur eine begrenzte Verallgemeinerung und Übertragung auf andere Fälle ermöglichen. Anknüpfungspunkte für eine Übertragung der Forschungsergebnisse bieten dennoch die entwickelten Typologien der informellen Handlungsstrategien sowie der informellen Handlungsarenen. Diese können für weiterführende Untersuchungen in anderen Politikfeldern angewendet werden und somit eine Vergleichbarkeit der Ergebnisse weiterer Forschungsarbeiten ermöglichen.

Zudem gilt zu berücksichtigen, dass das Politikfeld der Bildungs- und Forschungspolitik durch eigene Dynamiken gekennzeichnet ist. Die Aufdeckung der Mitwirkungsprozesse ist nur möglich gewesen dank eines grundsätzlichen Interesses der agierenden Akteure an wissenschaftlichem Erkenntnisfortschritt und der Wertschätzung von Forschungsaktivitäten allgemein, was in diesem Politikfeld ausgeprägter sein mag als in anderen Politik- und Regelungsbereichen.

Grundsätzlich gilt zu berücksichtigen, dass die hier herangezogenen Beispiele sich aus der Analyse der eigens durchgeführten empirischen Erhebung speisen. Diese Beispiele stellen nur einen Ausschnitt aus der tatsächlichen politischen Kooperationspraxis dar und können somit nur einen beschränkten Einblick in die Vielfalt der Handlungsarenen und Kooperationsformen bieten. Über die Handlungsarenen, die sich aus den Interviews heraus rekonstruierten lassen, wird es vermutlich weiterführende und andere Formen der Kooperation sowie weitere Handlungsarenen geben. Die hier angestellte Analyse sowie Typologie von Handlungsarenen bietet jedoch für weiterführende Untersuchungen, die sich der Praxis von Handlungsarenen widmen, Erkenntnisgewinne in der Hinsicht, dass eine Analysestruktur und Heuristik vorgestellt und angewandt wird, auf die in fortführenden Untersuchungen aufgebaut werden kann.

Darüber hinaus gilt, dass zum Zeitpunkt der Mitwirkung des BT an der Ausgestaltung des 8. FRP Horizont 2020, die einfachgesetzliche Grundlage zur Mitwirkung in AdEU, das EUZBBG[133] sich in einem stetigen Wandlungsprozess befand und in Reaktion auf die Urteile des BVerfG stetig reformuliert worden ist. Der derzeitige aktuelle Stand des EUZBBG in der Fassung vom 4. Juli 2013 erfolgte zu einem Zeitpunkt, an dem die wesentlichen Mitwirkungsmaßnahmen zur Beeinflussung ex-ante bereits erfolgt worden sind. Auf Grund der Aktualität des Untersuchungsgegenstandes sowie der Dynamik der Veränderungsprozesse kann somit diese Untersuchung nur eine Momentaufnahme eines spezifischen dynamischen Entwicklungsprozesses darstellen.

Daraus ergibt sich die Notwendigkeit der Überprüfung der informellen Anpassungsprozesse für anknüpfende und nachfolgende Untersuchungen. Diese sind erforderlich, um herauszufinden, welche Auswirkungen die immer weiter vorangetriebene rechtliche Ausdifferenzierung der Informationsrechte und Unterrichtungspflichten auf einfachgesetzlicher Ebene die Agenturbeziehung zwischen BT und BReg sowie die Mitwirkungs- und Gestaltungsfähigkeit des BT haben.

Weiterer Forschungsbedarf besteht u.a. an vergleichenden Analysen zur Ausbildung informeller Anpassungsmechanismen nationaler Parlamente,

133 Gesetz über die Zusammenarbeit von Bundesregierung und Deutschem Bundestag in Angelegenheiten der Europäischen Union vom 4. Juli 2013 (BGBl. I S. 2170).

dies vor allem in spezifischen Fachpolitiken sowie im Hinblick auf die informellen Vernetzungs- und Kooperationsmuster der nationalen Parlamente mit MdEPs. Bisher wenig erforschte Bereiche sind Fragen nach den Auswirkungen der Verstetigung informeller Triloge auf EU-Ebene sowie der Tendenz zur Verabschiedung von Rechtsetzungsakten in erster Lesung im EP. Offen sind hier vor allem die Auswirkungen dieser Entwicklung auf die parlamentarische Verfasstheit der EU sowie die Mitwirkungsfähigkeit und -praxis der nationalen Parlamente am EU-Entscheidungsprozess unter diesen Bedingungen. Eng verbunden ist mit diesen Untersuchungsbereichen die wissenschaftliche Auseinandersetzung mit dem Zuspruch, den die EU-Bürgerinnen und Bürger dem Projekt der EU entgegen bringen und welcher Wirkzusammenhang zwischen der parlamentarischen Verfasstheit der EU mit der Akzeptanz und der Vitalität der Bürgerbeteiligung besteht.

7. Interviewliste

Tabelle 9: Liste der ausgewerteten und verwendeten Interviews

Interview-Nr.	Funktion	Datum	Ort
Interview 1	Referent, BMBF	September 2009	Brüssel
Interview 2	Referent, Verbindungsbüro eines deutschen Forschungsinstituts	Mai 2012	Brüssel
Interview 3	Referent, Bundestagsverwaltung	Mai 2012	Berlin
Interview 4	Referent, Bundestagsverwaltung	Mai 2012	Berlin
Interview 5	Referatsleiter, Bundestagsverwaltung	Mai 2012	Brüssel
Interview 6	Wissenschaftler sowie Nationaler Experte, EP	Mai 2012	Brüssel
Interview 7	Wissenschaftlicher Mitarbeiter MdB	November 2012	Berlin
Interview 8	Europäischer Kommissar a.D.	November 2012	Potsdam
Interview 9	Leiter Europaabteilung einer Landesvertretung beim Bund	Dezember 2012	Berlin
Interview 10	Wissenschaftlicher Mitarbeiter, Bundestag	Dezember 2012	Berlin
Interview 11	Leiter Verbindungsbüro Brüssel einer Bundestagsfraktion	Januar 2013	Berlin
Interview 12	Referent, Bundestagsverwaltung	Januar 2013	Berlin
Interview 13	Referent, Bundestagsfraktion	Januar 2013	Berlin
Interview 14	Mitglied des Deutschen Bundestages, MdB	Januar 2013	Berlin

Interview-Nr.	**Funktion**	**Datum**	**Ort**
Interview 15	Referatsleiter, BMWI	Februar 2013	Berlin
Interview 16	Mitglied des Deutschen Bundestages, MdB	Februar 2013	Berlin
Interview 17	Referent, Bundestagsverwaltung	Februar 2013	Berlin
Interview 18	Ehemaliger Fraktionsreferent, Policy Officer	Februar 2013	Berlin
Interview 19	Mitglied des Deutschen Bundestages, MdB	Februar 2013	Berlin
Interview 20	Mitglied des Deutschen Bundestages, MdB	Februar 2013	Berlin
Interview 21	Referatsleiter, BMBF	April 2013	Berlin
Interview 22	Mitglied des Deutschen Bundestages, MdB	Mai 2013	Berlin
Interview 23	Mitglied des Deutschen Bundestages, MdB	Juni 2013	Berlin
Interview 24	Policy Officer, Europäisches Parlament	Oktober 2013	Brüssel
Interview 25	Leiter Verbindungsbüro eines deutschen Forschungsinstituts in Brüssel	November 2013	Brüssel
Interview 26	Referatsleiter BMBF	November 2013	Bonn
Interview 27	Referatsleiter BMBF	November 2013	Bonn
Interview 28	Stellvertretender Generaldirektor der GD Forschung	Dezember 2013	Berlin
Interview 29	Mitglied des Europäischen Parlaments, ITRE-Ausschuss	Dezember 2013	Berlin
Interview 30	Mitglied des Europäischen Parlaments, ITRE-Ausschuss	Januar 2014	Brüssel
Interview 31	Kabinettschef, EU-Kommission	Januar 2014	Brüssel

Interview-Nr.	Funktion	Datum	Ort
Interview 32	Mitglied des Europäischen Parlaments, ITRE-Ausschuss	Januar 2014	Brüssel
Interview 33	Referatsleiter BMBF a.D.	Juni 2015	Berlin

8. Literatur

Abels, Gabriele 2013a: Adapting to Lisbon: Reforming the Role of German Landesparlamente in EU Affairs, in: German Politics 22: 4, 353–378.

Abels, Gabriele 2013b: Parlamentarische Kontrolle im Mehrebenensystem der Europäischen Union - ein unmögliches Unterfangen?, in: Eberbach-Born, Birgit/Kropp, Sabine/Stuchlik, Andrej/Zeh, Wolfgang (Hrsg.): Parlamentarische Kontrolle und Europäische Union, Baden-Baden, 79–104.

Abromeit, Heidrun 2002: Wozu braucht man Demokratie? Die postnationale Herausforderung der Demokratietheorie, Opladen.

Achenbach, Jelena von 2008: Zum Prinzip dualer demokratischer Legitimation supranationaler Herrschaft - Vorschlag einer Demokratietheorie des Verhältnisses von Europäischem Parlament und Rat. Informationspapier 2/2008 der Max-Planck-Forschungsgruppe „Demokratische Legitimation ethischer Entscheidungen“, in: http://www.jura.uni-freiburg.de/institute/ioeffr2/online-papers/ForschungsgruppeIP_2_2008_duale_Legitimation; 28.12.2015.

Achenbach, Jelena von 2014: Demokratische Gesetzgebung in der Europäischen Union. Theorie und Praxis der dualen Legitimationsstruktur europäischer Hoheitsgewalt, Heidelberg.

Alcántara, Sophia/Bach, Nicolas/Kuhn, Rainer/Ullrich, Peter 2016: Demokratietheorie und Partizipationspraxis: Analyse und Anwendungspotentiale deliberativer Verfahren, Wiesbaden.

Andersen, Svein/Burns, Tom 1996: The European Union and the Erosion of Parliamentary Democracy: A Study of Post-parliamentary Governance, in: Andersen, Svein/Eliassen, Kjell (Hrsg.): The European Union. How democratic is it?, London, 227–251.

Auel, Katrin 2005: Introduction: The Europeanisation of parliamentary democracy, in: The Journal of Legislative Studies 11: 3-4, 303–318.

Auel, Katrin 2006a: The Europeanisation of parliamentary democracy, Abingdon.

Auel, Katrin 2006b: The Europeanisation of the German Bundestag: Institutional change and informal adaptation, in: German Politics 15: 3, 249–268, in: http://www.tandfonline.com/doi/pdf/10.1080/09644000600877701; 16.1.2015.

Auel, Katrin 2007: Democratic Accountability and National Parliaments: Redefining the Impact of Parliamentary Scrutiny in EU Affairs, in: European Law Journal 13: 4, 487–504.

Auel, Katrin 2008: Just another Link in the Chain? Delegation, Agency Theory and National Parliaments in EU Affairs, in: Curtin, Deirdre/Wille, Anchrit (Hrsg.): Meaning and Practice of Accountability in the EU Multi-Level Context. CONNEX Report Series Nr. 7, Mannheim, 207–252.

Auel, Katrin 2009: 'Servants of the People' or 'Masters of the Government'? Explaining Parliamentary Behaviour in EU Affairs (Paper presented at the 11th Biennial Conference of the European Union Studies Association (EUSA), Los Angeles, 23-25 April 2009).

Auel, Katrin 2010: Agency Theory, Delegation and Parliamentary Oversight: Explaining Legislative Behaviour in EU Affairs. Centre d'études européennes; Sciences Po Paris, 18 February 2010.

Auel, Katrin 2013: De-Parliamentarisation Re-Considered: Representation Without Corresponding Communication in EU Affairs (Paper prepared for the 13th Biennial Conference of the European Union Studies, 9-11 May 2013), in: https://www.ihs.ac.at/publications/pol/Paper%20Auel%20EUSA%202013.pdf; 10.2.2015.

Auel, Katrin 2014: Zur „Europatauglichkeit" mitgliedstaatlicher Demokratie: Diagnosen und Therapien der Entparlamentarisierung, in: Franzius, Claudio/Mayer, Franz/Neyer, Jürgen (Hrsg.): Grenzen der europäischen Integration. Herausforderungen für Recht und Politik, Baden-Baden, 233–250.

Auel, Katrin 2015: Parliamentary communication in EU affairs. Connecting with the electorate?, London.

Auel, Katrin/Benz, Arthur 2005: The politics of adaptation: The Europeanisation of national parliamentary systems, in: The Journal of Legislative Studies 11: 3-4, 372–393, in: http://www.tandfonline.com/ doi/pdf/ 10.1080/13572330500273570; 16.1.2015.

Auel, Katrin/Christiansen, Thomas 2015: After Lisbon: National Parliaments in the European Union, in: West European Politics 38: 2, 261–281.

Auel, Katrin/Höing, Oliver 2014: Parliaments in the Euro Crisis: Can the Losers of Integration Still Fight Back?, in: Journal of Common Market Studies 52: 6, 1184–1193.

Auel, Katrin/Höing, Oliver 2015: National Parliaments and the Eurozone Crisis: Taking Ownership in Difficult Times?, in: West European Politics 38: 2, 375–395.

Auel, Katrin/Raunio, Tapio 2014a: Debating the State of the Union? Comparing Parliamentary Debates on EU Issues in Finland, France, Germany and the United Kingdom, in: The Journal of Legislative Studies 20: 1, 13–28.

Auel, Katrin/Raunio, Tapio 2014b: Introduction: Connecting with the Electorate? Parliamentary Communication in EU Affairs, in: The Journal of Legislative Studies 20: 1, 1–12.

Auel, Katrin/Rozenberg, Olivier/Tacea, Angela 2015: To Scrutinise or Not to Scrutinise? Explaining Variation in EU-Related Activities in National Parliaments, in: West European Politics 38: 2, 282–304.

Auel, Katrin/Rozenberg, Olivier/Thomas, Anja 2012: Lost in Transaction? Parliamentary Reserves in EU bargains, in: European Integration online Papers (EIoP): 10/2012, in: http://www.opal-europe.org/index.php?option=com_content&view=article&id=88; 03.4.2015.

Auswärtiges Amt 2010: Stellungnahme der Bundesregierung zur Mitteilung der Europäischen Kommission „Überprüfung des EU-Haushalts". 25. November 2010, in: http://www.auswaertiges-amt.de/cae/servlet/contentblob/559166/publicationFile/134022/StellungnahmeBReg.pdf; 04.10.2015.

Bachrach, Peter/Baratz, Morton 1977: Macht und Armut. Eine theoretisch-empirische Untersuchung, Frankfurt am Main.

Baddenhausen, Heike 2006: Bundestags-Bundesregierungsvereinbarung zur Zusammenarbeit in Angelegenheiten der Europäischen Union. Ausarbeitung des Wissenschaftlichen Dienstes des Deutschen Bundestages (WD 11, Nr. 43/06), in: http://www.axelschaefermdb.de/files/0/1330-erlaeuterungen_des_wissenschaftliche_dienstes_des_deutschen_bundestages_zur_bbv.pdf; 20.5.2015.

Baer, Susanne 2001: Vermutungen zu Kernbereichen der Regierung und Befugnissen des Parlaments, in: Der Staat, Zeitschrift für Staatslehre und Verfassungsgeschichte, deutsches und europäisches öffentliches Recht 40: 4, 525–552.

Barnickel, Christiane 2012: Der Bundestag in der Europäischen Union - (Ein)Blick von innen, in: Zeitschrift für Parlamentsfragen 43: 2, 324–340.

Bartelborth, Thomas 1999: Verstehen und Kohärenz. Ein Beitrag zur Methodologie der Sozialwissenschaften, in: Analyse und Kritik 21: 1, 97-116.

Becker, Peter 2005: Die vertikale Kompetenzordnung im Verfassungsvertrag, in: Jopp, Mathias/Matl, Saskia (Hrsg.): Der Vertrag über eine Verfassung für Europa. Analysen zur Konstitutionalisierung der EU, Baden-Baden, 187–208.

Becker, Peter 2012: Lost in Stagnation. Die Verhandlungen über den nächsten mehrjährigen Finanzrahmen der EU (2014–2020) und das Festhalten am Status quo. Studie der Stiftung Wissenschaft und Politik (SWP-Studie 18/2012).

Becker, Peter 2013: Die Subsidiaritätsprüfung im Bundestag und Bundesrat - ein rechtliches oder ein politisches Instrument? , in: Zeitschrift für Politikwissenschaft 23: 1, 5–37.

Becker, Peter 2014: Das Finanz- und Haushaltssystem der Europäischen Union. Grundlagen und Reformen aus deutscher Perspektive, Wiesbaden.

Becker, Peter/Pintz, Anne 2012: Die neue Rolle der nationalen Parlamente in der EU. Aus deutschen und europäischen Zeitschriften und Gutachten der Jahre 2010 bis 2012, Zeitschriftenschau der Stiftung Wissenschaft und Politik (SWP-Zeitschriftenschau 3/2012).

Beichelt, Timm 2009: Deutschland und Europa. Die Europäisierung des politischen Systems, Wiesbaden.

Beichelt, Timm 2011: Regierungen als quasi-parlamentarische Akteure: Die Rolle der nationalen Exekutiven im Mehrebenenparlamentarismus, in: Abels, Gabriele/Eppler, Annegret (Hrsg.): Auf dem Weg zum Mehrebenenparlamentarismus? Funktion von Parlamenten im politischen System der EU, Baden-Baden, 119–131.

Beichelt, Timm 2012: Recovering Space Lost? The German Bundestag's New Potential in European Politics, in: German Politics 21: 2, 143–160.

Beisheim, Marianne/Brunnengräber, Achim 2008: Das Parlament im Globalisierungsprozeß: Ein Desiderat in der Parlamentarismus- und Global Governance Forschung, in: Zeitschrift für Internationale Beziehungen 15: 1, 73–100.

Bellamy, Richard/Weale, Albert 2015: Political legitimacy and European monetary union: contracts, constitutionalism and the normative logic of two-level games, in: Journal of European Public Policy 22: 2, 257–274.

Bendiek, Annegret/Neyer, Jürgen 2016: Europäische Solidarität - die Flüchtlingskrise als Realitätstest. Aktuell der Stiftung Wissenschaft und Politik (SWP-Aktuell 20/2016).

Benz, Arthur 1998: Postparlamentarische Demokratie? Demokratische Legitimation im kooperativen Staat, in: Greven, Michael (Hrsg.): Demokratie -eine Kultur des Westens? 20. Wissenschaftlicher Kongreß der Deutschen Vereinigung für Politische Wissenschaft, Wiesbaden, 201–222.

Benz, Arthur 2003: Mehrebenenverflechtung in der Europäischen Union, in: Jachtenfuchs, Markus/Kohler-Koch, Beate (Hrsg.): Europäische Integration, Opladen, 317–351.

Benz, Arthur 2005: Conclusion: Linking Research on Europeanisation and National Parliaments, in: The Journal of Legislative Studies 11: 3-4, 508–521.

Benz, Arthur 2009: Politik in Mehrebenensystemen, Wiesbaden.

Benz, Arthur/Broschek, Jörg 2010: Nationale Parlamente in der europäischen Politik. Funktionen, Probleme und Lösungen (Internationale Politikanalyse der Friedrich Ebert Stiftung).

Berger, Hannes 2014: Dimensionen parlamentarischer Kontrolle. Eine Einführung in Theorie und Empirie, Stuttgart.

Bernart, Yvonne/Krapp, Stefanie 1998: Das narrative Interview. Ein Leitfaden zur rekonstruktiven Auswertung, Landau.

Beyme, Klaus von 1991: Informelle Komponenten des Regierens, in: Hartwich, Hans-Herrmann/Wewer, Göttrik (Hrsg.): Regieren in der Bundesrepublik II. Formale und informale Komponenten des Regierens in den Bereichen Führung, Entscheidung, Personal und Organisation, Opladen, 31–50.

Beyme, Klaus von 2014: Die parlamentarische Demokratie. Entstehung und Funktionsweise 1789-1999, Wiesbaden.

Bogdandy, Armin von 2009: Grundprinzipien, in: Bogdandy, Armin von/Bast, Jürgen (Hrsg.): Europäisches Verfassungsrecht. Theoretische und dogmatische Züge, Berlin, 13–72.

Bogdandy, Armin von 2010: Prinzipien der Rechtsfortbildung im europäischen Rechtsraum. Überlegungen zum Lissabon-Urteil des Bundesverfassungsgerichts und gegen den methodischen Nationalismus, in: Franzius, Claudio/Mayer, Franz/Neyer, Jürgen (Hrsg.): Strukturfragen der Europäischen Union, Baden-Baden, 340–350.

Bogner, Alexander/Littig, Beate/Menz, Wolfgang (Hrsg.) 2009: Experteninterviews. Theorien, Methoden, Anwendungsfelder, Wiesbaden.

Bohne, Eberhard 1981: Der informale Rechtsstaat. Eine empirische und rechtliche Untersuchung zum Gesetzesvollzug unter besonderer Berücksichtigung des Immissionsschutzes (Schriftenreihe zur Rechtssoziologie und Rechtstatsachenforschung, Band 49), Berlin.

Bohne, Eberhard 1984: Informales Verwaltungs- und Regierungshandeln als Instrument des Umweltschutzes. Alternativen zu Rechtsnorm, Vertrag, Verwaltungsakt und anderen rechtlich geregelten Handlungsformen?, in: Verwaltungsarchiv : Zeitschrift für Verwaltungslehre, Verwaltungsrecht u. Verwaltungspolitik 75: 4, 343–373.

Bolesch, Cornelia 2007: Direkter Draht nach Brüssel. Der Bundestag eröffnet ein Büro in der EU-Hauptstadt, in: Süddeutsche Zeitung, 07.2.2007, 5.

Bortz, Jürgen/Döring, Nicola 2006: Forschungsmethoden und Evaluation für Human- und Sozialwissenschaftler, Heidelberg.

Börzel, Tanja/Risse, Thomas 2000: When Europe Hits Home: Europeanisation and Domestic Change, in: European Integration online Papers (EIoP) 15: 4, in: http://eiop.or.at/eiop/texte/2000-015a.htm; 03.4.2015.

Börzel, Tanja A. 2000: Europäisierung und innerstaatlicher Wandel. Zentralisierung oder Entparlamentarisierung?, in: Politische Vierteljahresschrift: Zeitschrift der Deutschen Vereinigung für Politische Wissenschaft.

Bovens, Mark 2007: Analysing and Assessing Accountability: A Conceptual Framework, in: European Law Journal 13: 4, 447–468.

Bovens, Mark 2010: Two Concepts of Accountability: Accountability as a Virtue and as a Mechanism, in: West European Politics 33: 5, 946–967, in: Bovens_2conceptsof Acc.pdf; 06.2.2015.

Bovens, Mark/Curtin, Deirdre/Hart, Paul't 2010: Towards a More Accountable EU: Retrospective and Roadmap. Amsterdam Centre for European Law and Governance, Working Paper Series 2010 - 04.

Braams, Beate 2008: Die Kompetenzordnung im Vertrag von Lissabon, in: Pernice, Ingolf (Hrsg.): Der Vertrag von Lissabon. Reform der EU ohne Verfassung? (Kolloquium zum 10. Geburtstag des WHI), Baden-Baden, 115–135.

Brodocz, André/Llanque, Marcus/Schaal, Gary 2009: Demokratie im Angesicht ihrer Bedrohungen, in: Brodocz, André/Llanque, Marcus/Schaal, Gary (Hrsg.): Bedrohungen der Demokratie, 11–28.

Brummer, Klaus/Pehle, Heinrich/Sturm, Roland (Hrsg.) 2013: Analysen nationaler und supranationaler Politik (Festschrift für Roland Sturm), Opladen.

Buche, Jonas 2013: Europäisierung parlamentarischer Kontrolle im Norden Europas: Dänemark, Finnland und Schweden im Vergleich, in: Eberbach-Born, Birgit/Kropp, Sabine/Stuchlik, Andrej/Zeh, Wolfgang (Hrsg.): Parlamentarische Kontrolle und Europäische Union, Baden-Baden, 367–396.

Buchstein, Hubertus/Jörke, Dirk 2003: Das Unbehagen an der Demokratietheorie, in: Leviathan: Berliner Zeitschrift für Sozialwissenschaft 31: 4, 470–495.

Bulmer, Simon/Paterson, William 2013: Germany as the EU's reluctant hegemon? Of economic strength and political constraints, in: Journal of European Public Policy 20: 10, 1387–1405.

Bundesministerium für Bildung und Forschung 2010: Leitlinienpapier der Bundesregierung für das 8. Forschungsrahmenprogramm der EU. 26.03.2010, in: https://www.bmbf.de/pubRD/leitlinien_achte_frp.pdf; 24.6.2015.

Bundesministerium für Bildung und Forschung 2013a: Der Zeitplan zu Horizont 2020. Zeitplan mit den wesentlichen Meilensteinen und Prozessen, in: http://www.forschungsrahmenprogramm.de/zeitplan.htm; 01.9.2015.

Bundesministerium für Bildung und Forschung 2013b: Konsultationsprozess der Europäischen Kommission zum Grünbuch: Von Herausforderungen zu Chancen: Entwicklung einer gemeinsamen Strategie für die EU-Finanzierung von Forschung und Innovation (KOM (2011) 48 endgültig), in: http://www.forschungsrahmenprogramm.de/konsultation.htm; 24.9.2015.

Bundesministerium für Bildung und Forschung 2013c: Zwischenbewertung (Mid-Term Evaluation) des 7. Forschungsrahmenprogramm, in: http://www.forschungsrahmenprogramm.de/zwischenevaluierung.htm; 22.9.2015.

Bundesministerium für Bildung und Forschung 2015a: Forschung und Innovation im Mehrjährigen Finanzrahmen, in: http://www.horizont2020.de/einstieg-budget.htm; 05.8.2015.

Bundesministerium für Bildung und Forschung 2015b: Horizont 2020 - das europäische Forschungsrahmenprogramm, in: https://www.bmbf.de/de/horizont-2020-das-europaeische-forschungsrahmenprogramm-281.html; 27.1.2016.

Bundesministerium für Bildung und Forschung 2015c: Strategie Europa 2020 und Innovationsunion. Arbeitsbereiche Forschungs- und Innovationspolitik, Europäischer Forschungsraum, in: www.eubuero.de; 10.9.2015.

Bundesministerium für Bildung und Forschung 2015d: Verabschiedungsprozess von Horizont 2020, in: http://www.horizont2020.de/einstieg-prozess.htm; 01.9.2015.

Bundesministerium für Bildung und Forschung 2015e: Ausgaben für Forschung und Entwicklung auf hohem Niveau. Positive Entwicklung gerade bei kleinen und mittleren Unternehmen (Pressemitteilung 006/2015).

Bundesregierung 2011a: 2. Leitlinienpapier der Bundesregierung für das kommende Rahmenprogramm für Forschung und Innovation. Thematische Positionen (17. Juni 2011), in: http://www.bmbf.de/pubRD/zweites_leitlinienpapier__frp_deutsch.pdf; 24.6.2015.

Bundesregierung 2011b: Stellungnahme der Bundesregierung zum Grünbuch „Von Herausforderungen zu Chancen: Entwicklung einer gemeinsamen Strategie für die EU-Finanzierung von Forschung und Innovation“, in: http://www.bmbf.de/pubRD/stellungnahme_BREG_gruenbuch.pdf; 24.6.2015.

Burkhardt, Armin 2000: Sprache des deutschen Parlamentarismus. Studien zu 150 Jahren parlamentarischer Kommunikation, Wiesbaden.

Busch, Berthold 2013: Der mehrjährige Finanzrahmen der Europäischen Union in Zeiten der Konsolidierung der nationalen Haushalte. Institut der Deutschen Wirtschaft Köln (IW policy paper 1/2013), Köln.

Busch, Eckart 1991: Parlamentarische Kontrolle. Ausgestaltung und Wirkung (Heidelberger Wegweiser Parlament), Heidelberg.

Buzogány, Aron 2013: Potem´ kinsche Parlamente? Die Europagremien mittelosteuropäischer Staaten zwischen Schein und Sein, in: Eberbach-Born, Birgit/Kropp, Sabine/Stuchlik, Andrej/Zeh, Wolfgang (Hrsg.): Parlamentarische Kontrolle und Europäische Union, Baden-Baden, 397–418.

Buzogány, Aron/Kropp, Sabine 2013a: Der Deutsche Bundestag im „Tal der Ahnungslosen“? Wissen und Expertise des Parlaments in europäisierten Fachpolitiken, in: Der moderne staat – Zeitschrift für Public Policy, Recht und Management 6: 1, 161–182.

Buzogány, Aron/Kropp, Sabine 2013b: Sisyphos und der Marmorblock: Parlament und Expertise in Zeiten der Euro-Krise, in: Zeitschrift für Politikberatung 6: 1, 3–14.

Buzogány, Aron/Stuchlik, Andrej 2012: Subsidiarität und Mitsprache. Nationale Parlamente nach Lissabon, in: Zeitschrift für Parlamentsfragen 43: 2, 340–361.

Calliess, Christian 2005: Das Demokratieprinzip im Europäischen Staaten- und Verfassungsverbund, in: Bröhmer, Jürgen/Bieber, Roland (Hrsg.): Internationale Gemeinschaft und Menschenrechte. (Festschrift für Georg Ress zum 70. Geburtstag am 21. Januar 2005), 399–422.

Calliess, Christian 2010: Die neue Europäische Union nach dem Vertrag von Lissabon. Ein Überblick über die Reformen unter Berücksichtigung ihrer Implikationen für das deutsche Recht, Tübingen.

Calliess, Christian 2012a: Absicherung der parlamentarischen Integrations- und Budgetverantwortung auf europäischer und nationaler Ebene, in: Pechstein, Matthias (Hrsg.): Integrationsverantwortung, Baden-Baden, 53–86.

Calliess, Christian 2012b: Kein Geld ohne Parlament: ESM, Budgetverantwortung und Bundesverfassungsgericht, in: https://www.bertelsmann-stiftung.de/fileadmin/files/BSt/Presse/ imported/ downloads/xcms_bst_dms_36409_36410_2.pdf; 01.7.2016.

Calliess, Christian/Beichelt, Timm 2013: Auf dem Weg zum Europäisierten Bundestag: Vom Zuschauer zum Akteur?, in: http://www.bertelsmann-stiftung.de/fileadmin/files/BSt/Publikationen/GrauePublikationen/GP_Auf_dem_Weg_zum_europaeisierten_Bundestag.pdf; 01.7.2016.

Calliess, Christian/Blanke, Hermann-Josef (Hrsg.) 2016: EUV, AEUV. Das Verfassungsrecht der Europäischen Union mit Europäischer Grundrechtecharta: Kommentar, 5. Auflage, München.

Cancik, Pascale 2014: Der „Kernbereich exekutiver Eigenverantwortung“ – zur Relativität eines suggestiven Topos, in: Zeitschrift fur Parlamentsfragen 45: 4, 885–907.

Cilo, Selma 2014: Europäische Bürgerinitiative und demokratische Legitimität der EU (Schriftenreihe Studien zum Völker- und Europarecht, Band 120), Hamburg.

Coleman, James 1990: Foundations of social theory, Cambridge.

Coleman, James 1991: Grundlagen der Sozialtheorie. Handlungen und Handlungsysteme (Band I), München.

Cooper, Ian 2013: Bicameral or Tricameral? National Parliaments and Representative Democracy in the European Union, in: Journal of European Integration 35: 5, 531–546.

Council 2013a: Council Decision 2013/743/EU of 3 December 2013 establishing the specific programme implementing Horizon 2020 - the Framework Programme for Research and Innovation (2014-2020) and repealing Decisions 2006/971/EC, 2006/972/EC, 2006/973/EC, 2006/974/EC and 2006/975/EC.

Council 2013b: Council Regulation (EURATOM) No 1314/2013 of 16 December 2013 on the Research and Training Programme of the European Atomic Energy Community (2014-2018) complementing the Horizon 2020 Framework Programme for Research and Innovation.

Crouch, Colin 2008: Postdemokratie, Frankfurt am Main.

Crum, Ben/Fossum, John 2009: The Multilevel Parliamentary Field: a framework for theorizing representative democracy in the EU, in: European Political Science Review 1: 02, 249.

Cygan, Adam 2001: National parliaments in an integrated Europe. An Anglo-German perspective (Studies in law, Band 7), The Hague.

Cygan, Adam 2013: Accountability, parliamentarism and transparency in the EU. The role of National Parliaments, Cheltenham.

Daase, Christopher 2009: Die Informalisierung internationaler Politik. Beobachtungen zum Stand der internationalen Organisation, in: Dingwerth, Klaus/Kerwer, Dieter/ Nölke, Andreas (Hrsg.): Die organisierte Welt. Internationale Beziehungen und Organisationsforschung, Baden-Baden, 290–308.

Dahl, Robert 1971: Polyarchy. Participation and opposition, New Haven.

Dahl, Robert 1989: Democracy and its critics, New Haven.

Dahl, Robert 1994: A Democratic Dilemma: System Effectiveness versus Citizen Participation, in: Political Science Quarterly 109: 1, 23–34.

Daiber, Birgit 2012: Das Integrationsverantworungsgesetz in der Praxis des Deutschen Bundestages., in: Zeitschrift für Parlamentsfragen 43: 2, 293–312.

Demuth, Christian 2009: Der Bundestag als lernende Institution. Eine evolutionstheoretische Analyse der Lern- und Anpassungsprozesse des Bundestages, insbesondere an die europäische Integration (Zugl.: Dresden, Techn. Univ., Diss.) (Studien zum Parlamentarismus, Band 12), Baden-Baden.

Deroin, Julien/Neyer, Jürgen 2016: Governance in staatsübergreifenden Räumen, in: Lembcke, Oliver/Ritzi, Claudia/Schaal, Gary (Hrsg.): Zeitgenössische Demokratietheorie. Band 2: Empirische Demokratietheorien, 175–197.

Deutsch, Karl 1970: Politische Kybernetik. Modelle und Perspektiven. The nerves of government, Freiburg.

Deutscher Bundestag 2005: Entschließungsantrag der Fraktionen SPD, CDU/CSU, Bündnis 90/Die Grünen und FDP. Entwurf eines Gesetzes über die Ausweitung und Stärkung der Rechte des Bundestages und des Bundesrates in Angelegenheiten der Europäischen Union (15/5493).

Deutscher Bundestag 2009a: Antrag der Fraktionen der CDU/CSU, SPD und FDP. Vereinbarung über Zusammenarbeit in Angelegenheiten der Europäischen Union ist einzigartig in Europa - Auslegungsfragen müssen geklärt, noch bestehende Defizite beseitigt werden (BT-Drs. 16/13169).

Deutscher Bundestag 2009b: Gesetzentwurf der Fraktionen CDU/CSU, SPD, FDP und Bündnis 90/Die Grünen. Entwurf eines Gesetzes zur Änderung des Gesetzes über die Zusammenarbeit von Bundesregierung und Deutschem Bundestag in Angelegenheiten der Europäischen Union (BT-Drs. 16/13925).

Deutscher Bundestag 2010a: Ausschuss für Bildung, Forschung und Technikfolgenabschätzung. Bericht über die Delegationsreise des Ausschusses für Bildung, Forschung und Technikfolgenabschätzung vom 7. bis 8. Dezember 2010 nach Brüssel.

Deutscher Bundestag 2010b: Tagesordnung der 12. Sitzung des Ausschusses für Bildung, Forschung und Technikfolgenabschätzung am 19.05.2010, in: http://webarchiv.bundestag.de/cgi/show.php?fileToLoad=2963&id=1223; 14.9.2015.

Deutscher Bundestag 2011a: Antrag der Bundestagsfraktion Die Linke. Europäische Forschungsförderung in den Dienst der sozialen und ökologischen Erneuerung stellen (BT-Drs. 17/5386).

Deutscher Bundestag 2011b: Antrag der Bundestagsfraktionen CDU/CSU und FDP. Gestaltung der zukünftigen europäischen Forschungsförderung der EU (2014–2020) (BT-Drs. 17/5492).

Deutscher Bundestag 2011c: Antrag der SPD-Bundestagsfraktion und der Bundestagsfraktion Bündnis 90/Die Grünen. Stärkung des Europäischen Forschungsraums – Die Vorbereitung für das 8. Forschungsrahmenprogramm in die richtigen Bahnen lenken (BT-Drs. 17/5449).

Deutscher Bundestag 2011d: Beschlussempfehlung und Bericht des Ausschusses für Bildung, Forschung und Technikfolgenabschätzung (BT-Drs. 17/5802).

Deutscher Bundestag 2011e: Plenarprotokoll der 108. Sitzung des Deutschen Bundestages. Stenografischer Bericht 17/108 (12.05.2011).

Deutscher Bundestag 2011f: Tagesordnung der 31. Sitzung des Ausschusses für Bildung, Forschung und Technikfolgenabschätzung am 23.02.2011, in: http://webarchiv.bundestag.de/cgi/show.php?fileToLoad=2921&id=1223; 23.9.2015.

Deutscher Bundestag 2012a: Kleine Anfrage der Abgeordneten René Röspel, Dr. Ernst Dieter Rossmann, Oliver Kaczmarek, Willi Brase, Ulla Burchardt, Petra Ernstberger, Michael Gerdes, Iris Gleicke, Klaus Hagemann, Ute Kumpf, Thomas Oppermann, Florian Pronold, Marianne Schieder (Schwandorf), Swen Schulz (Spandau), Dagmar Ziegler, Dr. Frank-Walter Steinmeier und der Fraktion der SPD. Drohende Einschnitte bei der europäischen Forschungsförderung (BT-Drs. 17/11149).

Deutscher Bundestag 2012b: Antwort der Bundesregierung auf die Kleine Anfrage der Abgeordneten René Röspel, Dr. Ernst Dieter Rossmann, Oliver Kaczmarek, weiterer Abgeordneter und der Fraktion der SPD (Drucksache 17/11149). 17. Wahlperiode (BT-Drs. 17/11448).

Deutscher Bundestag 2016: Die Verwaltung des Deutschen Bundestages. Die Abteilung Parlament und Abgeordnete, in: https://www.bundestag.de/bundestag/verwaltung; 26.2.2016.

Dialer, Doris/Maurer, Andreas/Richter, Margarethe 2015: Handbuch zum Europäischen Parlament, Baden-Baden.

Die Bundeskanzlerin 2012: Europäischer Rat. Sondergipfel zum EU-Haushalt (23. November 2012), in: https://www.bundeskanzlerin.de/ContentArchiv/DE/Archiv 17/Artikel/2012/11/2012-11-22-europaeischer-rat.html; 04.10.2015.

Dittgen, Friederike 2011: Die europapolitische Rolle der nationalen Parlamente nach Lissabon (Würzburger Universitätsschriften zu Geschichte und Politik, Band 15), Baden-Baden.

Dittmar, Frieder 2013: Zeitplan Horizont 2020. Manuskript.

Döring, Herbert 1994: Parlament und Regierung, Die EU-Staaten im Vergleich. Strukturen, Prozesse, Politikinhalte, in: Gabriel, Oscar/Brettschneider, Frank (Hrsg.): Die EU-Staaten im Vergleich - Strukturen, Prozesse, Politikinhalte, 336–358.

Downs, Anthony 1967: Inside bureaucracy. A Rand Corporation research study, Boston.

Dreger, Jonas 2014: The European Commission's energy and climate policy. A climate for expertise? (Zugl.: Berlin, Humboldt-Univ., Diss., 2012) (Energy, climate, and the environment series), London.

Dreier, Horst (Hrsg.) 2010: Grundgesetz-Kommentar. 2. Auflage, Band 2 (Art. 20-82), Supplementum 2010.

Dreier, Horst (Hrsg.) 2015: Grundgesetz: Kommentar, Band 2 (Artikel 20-82), Tübingen.

Dreier, Horst/Bauer, Hartmut (Hrsg.) 2007: Grundgesetz. Kommentar, Tübingen.

Duina, Francesco/Raunio, Tapio 2007: The open method of co-ordination and national parliaments: further marginalization or new opportunities?, in: Journal of European Public Policy 14: 4, 489–506.

Eberbach-Born, Birgit 2013: Unterrichtung und Beteiligung der Landesparlamente in EU-Angelegenheiten, in: Eberbach-Born, Birgit/Kropp, Sabine/Stuchlik, Andrej/ Zeh, Wolfgang (Hrsg.): Parlamentarische Kontrolle und Europäische Union, Baden-Baden, 285–316.

Eberbach-Born, Birgit/Kropp, Sabine 2013: Parlamentarische Kontrolle und Europäische Union nach dem Vertrag von Lissabon - einleitende Überlegungen, in: Eberbach-Born, Birgit/Kropp, Sabine/Stuchlik, Andrej/Zeh, Wolfgang (Hrsg.): Parlamentarische Kontrolle und Europäische Union, Baden-Baden, 11–22.

Eberbach-Born, Birgit/Kropp, Sabine/Stuchlik, Andrej/Zeh, Wolfgang (Hrsg.) 2013: Parlamentarische Kontrolle und Europäische Union (Studien zum Parlamentarismus, Band 19), Baden-Baden.

Ebers, Mark/Gotsch, Wildfried 2006: Institutionenökonomische Theorien der Organisation, in: Kieser, Alfred/Ebers, Mark (Hrsg.): Organisationstheorien, Stuttgart, 247–308.

Ehler, Christian 2011: Christian Ehler (EVP/CDU): Durch Forschung Europas Wirtschaft krisenfest machen. EU-Forschungsetat 2014-2020 verdoppeln/ Forderungskatalog des Europaparlaments (27.09.2011).

Eikenberg, Henning 2013: Forschung und technologische Entwicklungim AEUV - Fortschritte und Widersprüche, in: Europarecht 48: 2, 224–235.

Eisele, Celia 2012: Europa im parlamentarischen Alltag: Die Europäisierung der Bundestagsfraktion Bündnis 90/Die Grünen. Tübinger Arbeitspapiere zur Integrationsforschung, Working Paper No. 7, in: http://aei.pitt.edu/id/eprint/34918; 03.4.2015.

Epping, Volker/Axer, Peter 2013: Grundgesetz. Kommentar, München.

Eriksen, Erik 2014: Regional cosmopolitanism: the EU in search of its legitimation, in: European Journal of Futures Research 2: 51, 1–9.

Euractiv.de 2009: EU-Forschungsnetzwerke verschwinden langsam. 14. Oktober 2009, in: euractiv.de, in: http://www.euractiv.de/innovation-enterprise/eu-forschung snetzwerke-verschwin-news-256411; 14.9.2015.

Europäische Kommission 2000: Mitteilung der Kommission an den Rat, das Europäische Parlament, den Wirtschafts- und Sozialausschuss und den Ausschuss der Regionen. Hin zu einem europäischen Forschungsraum (KOM (2000) 6).

Europäische Kommission 2001a: Mitteilung der Kommission. Die internationale Dimension des Europäischen Forschungsraums (KOM (2001) 346 endg.).

Europäische Kommission 2001b: Mitteilung der Kommission. Die regionale Dimension des Europäischen Forschungsraums (KOM (2001) 549 endg.).

Europäische Kommission 2003a: Mitteilung der Kommission. Die Rolle der Universitäten im Europa des Wissens (KOM (2003) 58 endg.).

Europäische Kommission 2003b: Mitteilung der Kommission an den Rat und das Europäische Parlament. Forscher im Europäischen Forschungsraum: Ein Beruf, vielfältige Karrieremöglichkeiten (KOM (2003) 436 endg.).

Europäische Kommission 2005: Mitteilung der Kommission. Das intellektuelle Potential Europas wecken: So können die Universitäten ihren vollen Beitrag zur Lissabonner Strategie leisten (KOM (2005) 152 endg.).

Europäische Kommission 2006: Mitteilung der Kommission. Das Modernisierungsprogramm für Universitäten umsetzen: Bildung, Forschung und Innovation (KOM (2006) 208 endg.).

Europäische Kommission 2007: Grünbuch: Der Europäische Forschungsraum: Neue Perspektiven (KOM (2007) 161 endg.).

Europäische Kommission 2008: Mitteilung der Kommission an das Europäische Parlament und den Rat. Bessere Karrieremöglichkeiten und mehr Mobilität: Eine europäische Partnerschaft für Forscher (KOM (2008) 317 endg.).

Europäische Kommission 2009: Mitteilung der Kommission an das Europäische Parlament, den Rat, den Europäischen Wirtschafts-und Sozialausschuss und den Ausschuss der Regionen. Eine neue Partnerschaft zur Modernisierung der Hochschulen: EU Forum für den Dialog zwischen Hochschule und Wirtschaft (KOM (2009) 158 endg.).

Europäische Kommission 2010: Mitteilung der Kommission: Europa 2020. Eine Strategie für intelligentes, nachhaltiges und integratives Wachstum (KOM (2010) 2020 endg.).

Europäische Kommission 2011a: Grünbuch der Europäischen Kommission: Von Herausforderungen zu Chancen: Entwicklung einer gemeinsamen Strategie für die EU-Finanzierung von Forschung und Innovation (KOM (2011) 48 endg.).

Europäische Kommission 2011b: Mitteilung der Kommission an das Europäische Parlament, den Rat, den Europäischen Wirtschafts- und Sozialausschuss und den Ausschuss der Regionen. Ein Haushalt für "Europe 2020" (KOM (2011) 500 endg.).

Europäische Kommission 2011c: Mitteilung der Kommission an das Europäische Parlament, den Rat, den Europäischen Wirtschafts- und Sozialausschuss und den Ausschuss der Regionen für Forschung und Innovation Horizont 2020 - das Rahmenprogramm für Forschung und Innovation (KOM (2011) 808 endg.).

Europäischer Rechnungshof 2009: Exzellenznetze und integrierte Projekte in der gemeinschaftlichen Forschungspolitik. Wurden die Ziele erreicht? (gemäß Artikel 248 Absatz 4 Unterabsatz 2 des EG-Vertrags) (Sonderbericht Nr. 8/2009), Luxemburg.

Europäisches Parlament 2011: EU-Finanzierung von Forschung und Innovation. Entschließung des Europäischen Parlaments vom 27. September 2011 zum Grünbuch mit dem Titel „Von Herausforderungen zu Chancen: Entwicklung einer gemeinsamen Strategie für die EU-Finanzierung von Forschung und Innovation" (2011/2107(INI)).

Europäisches Parlament/Rat 2013a: Beschluss Nr. 1312/2013/EU des Europäischen Parlaments und des Rates vom 11. Dezember 2013 über die Strategische Innovationsagenda des Europäischen Innovations- und Technologieinstituts (EIT): der Beitrag des EIT zu einem innovativeren Europa.

Europäisches Parlament/Rat 2013b: Verordnung (EU) Nr. 1292/2013 des Europäischen Parlaments und des Rates vom 11. Dezember 2013 zur Änderung der Verordnung (EG) Nr. 294/2008 zur Errichtung des Europäischen Innovations- und Technologieinstituts (Verordnung (EU) Nr. 1292/2013).

Europäisches Parlament/Rat 2013c: Verordnung (EU) Nr. 1291/2013 des Europäischen Parlaments und des Rates vom 11. Dezember 2013 über das Rahmenprogramm für Forschung und Innovation Horizont 2020 (2014-2020) und zur Aufhebung des Beschlusses Nr. 1982/2006/EG (Verordnung (EU) Nr. 1291/2013).

European Commission 2010: Interim Evaluation of the Seventh Framework Programme. Report of the Expert Group, in: http://ec.europa.eu/research/evaluations/pdf/archive/other_reports_studies_and_documents/fp7_interim_evaluation_expert_group_report.pdf#view=fit&pagemode=none; 22.9.2015.

European Commission 2011: Commission Response to the FP7 and RSFF Interim Evalaution reports. COM(2011) 52 final.

European Parliament/Council 2013: Regulation (EU) No 1290/2013 of the European Parliament and of the Council of 11 December 2013 laying down the rules for participation and dissemination in "Horizon 2020 - the Framework Programme for Research and Innovation (2014-2020)" and repealing Regulation (EC) No 1906/2006 (Regulation (EU) No 1290/2013).

Farrell, Henry/Héritier, Adrienne 2003: Formal and Informal Institutions under Codecision. Continuous Constitution-Building in Europe, in: Governance 16: 4, 577–600.

Featherstone, Kevin/Radaelli, Claudio (Hrsg.) 2003: The politics of Europeanization, Oxford.

Finke, Daniel/Dannwolf, Tanja 2013: Domestic scrutiny of European Union politics: Between whistle blowing and opposition control, in: European journal of political research 52: 6, 715–746.

Finnegan, Gary 2010: Deutscher Minister: EU steht vor „Innovationslücke". 19. August 2010, in: euractiv.de, in: http://www.euractiv.de/innovation-enterprise/deutscher-minister-eu-steht-vor-interview-496989; 14.9.2015.

Flick, Uwe 2010: Gütekriterien qualitativer Forschung, in: Mey, Günther/Mruck, Katja (Hrsg.): Handbuch qualitative Sozialforschung in der Psychologie, Wiesbaden, 395–407.

Flick, Uwe 2011: Triangulation. Eine Einführung (Qualitative Sozialforschung, Band 12), Wiesbaden.

Florack, Martin/Grunden, Timo (Hrsg.) 2011: Regierungszentralen. Organisation, Steuerung und Politikformulierung zwischen Formalität und Informalität, Wiesbaden.

Føllesdal, Andreas/Hix, Somin 2006: Why There is a Democratic Deficit in the EU: A Response to Majone and Moravcsik, in: Journal of Common Market Studies 44: 3, 533–562.

Forst, Rainer 2011: Justice and Democracy. Comment on Jürgen Neyer, in: Forst, Rainer/Schmalz-Bruns, Rainer (Hrsg.): Political Legitimacy and Democracy in Transnational Perspective. (ARENA Report No 2/11 RECON Report No 13), Oslo, 37–42.

Forst, Rainer/Schmalz-Bruns, Rainer (Hrsg.) 2011: Political Legitimacy and Democracy in Transnational Perspective (ARENA Report No 2/11 RECON Report No 13), Oslo.

Franke, Stephanie 2010: Zwischenbewertung des 7. Forschungsrahmenprogramms veröffentlicht (DLR Projektträger), in: http://www.kooperation-international.de/detail/info/zwischenbewertung-des-7-forschungsrahmenprogramms-veroeffentlicht.html; 22.9.2015.

Franzius, Claudio/Mayer, Franz/Neyer, Jürgen (Hrsg.) 2010: Strukturfragen der Europäischen Union, Baden-Baden.

Franzius, Claudio/Mayer, Franz/Neyer, Jürgen (Hrsg.) 2014a: Grenzen der europäischen Integration. Herausforderungen für Recht und Politik (Recht und Politik in der Europäischen Union, Band 3), Baden-Baden.

Franzius, Claudio/Mayer, Franz/Neyer, Jürgen 2014b: Grenzen der europäischen Integration: Herausforderungen an Recht und Politik, in: Franzius, Claudio/Mayer, Franz/Neyer, Jürgen (Hrsg.): Grenzen der europäischen Integration. Herausforderungen für Recht und Politik, Baden-Baden, 11–25.

Franzius, Claudio/Preuß, Ulrich 2012: Die Zukunft der europäischen Demokratie (Recht und Politik in der Europäischen Union, Band 2), Baden-Baden.

Freuendorfer, Clarissa 2008: Die Beteiligung des Deutschen Bundestages an der Sekundärrechtsetzung der Europäischen Union, Frankfurt am Main.

Ganghof, Steffen/Manow, Philip 2005: Mechanismen deutscher Politik, in: Ganghof, Steffen/Manow, Philip (Hrsg.): Mechanismen der Politik. Strategische Interaktion im deutschen Regierungssystem, Frankfurt am Main, 9–33.

Gattermann, Katjana/Hefftler, Claudia 2015: Beyond Institutional Capacity: Political Motivation and Parliamentary Behaviour in the Early Warning System, in: West European Politics 38: 2, 305–334.

Geiger, Rudolf/Khan, Daniel-Erasmus/Kotzur, Markus (Hrsg.) 2016: EUV, AEUV. Vertrag über die Europäische Union und Vertrag über die Arbeitsweise der Europäischen Union; Kommentar, München.

George, Alexander/Bennett, Andrew 2005: Case studies and theory development in the social sciences (BCSIA studies in international security), Cambridge.

Gilardi, Fabrizio/Braun, Dietmar 2002: Delegation aus der Sicht der Prinzipal-Agent-Theorie, in: Politische Vierteljahresschrift: Zeitschrift der Deutschen Vereinigung für Politische Wissenschaft 43: 1, 147–161.

Gläser, Jochen/Laudel, Grit 2010: Experteninterviews und qualitative Inhaltsanalyse. Als Instrumente rekonstruierender Untersuchungen, Wiesbaden.

Goetz, Klaus/Meyer-Sahling, Jan-Hinrik 2008: The Europeanisation of national political systems: Parliaments and executives, in: Living Reviews in European Governance 3: 2, in: http://europeangovernance.livingreviews.org/Articles/lreg-2008-2/download/lreg-2008-2BW.pdf; 05.4.2015.

Gornitzka, Åse 2012: Executive Governance of EU Research Policy. An Organisation Theory Perspective (WZB Discussion Paper SP IV 2012–502).

Grabitz, Eberhard/Hilf, Meinhard/Nettesheim, Martin/Dalheimer, Dorothe (Hrsg.): Das Recht der Europäischen Union. Kommentar, München.

Grabner, Petra 2005: Das Europäische Parlament und seine Rolle im neuen europäischen Gefüge, in: Forum Parlament 3: 1, 15–19.

Grande, Edgar 1995: Forschungspolitik in der Politikverflechtungs-Falle? Institutionelle Strukturen, Konfliktdimensionen und Verhandlungslogiken europäischer Forschungs- und Technologiepolitik, in: Politische Vierteljahresschrift: Zeitschrift der Deutschen Vereinigung für Politische Wissenschaft 36: 3, 460–483.

Grewlich, Klaus 1992: Europa im globalen Technologiewettlauf: Der Weltmarkt wird zum Binnenmarkt, Gütersloh.

Grimm, Dieter 1995: Braucht Europa eine Verfassung?, in: JuristenZeitung 50: 12, 581–591.

Grimm, Dieter 2001: Die Verfassung und die Politik. Einsprüche in Störfällen, München.

Grimm, Dieter 2003: Lässt sich die Verhandlungsdemokratie konstitutionalisieren?, in: Offe, Claus (Hrsg.): Demokratisierung der Demokratie. Diagnosen und Reformvorschläge, Frankfurt am Main, 193–210.

Grimm, Dieter 2014: Die Rolle der nationalen Verfassungsgerichte in der europäischen Demokratie, in: Franzius, Claudio/Mayer, Franz/Neyer, Jürgen (Hrsg.): Grenzen der europäischen Integration. Herausforderungen für Recht und Politik, Baden-Baden, 27–50.

Grimm, Dieter 2015: Zum Stand der demokratischen Legitimation der Europäischen Union nach Lissabon, in: Abbas, Nabila/Förster, Annette/Richter, Emanuel (Hrsg.): Supranationalität und Demokratie. Die Europäische Union in Zeiten der Krise, Wiesbaden, 17–36.

Gröning von Thüna, Sebastian 2010: Die neuen Begleitgesetze zum Vertrag von Lissabon aus Sicht des Deutschen Bundestages: offene Fragen und neue Herausforderungen, in: Integration: Vierteljahreszeitschrift des Instituts für Europäische Politik in Zusammenarbeit mit dem Arbeitskreis Europäische Integration 33: 4, 312–333.

Grunden, Timo 2009: Politikberatung im Innenhof der Macht. Zu Einfluss und Funktion der persönlichen Berater deutscher Ministerpräsidenten (Zugl.: Duisburg-Essen, Univ., Diss., 2007) (Studien der NRW School of Governance), Wiesbaden.

Grunden, Timo 2011: Informelles Regieren. Untersuchungsgegenstände, Analysezugänge und Forschungsperspektiven, in: Zeitschrift für Politikwissenschaft 21: 1, 153–185.

Grunden, Timo 2013: Formales und informelles Regieren in rechtsstaatlichen Demokratien. Analysezugänge und Untersuchungsgegenstände, in: Korte, Karl-Rudolf/ Grunden, Timo (Hrsg.): Handbuch Regierungsforschung, Wiesbaden, 219–228.

Habermas, Jürgen 1998: Die postnationale Konstellation. Politische Essays, Frankfurt am Main.

Habermas, Jürgen 2008: Kleine politische Schriften. Ach, Europa.

Habermas, Jürgen 2011: Zur Verfassung Europas. Ein Essay, Berlin.

Habermas, Jürgen 2013: Kleine politischen Schriften. Im Sog der Technokratie, Frankfurt am Main.

Habermas, Jürgen 2014: Die Krise der Europäischen Union im Lichte einer Konstitutionalisierung des Völkerrechts, in: Franzius, Claudio/Mayer, Franz/Neyer, Jürgen (Hrsg.): Grenzen der europäischen Integration. Herausforderungen für Recht und Politik, Baden-Baden, 61–92.

Häde, Ulrich 2012: Euro-Rettung zwischen Exekutivprimat und Parlamentsvorbehalt (Dresdner Vorträge zum Staatsrecht, Band 4), Baden-Baden.

Haller, Max 2009a: Die europäische Integration als Elitenprojekt, in: Aus Politik und Zeitgeschichte: 23/24, 18–23.

Haller, Max 2009b: Die Europäische Integration als Elitenprozess. Das Ende eines Traums?, Wiesbaden.

Hanke, Christian 1994: Informale Regeln als Substrat des parlamentarischen Verhandlungssystems. Zur Begründung einer zentralen Kategorie der Parlamentarismusforschung, in: Zeitschrift für Parlamentsfragen 25: 3, 410–440.

Hartlapp, Miriam/Metz, Julia/Rauh, Christian 2010: How external interests enter the European Commission: Mechanisms at play in legislative position formation (WZB Discussion Paper SP IV 2010-501).

Hartwich, Hans-Herrmann/Wewer, Göttrik (Hrsg.) 1991: Regieren in der Bundesrepublik II. Formale und informale Komponenten des Regierens in den Bereichen Führung, Entscheidung, Personal und Organisation, Opladen.

Hauck, Felix 1999: Mitwirkungsrechte des Bundestages in Angelegenheiten der Europäischen Union (Zugl.: Köln, Univ., Diss., 1998) (Universitätsreihe Recht), Berlin.

Hefftler, Claudia/Neuhold, Christine/Rozenberg, Olivier/Smith, Julie (Hrsg.) 2015: The Palgrave handbook of national parliaments and the European Union, Basingstoke.

Heise, Daniel 2012: Neue Macht den Parlamenten! Die nationalen Parlamente in der Europäischen Union als Wächter der Subsidiarität? (Zugl.: Bonn, Univ., Diss., 2011), Marburg.

Helmke, Gretchen/Levitsky, Steven 2004: Informal Institutions and Comparative Politics: A Research Agenda, in: Perspectives on Politics 2: 04, 725–740.

Helms, Ludger 2008: Parliamentary Opposition and its Alternatives in a Transnational Regime: The European Union in Perspective, in: The Journal of Legislative Studies 14: 1-2, 212–235.

Héritier, Adrienne 1993: Policy-Netzwerkanalyse als Untersuchungsinstrument im europäischen Kontext: Folgerungen aus einer empirischen Studie regulativer Politik, in: Héritier, Adrienne (Hrsg.): Policy-Analyse. Kritik und Neuorientierung, Opladen, 432–447.

Héritier, Adrienne 1997: Die Koordination von Interessenvielfalt im europäischen Entscheidungsprozeß: Regulative Politik als „Patchwork", in: Benz, Arthur/Seibel, Wolfgang (Hrsg.): Theorieentwicklung in der Politikwissenschaft - eine Zwischenbilanz, Baden-Baden, 261–279.

Hieber, Thomas 2014: Die Europäische Bürgerinitiative nach dem Vertrag von Lissabon. Rechtsdogmatische Analyse eines neuen politischen Rechts der Unionsbürger (Teilw. zugl.: St. Gallen, Univ., Diss., 2012) (Jus Internationale et Europaeum, Band 94), Tübingen.

Hillgruber, Christian 2014: Art. 23, in: Schmidt-Bleibtreu, Bruno/Hofmann, Hans/ Henneke, Hans-Günter (Hrsg.): GG, Grundgesetz. Kommentar, Köln, 916–979.

Höing, Oliver 2012: Differentiation of parliamentary powers. The German Constitutional Court and the German Bundestag within the financial crisis, in: European Integration online Papers (EIoP): 9: 2012, in: http://www.pademia.eu/wp-content/uploads/2014/02/9.pdf; 06.4.2015.

Hölscheidt, Sven 2008: Formale Aufwertung - geringe Schubkraft. Die Rolle der nationalen Parlamente gemäß dem Lissabonner Vertrag, in: Integration: Vierteljahreszeitschrift des Instituts für Europäische Politik in Zusammenarbeit mit dem Arbeitskreis Europäische Integration 31: 3, 254–265.

Hölscheidt, Sven 2013: Parlamentarische Kontrolle in der Eurokrise, in: Eberbach-Born, Birgit/Kropp, Sabine/Stuchlik, Andrej/Zeh, Wolfgang (Hrsg.): Parlamentarische Kontrolle und Europäische Union, Baden-Baden, 105–130.

Holtmann, Everhard/Patzelt, Werner/Trittel, Christina 2004: Wer kontrolliert wen und mit welchem Effekt? Zum dynamischen Zusammenwirken von gesetzgebender und exekutiver Gewalt im parlamentarischen Regierungssystem Deutschlands, in: Holtmann, Everhard/Patzelt, Werner (Hrsg.): Kampf der Gewalten? Parlamentarische Regierungskontrolle - gouvernementale Parlamentskontrolle. Theorie und Empirie, Wiesbaden, 7–16.

Hömig, Dieter (Hrsg.) 2013: Grundgesetz für die Bundesrepublik Deutschland. Handkommentar, Baden-Baden.

Hoppe, Tilmann 2007: Drum prüfe, wer sich niemals bindet. Die Vereinbarung zwischen Bundesregierung und Bundestag in Angelegenheiten der Europäischen Union, in: Deutsches Verwaltungsblatt: 24, 1540–1543.

Höreth, Marcus 2015: Wenn Richter mitregieren wollen: Selbstautorisierung beim BVerfG und dem EuGH im Vergleich, in: Ooyen, Robert van/Möllers, Martin (Hrsg.): Handbuch Bundesverfassungsgericht im politischen System, Wiesbaden, 875–887.

Huget, Holger 2007: Demokratisierung der EU. Normative Demokratietheorie und Governance-Praxis im europäischen Mehrebenensystem (Forschung zur Europäischen Integration, Band 20), Wiesbaden.

Ismayr, Wolfgang (Hrsg.) 1997: Die politischen Systeme Westeuropas, Opladen.

Ismayr, Wolfgang 2001: Der Deutsche Bundestag im politischen System der Bundesrepublik Deutschland, Opladen.

Ismayr, Wolfgang 2012: Der Deutsche Bundestag, Wiesbaden.

Jančić, Davor 2012: The Barroso initiative: Window dressing or democracy boost?, in: Utrecht Law Review 8: 1, 78–91.

Janowski, Cordula 2005: Die nationalen Parlamente und ihre Europa-Gremien. Legimimationsgarant der EU? (Zugl.: Bonn, Univ., Diss., 2004) (Schriften des Zentrum für Europäische Integrationsforschung, Band 66), Baden-Baden.

Johne, Roland 2000: Die deutschen Landtage im Entscheidungsprozeß der Europäischen Union. Parlamentarische Mitwirkung im europäischen Mehrebenensystem (Zugl.: Frankfurt (Main), Univ., Diss., 2000) (Schriftenreihe des Europäischen Zentrums für Föderalismus-Forschung, Band 21), Baden-Baden.

Jörke, Dirk 2005: Auf dem Weg in die Postdemokratie, in: Leviathan: Berliner Zeitschrift für Sozialwissenschaft 33: 4, 482–491.

Kaczmarek, Michael 2012: EU-Budget 2014-2020: Kürzen, kürzen, kürzen, in: euractiv.de, in: http://www.euractiv.de/finanzen-und-wachstum/artikel/eu-budget-2014-2020-kuerzen-kuerzen-kuerzen-006867; 03.9.2015.

Kaiser, Robert 2014: Qualitative Experteninterviews. Konzeptionelle Grundlagen und praktische Durchführung, Wiesbaden.

Kajewski, Marie-Christine 2014: Wahrheit und Demokratie. Eine Zeitdiagnose der Postdemokratie (Zugl.: Passau, Univ., Diss., 2013) (Politika, Band 10), Baden-Baden.

Karlas, Jan 2012: National Parliamentary Control of EU Affairs: Institutional Design after Enlargement, in: West European Politics 35: 5, 1095–1113.

Karpen, Ulrich 2013: Demokratie und parlamentarische Kontrolle der Entscheidungen im Europäischen Stabilitäts-Mechanismus und Fiskalpakt, in: Zeitschrift fur Parlamentsfragen: 3, 645–658.

Kastning, Lars 1991: Informelles Regieren. Annäherung an Begrifflichkeit und Bedeutungsgehalt, in: Hartwich, Hans-Herrmann/Wewer, Göttrik (Hrsg.): Regieren in der Bundesrepublik II. Formale und informale Komponenten des Regierens in den Bereichen Führung, Entscheidung, Personal und Organisation, Opladen, 69–78.

Kielmannsegg, Peter 2003: Integration und Demokratie, in: Jachtenfuchs, Markus/ Kohler-Koch, Beate (Hrsg.): Europäische Integration, Opladen, 47–71.

Kietz, Daniela 2013: Politisierung trotz Parteienkonsens: Bundestag, Bundesrat und die Euro-Krise, in: http://www.bertelsmann-stiftung.de/fileadmin/files/BSt/Publikationen/GrauePublikationen/GP_Politisierung_trotz_Parteienkonsens.pdf; 03.5.2015.

Kietz, Daniela/Maurer, Andreas 2012: Die nationalen Parlamente und die Beteiligungsrechte des Bundestages, in: Maurer, Andreas/Ondarza, Nicolai von (Hrsg.): Der Vertrag von Lissabon: Umsetzung und Reformen. Onlinedossier der Stiftung Wissenschaft und Politik. (Stand Juni 2012), 64–80.

Kiewiet, Roderick/McCubbins, Mathew 1991: The Logic of Delegation. Congressional Parties and the Appropriations Process, Chicago.

Kiiver, Philipp 2006a: The Composite Case for National Parliaments in the European Union: Who Profits from Enhanced Involvement, in: European Constitutional Law Review 2: 2, 227–252.

Kiiver, Philipp 2006b: The national parliaments in the European Union. A critical view on EU constitution-building (European monographs, Band 50), The Hague.

Kleemann, Frank/Krähnke, Uwe/Matuschek, Ingo 2013: Interpretative Sozialforschung. Eine Einführung in die Praxis des Interpretierens, Wiesbaden.

Kleine, Mareike 2013: Informal governance in the European Union. How governments make international organizations work, Ithaca, New York.

Kluth, Winfried 1995: Die demokratische Legitimation der Europäischen Union. Eine Analyse der These vom Demokratiedefizit der Europäischen Union aus gemeineuropäischer Verfassungsperspektive, Berlin.

Kluth, Winfried 2013: Parlamentarische Gesetzgebung im postnationalen Zeitalter (Dresdner Vorträge zum Staatsrecht, Band 5), Baden-Baden.

Kluth, Winfried 2014: Einwirkung von Bundestag, Bundesrat und Landesparlamenten auf die gemeinschaftliche Rechtsetzung als Ausdruck von Integrationsverantwortung, in: Kluth, Winfried/Krings, Günter (Hrsg.): Gesetzgebung. Rechtsetzung durch Parlamente und Verwaltungen sowie ihre gerichtliche Kontrolle, Heidelberg, 541–561.

Knaut, Annette 2009: Abgeordnete als Politikvermittler. Zum Wandel von Repräsentation in modernen Demokratien (Zugl.: Koblenz-Landau, Univ., Diss., 2009), Baden-Baden.

Knobloch, Jörn 2011: Politiknetzwerke und das Geheimnis. Die Legitimation der Nicht-Öffentlichkeit in der Demokratie, in: Zeitschrift für Politikwissenschaft 21: 1, 5–32.

Koch, Jessica/Kullas/Matthias 2010: Subsidiarität nach Lissabon - Scharfes Schwert oder stumpfe Klinge? Zentrum für Europäische Politik (CEP-Studie), in: http://www.cep.eu/Studien/Subsidiaritaet/cepStudie_Subsidiaritaet.pdf; 12.1.2014.

Kohler-Koch, Beate (Hrsg.) 2007: Debating the democratic legitimacy of the European Union (Governance in Europe), Lanham.

Köllner, Patrick 2012: „Informelle Politik" und „informelle Institutionen": Konzeptionelle Grundlagen, analytische Zugänge und Herausforderungen für das Studium autoritärer und anderer politischer Herrschaftssysteme (GIGA Working Paper No. 192, April 2012).

Kropp, Sabine 2000: Verhandeln und Wettbewerb in der Regierungspraxis von Länderkoalitionen, Handlungsarenen, Strategien und Konflikte von Koalitionsakteuren, in: Holtmann, Everhard/Voelzkow, Helmut (Hrsg.): Zwischen Wettbewerbs- und Verhandlungsdemokratie. Analysen zum Regierungssystem der Bundesrepublik Deutschland, Wiesbaden, 151–182.

Kropp, Sabine 2003a: "Deparlamentarisierung" als Regierungsstil? , in: Gohr, Antonia/Seeleib-Kaiser, Martin (Hrsg.): Sozial- und Wirtschaftspolitik unter Rot-Grün, Wiesbaden, 329–344.

Kropp, Sabine 2003b: Regieren als informaler Prozess. Das Koalitionsmanagement der rot-grünen Bundesregierung, in: Aus Politik und Zeitgeschichte: B 43/2003, 23-31.

Kropp, Sabine 2006: Ausbruch aus "exekutiver Führerschaft"? Ressourcen- und Machtverschiebungen im Dreieck von Regierung, Verwaltung und Parlament, in: Bogumil, Jörg/Nullmeier, Frank/Jann, Werner (Hrsg.): Politik und Verwaltung, Wiesbaden, 275–298.

Kropp, Sabine 2008: Regieren in Parlamentarismus und Parteiendemokratie: Informale Institutionen als Handlungsressource für Exekutive und Parlament, in: Jann, Werner/König, Klaus (Hrsg.): Regieren zu Beginn des 21. Jahrhunderts, Tübingen, 49–86.

Kropp, Sabine 2010a: Die Ministerialbürokratie als Rollenpartner der Fachpolitiker in den Fraktionen, auf nationaler Ebene und im Mehrebenensystem der EU, in: Die öffentliche Verwaltung 63: 10, 413–422.

Kropp, Sabine 2010b: German Parliamentary Party Groups in Europeanised Policy-making: Awakening from the Sleep? Institutions and Heuristics as MPs' Resources, in: German Politics 19: 2, 123–147.

Kropp, Sabine 2013a: Europäisierung parlamentarisch-administrativer Steuerungszusammenhänge: Konzeptionelle Überlegungen und empirische Befunde zum Deutschen Bundestag, in: Brummer, Klaus/Pehle, Heinrich/Sturm, Roland (Hrsg.): Analysen nationaler und supranationaler Politik. (Festschrift für Roland Sturm), Opladen, 131–144.

Kropp, Sabine 2013b: Information und Kontrolle im Deutschen Bundestag. Exekutive und regierungstragende Fraktionen in europäisierten Fachpolitiken, in: Eberbach-Born, Birgit/Kropp, Sabine/Stuchlik, Andrej/Zeh, Wolfgang (Hrsg.): Parlamentarische Kontrolle und Europäische Union, Baden-Baden, 181–202.

Kropp, Sabine/Buche, Jonas/Buzogány, Aron 2011: Parlamentarisch-exekutive Steuerung in europäisierten Fachpolitiken – ein Blick auf die Mikroebene, in: Abels, Gabriele/Eppler, Annegret (Hrsg.): Auf dem Weg zum Mehrebenenparlamentarismus? Funktion von Parlamenten im politischen System der EU, Baden-Baden, 227–241.

Kropp, Sabine/Buzogány, Aron 2016: Europäisierung informaler Regierungskontrolle. Informationsgewinnung im deutschen, schwedischen und ungarischen Parlament, in: Zeitschrift für Politikwissenschaft 26: 1, 215–230.

Kropp, Sabine/Buzogány, Aron/Buche, Jonas 2012: Von den Schwierigkeiten, Zusammengehöriges zu vereinen. Nationale Parlamente und Exekutiven als Gegenstand der Europäisierungsforschung, in: Politische Vierteljahresschrift: Zeitschrift der Deutschen Vereinigung für Politische Wissenschaft 53: 1, 109–134.

Kropp, Sabine/Ruschke, Matthias 2010: Parlament und Verwaltung: in Rollenpartnerschaft vereint? Ein Plädoyer fur die Verknüpfung von Parlaments- und Verwaltungsforschung, in: Zeitschrift fur Parlamentsfragen 41: 3, 654–676.

Kropp, Sabine/Sturm, Roland 1998: Koalitionen und Koalitionsvereinbarungen. Theorie, Analyse und Dokumentation, Opladen.

Kühne, Alexander 2013: Repräsentation enträtselt oder immer noch 'the Puzzle of Representation'? Entwicklungen und Lehren aus unterschiedlichen Forschungsstrategien, in: Zeitschrift für Parlamentsfragen 44: 3, 459–485.

Ladrech, Robert 1994: Europeanization of Domestic Politics and Institutions: The Case of France, in: Journal of Common Market Studies 32: 1, 69–88.

Lang, Ruth 1997: Die Mitwirkungsrechte des Bundesrates und des Bundestages in Angelegenheiten der Europäischen Union gemäß Artikel 23 Abs. 2 bis 7 GG (Zugl.: Bonn, Univ., Diss., 1994/95), Berlin.

Lauth, Hans-Joachim 2000: Informal Institutions and Democracy, in: Democratization 7: 4, 21–50.

Lembcke, Oliver/Ritzi, Claudia/Schaal, Gary (Hrsg.) 2012: Zeitgenössische Demokratietheorie. Band 1: Normative Demokratietheorien, Wiesbaden.

Lembcke, Oliver/Ritzi, Claudia/Schaal, Gary (Hrsg.) 2016: Zeitgenössische Demokratietheorie. Band 2: Empirische Demokratietheorien.

Lesmeister, Christiane 2008: Informelle politische Kommunikationskultur. Hinter den Kulissen politisch-medialer Kommunikation (Zugl.: München, Univ., Diss., 2007), Wiesbaden.

Leuschner, Vincenz 2011: Politische Freundschaften. Informelle Beziehungen im Deutschen Bundestag (Zugl.: Berlin, Humboldt-Univ., Diss., 2010), Baden-Baden.

Lhotta, Roland 2013: Integrationsverantwortung und parlamentarische Repräsentation: Ein Rückzugsgefecht – und ein Rettungsversuch, in: Lhotta, Roland/Ketelhut, Jörn/Schöne, Helmar (Hrsg.): Das Lissabon-Urteil. Staat, Demokratie und europäische Integration im "verfassten politischen Primärraum", Wiesbaden, 67–88.

Lhotta, Roland/Ketelhut, Jorn 2009: Integrationsverantwortung und parlamentarische Demokratie: Das Bundesverfassungsgericht als Agent des "verfassten politischen Primärraums"?, in: Zeitschrift für Parlamentsfragen 40: 4, 864–888.

Lhotta, Roland/Ketelhut, Jörn 2015: Bundesverfassungsgericht und Europäische Integration, in: Ooyen, Robert van/Möllers, Martin (Hrsg.): Handbuch Bundesverfassungsgericht im politischen System, Wiesbaden, 845–874.

Lindner, Franz-Josef 2009: Europäisieurng des Wissenschaftsrechts. Zeitschrift für deutsches und europäisches Wissenschaftsrecht (Sonderheft 19).

Lock, Tobias 2014: Industrie-, Technologie- und Forschungspolitik, in: Wegener, Bernhard (Hrsg.): Europäische Querschnittpolitiken, Baden-Baden, 375–442.

Luhmann, Niklas 1964: Funktionen und Folgen formaler Organisation, Berlin.

Luhmann, Niklas 2000: Die Politik der Gesellschaft, Frankfurt am Main.

Luhmann, Niklas 2012: Macht, Konstanz.

Macy, Michael/Flache, Andreas 1995: Beyond Rationality in Models of Choice, in: Annual Review of Sociology 21: 1, 73–91, in: http://www.jstor.org/stable/2083404; 12.8.2014.

Majone, Giandomenico 1996: Regulating Europe, London.

Majone, Giandomenico 1998: Europe's 'Democratic Deficit': The Question of Standards, in: European Law Journal 4: 1, 5–28.

Majone, Giandomenico 2006: The Common Sense of European Integration, in: Journal of European Public Policy 13: 5, 607–626.

Majone, Giandomenico 2010: Transaction-Cost Efficiency and the Democratic Deficit, in: Journal of European Public Policy 17: 2, 150–175.

Maluschke, Günther 1991: Macht/Machttheorien, in: Nohlen, Dieter (Hrsg.): Wörterbuch Staat und Politik, Bonn, 351–355.

Manow, Philip 1996: Informalisierung und Partiepolitisierung. Zum Wandel exekutiver Entscheidungsprozesse in der Bundesrepublik, in: Zeitschrift für Parlamentsfragen 27: 1, 96–107.

Marschall, Stefan 2005: Parlamentarismus. Eine Einführung (Studienkurs Politikwissenschaft), Baden-Baden.

Massing, Peter (Hrsg.) 2012: Demokratietheorien. Von der Antike bis zur Gegenwart; Texte und Interpretationshilfen, Schwalbach am Taunus.

Maunz, Theodor/Dürig, Günter/Herzog, Roman/Badura, Peter 2015: Grundgesetz. Kommentar (Beck-online), München.

Maurer, Andreas 2001: National Parliaments in the European Architecture: From Latecomers´ Adaption towards Permanent Institutional Change?, in: Maurer, Andreas/Wessels, Wolfgang (Hrsg.): National Parliaments on their Ways to Europe: Losers or Latecomers?, Baden-Baden, 27–76.

Maurer, Andreas 2002a: Nationale Parlamente in der Europäischen Union – Herausforderungen für den Konvent. Das Konzept des europäischen Mehrebenenparlamentarismus, in: Integration: Vierteljahreszeitschrift des Instituts für Europäische Politik in Zusammenarbeit mit dem Arbeitskreis Europäische Integration 5: 1, 20–34.

Maurer, Andreas 2002b: Parlamentarische Demokratie in der Europäischen Union. Der Beitrag des Europäischen Parlaments und der nationalen Parlamente. (Zugl.: Gießen, Univ., Diss., 2001).

Maurer, Andreas 2009: Mehrebenendemokratie und Mehrebenenparlamentarismus: Das Europäische Parlament und die nationalen Parlamente nach Lissabon, in: Kadelbach, Stefan (Hrsg.): Europäische Integration und parlamentarische Demokratie, Baden-Baden, 19–58.

Maurer, Andreas 2011: Mehrebenenparlamentarismus – Konzeptionelle und empirische Fragen zu den Funktionen von Parlamenten nach dem Vertrag von Lissabon, in: Abels, Gabriele/Eppler, Annegret (Hrsg.): Auf dem Weg zum Mehrebenenparlamentarismus? Funktion von Parlamenten im politischen System der EU, Baden-Baden, 43–63.

Maurer, Andreas 2012a: Das Europäische Parlament, in: Maurer, Andreas/Ondarza, Nicolai von (Hrsg.): Der Vertrag von Lissabon: Umsetzung und Reformen. Onlinedossier der Stiftung Wissenschaft und Politik. (Stand Juni 2012), 20–30.

Maurer, Andreas 2012b: Parlamente in der EU, Wien.

Maurer, Andreas 2013a: From EMU to DEMU: The Democratic Legitimacy of the EU and the European Parliament (Instituto Affari Internazionali Working Papers No. 1311).

Maurer, Andreas 2013b: Institutionelle Ordnung der Wirtschafts- und Währungsunion – Anforderungen aus demokratiepolitischer Sicht, in: Neue Gesellschaft - Frankfurter Hefte 60: 1/2, 43–47.

Maurer, Andreas 2015: Parlamentarisches Regieren in der Eurozone, in: Alemann, Ulrich von/Heidbreder, Eva/Hummel, Hartwig/Dreyer, Domenica/Gödde, Anne (Hrsg.): Ein soziales Europa ist möglich. Grundlagen und Handlungsoptionen, Wiesbaden, 311–335.

Maurer, Andreas/Becker, Peter 2004: Die Europafähigkeit der nationalen Parlamente. Herausforderungen des EU-Verfassungsvertrags für den deutschen Parlamentarismus, in: http://edok.ahb.niedersachsen.de/01/572987471.pdf.

Maurer, Andreas/Kietz, Daniela 2003: Nach dem Konvent. Die neuen Kompetenzen der nationalen Parlamente bei der Kontrolle des Subsidiaritätsprinzips (Arbeitspapier der Stiftung Wissenschaft und Politik Juli/2003).

Maurer, Andreas/Kietz, Daniela 2004: Die neuen Rechte der nationalen Parlamente. Umsetzungsprobleme und Empfehlungen (Diskussionspapier der FG 1 der Stiftung Wissenschaft und Politik, 2004/04).

Maurer, Andreas/Kietz, Daniela 2005: Die nationalen Parlamente im Rahmen des EU-Verfassungsvertrages – Möglichkeiten und Grenzen im neuen Europa, in: Forum Parlament 3: 1, 19–24.

Maurer, Andreas/Mittag, Jürgen 2003: The 'One' and the 'Fifteen': The Member States between procedural adaptation and structural revolution, in: Wessels, Wolfgang/ Maurer, Andreas/Mittag, Jürgen (Hrsg.): Fifteen into one? The European Union and its member states, Manchester, 413–454.

Maurer, Andreas/Ondarza, Nicolai von 2012: Rat der Europäischen Union, in: Maurer, Andreas/Ondarza, Nicolai von (Hrsg.): Der Vertrag von Lissabon: Umsetzung und Reformen. Onlinedossier der Stiftung Wissenschaft und Politik. (Stand Juni 2012), 37–45.

Maurer, Andreas/Wessels, Wolfgang (Hrsg.) 2001: National Parliaments on their Ways to Europe: Losers or Latecomers?, Baden-Baden.

Mayer, Franz 2007: Die Rückkehr der Europäischen Verfassung? Ein Leitfaden zum Vertrag von Lissabon, in: Zeitschrift für ausländisches öffentliches Recht und Völkerrecht (ZaöRV) des Max-Planck-Instituts für ausländisches öffentliches Recht und Völkerrecht 67: 4, 1141–1191.

Mayer, Franz 2012a: Rashomon in Karlsruhe: A reflection on democracy and identity in the European Union: The German Constitutional Court's Lisbon decision and the changing landscape of European constitutionalism, in: International Journal of Constitutional Law 9: 3-4, 757–785.

Mayer, Martina 2012b: Die Europafunktion der nationalen Parlamente in der Europäischen Union (Verfassungsentwicklung in Europa, Band 6), Tübingen.

Mayntz, Renate 1998: Informalisierung politischer Entscheidungsprozesse, in: Görlitz, Axel/Burth, Hans-Peter (Hrsg.): Informale Verfassung, Baden-Baden, 55–65.

Mayntz, Renate 2004: Governance im modernen Staat, in: Benz, Arthur (Hrsg.): Governance. Regieren in komplexen Regelsystemen, Wiesbaden, 65–76.

Mayntz, Renate 2005: Governance Theory als fortentwickelte Steuerungstheorie?, in: Schuppert, Gunnar (Hrsg.): Governance-Forschung. Vergewisserung über Stand und Entwicklungslinien, Baden-Baden, 11–20.

Mayntz, Renate/Neidhardt, Friedhelm 1989: Parlamentskultur. Handlungsorientierungen von Bundestagsabgeordneten, in: Zeitschrift für Parlamentsfragen 24: 3, 370–387.

McCubbins, Mathew/Noll, Roger/Weingast, Barry 1989: Structure and Process, Politics and Policy: Administrative Arrangements and the Political Control of Agencies, in: Virginia Law Review 75, 431–482.

Mellein, Christine 2007: Subsidiaritätskontrolle durch nationale Parlamente. Eine Untersuchung zur Rolle der mitgliedstaatlichen Parlamente in der Architektur Europas (Zugl.: Freiburg (Breisgau), Univ., Diss., 2006/07) (Schriftenreihe Europäisches Recht, Politik und Wirtschaft, Band 332), Baden-Baden.

Merkel, Wolfgang 2013: Die Krise der Demokratie als Forschungsprogramm, in: Armingeon, Klaus (Hrsg.): Staatstätigkeiten, Parteien und Demokratie, Wiesbaden, 473–497.

Metz, Julia 2015: The European Commission, expert groups and the policy process. Demystifying technocratic governance (Berlin, Freie Univ., Diss., 2012), Basingstoke.

Miebach, Bernhard 2014: Soziologische Handlungstheorie. Eine Einführung, Wiesbaden.

Mielke, Siegfried/Reutter, Werner (Hrsg.) 2012: Landesparlamentarismus. Geschichte - Struktur - Funktionen, Wiesbaden.

Mill, John 1861: Considerations on representative government, Amherst, New York.

Miller, Bernhard 2009: Informelle Einflussnahme? Parlamentarier im Koalitionsausschuss, in: Schöne, Helmar/Blumenthal, Julia von (Hrsg.): Parlamentarismusforschung in Deutschland. Ergebnisse und Perspektiven 40 Jahre nach Erscheinen von Gerhard Loewenbergs Standardwerk zum Deutschen Bundestag, Baden-Baden, 129–154.

Miller, Gary 2005: The Political Evolution Of Principal-Agent Models, in: Annual Review of Political Science 8: 1, 203–225.

Mintzberg, Henry 1987: The strategy concept I: five Ps for strategy. Organizational Approaches to Strategy, in: California Management Review 30: 1, 11–24.

Misoch, Sabina 2015: Qualitative Interviews, Berlin.

Möllers, Christoph 2008: Die drei Gewalten. Legitimation der Gewaltengliederung in Verfassungsstaat, europäischer Integration und Internationalisierung, Weilerswist.

Möllers, Thomas/Redcay, Katharina 2013: Das Bundesverfassungsgericht als europäischer Gesetzgeber oder als Motor der Union?, in: Europarecht 48: 4, 409–431.

Montag, Jerzy/Bündnis 90/Die Grünen Bundestagsfraktion 2013: EUZBBG, Berlin.

Moravcsik, Andrew 1997: Warum die Europäische Union die Exekutive stärkt: Innenpolitik und internationale Kooperation, in: Wolf, Klaus/Abromeit, Heidrun (Hrsg.): Projekt Europa im Übergang? Probleme, Modelle und Strategien des Regierens in der Europäischen Union, Baden-Baden, 211–268.

Moravcsik, Andrew 2002: In Defence of the `Democratic Deficit'. Reassessing Legitimacy in the European Union, in: Journal of Common Market Studies 40: 4, 603–624.

Moravcsik, Andrew 2004: Is there a 'democratic deficit' in world politics? A framework for analysis, in: Government and Opposition 39: 2, 336–363.

Moravcsik, Andrew 2008: The Myth of Europe's 'Democratic Deficit', in: Intereconomics: Journal of European Economic Policy 43: 6, 331–340.

Morlok, Martin 2003: Informalisierung und Entparlamentarisierung politischer Entscheidungen als Gefährdungen der Verfassung?, in: Herdegen, Matthias/Korioth, Stefan/Morlok, Martin/Bogdandy, Armin von (Hrsg.): Leistungsgrenzen des Verfassungsrechts, Berlin, 37–84.

Mouffe, Chantal 2011: "Postdemokratie" und die zunehmende Entpolitisierung, in: Aus Politik und Zeitgeschichte 61: 1-2, 2–5.

Müller, Wolfgang/Bergman, Torbjörn/Strøm, Kaare 2003: Parliamentary Democracy: Promise and Problems, in: Strøm, Kaare/Müller, Wolfgang/Bergman, Torbjörn (Hrsg.): Delegation and Accountability in Parliamentary Democracies, Oxford, 3–32.

Nettesheim, Martin 2010: Die Integrationsverantwortung - Vorgaben des BVerfG und gesetzgeberische Umsetzung, in: Neue Juristische Wochenschrift (NJW) 63: 4, 177–183.

Nettesheim, Martin 2012a: Bundesverfassungsgericht und Staatsschuldenkrise: Parlamentarisierung und Repolitisierung der „Eurorettung", in: Europäisches Zentrum für Föderalismus-Forschung Tübingen (Hrsg.): Jahrbuch des Föderalismus 2012. Föderalismus, Subsidiarität und Regionen in Europa, Baden-Baden, 259–282.

Nettesheim, Martin 2012b: "Integrationsverantwortung" - Verfassungsrechtliche Verklammerung politischer Räume, in: Pechstein, Matthias (Hrsg.): Integrationsverantwortung, Baden-Baden, 11–52.

Neyer, Jürgen 2004: Postnationale politische Herrschaft. Vergesellschaftung und Verrechtlichung jenseits des Staates (Weltpolitik im 21. Jahrhundert, Band 11), Baden-Baden.

Neyer, Jürgen 2006: The deliberative turn in integration theory, in: Journal of European Public Policy 13: 5, 779–791.

Neyer, Jürgen 2007: Die halbierte Gerechtigkeit in der Europäischen Union, in: Leviathan: Berliner Zeitschrift für Sozialwissenschaft 35: 1, 30–46.

Neyer, Jürgen 2011: Justice, not democracy. Legitimacy in the European Union, in: Forst, Rainer/Schmalz-Bruns, Rainer (Hrsg.): Political Legitimacy and Democracy in Transnational Perspective. (ARENA Report No 2/11 RECON Report No 13), Oslo, 13–35.

Neyer, Jürgen 2012a: The Justification of Europe. A Political Theory of Supranational Integration, Oxford.

Neyer, Jürgen 2012b: Who's Afraid of Justice? A Rejoinder to Danny Nicol, in: Journal of Common Market Studies 50: 3, 523–529.

Neyer, Jürgen 2014: Justified Multi-level Parliamentarism: Situating National Parliaments in the European Polity, in: The Journal of Legislative Studies, 20: 1, 125–138.

Neyer, Jürgen 2015: Europapolitik als Demokratiepolitik – Implikationen für die europäische Finanzkrise, in: Abbas, Nabila/Förster, Annette/Richter, Emanuel (Hrsg.): Supranationalität und Demokratie. Die Europäische Union in Zeiten der Krise, Wiesbaden, 137–152.

Niedobitek, Matthias 2011: Die Integrationsverantwortung von Bundestag und Bundesrat nach dem "Lissabon-Urteil" des Bundesverfassungsgerichts, in: Abels, Gabriele/Eppler, Annegret (Hrsg.): Auf dem Weg zum Mehrebenenparlamentarismus? Funktion von Parlamenten im politischen System der EU, Baden-Baden, 159–176.

Niskanen, William 1971: Bureaucracy and representative government, Chicago, Ill.

Nullmeier, Frank 2013: Wissenspolitologie und interpretative Politikanalyse, in: Der moderne staat – Zeitschrift für Public Policy, Recht und Management, 21–43.

Nullmeier, Frank/Baumgarten, Britta/Pritzlaff, Tanja/Weihe, Anne 2008: Entscheiden in Gremien. Von der Videoaufzeichnung zur Prozessanalyse, Wiesbaden.

Nullmeier, Frank/Pritzlaff, Tanja/Wiesner, Achim 2003: Mikro-Policy-Analyse. Ethnographische Politikforschung am Beispiel Hoschulpolitik, Frankfurt am Main, New York.

Oberreuter, Heinrich 2013: Marginalisierung der Parlamente?, in: Oberreuter, Heinrich (Hrsg.): Macht und Ohnmacht der Parlamente, Baden-Baden, 21–31.

Oberreuter, Heinrich/Kranenpohl, Uwe/Sebaldt, Martin (Hrsg.) 2002: Der Deutsche Bundestag im Wandel. Ergebnisse neuerer Parlamentarismusforschung, Wiesbaden.

Oertzen, Jürgen von 2006: Das Expertenparlament. Abgeordnetenrollen in den Fachstrukturen bundesdeutscher Parlamente (Zugl.: Halle, Univ., Diss., 2005) (Studien zum Parlamentarismus, Band 3), Baden-Baden.

Olsen, Johan 2002: The many Faces of Europeanization, in: Journal of Common Market Studies 40: 5, 921–952.

Olson, David M./Norton, Philip (Hrsg.) 1996: The New Parliaments of Central and Eastern Europe, London.

Ondarza, Nicolai von 2016: EU-Skeptiker an der Macht. Die Rolle integrationskritischer Parteien in EU-Parlament und nationalen Regierungen. Aktuell der Stiftung Wissenschaft und Politik (SWP-Aktuell 23/2016).

Ooyen, Robert Christian van 2014: Die Staatstheorie des Bundesverfassungsgerichts und Europa. Von Solange über Maastricht zu Lissabon und Euro-Rettung, Baden-Baden.

Ooyen, Robert van/Möllers, Martin (Hrsg.) 2015: Handbuch Bundesverfassungsgericht im politischen System, Wiesbaden.

Pannes, Anna-Tina 2014: Informalität. Theoretische und empirische Dimensionen informeller Entscheidungsprozesse in Regierungsformationen (Zugl.: Duisberg-Essen, Univ., Diss., 2013) (Studien der NRW School of Governance), Wiesbaden.

Pannes, Tina 2011: Dimensionen informellen Regierens. Entstehungsbedingungen, Ausprägungen und Anforderungen, in: Florack, Martin/Grunden, Timo (Hrsg.): Regierungszentralen. Organisation, Steuerung und Politikformulierung zwischen Formalität und Informalität, Wiesbaden, 35–92.

Parsons, Talcott 1963: On the Concept of Political Power, in: Proceedings of the American Philosophical Society 107: 3, 232–262.

Patzelt, Werner 1993: Abgeordnete und Repräsentation. Amtsverständnis und Wahlkreisarbeit, Passau.

Patzelt, Werner 1995: Abgeordnete und ihr Beruf. Interviews - Umfragen - Analysen, Berlin.

Patzelt, Werner 1999: What can an Individual MP do in German Parliamentary Politics? Special Issue: The Uneasy Relationship between Parliamentary Members and Leaders, in: Journal of Legislative Studies 5: 3, 23–52.

Patzelt, Werner 2009: Parlamente und ihre Zeit. Zeitstrukturen als Machtpotentiale (Studien zum Parlamentarismus, Band 10), Baden-Baden.

Patzelt, Werner 2012: Parlamente und ihre Evolution. Forschungskontext und Fallstudien (Studien zum Parlamentarismus, Band 11), Baden-Baden.

Patzelt, Werner 2013: Parlamentarische Kontrolle. Begriffe, Leitgedanken und Erscheinungsformen, in: Eberbach-Born, Birgit/Kropp, Sabine/Stuchlik, Andrej/Zeh, Wolfgang (Hrsg.): Parlamentarische Kontrolle und Europäische Union, Baden-Baden, 23–48.

Patzelt, Werner 2014: Abgeordnete und ihr Beruf. Von wahren Vorurteilen und falschen Vorverurteilungen, Wiesbaden.

Patzelt, Werner 2015: Warum mögen die Deutschen ihr Verfassungsgericht so sehr?, in: Ooyen, Robert van/Möllers, Martin (Hrsg.): Handbuch Bundesverfassungsgericht im politischen System, Wiesbaden, 313–331.

Paulo, Maria 2012: National Parliaments in the EU: after Lisboa and beyond subsidiarity The (positive) side-effects and (unintended) achievements of the Treaty provisions, in: European Integration online Papers (EIoP): 5, in: http://www.opal-eu rope.org/tmp/Opal%20Online%20Paper/5.pdf.

Pehle, Heinrich/Sturm, Roland 2008: Die Europäisierung der Regierungssysteme, in: Gabriel, Oscar/Kropp, Sabine (Hrsg.): Die EU-Staaten im Vergleich: Strukturen, Prozesse, Politikinhalte, 155–178.

Peräkylä, Anssi 2003: Validity and reliability in research based on tapes andtranscripts, in: Silverman, David (Hrsg.): Qualitative Analysis: Issues of Theory and Method, London, 201–220.

Pernice, Ingolf 2009: The Treaty of Lisbon: Multilevel Constitutionalism in Action, in: Columbia Journal of European Law 15: 3, 349–407.

Pernice, Ingolf 2010a: Europa neu verfasst ohne Verfassung. Chancen und Bedeutung des Vertrags von Lissabon (Forum Constitutionis Europae, Band 10), Baden-Baden.

Pernice, Ingolf 2010b: Kommentar zu Art. 23 § 1a (Europäische Union), in: Dreier, Horst (Hrsg.): Grundgesetz-Kommentar. 2. Auflage, Band 2 (Art. 20-82), Supplementum 2010.

Pernice, Ingolf 2010c: Verfassungsverbund, in: Franzius, Claudio/Mayer, Franz/Neyer, Jürgen (Hrsg.): Strukturfragen der Europäischen Union, Baden-Baden, 102–118.

Pernice, Ingolf 2012: Die Krise demokratisch überwinden. Reformansätze für eine demokratisch fundierte Wirtschafts- und Finanzverfassung Europas (Schriftenreihe Europäisches Verfassungsrecht, Band 37), Baden-Baden.

Pernice, Ingolf 2015: Multilevel Constitutionalism and the Crisis of Democracy in Europe, in: European Constitutional Law Review 11: 33, 541–562.

Pfeiffer, Annette 2003: Die Forschungs- und Technologiepolitik der Europäischen Gemeinschaft als Referenzgebiet für das europäische Verwaltungsrecht, Berlin.

Pilniok, Arne 2011: Governance im europäischen Forschungsförderverbund. Eine rechtswissenschaftliche Analyse der Forschungspolitik und Forschungsförderung im Mehrebenensystem (Zugl.: Hamburg, Univ., Diss., 2010) (Jus Internationale et Europaeum, Band 53), Tübingen.

Plottka, Julian 2012: Die Europäische Bürgerinitiative: Inklusion neuer Akteure in die europäische Politik?, in: 43: 2, 419–428.

Prange-Gstöhl, Heiko 2008: Forschungs- und Technologiepolitik im europäischen Mehrebenensystem: Vom Europäischen Forschungsraum zum Forschungsbinnenmarkt?, in: Schefold, Bertram (Hrsg.): Europäische Wissensgesellschaft. Leitbild europäischer Forschungs- und Innovationspolitik?, Berlin, 181–198.

Preising, Carmen 2011: Der Umgang nationaler Parlamente mit den neuen Rechten des Vetrages von Lissabon - die Perspektive der Europäischen Kommission, in: Abels, Gabriele/Eppler, Annegret (Hrsg.): Auf dem Weg zum Mehrebenenparlamentarismus? Funktion von Parlamenten im politischen System der EU, Baden-Baden, 149–159.

Pritzlaff, Tanja 2003: Positionierung im parlamentarischen Prozess, in: Maier, Matthias/Hurrelmann, Achim/Nullmeier, Frank/Pritzlaff, Tanja/Wiesner, Achim (Hrsg.): Politik als Lernprozess? Wissenszentrierte Ansätze der Politikanalyse, 245–266.

Pritzlaff, Tanja/Nullmeier, Frank 2009: Zu einer Theorie politischer Praktiken, in: Österreichische Zeitschrift für Politikwissenschaft 38: 1, 7–22, in: http://www.oezp.at/pdfs/2009-1-1-Pritzlaff_Nullmeier.pdf; 22.1.2015.

Proelß, Alexander/Uhl, Elke 2005: Abschied von der Territorialität? Das Völkerrecht in Zeiten der Globalisierung, in: Ott, Michaela (Hrsg.): Denken des Raums in Zeiten der Globalisierung, Münster, 89–104.

Przeworski, Adam/Stokes, Susan/Manin, Bernard (Hrsg.) 1999: Democracy, accountability, and representation (Cambridge studies in the theory of democracy), Cambridge.

Puntscher Riekmann, Sonja/Wydra, Doris 2013: Representation in the European State of Emergency: Parliaments against Governments?, in: Journal of European Integration 35: 5, 565–582.

Radaelli, Claudio 2004: Europeanisation: Solution or Problem?, in: European Integration online Papers (EIoP) 8: 16, in: http://eiop/.or.at/eiop/pdf/2004-016.pdf; 04.4.2015.

Rauh, Christian 2015: Communicating supranational governance? The salience of EU affairs in the German Bundestag, 1991-2013, in: European Union Politics 16: 1, 116–138.

Rauh, Christian/Zürn, Michael 2014: Zur Politisierung der EU in der Krise, in: Heidenreich, Martin (Hrsg.): Krise der europäischen Vergesellschaftung? Soziologische Perspektiven, Wiesbaden, 121–145.

Raunio, Tapio 1999: Always One Step Behind? National Legislatures and the European Union, in: Government and Opposition 34: 2, 180–202.

Raunio, Tapio 2005a: Holding governments accountable in European affairs: Explaining cross-national variation, in: The Journal of Legislative Studies 11: 3-4, 319–342.

Raunio, Tapio 2005b: Much Ado About Nothing? National Legislatures in the EU Constitutional Treaty, in: European Integration online Papers (EIoP) 9: 9, in: http://eiop.or.at/eiop/texte/2005-009a.htm; 03.4.2015.

Raunio, Tapio 2009: National Parliaments and European Integration: What We Know and Agenda for Future Research, in: The Journal of Legislative Studies 15: 4, 317–334.

Raunio, Tapio 2011: The Gatekeepers of European Integration? The Functions of National Parliaments in the EU Political System, in: Journal of European Integration 33: 3, 303–321.

Reh, Christine 2014: Is informal politics undemocratic? Trilogues, early agreements and the selection model of representation, in: Journal of European Public Policy 21: 6, 822–841.

Reutter, Werner 2013: Tranformation des "neuen Dualismus" in Landesparlamenten: Parlamentarische Kontrolle, Gewaltengliederung und Europäische Union, in: Eberbach-Born, Birgit/Kropp, Sabine/Stuchlik, Andrej/Zeh, Wolfgang (Hrsg.): Parlamentarische Kontrolle und Europäische Union, Baden-Baden, 255–284.

Richter, Rudolf/Furubotn, Erik 2010: Neue Institutionenökonomik. Eine Einführung und kritische Würdigung, Tübingen.

Risse, Horst 2013: Artikel 23. Entwicklung der Europäischen Union, in: Hömig, Dieter (Hrsg.): Grundgesetz für die Bundesrepublik Deutschland. Handkommentar, Baden-Baden, 300–313.

Risse, Thomas 2014: No Demos? Identities and Public Spheres in the Euro Crisis, in: Journal of Common Market Studies 52: 6, 1207–1215.

Rittberger, Berthold 2003: The Creation and Empowerment of the European Parliament, in: Journal of Common Market Studies 41: 2, 203–225.

Ritzer, Christoph/Ruttloff, Marc 2006: Die Kontrolle des Subsidiaritätsprinzips: Geltende Rechtslage und Reformperspektiven, in: Europarecht 41: 1, 116–137.

Roederer-Rynning, Christilla/Greenwood, Justin 2015: The culture of trilogues, in: Journal of European Public Policy 22: 8, 1148–1165.

Rohleder, Kristin/Schöler, Ulrich 2013: Die Europäisierung und andere aktuelle Herausforderungen für die Wissenschaftlichen Dienste des Deutschen Bundestages, in: Eberbach-Born, Birgit/Kropp, Sabine/Stuchlik, Andrej/Zeh, Wolfgang (Hrsg.): Parlamentarische Kontrolle und Europäische Union, Baden-Baden, 151–180.

Rosenthal, Gabriele 2015: Interpretative Sozialforschung. Eine Einführung, Weinheim.

Rudzio, Wolfgang 2000: Das politische System der Bundesrepublik Deutschland (UTB für Wissenschaft), Opladen.

Rudzio, Wolfgang 2005: Informelles Regieren. Zum Koalitionsmanagement in deutschen und österreichischen Regierungen, Wiesbaden.

Rudzio, Wolfgang 2015: Das politische System der Bundesrepublik Deutschland, Wiesbaden.

Russo, Federico/Wiberg, Matti 2010: Parliamentary Questioning in 17 European Parliaments: Some Steps towards Comparison, in: The Journal of Legislative Studies 16: 2, 215–232.

Saalfeld, Thomas 2000: Members of parliament and governments in Western Europe: Agency relations and problems of oversight, in: European journal of political research 37: 3, 353–376.

Saam, Nicole 2002: Prinzipale, Agenten und Macht. Eine machttheoretische Erweiterung der Agenturtheorie und ihre Anwendung auf Interaktionsstrukturen in der Organisationsberatung (Teilw zugl.: Mannheim, Univ., Habil.-Schr., 2000) (Die Einheit der Gesellschaftswissenschaften, Band 126), Tübingen.

Sachs, Michael (Hrsg.) 2014: Grundgesetz. Kommentar, München.

Sager, Krista 2011: EU-Forschungspolitik aus grüner Sicht, in: http://www.krista-sager.de/wp-content/uploads/2013/09/EU-Forschungspolitik_aus_gruener_Sicht.pdf; 01.9.2015.

Sattar, Majid 2001: Formale und informale Politik. Wandlungen des Legislativ-Exekutiv-Verhältnisses am Beispiel der parlamentarischen Kontrollfunktion im amerikanischen Regierungssystem (Zugl.: Freiburg (Breisgau), Univ., Diss., 2000), Berlin.

Schäfer, Axel/Roth, Michael/Thum, Christoph 2007: Stärkung der Europatauglichkeit des Bundestages, in: Integration: Vierteljahreszeitschrift des Instituts für Europäische Politik in Zusammenarbeit mit dem Arbeitskreis Europäische Integration 30: 1, 44–49.

Schäfer, Axel/Schulz, Fabian 2013: Der Bundestag wird europäisch – zur Reform des Beteiligungsgesetzes EUZBBG, in: Integration: Vierteljahreszeitschrift des Instituts für Europäische Politik in Zusammenarbeit mit dem Arbeitskreis Europäische Integration 36: 3, 199–212.

Scharpf, Fritz 1991: Die Handlungsfähigkeit des Staates am Ende des 20. Jahrhunderts, in: Politische Vierteljahresschrift: Zeitschrift der Deutschen Vereinigung für Politische Wissenschaft 32: 4, 621–634.

Scharpf, Fritz 1993a: Legitimationsprobleme der Globalisierung. Regieren in Verhandlungssystemen, in: Bermbach, Udo/Böhret, Carl/Ellwein, Thomas/Jänicke, Martin/Jann, Werner/Kastning, Lars/König, Klaus/Kohler-Koch, Beate/Scharpf, Fritz/Tetzlaff, Rainer/Wewer, Göttrik (Hrsg.): Regieren im 21. Jahrhundert — zwischen Globalisierung und Regionalisierung, Wiesbaden, 165–185.

Scharpf, Fritz 1993b: Positive und negative Koordination in Verhandlungssystemen, in: Héritier, Adrienne (Hrsg.): Policy-Analyse. Kritik und Neuorientierung, Opladen, 57–83.

Scharpf, Fritz 1999: Regieren in Europa. Effektiv und demokratisch? (Schriften des Max-Planck-Instituts für Gesellschaftsforschung Köln Sonderband), Frankfurt am Main.

Scharpf, Fritz 2009: Legitimacy in the multilevel European polity, in: European Political Science Review 1: 2, 173–204.

Scharpf, Fritz 2014: Die Finanzkrise als Krise der ökonomischen und rechtlichen Überintegration, in: Franzius, Claudio/Mayer, Franz/Neyer, Jürgen (Hrsg.): Grenzen der europäischen Integration. Herausforderungen für Recht und Politik, Baden-Baden, 51–60.

Schmalz-Bruns, Rainer 1999: Deliberativer Supranationalismus. Demokratisches Regieren jenseits des Nationalstaats, in: Zeitschrift für Internationale Beziehungen 6: 2, 185–244.

Schmidt, Manfred 2010: Demokratietheorien. Eine Einführung (Lehrbuch), Wiesbaden.

Schmidt-Aßmann, Eberhard 1995: Organisationsfragen der europäischen Forschungspolitik, in: Due, Ole (Hrsg.): Festschrift für Ulrich Everling. Band II, Baden-Baden, 1281–1295.

Schmidt-Bleibtreu, Bruno/Hofmann, Hans/Henneke, Hans-Günter (Hrsg.) 2014: GG, Grundgesetz. Kommentar, Köln.

Schneider, Ellen/Rittberger, Berthold/Wonka, Arndt 2014: Adapting to Europe? Regional MPs' Involvement in EU Affairs in Germany, in: Regional & Federal Studies 24: 4, 407–427.

Schoch, Friedrich 2006: Der funktionale Zusammenhang zwischen der Vertrauensfrage des Bundeskanzlers und dem parlamentarischen Regierungssystem, in: Zeitschrift für Staats- und Europawissenschaften 4: 1, 88–102.

Schöne, Helmar 2010: Alltag im Parlament. Parlamentskultur in Theorie und Empirie, Baden-Baden.

Schöne, Helmar 2014: Informalität im Parlament: Forschungsstand und Forschungsperspektiven, in: Bröchler, Stephan/Grunden, Timo (Hrsg.): Informelle Politik. Konzepte, Akteure und Prozesse, Wiesbaden, 155–175.

Schreckensberger, Waldemar 1994: Informelle Verfahren der Entscheidungsvorbereitung zwischen der Bundesregierung und den Mehrheitsfraktionen: Koalitionsgespräche und Koalitionsrunden, in: Zeitschrift für Parlamentsfragen 25: 3, 329–346.

Schrenk, Klemens/Ismayr, Wolfgang 2010: Analyse demokratischer Regierungssysteme. Festschrift für Wolfgang Ismayr zum 65. Geburtstag, Wiesbaden.

Schreyögg, Georg 2008: Organisation. Grundlagen moderner Organisationsgestaltung mit Fallstudien, Wiesbaden.

Schröder, Hinrich 2012: Die Mitwirkung des Bundestages in EU-Angelegenheiten nach dem EUZBBG in der Praxis – ein Kurzkommentar, in: Zeitschrift für Parlamentsfragen 43: 2, 250–277.

Schröder, Hinrich 2013: Das novellierte Gesetz über die Zusammenarbeit von Bundesregierung und Deutschem Bundestag in Angelegenheiten der Europäischen Union (EUZBBG), in: Zeitschrift für Parlamentsfragen 44: 4, 803–812.

Schulz, Fabian 2011: Die Mitwirkung des Deutschen Bundestags in europäischen Angelegenheiten. Politikgestaltung im Spannungsfeld von Europäisierung und Entparlamentarisierung (Zugl.: Münster (Westfalen), Univ., Diss., 2011), Münster, München.

Schulze-Fielitz, Helmuth 1984: Der informale Verfassungsstaat. Aktuelle Beobachtungen des Verfassungslebens der Bundesrepublik Deutschland im Lichte der Verfassungstheorie.

Schuppert, Gunnar 2011: Der Rechtsstaat unter den Bedingungen informaler Staatlichkeit. Beobachtungen und Überlegungen zum Verhältnis formeller und informeller Institutionen (Schriften zur Governance-Forschung, Band 23), Baden-Baden.

Schuppert, Gunnar 2015: Legitimationsmodi eines Systems supranationaler Herrschaftsverflechtung: Das Beispiel der Europäischen Union, in: Abbas, Nabila/Förster, Annette/Richter, Emanuel (Hrsg.): Supranationalität und Demokratie. Die Europäische Union in Zeiten der Krise, Wiesbaden, 37–61.

Schüttemeyer, Suzanne 1979: Funktionsverluste des Bundestages durch europäische Integration?, in: Zeitschrift für Parlamentsfragen 10: 2, 261–278.

Schüttemeyer, Suzanne 1993: Parlamentarische Interessenvermittlung. Lücken in der Repräsentation und Veränderung im Verfassungskonsens?, in: Kleinfeld, Ralf/Luthardt, Wolfgang (Hrsg.): Westliche Demokratien und Interessenvermittlung: zur aktuellen Entwicklung nationaler Parteien- und Verbändesysteme, Marburg, 47-58.

Schüttemeyer, Suzanne 2009: Deparliamentarisation: How Severely is the German Bundestag Affected?, in: German Politics 18: 1, 1–11.

Schüttemeyer, Suzanne 2013: Der ewige Zweite? Überlegungen zur Regierungsdominanz im Deutschen Bundestag, in: Keil, Silke/Thaidigsmann, Isabell (Hrsg.): Zivile Bürgergesellschaft und Demokratie. Aktuelle Ergebnisse der empirischen Politikforschung, Wiesbaden, 451–467.

Schwanholz, Julia 2015: Parlamentsmacht in der Finanzmarkt- und Wirtschaftskrise. Die Einführung von Konjunkturprogrammen in Deutschland Großbritannien und Schweden (Zugl.: Diss., Georg-August-Universität Göttingen, 2014) (Studien zum Parlamentarismus, Band 25), Baden-Baden.

Schwarzmeier, Manfred 2001: Parlamentarische Mitsteuerung. Strukturen und Prozesse informalen Einflusses im Deutschen Bundestag (Zugl.: Passau, Univ., Diss., 2000), Wiesbaden.

Schwarzmeier, Manfred 2002: „Nur" Stilfragen? Informale Verhaltensregeln und Handlungsnormen im Deutschen Bundestag, in: Oberreuter, Heinrich/Kranenpohl, Uwe/Sebaldt, Martin (Hrsg.): Der Deutsche Bundestag im Wandel. Ergebnisse neuerer Parlamentarismusforschung, Wiesbaden, 27–45.

Schweiger, Christian 2015: The 'Reluctant Hegemon': Germany in the EU's Post-Crisis Constellation, in: Demetriou, Kyriakos (Hrsg.): The European Union in Crisis, Cham, 15–32.

Sebaldt, Martin 2009: Die Macht der Parlamente. Funktionen und Leistungsprofile nationaler Volksvertretungen in den alten Demokratien der Welt, Wiesbaden.

Seifert, Dirk 2004: Die parlamentarische Kontrolle in Rheinland-Pfalz. Eine institutionenökonomische Analyse, Marburg, Mainz.

Sensburg, Patrick 2012: Wahrnehmung der Integrationsverantwortung durch den Bundestag in der Praxis, in: Pechstein, Matthias (Hrsg.): Integrationsverantwortung, Baden-Baden, 117–134.

Siedentopp, Jan 2010: Public-Affairs-Management von Großunternehmen. Markt- versus Nichtmarktstrategien (Zugl.: Berlin, Univ., Diss., 2008) (Public affairs und Politikmanagement, Band 11), Berlin.

Siefken, Sven 2013: Konfigurationen parlamentarischer Kontrolle: Ein Konzept für die vergleichende Analyse, in: Eberbach-Born, Birgit/Kropp, Sabine/Stuchlik, Andrej/ Zeh, Wolfgang (Hrsg.): Parlamentarische Kontrolle und Europäische Union, Baden-Baden, 49–78.

Silberhorn, Thomas 2006: Die Neugestaltung der Beteiligung des Deutschen Bundestages in Angelegenheiten der Europäischen Union, in: Busek, Erhard (Hrsg.): Die Konstitutionalisierung der Verbandsgewalt in der (neuen) Europäischen Union. Rechtliche, politische und ökonomische Konsequenzen der neuen Verfassung der EU, Wien, 173–196.

Simon, Herbert 1957: Models of man, social and rational. Mathematical essays on rational human behavior in a social setting, New York.

Simon, Herbert 1993: Homo rationalis. Die Vernunft im menschlichen Leben, Frankfurt.

Sinner, Stefan 2012: Der Deutsche Bundestag als zentrales Verfassungsorgan nach der neueren Rechtsprechung des Bundesverfassungsgerichts, in: Zeitschrift für Parlamentsfragen 43: 2, 313–323.

Sombrowski, Diane 2005: Inputevaluation in der europäischen Forschungspolitik. Gestaltung und Implementation der Projektauswahl durch die EU-Kommission (Zugl.: München, Univ., Diss., 2003), Wiesbaden.

Sonder, Nicolas 2011: Was ist Integrationsverantwortung? Kritische Überlegungen zu den verfassungstheoretischen Vorgaben des Bundesverfassungsgerichts und der Umsetzung im IntVG, in: Kritische Vierteljahresschrift für Gesetzgebung und Rechtswissenschaft (KritV) 94: 3, 214–225.

SPD-Bundestagsfraktion/Bundestagsfraktion Bündnis 90/Die Grünen 2011: Gemeinsame Stellungnahme der Fraktionen SPD und Bündnis 90-Grüne zum Konsultationsprozess der Europäischen Kommission zum Europäischen Forschungsraum, in: https://ec.europa.eu/research/era/pdf/contributions/spd-bundestagsfrakt-ion-bundestagsfrakt_de.pdf; 05.8.2015.

Sprungk, Carina 2010: Ever more or ever better scrutiny? Analysing the conditions of effective national parliamentary involvement in EU affairs, in: European Integration online Papers (EIoP) 14: 2, in: http://eiop.or.at/eiop/texte/2010-002a.htm; 03.4.2015.

Sprungk, Carina 2013: A New Type of Representative Democracy? Reconsidering the Role of National Parliaments in the European Union, in: Journal of European Integration 35: 5, 547–563.

Stadler, Peter 1984: Die parlamentarische Kontrolle der Bundesregierung (Beiträge zur sozialwissenschaftlichen Forschung) (Band 63), Opladen.

Steffani, Winfried 1971: Parlamentarismus ohne Transparenz, Opladen.

Steffani, Winfried 1989a: Formen, Verfahren und Wirkungen der parlamentarischen Praxis, in: Schneider, Hans-Peter/Schneider-Zeh (Hrsg.): Parlamentsrecht und Parlamentspraxis in der Bundesrepublik Deutschland. Ein Handbuch, Berlin, 1325–1367.

Steffani, Winfried 1989b: Parlamentarismus in den EG-Staaten und demokratisches Defizit der europäischen Institutionen, in: Zeitschrift für Parlamentsfragen: 2, 233–253.

Steffani, Winfried 1995: Das Demokratie-Dilemma der Europäischen Union. Die Rolle der Parlamente nach dem Urteil des Bundesverfassungsgerichtes vom 12. Oktober 1993, in: Steffani, Winfried/Thaysen, Uwe (Hrsg.): Demokratie in Europa: Zur Rolle der Parlamente, Wiesbaden, 33–49.

Steinke, Ines 1999: Gütekriterien qualitativer Forschung, in: Flick, Uwe (Hrsg.): Qualitative Forschung. Ein Handbuch, Reinbek, 319–331.

Streinz, Rudolf 2014: Art. 23. Verwirklichung der Europäischen Union, Beteiligung des Bundestages und des Bundesrates, in: Sachs, Michael (Hrsg.): Grundgesetz. Kommentar, München, 931–970.

Strøm, Kaare/Müller, Wolfgang/Bergman, Torbjörn 2006: Delegation and accountability in parliamentary democracies (Comparative politics), Oxford, New York.

Sturm, Roland/Pehle, Heinrich 2005: Das neue deutsche Regierungssystem, Wiesbaden.

Sturm, Roland/Pehle, Heinrich 2012: Das neue deutsche Regierungssystem. Die Europäisierung von Institutionen, Entscheidungsprozessen und Politikfeldern in der Bundesrepublik Deutschland (Springer VS Lehrbuch), Wiesbaden.

Stüwe, Klaus 2006: Informales Regieren. Die Kanzlerschaft Gerhard Schröders und Helmut Kohls im Vergleich, in: Zeitschrift für Parlamentsfragen 37: 3, 544–559.

Stüwe, Klaus 2015: Bundesverfassungsgericht und Opposition, in: Ooyen, Robert van/Möllers, Martin (Hrsg.): Handbuch Bundesverfassungsgericht im politischen System, Wiesbaden, 349–367.

Thaysen, Uwe 1976: Parlamentarisches Regierungssystem in der Bundesrepublik Deutschland. Daten, Fakten, Urteile im Grundriß (Uni-Taschenbücher, Band 575), Opladen.

Thiels, Christian 2013: EU-Gipfel zum Haushaltsstreit: 960 Milliarden Euro für sieben Jahre Europa. Tagesschau-Beitrag vom 08.02.2013, in: https://www.tagesschau.de/wirtschaft/eu-gipfel-haushalt116.html; 03.9.2015.

Töller, Annette 1995: Europapolitik im Bundestag. Eine empirische Untersuchung zur europapolitischen Willensbildung im EG-Ausschuß des 12. Deutschen Bundestages (Beiträge zur Politikwissenschaft, Band 63), Frankfurt am Main.

Töller, Annette 2004: Dimensionen der Europäisierung. Das Beispiel des Deutschen Bundestages, in: Zeitschrift für Parlamentsfragen 35: 1, 25–50.

Töller, Annette 2009: Die Rolle der nationalen Parlamente im europäischen Rechtsetzungsprozess: Probleme und Potentiale des Ländervergleichs, in: Kadelbach, Stefan (Hrsg.): Europäische Integration und parlamentarische Demokratie, Baden-Baden, 75–113.

Töller, Annette 2010: Measuring and Comparing the Europeanization of National Legislation: A Research Note, in: Journal of Common Market Studies 48: 2, 417–444.

Uerpmann-Wittzack, Robert/Edenharter, Andrea 2009: Subsidiaritätsklage als parlamentarisches Minderheitsrecht?, in: Europarecht 44: 3, 313–330.

van Aaken, Anne 2002a: Deliberative institutional economics, or Does Homo oeconomicus argue?: A proposal for combining new institutional economics with discourse theory, in: Philosophy & Social Criticism 28: 4, 361–394.

van Aaken, Anne 2002b: Deliberative Institutionenökonomik oder: Argumentiert der homo oeconomicus? Entwurf zu einer Kombination von Neuer Institutionenökonomik und Diskurstheorie, in: Ötsch, Walter/Panther, Stephan (Hrsg.): Ökonomik und Sozialwissenschaft. Ansichten eines in Bewegung geratenen Verhältnisses, Marburg, 211–252.

Veil, Winfried 2007: Volkssouveränität und Völkersouveränität in der EU. Mit direkter Demokratie gegen das Demokratiedefizit?, Baden-Baden.

Vink, Maarten/Graziano, Paolo 2007: Europeanization. New research agendas, Houndmills, Basingstoke, Hampshire England, New York.

Vollrath, Sven 2011: Herausforderungen bei der Umsetzung der neuen Rechte nach dem Vertrag von Lissabon durch den Deutschen Bundestag und die Begleitgesetzgebung, in: Abels, Gabriele/Eppler, Annegret (Hrsg.): Auf dem Weg zum Mehrebenenparlamentarismus? Funktion von Parlamenten im politischen System der EU, Baden-Baden, 177–193.

Vorländer, Hans 2015: Die Deutungsmacht des Bundesverfassungsgerichts, in: Ooyen, Robert van/Möllers, Martin (Hrsg.): Handbuch Bundesverfassungsgericht im politischen System, Wiesbaden, 299–312.

Voßkuhle, Andreas 2012: Über die Demokratie in Europa, in: Aus Politik und Zeitgeschichte 62: 13, 3–9.

Wasner, Barbara 1998: Parlamentarische Entscheidungsfindung. Einblick in das schwierige Geschäft der Entscheidungsfindung, Passau.

Weber, Max 1972: Wirtschaft und Gesellschaft. Grundriss der verstehenden Soziologie, Tübingen.

Weber-Panariello, Philippe 1995: Nationale Parlamente in der Europäischen Union. Eine rechtsvergleichende Studie zur Beteiligung nationaler Parlamente an der innerstaatlichen Willensbildung in Angelegenheiten der Europäischen Union im Vereinigten Königreich, Frankreich und der Bundesrepublik Deutschland (Zugl.: Zürich, Univ., Diss., 1995) (Schriftenreihe des Europäischen Zentrums für Föderalismus-Forschung, Band 6), Baden-Baden.

Wegmarshaus, Gert-Rüdiger 2010: EU-Integration: Demokratische Legitimation durch Deliberation und Partizipation?, in: Berliner Debatte Initial 21: 2, 45–59.

Wegner, Gerhard/Wieland, Josef (Hrsg.) 1998: Formelle und informelle Institutionen. Genese, Interaktion und Wandel (Institutionelle und evolutorische Ökonomik, Band 6), Marburg.

Weiler, Joseph 2012: In the Face of Crisis: Input Legitimacy, Output Legitimacy and the Political Messianism of European Integration, in: Journal of European Integration 34: 7, 825–841.

Weiler, Joseph/Haltern, Ulrich/Mayer, Franz 1995: European democracy and its critique, in: West European Politics 18: 3, 4–39.

Weingast, Barry 1984: The Congressional-Bureaucratic System: A Principal-Agent Perspective, in: Public Choice 44: 1, 147–191.

Weingast, Barry/Moran, Mark 1983: Bureaucratic discretion or congressional control?, in: The journal of political economy 91: 5, 765–800.

Wendler, Frank 2014: Debating Europe in National Parliaments: Justification and Political Polarization in Debates on the EU in Austria, France, Germany and the United Kingdom, in: European Integration online Papers (EIoP): 17/2014, in: http://www.pademia.eu/wp-content/uploads/2014/02/17.pdf; 13.9.2015.

Wessels, Wolfgang 2008: Das politische System der Europäischen Union, Wiesbaden.

Wessels, Wolfgang/Maurer, Andreas/Mittag, Jürgen (Hrsg.) 2003: Fifteen into one? The European Union and its member states (European Policy Research Unit series), Manchester.

Wewer, Göttrik 1991: Spielregeln, Netzwerke, Entscheidungen - auf der Suche nach der anderen Seite des Regierens, in: Hartwich, Hans-Herrmann/Wewer, Göttrik (Hrsg.): Regieren in der Bundesrepublik II. Formale und informale Komponenten des Regierens in den Bereichen Führung, Entscheidung, Personal und Organisation, Opladen, 10–29.

Wiberg, Matti 1995: Parliamentary Questioning: Control by Communication?, in: Döring, Herbert (Hrsg.): Parliaments and Majority Rule in Western Europe, Frankfurt am Main, 179–222.

Wichmann, Richard 2012: Die Bindungswirkung von Stellungnahmen des Deutschen Bundestages im Rahmen der Zusammenarbeit mit der Bundesregierung in EU-Angelegenheiten, in: Zeitschrift für Parlamentsfragen 43: 2, 278–293.

Wilde, Pieter de 2012: Why the Early Warning Mechanism does not Alleviate the Democratic Deficit, in: European Integration online Papers (EIoP): 6/2012, in: http://www.opal-europe.org/index.php?option=com_content&view=article&id=91; 14.9.2015.

Wimmel, Andreas 2014: Fachliche Expertise und abweichendes Verhalten bei Abstimmungen zur Euro-Krise im Deutschen Bundestag, in: Zeitschrift für Politikberatung, 125–136, in: http://www.nomos-elibrary.de/pdfdocument.php?dokid=373323; 15.4.2015.

Winzen, Thomas 2012: National Parliamentary Control of European Union Affairs: A Cross-national and Longitudinal Comparison, in: West European Politics 35: 3, 657–672.

Winzen, Thomas 2013: European integration and national parliamentary oversight institutions, in: European Union Politics 14: 2, 297–323.

Winzen, Thomas/Roederer-Rynning, Christilla/Schimmelpfennig, Frank 2013: Parliamentary Co-Evolution: National Parliamentary Reactions to the Empowerment of the European Parliament, in: http://www.eup.ethz.ch/people/schimmelfennig/publications/EPNP_18.pdf; 30.1.2015.

Wittek, Rafael/Flache, Andreas 2002: Rational Choice und Organisationstheorie, in: Kölner Zeitschrift für Soziologie und Sozialphilosophie, Sonderheft: 42, 55–87.

Witzel, Andreas 1989: Das problemzentrierte Interview, in: Jüttemann, Gerd (Hrsg.): Qualitative Forschung in der Psychologie. Grundfragen, Verfahrensweisen, Anwendungsfelder, Heidelberg, 227–256.

Witzel, Andreas 2000: Das problemzemtrierte Interview, in: Forum Qualitative Sozialforschung 1: 1, in: http://www.qualitative-research.net/index.php/fqs/article/view/1132/2520; 12.1.2015.

Wollenschläger, Ferdinand 2015: Artikel 23. Europäische Union, in: Dreier, Horst (Hrsg.): Grundgesetz: Kommentar, Band 2 (Artikel 20-82), Tübingen, 436–551.

Yin, Robert 1994: Case study research. Design and methods (Applied social research methods series, Band 5), Thousand Oaks.

Zier, Matthias 2005: Nationale Parlamente in der EU, Göttingen.

Zürn, Michael 1998: Regieren jenseits des Nationalstaates. Globalisierung und Denationalisierung als Chance (Edition zweite Moderne), Frankfurt am Main.

Zürn, Michael 2010: Das Bundesverfassungsgericht und die Politisierung der Europäischen Union, in: Franzius, Claudio/Mayer, Franz/Neyer, Jürgen (Hrsg.): Strukturfragen der Europäischen Union, Baden-Baden, 46–55.

FSC
www.fsc.org
MIX
Papier | Fördert
gute Waldnutzung
FSC® C083411

Kolibri 360 GmbH
Ferdinand-Jühlke-Straße 7
99095 Erfurt, Deutschland
produktsicherheit@kolibri360.de